¡Aprenda cómo las empresas estadounidenses mejor administradas utilizan estos **OCHO PRINCIPIOS BÁSICOS para permanecer en una posición de liderazgo!**

Uno: Tendencia a la acción: una preferencia por hacer algo —cualquier cosa— en lugar de someter una pregunta a ciclos y ciclos de análisis e informes de comités.

Dos: Permanecer cerca del cliente, conociendo sus preferencias y complaciéndolo.

Tres: Autonomía y espíritu empresarial: dividir la corporación en pequeñas empresas y animarlas a pensar de manera independiente y competitiva.

Cuatro: Productividad por medio de las personas: crear en *todos* los empleados la conciencia de que sus mejores esfuerzos son esenciales y que compartirán las recompensas del éxito de la empresa.

Cinco: Práctica, basada en valores: insistir en que los ejecutivos se mantengan en contacto con el negocio esencial de la firma.

Seis: Seguir con lo conocido: mantenerse en el negocio que la empresa conoce mejor.

Siete: Forma simple, personal reducido: pocas capas administrativas, pocas personas en los niveles superiores.

Ocho: Propiedades simultáneamente flexibles y rígidas: propiciar un clima donde haya una dedicación a los valores centrales de la compañía, combinado con la tolerancia por todos los empleados que acepten dichos valores.

En busca de la excelencia

«Uno de los libros más útiles que han aparecido en mucho tiempo».

—*The Atlantic Monthly*

«Debería ser utilizado como un texto en todas las escuelas de posgrado en administración de empresas del país».

vy

En busca de la excelencia

NOTA DE LOS AUTORES: EXCELENCIA 2003

Al mirar retrospectivamente las dos décadas desde la publicación de *En busca de la excelencia*, nuestro sentimiento principal es el deleite. Deleite de que tanta gente haya acogido el libro. Deleite porque pensamos que básicamente lo hicimos bien.

Nuestros mayores detractores apuntan a la decadencia de algunas de las empresas que destacamos. Ellos pasan por alto lo esencial; es decir, aprender de aquellas que habían tenido una larga carrera de éxitos así como aprendemos de los atletas que están en toda su plenitud. No estábamos escribiendo *La excelencia para siempre*, al igual que sería absurdo esperar que un gran atleta no envejeciera (sin embargo, la impresionante longevidad del éxito de Procter & Gamble es intrigante). Y para los más tercos de nuestros críticos en este sentido: si hubieran adquirido un «índice de excelencia» cuando lo publicamos y lo mantuvimos hasta 2002, su rendimiento total habría sido del 1.300 por ciento, en comparación con casi el 800 por ciento del Dow Jones, y con el 600 por ciento del S&P 500.*

Lo que más nos complace de permanecer fieles a nuestras convicciones es el hecho de incluir varios capítulos teóricos al comienzo del libro: «El modelo racional», «El hombre en espera de motivación», y «Manejando la ambigüedad y la paradoja». Les dijimos a los lectores que podrían saltarse estos capítulos, pero ya no pensamos así. Deben leerse y son tan relevantes hoy como cuando se publicaron originalmente.

---

* Durante un «índice de excelencia» por un período de cinco, diez o veinte años, a un puñado de empresas públicas secundarias les fue mejor tanto en el Dow como en el S&P 500. Dan Ackman, «La excelencia buscada y encontrada», Forbes.com, 10 de octubre de 2002.

En resumen, decíamos lo siguiente (pero no se salte los capítulos). En primer lugar, que las personas y organizaciones no son «racionales» en sus formas típicas de enseñar sobre estrategias, negocios y organización. Es peligroso tratar de forzar una racionalidad simplista y equivocada sobre la manera en que gerenciamos. No se puede gerenciar simplemente «por los números». Ni se le ocurra pensar en ello.

En segundo lugar, la mayoría de los sistemas gerenciales que tratan a las personas como «factores de producción», como si fueran engranajes de una máquina industrial, son inherentemente desmotivadores. Las personas son maravillosamente diferentes y complejas. Los líderes tienen que liberar a las personas para ayudarlas, en lugar de tratar de ponerles arreos.

En tercer lugar, el mundo es un sitio confuso y lleno de ambigüedad. Lo más difícil de administrar son las «cosas blandas», especialmente la cultura. Sin embargo, sin una atención seria a las llamadas cosas blandas, los líderes fracasarán.

Tampoco cambiaríamos nuestros ocho atributos de la excelencia, aunque somos perfectamente conscientes de que otro investigador, al mirar los mismos datos, podría elegir un conjunto diferente. Estos ocho atributos describen claramente lo que distingue a quienes tienen un desempeño superior:

Tendencia a la acción. En sus términos más simples, esto dice «vaya y pruebe algo». Del mismo modo que no se aprende nada en la ciencia sin experimentar, tampoco se aprende nada en los negocios sin probar, fracasar e intentarlo de nuevo. El truco —y es difícil— consiste en un entendimiento cultural común de qué tipo de fracaso está bien y qué tipo conduce al desastre. Sin embargo, no se engañe. Ninguna cantidad de análisis, especialmente la investigación del mercado, conducirá a una verdadera innovación.

Permanecer cerca del cliente. Esto puede ser lo más difícil de lograr, y quizás donde nuestra muestra de empresas excelentes —IBM, Hewlett-Packard, Kmart, e incluso McDonald's— se desviaron del camino. Es difícil. Hay muchas cosas a las cuales prestar atención dentro de una organización que tenga el tiempo para entender a los clientes, sobre todo cuando el conjunto de estos incluye a distribuidores y usuarios maravillosamente irracionales. Sin embargo, la habilidad de Procter para mantener a todos los miembros de la organización en contacto estrecho con los clientes, combinada con una formidable capacidad de innovación, podría explicar la historia de éxito increíblemente larga de esta compañía.

Autonomía y espíritu empresarial. Aunque usted sea grande, actúe como si fuera pequeño. Las organizaciones son simplemente colecciones de personas, y la gente no se relaciona bien con las entidades grandes y abstractas. Si quiere entender el éxito de Johnson & Johnson, 3M, Wal-Mart, y la HP original, considere el hecho de que estas empresas se organizan en unidades relativamente pequeñas e independientes, unidas por objetivos comunes y normas culturales.

Productividad por medio de las personas. Como dicen los jóvenes en tono sarcástico: «¡No me digas!». ¿Qué otra cosa cuenta en una organización si no las personas? Todo el mundo declara solo con palabras la importancia de su gente, pero solo unos pocos realmente las tratan como algo más que carne de cañón. Uno de los mejores ejemplos que hemos visto fue el de Delta Airlines con su «espíritu de familia», que era tan especial que los empleados se unieron en 1982 para destinar un total de treinta millones de dólares en deducciones de nómina para darle a su empleador su primer Boeing 767, *El Espíritu de Delta.* Lamentablemente, Delta perdió ese espíritu de familia, tal vez cuando se fusionó con Western Airlines.

Práctica, basada en valores. La idea es simple. Averigüe lo que su empresa debería representar, y lo que le daría más orgullo a su gente. Entonces, administre activamente en torno a ese sistema de valores. Recuerde que las utilidades son para los negocios lo mismo que la respiración es para la vida. Las principales compañías hacen sentido, y no solo dinero.

Seguir con lo conocido. Salvo por una o dos excepciones notables; por ejemplo, Berkshire Hathaway, de Warren Buffett; y Jack Welch, de GE, la diversidad en los negocios casi nunca funciona. Sea particularmente receloso de la palabra *sinergia*, que suena muy bien: ¿a quién no le gustaría la ecuación $1 + 1 = 3$? Bueno, nuestra observación —antes y ahora— es que las grandes fusiones rara vez funcionan. Además, nada arruina tanto a un negocio exitoso como el crecimiento hiperrápido.

Forma simple, personal reducido. Aunque las organizaciones son inherentemente muy complicadas, no conviene complicarlas más por medio de planes organizacionales complejos. Implemente una estructura simple y viable; la gente averiguará el resto. Mantenga una cantidad mínima de personal, subcontrate muchas de las actividades propias de los empleados, o utilice grupos operativos durante plazos fijos y para proyectos específicos (otra modalidad de la organización jerárquica). El personal numeroso, y la mayoría de los miembros del personal de carrera, siempre parecen interponerse en el camino de las personas en las organizaciones que realmente hacen el trabajo.

Propiedades simultáneamente flexibles y rígidas. Lo sentimos por el encabezamiento del capítulo, pero lo cierto es que expresa lo que queremos decir. Cualquier organización que funcione bien no está centralizada ni descentralizada, sino que es una maravillosa combinación de ambas. Casi en todas las dimensiones, las mejores empresas, antes y ahora, son flexibles. Les dan a las personas una libertad excepcional para hacer las cosas a su manera.* Al mismo tiempo, las empresas excelentes están muy centralizadas alrededor de unas pocas dimensiones cruciales: los valores centrales que conforman su cultura, una o dos prioridades estratégicas (no más), y unos indicadores financieros clave.

Esos son nuestros ocho atributos, antes y ahora. Ambos hemos escrito mucho desde *Excelencia*, y expresado lo que hemos visto en términos diferentes. Sin embargo, nunca lo hemos hecho mejor que en este libro. Estos ocho atributos son solo eso: atributos, y no principios. No obstante, hasta que aparezca algo que sea claramente mejor, seguiremos con estos.

—Tom Peters y Bob Waterman
Noviembre 2003

---

* Esto parece ser cierto en todos los entornos. Recordamos que recientemente hablamos con el personal de entrega de FedEx, cuyas vidas laborales, para nosotros, parecían terriblemente reglamentadas. A ellos les gustaba su trabajo y lo que dijeron que más les gustaba era «la libertad de hacer las cosas a su manera».

THOMAS J. PETERS y
ROBERT H. WATERMAN, JR.

«Exuberante e interesante... uno de esos libros excepcionales
sobre la gerencia que de forma constante le provoca a pensar
y es divertido de leer».   —*Wall Street Journal*

En busca de
la excelencia

Lecciones de las empresas mejores gerenciadas

Best seller nacional #1

HarperCollins *Español*

Editora en Jefe: *Graciela Lelli*
Traducción: *Santiago Ochoa Cadavid*
Adaptación del diseño al español: *www.produccioneditorial.com*

ISBN: 978-0-71808-242-0

Impreso en Estados Unidos de América
HB 07.06.2022

Para Gene Webb y Lew Young, quienes inspiraron este libro.
Y para Judy, Robb y Kendall, que son una
fuente continua de inspiración.

CONTENIDO

AGRADECIMIENTOS

Dos personas hicieron que este libro fuera considerablemente más legible de lo que podría haber sido: John Cox y Jennifer Futernick. Desde muy temprano, John tomó nuestro manuscrito original, el cual era demasiado largo y redundante, y nos ayudó a superar la barrera sustancial que había entre los apuntes voluminosos y algo que se asemejara a un libro. También nos ayudó enormemente al reducir nuestro manuscrito durante los estertores de la redacción final. Jennifer Futernick fue otra contribuyente importante en el proceso de escritura. Habíamos involucrado originalmente a Jennifer como investigadora bibliotecaria, para que nos ayudara a obtener los hechos de una manera correcta. Sin embargo, resulta que Jennifer también tiene un sentido inusual para identificar lo que funciona en el papel y lo que no. Ella no solo nos brindó una ayuda increíble con la edición y la revisión detallada de nuestro manuscrito, sino mucho más importante aún, llamó de manera continua nuestra atención sobre los problemas estructurales, sobre las afirmaciones que realmente no podíamos respaldar con hechos, y sobre los casos de redundancia. Jennifer adoptó el libro como si fuera suyo y dedicó horas extraordinarias y un cuidado sin igual en su desarrollo.

McKinsey and Company, como empresa, fue muy amable proveyéndonos el tiempo que dedicamos a la investigación sobre las empresas excelentes. Nuestras conclusiones han sido aclaradas y mejoradas por muchas de las contribuciones de nuestros socios. Algunos merecen agradecimientos especiales. Warren Cannon y Ron Daniel han creído —y alguna vez fueron los únicos en hacerlo— desde el comienzo de esta investigación. Jon Katzenbach nos animó sin descanso desde el comienzo de nuestro esfuerzo. Allan Kennedy actuó como un soporte intelectual y nos ayudó a probar algunas de nuestras ideas más raras al calor de la batalla, mientras que otras palidecieron. Herb Henzler, de Munich, abogó por nuestros primeros esfuerzos, creyó en su valor pragmático, y nos ayudó a probar esta creencia en el entorno del cliente.

También Julien Phillips, Don Gogel, Jim Bennett, Jim Balloun, Rajat Gupta, Bill Price, Ron Bancroft, David Meen y Bill Matassoni, de McKinsey, han sido «promotores» activos y refinado el material sobre las empresas excelentes.

Nuestra deuda intelectual con cuatro pensadores brillantes sobre la efectividad de las organizaciones es particularmente entusiasta. Karl Weick, de Cornell; Gene Webb y Hal Leavitt, de Stanford; y Herb Simon, de Carnegie-Mellon, objetaron el pensamiento convencional durante décadas. Los tres primeros han sido ricas fuentes de inspiración personal. Nos hemos beneficiado, al igual que tantos otros, de las estupendas ideas del profesor Simon, aunque solo por medio de la palabra escrita.

Obviamente, los contribuyentes más importantes a la investigación sobre las empresas excelentes son nuestros amigos en dichas compañías. Tres personas se destacan. Rene McPherson, en Dana (y ahora en Stanford), es una fuente de inspiración sin precedentes. Su historial como presidente de Dana sugiere que los mortales *pueden* mover montañas. John Young, de Hewlett-Packard, nos brindó su tiempo y, lo más importante, el aliento vital cuando más lo necesitamos: al principio. Tait Elder, en 3M (y ahora en Allied Corporation) nos enseñó más sobre la innovación de lo que pensábamos que era conocible.

Otros contribuyentes notables incluyen a Stan Little, de Boeing; Stan Abramson, de Westinghouse; Allan Gilbert, de Emerson; Jim Shapiro y Ken Stahl, de Xerox; Larry Small y Jack Heilshorn, de Citibank; Jack Welch, de GE; y Buck Rodgers, de IBM. Su certeza de que teníamos algo importante que decir fue aún más significativa que los hechos que nos suministraron.

De igual importancia son los cientos de participantes anónimos en los más de doscientos grupos a los que les presentamos el material. Muchos otros han añadido también otra historia de Digital o de IBM, confirmando, negando y mejorando siempre nuestros argumentos.

Entre estas personas anónimas, están muchos de nuestros estudiantes de la Escuela de Posgrado de Administración de Empresas de Stanford. En el libro, somos duros con las escuelas de administración de empresas; pero estamos molestos con las facultades, no con los estudiantes. Estos se preocupan mucho por la calidad de la gerencia en Estados Unidos. Gary Bello, un estudiante del programa de préstamos estudiantiles de Stanford y quien trabaja en General Motors, desarrolló aún más nuestro enfoque para el capítulo de «Productividad por medio de las personas» de lo que nunca sabrá; su tipo de interés fue inspirador.

Los doctores Max Günther y Hermann Grabherr de Siemens, en Alemania Occidental, también merecen una mención especial. Estaban intrigados por nuestra investigación preliminar y fueron partidarios activos de nuestra encuesta. Además, su cuestionamiento incesante y siempre sesudo fue a menudo fundamental para el perfeccionamiento de nuestras ideas.

Un libro como este no es solo el producto de la investigación actual y de nuestros colegas. Nuestras predisposiciones son el producto de toda una vida. En ese orden de ideas, Tom debe darle un agradecimiento especial a su madre, Evelyn Peters, quien le inculcó una curiosidad incansable, la cual lo condujo a esta investigación, y a sus primeros mentores vitales, especialmente a Dick Anderson, Blake van Leer y Walter Minnick. Bob agradece también de manera especial a su madre, Virginia Waterman, quien reafirmó sus primeras nociones de excelencia, y a su padre, Robert Waterman, quien le enseñó los valores de la iniciativa y la integridad a través del ejemplo personal.

Podemos hacer poco más que inclinarnos en señal de gratitud ante las personas a quienes dedicamos el libro: Gene, Lew y Judy. Gene Webb, de Stanford, ha sido una fuente de apoyo total para Tom por casi quince años. Lew Young, de *Business Week*, especialmente por preocuparse personalmente por las ideas (y este libro, si trata de algo, es del cuidado y del compromiso). Judy Waterman le enseñó a Bob la importancia del entusiasmo y de los enfoques «no racionales» con respecto a la vida.

La contribución de quienes trabajaron horas excesivamente largas para aclarar los primeros borradores, buscar hechos y digitar los varios apuntes para el manuscrito, y los discursos que condujeron a este, tuvo una importancia crítica. Entre ellos están Janet Collier, Nancy

Kaible, Nancy Rynd, Patty Bulena y Sylvia Osterman. Agradecemos también la contribución tan especial de Kay Dann, que no solo ayudó con la digitación, sino lo más importante —como asistente administrativa de los autores—, mantuvo la calma en medio de lo que con frecuencia fue una actividad frenética y descontrolada.

Las últimas palabras entusiastas de agradecimiento son para Robbin Reynolds, de Harper & Row. Ella nos encontró, nutrió nuestro primer trabajo incoherente, nos criticó cuando lo necesitábamos (a menudo), y nos dio unas palmaditas en la espalda (a menudo sin merecerlo) para seguir encaminados. Gracias, Robbin, por tu fe.

Agradecimiento especial:
David G. Anderson

Queremos rendirle un tributo especial a David G. Anderson, quien ha sido y sigue siendo un contribuyente muy especial a la investigación sobre las compañías excelentes. David, quien estaba en McKinsey en aquella época, y que actualmente cursa estudios de doctorado en la Universidad de Stanford gracias a la licencia concedida por McKinsey, trabajó en el proyecto desde sus inicios. Organizó y dirigió personalmente muchas de las entrevistas de campo, y realizó la investigación financiera original sobre el ejemplo de las empresas excelentes. Más importante aún, David contribuyó plenamente con sus asombrosas habilidades intelectuales con el fin de originar y moldear muchas de las ideas fundamentales que han surgido con el transcurso de los años. Adicionalmente, sus reacciones vigorosas a las ideas incipientes (las ventajas y desventajas), representaron generalmente la prueba de fuego del mérito intelectual. Por ejemplo, David promovió el papel central de los campeones y de lo que nosotros llamamos las posiciones de autonomía limitada. También dirigió nuestra atención a la literatura sobre el poder del control percibido. Su compromiso, que surgió de la búsqueda obstinada a nivel intelectual de ideas clave, fue y es una fuente de verdadera inspiración y de bienestar.

Además, David ha sido un orador frecuente y líder de sesiones de retroalimentación a medida que el trabajo ha progresado. Finalmente, también fue un contribuyente primordial al décimo capítulo de este libro, «Seguir con lo conocido».

PREFACIO

Hay algunas observaciones que pueden ayudar al lector a través de las siguientes páginas. Reunimos los datos en los que se basa este libro, y los condensamos en ocho hallazgos básicos. Algunos lectores pueden decir que los resultados son maternidades, pero eso no es cierto. Cada hallazgo en sí mismo puede parecer un tópico común (cerca del cliente, productividad por medio de las personas), pero la intensidad de la forma en que las empresas excelentes ejecutan los ocho atributos, especialmente en comparación con sus competidores, es tan rara como un día sin esmog en Los Ángeles.

En segundo lugar, nos aventuramos a afirmar que los capítulos 3 y 4 podrían ser abrumadores porque están dedicados en gran medida a la teoría. Pueden omitirse (o leerse de últimos), pero sugerimos que el lector les eche al menos un vistazo, y considere prestarles una atención cuidadosa. Lo instamos a esto, porque los ocho atributos básicos de la excelencia gerencial no solo «funcionan porque sí»; funcionan porque tienen un sentido excepcional. Las necesidades más profundas de cientos de miles de personas son aprovechadas —explotadas, si se quiere— por las compañías excelentes, y su éxito refleja, algunas veces sin que lo sepan, una sólida base teórica. Adicionalmente, creemos que los lectores podrían sorprenderse gratamente al ver lo interesante que es la teoría. Añadimos que no es nueva y que no ha sido probada; la mayor parte de la teoría ha superado la prueba científica del tiempo y desafiado la refutación. Simplemente ha sido ignorada, en términos generales, por gerentes y escritores de asuntos gerenciales.

Nos gustaría decir aquí también que la mayoría de las empresas excelentes no son clientes de McKinsey. Esta empresa respaldó la investigación y la redacción, pero no influyó en nuestra selección de las compañías.

INTRODUCCIÓN

Habíamos decidido, después de cenar, pasar una segunda noche en Washington. Nuestro día laboral nos había llevado más allá del último y conveniente vuelo disponible. No teníamos reservación de hotel, pero estábamos cerca del nuevo Four Seasons; nos habíamos hospedado una vez allí, y nos había gustado. Mientras atravesamos el vestíbulo preguntándonos cuál sería la mejor manera de pedir una habitación, nos preparamos para la indiferencia habitual concedida a quienes llegan tarde. Para nuestro asombro, la conserje alzó la vista, sonrió, nos llamó por nuestros nombres, y nos preguntó cómo estábamos. ¡Ella recordaba nuestros nombres! En un instante supimos por qué, en el breve lapso de un año, el Four Seasons se había convertido en el «lugar para hospedarse» en el distrito, y por qué era el extraño detentador de la venerada clasificación de cuatro estrellas apenas en su primer año.

Bien por ellos, estará pensando usted, pero, ¿por qué tanto alboroto? Bueno, el incidente nos sorprendió con cierta fuerza porque durante los últimos años habíamos estado estudiando la excelencia corporativa. Para nosotros, una de las claves principales para la excelencia corporativa ha llegado a ser sencillamente este tipo de incidentes relacionados con un esfuerzo inusual por parte de empleados aparentemente comunes y corrientes. Cuando encontramos no uno solo, sino toda una serie de incidentes de este tipo, estuvimos bastante seguros de estar tras la pista de una situación excepcional. Aún más, estuvimos bastante seguros de que encontraríamos un desempeño financiero sostenido que sería tan excepcional como el desempeño de los empleados.

Otras imágenes acuden a nuestras mentes. Nos encontrábamos esta vez en el estado de Washington, hablando con un grupo de ejecutivos de Boeing acerca de nuestra investigación y enfatizando en que las empresas excelentes parecen tener todo tipo de problemas para fomentar, alimentar y cuidar lo que llamamos «campeones de productos»: esos individuos que creen tan firmemente en sus ideas que se ocupan de maldecir a la burocracia y maniobrar sus proyectos a través del sistema para luego entregárselo al cliente. Alguien replicó: «¡Campeones! ¡Nuestro problema es que no podemos eliminarlos!». Entonces, Bob Withington, que estaba presente, pasó a contar la historia de cómo Boeing había obtenido *realmente* los contratos para el B-47 de alas en flecha, y que más tarde se convirtió en el 707, el primer avión comercial exitoso. También contó la historia de cómo Boeing obtuvo *realmente* el contrato para el B-52, que iba a tener un diseño de turbohélice hasta que Boeing logró demostrar las ventajas de este modelo como un avión a reacción.

Para nosotros, la fascinación de la primera historia fue la saga de un pequeño grupo de ingenieros de Boeing que observaron minuciosamente los archivos alemanes en los laboratorios nazis el día en que fueron ocupados por las fuerzas aliadas. Al hacer esto, confirmaron rápidamente sus propias ideas sobre las enormes ventajas del diseño con las alas en flecha. Luego vino el drama en Seattle, al otro lado del mundo, debido a la fiebre subsecuente de verificar el diseño de alas en flecha en el túnel de viento y el sorprendente hallazgo de que si el motor no podía estar en el fuselaje del avión, era mejor que estuviera suspendido delante del ala. La segunda historia hablaba de un largo fin de semana y sin horas de sueño en un hotel de Dayton, donde un pequeño grupo de ingenieros rediseñó por completo el B-52, redactó y elaboró una propuesta de treinta y tres páginas, y se la presentó a la Fuerza Aérea el lunes siguiente, apenas setenta y dos horas después. (Adicionalmente, este pequeño equipo de campeones presentó la propuesta completa con un modelo a escala finamente esculpido, que habían hecho con balsa y otros materiales adquiridos por quince dólares en una tienda de pasatiempos durante el fin de semana). Ambas son historias excelentes de pequeños equipos de personas que trabajaron sumamente duro para obtener resultados en nombre de una corporación verdaderamente inusual. Sin embargo, el patrón de Boeing surgió como la norma en empresas tan dispares como 3M e IBM; grupos pequeños y competitivos de enemigos pragmáticos de la burocracia, fuente de una gran innovación.

Para citar otro ejemplo, un día fuimos a comprar una calculadora programable en una pequeña tienda que vendía calculadoras y artículos electrónicos. El conocimiento, entusiasmo e interés en nosotros que mostró el vendedor del producto nos pareció sorprendente y, naturalmente, sentimos curiosidad. Y sucedió que no era un empleado de la tienda, sino un ingeniero de desarrollo de Hewlett-Packard (HP), quien tenía veintiocho años y estaba obteniendo una experiencia de primera mano sobre la respuesta de los usuarios a la línea de productos HP. Habíamos oído que HP se enorgullecía de su cercanía con el cliente, y que una asignación típica para un nuevo ingeniero eléctrico o para alguien con una maestría era involucrarse en un trabajo que incluyera los aspectos prácticos de la introducción del producto. ¡Rayos! Aquí estaba un ingeniero de HP comportándose de una manera tan entusiasta como cualquier vendedor que uno quisiera ver.

En cualquier lugar del mundo donde habíamos estado, desde Australia a Europa o Japón, no pudimos dejar de sentirnos impresionados por el alto nivel de limpieza y consistencia del servicio que encontramos en cada sucursal de la cadena de hamburguesas McDonald's. No a todo el mundo le gusta el producto ni el concepto de McDonald's como una expresión global de la cultura estadounidense, pero *es* realmente extraordinario encontrar el tipo de garantía de calidad que ha logrado McDonald's en todo el mundo como una empresa de servicios. (Controlar la calidad en un negocio de servicios es un problema particularmente difícil. A diferencia de la fabricación, en la que uno puede probar lo que sale de la línea y desechar los lotes defectuosos, lo que se produce en las empresas de servicios y lo que se consume sucede al mismo tiempo y en el mismo lugar. Hay que asegurarse de que decenas de miles de personas en toda la compañía se adhieran un poco al mismo nivel alto, y que todos entiendan la concepción de la compañía y su preocupación genuina por la calidad).

Recordamos una conversación que tuvo lugar un día primaveral en una canoa en las aguas transparentes del lago Ginebra, años antes de realizar esta investigación. Uno de nosotros estaba enseñando en IMEDE, una escuela de administración de empresas en Lausana, y también visitaba a un viejo colega. Este tenía que viajar constantemente debido a sus negocios, lo cual afligía a su esposa, y entonces

abrió una cadena de puntos de venta de McDonald's en Suiza para
pasar más tiempo en casa. Sin embargo, esto dejó a su esposa, quien
no había nacido en Ginebra, en un estado de shock xenófobo. (Ella
lo superó tan pronto como los suizos se hicieron clientes fieles de
McDonald's). Él estaba hablando de sus primeras impresiones de Mc-
Donald's y comentó: «Ya saben, una de las cosas que más me sorprendieron acerca de McDonald's es su orientación a las personas.
Durante los siete años que estuve en McKinsey, nunca vi un cliente
que pareciera preocuparse tanto por su personal».

Otro amigo nos describió por qué, en una importante y reciente
adquisición de un sistema informático para un hospital, había elegido
a International Business Machines. «Muchas otras empresas aventa-
jaban a IBM en magia tecnológica», señaló. «Y el cielo sabe que su
software es más fácil de usar. Sin embargo, solo IBM se tomó la molestia de familiarizarse con nosotros. Hicieron entrevistas extensivas
en todos los niveles de la empresa. Hablaron nuestro idioma, sin ape-
lar a jerigonzas, sobre las entrañas de las computadoras. Su precio
era un veinticinco por ciento más alto. Sin embargo, nos ofrecieron
garantías incomparables de fiabilidad y servicio. Incluso fueron al extremo de organizar una conexión de respaldo con una empresa local
de acero, en caso de que nuestro sistema se bloqueara. Sus presentaciones fueron al grano. Todo lo relacionado con ellos destilaba éxito
y seguridad. Nuestra decisión, a pesar de la fuerte presión presupues-
taria, fue muy fácil».

Escuchamos historias con mucha frecuencia acerca de las empresas japonesas, de su cultura única y de su proclividad a reunirse, a cantar canciones de la compañía, y a corear la letanía corporativa. Ahora
bien, por lo general, ese tipo de prácticas se desestiman en Estados
Unidos por ser irrelevantes, pues ¿quién de nosotros puede imaginar
un comportamiento tan tribal en las empresas estadounidenses? Sin
embargo, sí existen ejemplos en Estados Unidos. Para cualquier persona que no lo haya visto, es difícil imaginar el alboroto y la emoción
que hay en el rally semanal todos los lunes en la noche, al que asisten
los vendedores de recipientes plásticos Tupperware. Algo similar sucede en Mary Kay Cosmetics, que fue objeto de un segmento realizado
por Morley Safer en *Sixty Minutes*. Esos ejemplos podrían descartarse
por ser peculiares para vender un tipo determinado de productos. Por
otro lado, en HP, la frecuente fiesta con cerveza es una parte normal

del enfoque de cada división para mantener a todos involucrados. Y uno de nosotros asistió a un programa de IBM sobre capacitación en ventas a principios de su carrera; cantamos canciones cada mañana y fuimos tan entusiastas (bueno, casi tanto) como los trabajadores de una compañía japonesa.

En los talleres de enseñanza para estudiantes o clientes, utilizamos con frecuencia un caso que gira en torno al peculiar estilo gerencial de Delta Airlines. Nosotros, que viajamos mucho, somos propensos a contar un par de historias sobre el material de ayuda que nos han dado los empleados de puerta de Delta mientras nos apresuramos para hacer una conexión de última hora. La última vez que lo hicimos, un ejecutivo levantó la mano y dijo: «Bueno, déjenme decirles cómo son realmente las cosas en Delta». Mientras nos preparábamos para lo que iba a ser claramente un reto a nuestra tesis, el individuo comenzó a describir una historia excepcional de servicio por parte de esta empresa, que hizo que la nuestra palideciera en comparación. Su mujer había perdido involuntariamente un gran descuento en un boleto porque su familia se había trasladado a otra ciudad y, debido a un tecnicismo, el precio del billete ya no era válido. Ella llamó para quejarse. El presidente de Delta intervino personalmente y, como estaba allí en ese momento, se encontró con ella en la puerta para darle el nuevo boleto.

Cualquiera que haya estado en la gerencia de marca de Procter & Gamble cree sinceramente que esta empresa es más exitosa por su compromiso inusual con la calidad del producto que por su legendaria destreza en el mercadeo. Una de nuestras imágenes favoritas es la de un ejecutivo de P&G afirmando frenéticamente y con la cara roja a una clase durante un programa ejecutivo de verano en Stanford que P&G «también produce el mejor papel higiénico en el mercado, y solo porque el producto sea papel higiénico, o jabón, si es el caso, no significa que P&G no lo convierta en algo que tenga un aspecto mucho mejor que el de cualquier otra empresa». (Al igual que en la mayor parte de las empresas excelentes, estos valores básicos son profundos. P&G se negó una vez a sustituir un ingrediente inferior en su jabón, a pesar de que significaba incumplir con las urgentes necesidades del Ejército durante la Guerra Civil).

Por último, en Frito-Lay oímos historias, quizás apócrifas, o quizás no —es irrelevante—, acerca de personas que trabajan arduamente en medio del aguanieve, el granizo, la nieve y la lluvia. No están repartiendo el correo. Son vendedores de papas fritas, y mantienen el «99,5 por ciento del nivel de servicios»* del que tanto se enorgullece toda la organización Frito, y que es la fuente de su éxito sin igual.

Las historias son numerosas. Lo que realmente nos fascinó cuando empezamos a realizar nuestra encuesta sobre la excelencia corporativa fue que cuanto más indagamos, más comprendimos a las excelentes empresas que abundaban en este tipo de historias e imágenes. Empezamos a darnos cuenta de que estas empresas tenían culturas tan fuertes como cualquier organización japonesa. Y las trampas de la excelencia cultural parecían reconocibles, independientemente de la industria. Cualquiera que fuera el negocio, las compañías estaban haciendo lo mismo por lo general, algunas veces cosas cursis, pero siempre intensas y repetitivas para asegurarse de que todos los empleados estuvieran apoyando su cultura, u optar por no hacerlo.

Aún más, y para nuestra sorpresa inicial, el contenido de la cultura se limitaba invariablemente a un puñado de temas. Ya fuera doblando hojalata, friendo hamburguesas u ofreciendo habitaciones en alquiler, virtualmente todas las empresas, tal como parecía ser, se habían definido a sí mismas como negocios de servicios *de facto*. Los clientes reinan a sus anchas. No son tratados con tecnología no probada o con una sobrerregulación innecesaria. Reciben productos que duran, y servicios que se ofrecen puntualmente.

La calidad y el servicio eran entonces distintivos invariables. Obviamente, para alcanzar esto, se requiere la cooperación de todas las personas de una empresa, y no solo de la labor poderosa de las doscientas más importantes. Las empresas excelentes requieren y exigen un desempeño extraordinario por parte del hombre promedio. (Rene McPherson, expresidente de Dana, afirma que ni los pocos holgazanes destructivos ni el puñado de quienes actúan de manera brillante son la clave. Más bien, él llama la atención al cuidado, la alimentación y la liberación del hombre promedio). Nosotros lo calificamos como «productividad por medio de las personas». Todas las empresas hablan siempre de esto, pero pocas lo ponen en práctica.

---

* En Frito, una tienda de familia en Missoula, Montana, o el emblemático *Safeway* en Oakland, California, tienen el mismo 99,5 por ciento de posibilidades de recibir una visita diaria de su vendedor de ruta.

Por último, nos dimos cuenta de que no teníamos que mirar a un lugar tan lejano como el Japón para encontrar modelos con los cuales atacar el malestar corporativo que nos tenía en sus garras viciosas. Tenemos una gran cantidad de grandes empresas estadounidenses que están haciendo las cosas bien desde el punto de vista de todos sus componentes: clientes, empleados, accionistas y el público en general. Lo han estado haciendo bien por muchos años. Simplemente no hemos prestado suficiente atención a su ejemplo. Tampoco hemos intentado analizar si el grado en que lo hacen de modo instintivo es totalmente consistente con una teoría sólida.

Las discusiones de la psicología gerencial se han centrado durante mucho tiempo en la teoría X o en la teoría Y, en el valor del enriquecimiento del trabajo, y, ahora, en los círculos de calidad. Esto no logra explicar muy bien la magia de la entusiasta fuerza laboral japonesa o de las empresas excelentes de Estados Unidos, aunque exista una teoría útil. El psicólogo Ernest Becker, por ejemplo, ha formulado una importante posición teórica de apoyo; sin embargo, ha sido ignorada por la mayoría de los analistas gerenciales. Él sostiene que el hombre está impulsado por un «dualismo» esencial: él necesita ser parte de algo y sobresalir. Necesita, en un momento determinado y de manera simultánea, ser un miembro conforme con un equipo triunfador, y una estrella por derecho propio.

Becker afirma con respecto al equipo ganador: «La sociedad [...] es un vehículo para el heroísmo terrenal [...] El hombre trasciende la muerte mediante la búsqueda de un significado para su vida [...] Es el deseo ardiente lo que cuenta para las criaturas [...] A lo que el hombre teme realmente no es tanto a la extinción, sino a la extinción con *insignificancia* [...] El ritual es la técnica para dar vida. Su sentido del valor propio está constituido simbólicamente, su narcisismo amado se alimenta de símbolos, de una idea abstracta de su propio valor. El deseo natural [del hombre] puede alimentarse ilimitadamente en el ámbito de los símbolos». Y añade: «*El hombre elabora la falta de libertad* [una gran medida de conformidad] *como un soborno para su perpetuación propia*». En otras palabras, los hombres se encadenan voluntariamente al horario de nueve a cinco, solo si perciben que es por una causa maravillosa en alguna medida. La empresa puede proporcionar realmente la misma resonancia como lo hace un club exclusivo o una sociedad honoraria.

Sin embargo, al mismo tiempo, cada uno de nosotros necesita sobresalir; incluso, o tal vez particularmente, en una institución ganadora. Así que observamos, una y otra vez, una energía extraordinaria que está por encima y más allá del llamado del deber cuando al trabajador (trabajador del área de producción, asistente de ventas, empleado de escritorio) se le da incluso un mínimo de control aparente sobre su destino. Un experimento en psicología compatible con este campo principal de investigación subraya la idea. A unas personas adultas se les dieron unos acertijos complejos para resolver y un texto para revisar. En el fondo, había un ruido fuerte y molesto que los distraía de manera aleatoria; para ser específicos, era «una combinación de dos personas hablando en español, de otra hablando en armenio, de un mimeógrafo en funcionamiento, de una calculadora de escritorio y de una máquina de escribir, además de ruidos callejeros, lo que producía un rugido complejo e indistinguible». Los sujetos fueron divididos en dos grupos. A los integrantes de un grupo solo se les dijo que trabajaran en la tarea. A los individuos del otro se les suministró un botón para apagar el ruido, «un análogo moderno de control: el interruptor de apagado». El grupo con el interruptor de apagado resolvió cinco veces más el número de acertijos que sus cohortes y cometió apenas una pequeña fracción de la cantidad de errores en la revisión del texto. Y sucedió algo sorpresivo: «... ninguno de los sujetos en el grupo con el interruptor de apagado lo utilizó una sola vez. El mero conocimiento de que uno puede ejercer un control marcó la diferencia».

Las compañías mejor administradas, y algunas otras, actúan de acuerdo con estas teorías. Por ejemplo, el gerente de una división de ventas conformada por cien personas alquiló el Estadio Meadowlands (en Nueva Jersey) durante la noche. Después del trabajo, sus vendedores salieron a la cancha por el túnel de los jugadores. Mientras cada uno salía, el tablero electrónico mostraba su nombre a la multitud reunida. Los ejecutivos de la sede corporativa, los empleados de otras oficinas, y sus familiares y amigos estaban presentes, aclamando en voz alta.

La empresa es IBM. Con un solo acto (la mayoría de las compañías no excelentes descartaría esto por ser demasiado cursi, derrochador en exceso, o ambos), IBM reafirmó de manera simultánea su dimensión heroica (satisfaciendo las necesidades de los individuos de ser parte de algo grandioso) y su preocupación por la autoexpresión del individuo (la necesidad de sobresalir). IBM está tendiendo un puente sobre una paradoja aparente. Si existe una característica llamativa de las empresas excelentes es esta capacidad de manejar la ambigüedad y la paradoja. Lo que nuestros amigos economistas racionales nos dicen que no es posible, las empresas excelentes lo hacen de manera rutinaria.

Las papas Frito y las lavadoras Maytag deberían ser productos de consumo; un nivel de servicio del 99,5 por ciento para las tiendas familiares es algo que no tiene sentido, hasta que nos fijamos en los márgenes, y hasta que vemos la cuota de mercado. El problema en Estados Unidos es que nuestra fascinación por las herramientas gerenciales nubla nuestra aparente ignorancia de la técnica. Nuestras herramientas están dirigidas a la medición y el análisis. Podemos medir los costos. Sin embargo, si contamos solo con estas herramientas, no podremos profundizar realmente en el valor de una Maytag encendida, o en una fuerza laboral de Caterpillar que elabora productos de calidad, o en un vendedor de Frito-Lay haciendo ese esfuerzo adicional por el cliente común y corriente.

Peor aún, nuestras herramientas nos obligan a una inclinación racional que mira con recelo las mismas fuentes de innovación en las empresas excelentes: los campeones irracionales de productos en 3M, la proliferación de la línea de productos y la duplicación en Digital Equipment Corporation, la intensa competencia interna entre los gerentes de marca en P&G. Alfred Sloan introdujo de manera exitosa la superposición en General Motors en la década de 1920; la superposición amplia y decidida ha existido entre las divisiones de líneas de productos de IBM para impulsar la competencia interna por casi el mismo tiempo. Sin embargo, pocos racionalistas parecen creer en esto, incluso hoy en día. No les gusta la superposición, sino el orden. No les gustan los errores, sino la planificación meticulosa. No les gusta desconocer lo que está haciendo todo el mundo; les gustan los controles. Les gusta tener mucho personal. Mientras tanto, Wang Labs, 3M o Bloomingdale's les llevan diez meses e igual número de introducciones de productos de ventaja.

Así que hacemos una leve excepción a la teoría tradicional, principalmente porque nuestra evidencia acerca de cómo trabajan los seres humanos —individualmente y en grupos—, nos lleva a examinar varios principios económicos importantes relacionados con el tamaño (economías de escala), la precisión (límites del análisis), y la capacidad de obtener resultados extraordinarios (especialmente en la calidad) con personas bastante normales.

Los resultados de las empresas excelentes constituyen un mensaje alentador. Hay buenas noticias provenientes de Estados Unidos. Las buenas prácticas gerenciales no se encuentran solo en Japón. Sin embargo, más importante aún, las buenas noticias vienen de tratar con decencia a las personas y de pedirles que brillen, así como de producir cosas que funcionen. Las eficiencias de escala dan paso a pequeñas unidades de personas entusiasmadas. Los esfuerzos planeados con precisión de R&D, dirigidos a productos revolucionarios, son reemplazados por ejércitos de campeones dedicados. Un enfoque entumecido con respecto a los costos genera un enfoque mejorado en la calidad. La jerarquía y los trajes de tres piezas dan paso a nombres de pila, camisas sin mangas, alboroto, y a una flexibilidad basada en proyectos. Trabajar de acuerdo con voluminosos manuales de reglas es reemplazado por la contribución de cada uno.

Incluso la labor gerencial se hace más divertida. En lugar de juegos cerebrales en la estéril torre de marfil, se forjan valores y se refuerzan a través del *coaching* y de la evangelización en el terreno; con el trabajador y en apoyo al producto amado.

Este libro explicará con mayor detalle lo que acabamos de describir. Definirá lo que entendemos por excelencia. Es un intento por generalizar sobre lo que las empresas excelentes parecen estar haciendo y que las demás no hacen, y por reforzar nuestras observaciones sobre las empresas excelentes con una sólida teoría social y económica. Y, finalmente, empleará datos de campo que con frecuencia se pasan por alto en los libros sobre gerencia; a saber, ejemplos específicos y concretos de las propias empresas.

PRIMERA PARTE
EL REMANENTE DEL AHORRO

1

Empresas estadounidenses exitosas

El pintor surrealista belga René Magritte pintó una serie de pipas y la tituló *Ceci n'est pas une pipe* (*Esto no es una pipa*). La imagen del objeto no es el objeto. Del mismo modo, el organigrama empresarial no es una compañía, ni una nueva estrategia es una respuesta automática a un problema corporativo. Todos sabemos esto; pero nos guste o no, cuando los problemas acechan, abogamos por una nueva estrategia y una probable reorganización. Y cuando reorganizamos, usualmente nos detenemos después de reacomodar las casillas en el organigrama. Las probabilidades de que no muchas cosas cambiarán son altas. Tendremos caos, incluso un caos útil por un tiempo, pero la vieja cultura prevalecerá con el paso del tiempo. Los viejos patrones de hábitos persisten.

A nivel visceral, todos sabemos que el proceso de mantener a las grandes organizaciones vitales y receptivas involucra mucho más que las declaraciones de políticas, nuevas estrategias, planes, presupuestos y lo que podemos representar en organigramas. Sin embargo, con demasiada frecuencia, nos comportamos como si no lo supiéramos. Si queremos un cambio, jugueteamos con la estrategia. O cambiamos la estructura. Tal vez haya llegado el momento de cambiar nuestras maneras.

A principios de 1977, una preocupación general por los problemas de la efectividad gerencial, y una preocupación particular por la naturaleza de la relación entre la estrategia, la estructura y la efectividad gerencial, nos llevó a conformar dos fuerzas internas de tarea en McKinsey & Company. Uno de nosotros debía revisar nuestro pensamiento sobre la estrategia, y el otro debía examinar las gráficas de la efectividad organizacional. Era, por así decirlo, la versión de McKinsey de la investigación aplicada. Nosotros (los autores) éramos los líderes del proyecto de la efectividad organizacional.

El primer paso natural fue hablar extensamente con ejecutivos de todo el mundo reconocidos por sus habilidades, experiencia y sabiduría en el campo del diseño organizacional. Vimos que ellos compartían también nuestra inquietud acerca de los enfoques convencionales. Todos se sentían incómodos con las limitaciones de las habituales soluciones estructurales, sobre todo con la última aberración, la forma de matriz compleja. Sin embargo, se mostraron escépticos con respecto a la utilidad de todas las herramientas conocidas, dudando de que estuvieran a la altura de la tarea de revitalizar y reorientar a gigantes de miles de millones de dólares.

De hecho, las ideas más útiles llegaban de los lugares más extraños. En 1962, el historiador de negocios Alfred Chandler escribió *Strategy and Structure*, donde presentó la poderosa noción de que la estructura sigue a la estrategia. Y la sabiduría convencional en 1977, cuando comenzamos nuestro trabajo, era que la máxima de Chandler contenía los ingredientes de la verdad universal. Consignar por escrito el plan estratégico y la estructura adecuada en materia de organización destilará comodidad, gracia y belleza. La idea de Chandler *era* importante: de eso no hay duda; pero cuando él la concibió, todo el mundo estaba diversificando, y lo que captó Chandler con mayor claridad fue que una estrategia en torno a una diversificación amplia dicta una estructura marcada por la descentralización. La forma sigue a la función. En el período que siguió a la Segunda Guerra Mundial, y casi hasta 1970, el consejo de Chandler bastó para causar (o mantener) una revolución en las prácticas gerenciales que era direccionalmente correcta.

Pero a medida que exploramos el tema, encontramos que la estrategia rara vez parecía dictar soluciones estructurales únicas. Por otra parte, los problemas cruciales en la estrategia eran con mayor frecuencia los referentes a la ejecución y la adaptación continua: lograr que las cosas se hagan, mantenerse flexible. Y esto significaba en gran medida ir mucho más allá de la estrategia y pasar a las cuestiones de estructura organizacional, de las personas, y de otras semejantes. Así que el problema de la efectividad gerencial amenazaba con demostrar ser penosamente circular. Por desgracia, la escasez de adiciones prácticas a las viejas formas de pensamiento fue aparente. Esto nunca fue tan claro como en 1980, cuando los gerentes estadounidenses, acosados por evidentes problemas de estancamiento, se apresuraron a adoptar las prácticas gerenciales japonesas, ignorando las diferencias culturales mucho más de lo que sugeriría incluso la gran expansión del Pacífico.

Nuestro siguiente paso en 1977 fue buscar ayuda más allá de los hombres de negocios. Visitamos una docena de escuelas de administración de empresas en Estados Unidos y Europa (Japón no tiene escuelas de administración de empresas). Encontramos que los teóricos académicos estaban teniendo dificultades con las mismas preocupaciones. Aquel era un momento oportuno. El estado de la teoría presenta un desorden refrescante, pero se está moviendo hacia un nuevo consenso; unos pocos investigadores continúan escribiendo acerca de la estructura, y en particular, acerca de la variante más reciente y de moda, la matriz. Sin embargo, fundamentalmente, el fermento gira en torno a otra corriente de pensamiento derivada de algunas ideas sorprendentes sobre la capacidad limitada de quienes toman decisiones para manejar la información y llegar a lo que solemos pensar como decisiones «racionales», y a la probabilidad aún menor de que los grandes colectivos (es decir, las organizaciones) ejecuten de manera automática el diseño complejo y estratégico de los racionalistas.

La corriente que los investigadores actuales están aprovechando es antigua, y comenzó a finales de la década de 1930 con Elton Mayo y Chester Barnard, ambos de Harvard. En varios sentidos, ellos cuestionaron las ideas formuladas por Max Weber, quien definió la forma burocrática de organización, y por Frederick Taylor, quien insinuaba que la administración puede ser realmente una ciencia exacta. Weber había desdeñado el liderazgo carismático y adoraba la burocracia; su forma impersonal basada en reglas, señaló, era la única manera de asegurar la supervivencia a largo plazo. Taylor, por supuesto, es la fuente del enfoque de tiempo y movimiento con respecto a la eficiencia: si solo se pueda dividir el trabajo en partes completamente programadas y suficientemente discretas, y luego juntar las partes de nuevo de una manera verdaderamente óptima, tendrías entonces una unidad con un desempeño realmente superior.

Mayo incursionó con mucha convicción en la corriente mayoritaria de la escuela racionalista y terminó cuestionando, de hecho, buena parte de ella. En las plantas de producción de Western Electric en Hawthorne, trató de demostrar que una mejor higiene en el sitio de trabajo tendría un efecto directo y positivo en la productividad del trabajador. Y entonces encendió las luces. La productividad aumentó tal como predijo. Luego, a medida que se preparaba para dirigir su atención a otro factor, apagó de nuevo las luces de manera rutinaria. ¡La productividad aumentó de nuevo! Para nosotros, el mensaje tan importante de la investigación que generaron estas acciones, y un tema al cual retornaremos continuamente en el libro, es que la *atención a los empleados*, y no de las condiciones laborales *per se*, es lo que tiene un impacto predominante en la productividad. (Muchas de nuestras mejores empresas, observó un amigo nuestro, parecen reducir la gerencia al simple hecho de crear «una interminable corriente de efectos Hawthorne»). Esto no encaja con la visión racionalista.

Chester Barnard, hablando desde la perspectiva del director general (había sido presidente de New Jersey Bell), afirmó que el papel de un líder consiste en aprovechar las fuerzas sociales en la organización; en forjar y en orientar valores. Describió a los buenos gerentes como forjadores de valores preocupados por las propiedades sociales e informales de la organización. Los contrastó con simples manipuladores de recompensas y sistemas formales, que se referían únicamente al concepto más estrecho de la eficiencia a corto plazo.

Los conceptos de Barnard, aunque fueron retomados rápidamente por Herbert Simon (quien posteriormente recibió el premio Nobel por sus esfuerzos), permanecieron latentes durante treinta años, mientras que las principales controversias gerenciales se centraron en la estructura intrínseca al crecimiento en la posguerra, el tema álgido de la época.

Pero entonces, a medida que la primera ola de la estructura descentralizada demostró ser menos que una panacea para todas las épocas y que su sucesora, la matriz, se topaba con problemas continuos derivados de la complejidad, las ideas de Barnard y Simon detonaron una nueva ola de pensamiento. Por el lado de la teoría, los representantes fueron Karl Weick, de Cornell, y James March, de Stanford, quienes atacaron con saña el modelo racional.

Weick sugiere que las organizaciones aprenden y se adaptan con mucha lentitud. Le prestan una atención obsesiva a las señales internas habituales, mucho después de que su valor práctico ha perdido todo su significado. Las suposiciones importantes y estratégicas en materia de negocios (por ejemplo, un control frente a una tendencia a la toma de riesgos) están profundamente enterradas en las minucias de los sistemas gerenciales y en otras rutinas habituales cuyos orígenes han sido ocultados por el paso del tiempo. Nuestro ejemplo favorito en este sentido fue suministrado por un amigo, quien a principios de su carrera estaba recibiendo instrucción como cajero de banco. Una de las operaciones implicaba ordenar manualmente ochenta tarjetas perforadas, y la mujer que le estaba enseñando esto lo hacía a la velocidad de un rayo. «*Bzzzzzzt*» sonó la baraja de cartas en sus manos, y todas quedaron ordenadas. Esto le produjo mucha admiración a nuestro amigo.

—¿Cuánto tiempo llevas haciendo esto? —le preguntó.

—Cerca de diez años —calculó ella.

—Bueno —dijo él, ansioso por aprender—. ¿Para qué es esa operación?

—A decir verdad —se escuchó un *Bzzzzzzt* mientras ordenaba otro grupo de tarjetas—, realmente no lo sé.

Weick supone que la inflexibilidad se deriva de las imágenes mecánicas de organizaciones que tenemos en nuestras mentes, y afirma por ejemplo: «El uso crónico de la metáfora militar lleva a la gente a pasar por alto una y otra vez un tipo diferente de organización, que valora la improvisación en lugar de la previsión, que se preocupa por las oportunidades antes que por las limitaciones, que descubre nuevas acciones antes que defender las acciones pasadas, que valora los argumentos como mucho más importantes que la serenidad, y que fomenta la duda y la contradicción antes que las creencias».

March va incluso más lejos que Weick. Ha introducido, solo de una manera ligeramente chistosa, el cubo de la basura como una metáfora organizacional. March visualiza la forma en que las organizaciones aprenden y toman decisiones como corrientes de problemas, soluciones y participantes, y oportunidades de elección que interactúan casi al azar para llevar a la organización hacia el futuro. Sus observaciones acerca de las grandes organizaciones recuerdan la profecía irónica del presidente Truman sobre las vejaciones que acechaban a su sucesor, tal como lo narró Richard E. Neustadt. «Él se sentará aquí», comentó Truman (golpeando su escritorio para mayor énfasis), «y dirá: "¡Haz esto! ¡Haz aquello!" Y no sucederá nada. Pobre Ike; no será ni remotamente semejante al ejército. Le parecerá muy frustrante».

Otros investigadores han comenzado recientemente a recopilar datos que respaldan estas opiniones o puntos de vista no convencionales. El investigador Henry Mintzberg, de la Universidad McGill de Canadá, hizo uno de los pocos estudios rigurosos sobre la manera en que los gerentes eficaces utilizan su tiempo. Ellos no dedican regularmente grandes períodos de tiempo para planear, organizar y controlar, tal como la mayoría de las autoridades sugieren que deberían hacerlo. Por el contrario, su tiempo está fragmentado, el intervalo promedio dedicado a cualquier asunto es de *nueve minutos*. Andrew Pettigrew, un investigador británico, estudió las políticas para elaborar decisiones estratégicas, y quedó fascinado por las propiedades inertes de las organizaciones. Demostró que las compañías se aferran con frecuencia a suposiciones flagrantemente defectuosas sobre su mundo por espacio de hasta una década, a pesar de las evidencias abrumadoras de que el mundo ha cambiado y de que ellos probablemente también deberían hacerlo. (Una gran cantidad de ejemplos recientes de lo que Pettigrew tenía en mente son ofrecidos por varias industrias estadounidenses que están pasando actualmente por una etapa continua de liberalización: aerolíneas, transporte terrestre, bancos, instituciones de ahorro y préstamos, y telecomunicaciones).

Entre nuestros primeros contactos estuvieron gerentes de empresas con un desempeño superior a largo plazo: IBM, 3M, Procter & Gamble y Delta Airlines. Mientras reflexionábamos sobre la nueva escuela de pensamiento teórico, comenzamos a darnos cuenta de que los intangibles que describieron esos gerentes eran mucho más consistentes con Weick y March que con Taylor o Chandler. Oímos hablar de las culturas organizacionales, de la sensación de familia, de que lo pequeño es hermoso, de la simplicidad antes que de la complejidad, del alboroto relacionado con los productos de calidad. En resumen, encontramos lo obvio: que el ser humano todavía cuenta. Conformar organizaciones que tomen nota de sus límites (por ejemplo, de su capacidad para procesar información) y de sus valores (por ejemplo, del poder derivado del compromiso y el entusiasmo) era su pan de cada día.

CRITERIOS PARA EL ÉXITO

Durante los dos primeros años, trabajamos principalmente en el problema de expandir nuestro diagnóstico y botiquín de remedios más allá de las herramientas tradicionales para la solución de problemas de negocios, que luego se concentraron en la estrategia y en los enfoques estructurales.

De hecho, muchos amigos que estaban por fuera de nuestro grupo operativo pensaron que simplemente deberíamos echar un nuevo vistazo a la cuestión estructural con el fin de organizar. Como la descentralización había sido la ola de los años cincuenta y sesenta, dijeron ellos, y la así llamada matriz estuvo de moda pero fue obviamente la estructura ineficaz de los años setenta, ¿cuál sería entonces la forma estructural de los años ochenta? Decidimos seguir otra ruta. Tan importante como son sin duda los asuntos estructurales, concluimos rápidamente que solo son una pequeña parte de todo el asunto de la efectividad gerencial. La misma palabra «organizar», por ejemplo, pide con urgencia la pregunta: «¿Organizar para qué?». Para las grandes corporaciones en las que estábamos interesados, la respuesta a esa pregunta fue casi siempre forjar una capacidad nueva e importante a nivel corporativo; es decir, ser más innovadoras, mejores comercializadoras, mejorar de manera permanente las relaciones laborales, o desarrollar otra habilidad que la corporación no poseía en aquel entonces.

Un ejemplo magnífico es McDonald's. Aunque esta corporación era muy exitosa en Estados Unidos, obtener buenos resultados en el extranjero implicaba más que la creación de una división internacional. En el caso de esta empresa, significó, entre otras cosas, enseñarle al público alemán lo que era una hamburguesa. Para ser menos dependiente de las ventas al gobierno, Boeing tuvo que desarrollar la habilidad para vender sus productos en el mercado comercial, una hazaña que la mayoría de sus competidores no podría lograr nunca. Semejante desarrollo de habilidades, añadir un nuevo músculo, eliminar viejos hábitos, llegar a ser muy bueno en algo nuevo para la cultura, es ciertamente difícil. Ese tipo de cosas están claramente más allá de la estructura.

Así que necesitábamos trabajar más con nuevas ideas sobre la estructura. Una buena pista de lo que estábamos haciendo está en la observación de Fletcher Byrom, presidente y director ejecutivo de Koppers: «Creo que un organigrama empresarial inflexible que asume que cualquier persona en una posición dada tendrá exactamente el mismo desempeño que su antecesor es ridícula. Esta persona no lo hará. Por lo tanto, la organización debe cambiar, y ajustarse y adaptarse al hecho de que hay una nueva persona en el lugar». No hay tal cosa como una buena respuesta estructural aparte de las consideraciones de las personas, y viceversa. Fuimos más allá. Nuestra investigación nos dijo que cualquier enfoque inteligente para organizar tenía que abarcar, y tratar como interdependientes, por lo menos siete variables: la estructura, la estrategia, las personas, el estilo gerencial, los sistemas y procedimientos, los conceptos rectores y los valores compartidos (es decir, la cultura), así como las fortalezas o habilidades empresariales presentes o esperadas. Definimos esta idea con mayor precisión y elaboramos lo que se llegó a conocer como el Modelo de las 7s de McKinsey (ver la figura en la próxima página). Con un poco de esfuerzo, corte y montaje, hicimos que todas las variables empezaran con la letra S (en el libro original) e inventamos un logotipo ingenioso que las acompañara. Anthony Athos, de la Escuela de administración de empresas de Harvard, nos dio el valor para hacerlo de esa manera, instándonos a que sin los ganchos de memoria proporcionados por la aliteración, nuestro marco era demasiado difícil de explicar, y también sería olvidado con facilidad.

Aunque la aliteración parecía cursi al principio, la experiencia de cuatro años en todo el mundo ha corroborado nuestra corazonada de que el marco ayudaría de una manera inmensurable a forzar el pensamiento explícito no solo acerca de la estrategia y de la estructura tipo «racional», sino también el estilo «emocional» de la organización, los sistemas, el personal (las personas), las habilidades y los valores compartidos. El modelo, que algunos de nuestros colegas bromistas han llamado el átomo feliz, parece haber calado en todo el mundo como una forma útil de pensar sobre el acto de organizar.* Richard Pascale y Anthony Athos, que nos ayudaron en nuestro desarrollo de conceptos, lo utilizaron como la base conceptual para *El secreto de la técnica empresarial japonesa*. Harvey Wagner, un amigo de la Universidad de Carolina del Norte y un erudito distinguido en el arduo campo de las ciencias de la decisión, utiliza el modelo para enseñar políticas de negocios. Él señaló recientemente: «Ustedes han extraído todo el misterio de mi clase. Ellos [sus estudiantes] usan el modelo y todos los problemas del caso salen inmediatamente a la superficie».

_____

* Difícilmente fuimos los primeros en probar un modelo de múltiples variables. Por ejemplo, el Modelo de Leavitt (tarea, estructura, personas, información y control, y entorno), ha influido en varias generaciones de gerentes. Tuvimos la suerte de estar en el tiempo oportuno. En el 1980, los gerentes acosados con problemas aparentemente intratables y varios años de frustración con los cambios de estrategia y de estructura estaban finalmente listos para un nuevo punto de vista. Por otra parte, poner el sello de McKinsey, reconocido desde hacía mucho por su enfoque duro a la solución de problemas gerenciales detrás del nuevo modelo, le otorgó un poder inmenso.

MODELO DE LAS 7S DE McKINSEY

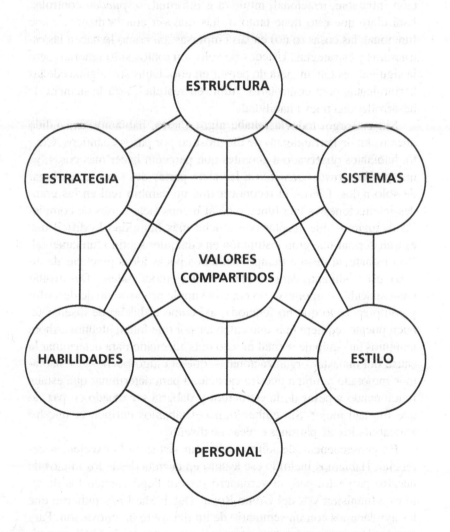

En términos retrospectivos, lo que nuestro modelo ha hecho realmente es recordar al mundo de los gerentes profesionales que lo «blando es duro». Nos ha permitido decir, en efecto, que «todas esas cosas que han descartado durante tanto tiempo como una organización intratable, irracional, intuitiva e informal, se *pueden* controlar. Está claro que esto tiene tanto o más que ver con la manera como funcionan las cosas (o no) en sus empresas, tal como lo hacen las estructuras y estrategias. Ustedes no solo son tontos si lo ignoran, pero la siguiente es una manera de pensar en ello. Estas son algunas de las herramientas para controlarlo. Aquí, en realidad, está la manera de desarrollar una nueva habilidad».

Sin embargo, todavía faltaba algo. Cierto, habíamos expandido nuestro kit de herramientas de diagnóstico por pasos cuánticos. Cierto, habíamos observado a gerentes que parecían hacer más cosas, ya que podían *prestar atención* a las siete partes del modelo, en lugar de solo a dos. Cierto, al reconocer que un cambio real en las grandes instituciones es una función de al menos siete partes de complejidad, tuvimos que aceptar con mucha más humildad lo difícil que es transformar una gran institución en cualquier sentido fundamental. No obstante, al mismo tiempo, teníamos pocas ideas prácticas de diseño, especialmente para las «habilidades emocionales». Desarrollar una capacidad corporativa no era una simple proposición de describir y comprender lo que no funciona, así como el hecho de diseñar un buen puente requiere más que entender por qué fallan algunos. Ahora teníamos un equipaje mental mucho más adecuado para determinar la causa del malestar organizacional —que era algo bueno—, y habíamos mejorado también nuestra capacidad para determinar qué estaba funcionando a pesar de la estructura y debería ser dejado en paz, lo que fue aún mejor. Sin embargo, necesitábamos enriquecer nuestro «vocabulario» de patrones e ideas de diseño.

En consecuencia, decidimos echar un vistazo a la excelencia gerencial. Habíamos incluido ese asunto en agenda desde los inicios de nuestro proyecto, pero el verdadero ímpetu llegó cuando los directores administrativos del Grupo Royal Dutch/Shell nos pidieron que les ayudáramos con un seminario de un día sobre la innovación. Para acoplar lo que teníamos para ofrecer con la petición de Shell, escogimos un doble significado para la palabra «innovación». Además de lo que podría pensarse normalmente —personas creativas desarrollando nuevos productos y servicios comercializables—, añadimos un giro que es central para nuestra preocupación por el cambio en las grandes instituciones. Afirmamos que las empresas innovadoras no solo son excepcionalmente buenas produciendo nuevos artículos que son comercialmente viables; *las empresas innovadoras son especialmente diestras en responder continuamente a cualquier tipo de cambio en sus entornos.* A diferencia de las organizaciones inertes de Andrew Pettigrew, cuando el entorno cambia, estas empresas también lo hacen. A medida que las necesidades de sus clientes cambian, las habilidades de sus competidores mejoran, el estado de ánimo del público se altera, las fuerzas del comercio internacional se alinean de nuevo y las regulaciones gubernamentales cambian, estas compañías cambian de dirección, se reinventan, ajustan, se transforman y adaptan. En resumen, se transforman como toda una cultura.

Nos pareció que ese concepto de la innovación definía la tarea del gerente o del equipo gerencial realmente excelentes. Las empresas que nos parecía que habían logrado ese tipo de desempeño innovador fueron las que llamamos empresas excelentes.

Hicimos nuestra presentación en el Grupo Royal Dutch/Shell el 4 de julio de 1979, y si esta investigación tiene un cumpleaños, es en esa fecha. Sin embargo, lo que nos fascinó aún más que el esfuerzo en los Países Bajos fue la reacción que recibimos posteriormente de unas pocas empresas como HP y 3M, a las que habíamos contactado en la preparación para nuestras discusiones con Shell. Estaban intrigadas con el tema que perseguíamos y nos urgieron a seguir adelante.

En gran parte debido a esto, varios meses más tarde formamos un equipo y emprendimos todo un proyecto sobre el tema de la excelencia, tal como la habíamos definido: grandes empresas que innovan continuamente. Los fondos fueron provistos principalmente por McKinsey, con un poco de apoyo de los clientes interesados. En aquel momento elegimos setenta y cinco empresas altamente reconocidas, y en el invierno de 1979-1980 hicimos entrevistas intensas y estructuradas a casi la mitad de estas organizaciones. Inicialmente estudiamos al resto por medio de canales secundarios, principalmente con la cobertura de medios y de los informes anuales de los últimos veinticinco años; desde entonces, hemos realizado entrevistas intensivas a más de veinte de esas compañías. (También estudiamos algunas empresas con bajo desempeño para efectos de comparación, pero no nos concentramos mucho en esto, ya que nos pareció que teníamos una percepción amplia del bajo desempeño luego de nuestros veinticuatro años combinados en el negocio de la consultoría en asuntos gerenciales).

Nuestros hallazgos fueron una sorpresa agradable. El proyecto mostró, con mayor claridad de lo que podríamos haber esperado, que las empresas excelentes eran, sobre todo, brillantes en lo básico. Las herramientas no sustituían el pensamiento. El intelecto no superaba a la sabiduría. El análisis no impedía la acción. Por el contrario, estas empresas trabajaron duro para mantener las cosas simples en un mundo complejo. Persistieron. Insistieron en la máxima calidad. Adularon a sus clientes. Escucharon a sus empleados y los trataron como adultos. Les dieron una gran libertad a sus productos innovadores y servicios «campeones». Permitieron un poco de caos a cambio de una acción rápida y una experimentación regular.

Los ocho atributos que surgieron para caracterizar aún más la distinción de las empresas excelentes e innovadoras son los siguientes:

1. *Tendencia a la acción*, persistiendo en lo que hacían. Aunque estas empresas pueden ser analíticas en su manera de abordar la toma de decisiones, no están paralizadas por ese hecho (como parecen estarlo tantas otras). En muchas de estas empresas, el procedimiento operativo habitual es «hazlo, arréglalo, pruébalo». Un alto ejecutivo de Digital Equipment Corporation afirma, por ejemplo: «Cuando tenemos un gran problema, buscamos a los diez tipos más importantes y los encerramos en una habitación por una semana. A ellos se les ocurre una respuesta y la ponen en práctica». Adicionalmente, las empresas son experimentadoras supremas. En vez de permitir que doscientos cincuenta ingenieros y vendedores trabajen en un nuevo producto de forma aislada durante quince meses, conforman grupos de cinco a veinticinco personas y prueban ideas con un cliente, a menudo con prototipos asequibles y en cuestión de semanas. Lo que sorprende es la gran cantidad de dispositivos prácticos que emplean las empresas excelentes para mantener la ligereza corporativa y contrarrestar el atrofiamiento que ocurre de manera casi inevitable con el tamaño.

2. *Cerca del cliente*. Estas empresas aprenden de las personas a las que sirven. Proveen calidad, servicio y confiabilidad sin par; cosas que funcionan y que perduran. Tienen éxito en diferenciar —al estilo de Frito-Lay (papas fritas), Maytag (lavadoras) o de Tupperware— los

mejores artículos de consumo. Francis G. (Buck) Rodgers, vicepresidente de mercadeo de IBM, señala: «Es una lástima que, en tantas empresas, cada vez que recibes un buen servicio, sea una excepción». No es así en las empresas excelentes. Todas se involucran en el acto. Muchas de las empresas innovadoras obtienen de sus clientes las mejores ideas para sus productos. Esto es el resultado de escuchar con atención y con regularidad.

3. *Autonomía y espíritu empresarial.* Las empresas innovadoras promueven a muchos líderes e innovadores a lo largo de la organización. Son un hervidero de lo que llamamos «campeones»; 3M ha sido descrita como «tan concentrada en la innovación que su atmósfera esencial no parece ser como la de una gran empresa, sino más bien como una red flexible de laboratorios y cuchitriles poblados por inventores febriles y por empresarios intrépidos que dejan volar su imaginación en todas las direcciones». No tratan de mantener a todo el mundo con las riendas tan cortas que no puedan ser creativos. Fomentan la toma de riesgos en la práctica y apoyan los buenos intentos. Ellos siguen el noveno mandamiento de Fletcher Byrom: «Asegúrate de generar un número razonable de errores».

4. *Productividad por medio de las personas.* Las empresas excelentes tratan a sus «soldados rasos» como la fuente raíz del aumento en la productividad y la calidad. No fomentan las actitudes laborales de «nosotros/ellos», ni consideran la inversión de capital como la fuente fundamental para mejorar la eficiencia. Como dijo Thomas J. Watson, Jr., de su empresa: «La filosofía de IBM se resume en gran medida en tres creencias simples. Quiero comenzar con la que creo que es la más importante: *nuestro respeto por el individuo.* Se trata de un concepto simple, pero en IBM ocupa una parte considerable del tiempo administrativo». Mark Shepherd, presidente de Texas Instruments, habla acerca de esto en términos de que cada trabajador es «visto como una fuente de ideas, que no actúa solamente como un par de manos»; cada uno de sus más de *nueve mil* Programas para la participación de personas, o equipos PPP (los círculos de calidad de TI), contribuyen al espléndido récord de productividad de la compañía.

5. *Práctica, basada en valores.* Thomas Watson, Jr., afirmó que «la filosofía básica de una organización tiene que ver mucho más con sus logros que con los recursos tecnológicos o económicos, estructura organizacional, innovación y coordinación en el tiempo». Watson y

William Hewlett, de HP, son legendarios por recorrer las plantas de
producción. Ray Kroc, de McDonald's, visita regularmente los restaurantes y los evalúa basado en los factores más valorados por la
empresa: calidad, servicio, limpieza y valor.

6. *Seguir con lo conocido*. Robert W. Johnson, expresidente de
Johnson & Johnson, lo expresó así: «Nunca compres un negocio que
no sepas cómo administrar». O como señaló Edward G. Harness, antiguo director ejecutivo de Procter & Gamble: «Esta compañía nunca
ha abandonado su fundamento. Buscamos ser cualquier cosa, menos
un conglomerado». Aunque hubo algunas excepciones, las probabilidades para un desempeño excelente parecen fuertemente a favor de
aquellas empresas que permanecen razonablemente cerca de los negocios que conocen.

7. *Forma simple, personal reducido*. Aunque la mayor parte de las
empresas que hemos estudiado son grandes, ninguna era administrada
formalmente con una estructura de organización matricial, y algunas
que tenían esa forma la abandonaron. Las formas y sistemas estructurales subyacentes en las empresas excelentes son elegantemente simples. El personal de alto nivel es reducido; no es raro encontrar un
personal corporativo de menos de cien personas dirigiendo empresas
de miles de millones de dólares.

8. *Propiedades simultáneamente flexibles y rígidas*. Las empresas excelentes son tanto centralizadas como descentralizadas. En su
mayor parte, y como ya hemos dicho, han fomentado la autonomía
hasta la planta de producción o el equipo de desarrollo de productos.
Por otro lado, son centralistas fanáticas en torno a los pocos valores
fundamentales que tanto aprecian. 3M está marcada por un caos escasamente organizado que rodea a sus productos campeones. Sin embargo, un analista sostiene que «los miembros con el cerebro lavado
de una secta política extremista no son más conformistas en sus creencias centrales». En Digital, el caos es tan rampante que un ejecutivo
señaló: «Pocas personas saben para quién trabajan». Sin embargo, el
fetichismo de Digital por la confiabilidad está más arraigado que lo
que cualquier extraño podría imaginar.

La mayoría de estos ocho atributos no son sorprendentes. Algunos, si no la mayoría, son «maternidades». Sin embargo, como afirma
Rene McPherson: «Casi todo el mundo está de acuerdo en que "las
personas son nuestro activo más importante". No obstante, casi nadie

realmente lo vive». Las compañías excelentes viven su compromiso con las personas, así como también practican su preferencia por la acción —cualquier acción— frente a un número incontable de comités permanentes y estudios de 500 páginas, su fetichismo por la calidad y los estándares de servicios que otras, utilizando técnicas de optimización, considerarían castillos en el aire, y su insistencia en la iniciativa regular (la autonomía práctica) a partir de decenas de miles, y no solo de 200 pensadores designados que ganan 75.000 dólares al año.

Ante todo, *la intensidad en sí*, derivada de creencias fuertemente arraigadas, distingue a estas empresas. Pudimos «sentirlo» durante nuestra primera ronda de entrevistas. El lenguaje utilizado al hablar sobre las personas era diferente. La expectativa de las contribuciones regulares era distinta. El amor por el producto y el cliente era palpable. Y nosotros mismos nos sentimos diferentes al caminar por las instalaciones de HP o de 3M, mientras observábamos a los grupos trabajar y jugar, al compararlos con la manera que nos sentimos en la mayoría de las instituciones más burocráticas con las que hemos tenido experiencias. Fue el hecho de ver grupos de ingenieros, vendedores y de fabricantes ocupados, discutiendo los problemas despreocupadamente en una sala de conferencias en St. Paul en febrero; incluso un cliente estaba allí. Fue ver la oficina de un gerente de división de HP (una unidad de $100 millones), pequeña, sin paredes, en la planta de producción, y compartida con una secretaria. Fue ver a Gerald Mitchell, el nuevo presidente de Dana, dándole un fuerte abrazo a un colega en el salón después del almuerzo en la sede de Toledo. Fue algo muy distinto de las silenciosas salas de juntas caracterizadas por luces tenues, presentaciones sombrías, filas de personal alineado a lo largo de las paredes con sus calculadoras resplandeciendo, y los clics interminables del proyector de diapositivas a medida que un análisis tras otro iluminaba la pantalla.

Debemos tener en cuenta que no todos los ocho atributos estaban presentes o eran conspicuos en el mismo grado en todas las empresas excelentes que estudiamos. No obstante, en cada caso, al menos el predominio de uno de los ocho atributos fue claramente visible y muy distintivo. Por otra parte, creemos que los ocho atributos están notoriamente ausentes en la mayoría de las grandes empresas de hoy. Y si no están ausentes, están tan ocultos que escasamente los percibirías, y mucho menos los señalarías como rasgos distintivos. En nuestra opinión, son demasiados los gerentes que han perdido de vista los fundamentos: la acción rápida, el servicio al cliente, la innovación práctica, y el hecho de que nada de esto es posible sin el compromiso prácticamente de todos.

Así que, por un lado, los rasgos son evidentes. Presentar el material a estudiantes que no tienen experiencia en negocios puede producir bostezos. «El cliente es lo primero, lo segundo, y lo tercero», les decimos. «¿Acaso no *todo el mundo* sabe esto?» es la respuesta implícita (o real). Por otra parte, los públicos experimentados reaccionan por lo general con entusiasmo. Ellos saben que este material es importante, que Buck Rodgers tenía razón cuando dijo que un buen servicio es la excepción. Y les reconforta saber que la «magia» de P&G y de IBM es simplemente entender bien los fundamentos, y no que cada hombre o mujer tenga veinte puntos más de CI. (A veces los instamos a no sentirse tan reconfortados. Creemos que el proceso de adquirir o de afinar los elementos básicos para tan siquiera acercarnos al nivel obsesivo de las empresas excelentes es mucho más difícil, después de todo, que dar con un «avance estratégico»).

APROBACIÓN DE NUEVOS PRODUCTOS

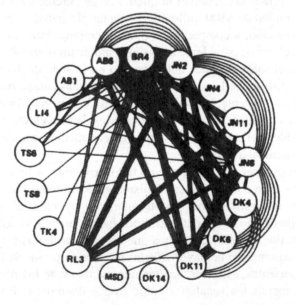

Los obstáculos de las empresas estadounidenses no son solamente su personal (más adelante hablaremos de esto con mayor profundidad), sino también sus estructuras y sistemas, los cuales inhiben la acción. Uno de nuestros ejemplos favoritos se muestra en un diagrama dibujado por el gerente de una empresa nueva y aspirante dentro de una industria de tecnología moderadamente alta (y que se muestra en la página 18).

Los círculos de este diagrama representan unidades organizacionales; por ejemplo, el que dice MSD es la División de Ciencias Gerenciales (por sus siglas en inglés), y las líneas rectas representan los vínculos formales (comités permanentes) que participan en el lanzamiento de un nuevo producto. Hay 223 vínculos formales. No es necesario decir que la compañía es escasamente la primera en el mercado en lanzar cualquier producto nuevo. La ironía, y la tragedia, es que cada uno de los 223 vínculos tomados por sí mismos tiene mucho sentido. Personas racionales y bien intencionadas diseñaron cada vínculo por una razón que tenía sentido en el momento; por ejemplo, un comité fue conformado para asegurarse de que no se repitiera un problema técnico entre ventas y mercadeo, que surgió durante el último lanzamiento del producto. El problema es que el panorama general, tal como surgió inexorablemente, y tan divertido como podría serlo para un C. Northcote Parkinson, capta la acción como una mosca en una telaraña y le succiona todo rastro de vida. El otro hecho triste es que cuando utilizamos este diagrama en presentaciones, no escuchamos gritos de «absurdo». Más bien, escuchamos suspiros, risas nerviosas, y al voluntario ocasional que dice: «Si realmente desean algo extraordinario, deberían trazar el mapa de nuestro proceso».

LA INVESTIGACIÓN

La muestra de sesenta y dos empresas* nunca tuvo la intención de representar perfectamente a la industria de EE. UU. en su conjunto, a pesar de que creemos haber captado un espectro bastante amplio. Tampoco tratamos de ser demasiado precisos al comienzo acerca de lo que queríamos decir con excelencia o innovación. En aquel momento temíamos que si

---

* En la muestra original había setenta y cinco empresas. Trece eran europeas. Estas fueron excluidas del análisis debido a que no encarnan una sección representativa y equitativa de las empresas europeas.

intentábamos ser demasiado precisos, perderíamos la esencia de lo que pensábamos que perseguíamos, tal como en la descripción humorista de E. B. White, de que «se puede diseccionar como a una rana, pero el animal muere en el proceso y las entrañas son irrelevantes para todos, menos para las mentes científicas puras». Lo que realmente queríamos y obtuvimos con nuestro grupo original fue una lista de empresas consideradas como innovadoras y excelentes por un grupo de observadores informados en el campo de los negocios: hombres de negocios, consultores, miembros de los medios de negocios y académicos empresariales. Las empresas fueron agrupadas en varias categorías para asegurar que tuviéramos suficiente representación en las ramas de la industria en las que estábamos interesados (véase la tabla hombres de negocios). Las categorías de la industria incluyen, pero no se limitan, a:

1. Empresas de alta tecnología, como Digital Equipment, Hewlett-Packard (HP), Intel y Texas Instruments (TI).
2. Empresas de bienes de consumo, como Procter & Gamble (P&G), Chesebrough-Ponds y Johnson & Johnson (J&J).
3. Empresas generales de bienes industriales de interés (obviamente, un comodín), que incluían a Caterpillar, a Dana y a 3M (Minnesota Mining and Manufacturing).
4. Empresas de servicios como Delta Airlines, Marriott, McDonald's y Disney Productions.
5. Empresas de administración de proyectos como Bechtel y Fluor.
6. Empresas basadas en recursos tales como Atlantic-Richfield (Arco), Dow Chemical y Exxon.

Notoriamente ausentes de la lista estaban industrias que más tarde serán objeto de estudios adicionales. Aunque nuestra experiencia con grandes instituciones de servicios financieros, y en particular con bancos, es extensa, pensamos que eran demasiado reguladas y protegidas (en aquel entonces) como para ser de interés. La mayoría de las empresas químicas y de medicamentos quedaron por fuera simplemente porque no tuvimos contacto con ellas. Por último, no examinamos ampliamente a las pequeñas empresas; nuestra mayor preocupación era y es la manera en que las grandes empresas se mantienen con vida, en buena forma, y son innovadoras. Por lo tanto, pocas firmas de nuestra muestra tenían unas ventas anuales de menos de mil millones de dólares, o historias de menos de veinte años.

ENCUESTA DE EMPRESAS EXCELENTES

ENTREVISTAS ESTRUCTURADAS MÁS ANÁLISIS DE LITERATURA DE 25 AÑOS		
Alta tecnología	**Bienes de consumo**	**Industrial general**
Allen-Bradley[†]	Blue Bell	Caterpillar Tractor*
Amdahl*	Eastman Kodak	Dana Corporation*
Digital Equipment*	Frito-Lay (PepsiCo)[†]	Ingersoll-Rand
Emerson Electric*	General Foods	McDermott
Gould	Johnson & Johnson*	Minnesota Mining &
Hewlett-Packard*	Procter & Gamble*	Manufacturing*
International Business Machines*		
NCR		
Rockewell		
Schlumberger*		
Texas Instruments*		
United Technologies		
Western Electric		
Westinghouse		
Xerox		
ENTREVISTAS LIMITADAS MÁS ANÁLISIS DE LITERATURA DE 25 AÑOS		
Data General*	Atari (Warner Communications)[†]	General Motors
General Electric		
Hughes Aircarft[†]	Avon*	
Intel	Bristol-Mayers*	
Lockheed	Chesebrough-Pond's*	
National Semiconductor*	Levi Strauss*	
Raychem*	Mars[†]	
TRW	Maytag*	
Wang Labs	Merck*	
	Polaroid	
	Revlon*	
	Tupperware (Dart & Krafts)[†]	

* Supera todos los obstáculos para un desempeño «excelente», 1961-1980.
   [†] Subsidiaria o de capital privado; no se dispone de muchos datos públicos detallados, aunque se estima que superan todos los obstáculos para un desempeño «excelente».

Servicio	Administración de proyectos	Basada en recursos
Delta Airlines*	Bechtel†	Exxon
Marriott*	Boeing*	
McDonald's*	Fluor*	

American Airlines		Arco
Disney Productions*		Dow Chemical*
Kmart*		Du Pont*
Wal-Mart*		Standard Oil (indiana)/ Amoco*

Como penúltimo paso en la elección de las empresas que iban a ser estudiadas con cierta profundidad, razonamos que sin importar el prestigio que tuvieran estas empresas a los ojos del resto del mundo empresarial, no eran realmente excelentes a menos que su desempeño financiero respaldara su halo de estima. En consecuencia, elegimos e impusimos seis medidas de superioridad a largo plazo. Tres de estas son medidas de crecimiento y de creación de riqueza a largo plazo durante un período de veinte años. Otras tres son medidas de rendimiento de capital y de ventas. Las seis son:

1. Crecimiento de activos compuestos desde 1961 hasta 1980 (una medida de «cuadrados mínimos» que se ajuste a una curva de los datos de crecimiento anual).

2. Crecimiento de capital compuesto desde 1961 hasta 1980 (una medida de «cuadrados mínimos» de los datos de crecimiento anual).

3. La proporción promedio entre valor de mercado y valor contable. El «valor de mercado» es una aproximación estándar de lo que los economistas llaman «creación de riqueza» (valor de mercado: precio de cierre en la cotización bursátil multiplicado por las acciones comunes en circulación, dividido por el valor contable del capital ordinario desde el 31 de diciembre de 1961 hasta 1980).

---

* Supera todos los obstáculos para un desempeño «excelente», 1961-1980.

† Subsidiaria o de capital privado; no se dispone de muchos datos públicos detallados, aunque se estima que superan todos los obstáculos para un desempeño «excelente».

4. Rendimiento promedio sobre el capital total, desde 1961 hasta 1980 (ingresos netos divididos por el capital total invertido, donde este consiste en deudas a largo plazo, capital preferente y no redimible, valor común, e intereses minoritarios).
5. Rendimiento promedio en el capital desde 1961 hasta 1980.
6. Rendimiento promedio en las ventas desde 1961 hasta 1980.

A fin de calificar a una empresa como de desempeño superior, esta debe haber estado en la mitad superior de su industria en al menos cuatro de estos seis indicadores durante un período total de veinte años (de hecho, de las treinta y seis empresas que calificaron, diecisiete lo hicieron en la mitad superior de las seis medidas, y otras seis figuraron en la mitad superior de cinco de las seis medidas).* Por lo tanto, cualquier empresa de desempeño superior debe haber obtenido un buen puntaje a largo plazo en ambas medidas de crecimiento, y en las medidas absolutas de salud económica.

Como un último filtro, aplicamos una medida de innovación *per se*. Les pedimos a expertos seleccionados de la industria (por ejemplo, a hombres de negocios dentro de la industria), que calificaran el historial de innovación de las compañías en un lapso de veinte años, definido como un flujo continuo de productos y servicios líderes de la industria, y la rapidez general de respuesta al cambio de mercados o a otras dinámicas externas.

Imponer estos criterios significó que diecinueve empresas salieran de nuestra lista original de sesenta y dos. De las cuarenta y tres restantes, entrevistamos en profundidad a veintiuna de ellas.† Realizamos entrevistas menos extensivas a cada una de las veintidós restantes. También hicimos entrevistas extensas a doce empresas que habíamos incluido en la categoría «?»; estas fueron las que no pasaron todos los

---

* Las «industrias» son las seis categorías señaladas anteriormente (por ejemplo, empresas de alta tecnología). La base comparativa para cada industria es una muestra aleatoria y estadísticamente válida de la población total de ese sector para las empresas que aparecen en la lista *Fortune* 500.

† El conjunto de las cuarenta y tres empresas incluye a las treinta y seis mencionadas anteriormente, además de siete empresas privadas (por ejemplo, Mars) o subsidiarias (por ejemplo, Frito-Lay), las cuales *consideramos* que han superado nuestros criterios financieros, aunque cuya verificación no es del todo posible debido a la ausencia de datos públicos.

filtros, pero a las que les faltó poco para ser incluidas. También seguimos de cerca toda la literatura sobre las sesenta y dos compañías en
los veinticinco años previos al estudio.

Por último, escogimos la muestra de otra manera. Aunque preferi-
mos respaldar nuestras conclusiones con evidencia sólida de empresas
específicas, de vez en cuando decimos: «Hacen esto y aquello». En este
sentido, «Ellas» es un grupo de ejemplos que, sin el beneficio de criterios específicos de selección, parecen representar especialmente bien un
desempeño sólido, así como los ocho atributos que hemos identificado.
Ellas son: Bechtel, Boeing, Caterpillar Tractor, Dana, Delta Airlines,
Digital Equipment, Emerson Electric, Fluor, Hewlett-Packard, IBM,
Johnson & Johnson, McDonald's, Procter & Gamble y 3M. En apariencia, tienen poco en común; no existe una universalidad en sus líneas de
productos. Tres son de alta tecnología, una de bienes de empaques, otra
elabora principalmente productos médicos, dos son de servicios, dos
más se dedican a la administración de proyectos, y cinco son fabricantes
industriales básicas. Sin embargo, cada una es un operador práctico, y
no una sociedad o conglomerado. Y aunque no todos los planes tienen
éxito, estas compañías tienen éxito mucho más a menudo de lo que fracasan en el emprendimiento diario de sus actividades.

Cuando terminamos nuestras entrevistas e investigaciones, empezamos a seleccionar y a codificar nuestros resultados. Fue entonces,
más o menos seis meses después de haber comenzado, cuando llegamos a las conclusiones que son la columna vertebral de este libro.
Sin embargo, aún teníamos algunos problemas persistentes. Tuvimos
que utilizar el modelo 7S como un dispositivo estructural básico para
nuestras entrevistas, y elegimos por lo tanto el mismo modelo como
una forma de comunicar nuestras conclusiones; el resultado fue que,
en ese momento, identificamos veintidós atributos de la excelencia.
Todo el asunto era demasiado confuso y estábamos en peligro de seguir añadiendo a la complejidad que ya existía inicialmente. Cuando
varios de los primeros consumidores de nuestra investigación nos se-
ñalaron esto de manera enfática, trabajamos de nuevo y tratamos de
expresar la esencia de lo que decíamos de una manera más simple. El
resultado, sin pérdida de material para el mensaje, son los ocho atributos de la excelencia que describimos.

Siempre surgen varias preguntas cuando hablamos de nuestros
hallazgos. En primer lugar, las personas a menudo ponen en duda a

algunas de las empresas que hemos utilizado, basadas en sus conocimientos personales. Todas las grandes empresas tienen sus verrugas y manchas; y aunque decimos que algunas de estas empresas son excelentes, no están exentas de fallas y han cometido un montón de errores muy publicitados. Además, la empresa excelente de un hombre es el desastre de otro en el mercado de valores. No pretendemos dar cuenta de la perfidia del mercado o de los caprichos de los investigadores. Las empresas *han* funcionado bien durante largos períodos de tiempo, y eso es suficientemente bueno para nosotros.

En segundo lugar, nos han preguntado cómo sabemos que las empresas que hemos definido como culturalmente innovadoras lo seguirán siendo. La respuesta es que no lo sabemos. GM parecía estar más que bien en ese momento, y desde entonces ha tenido graves problemas. Sin embargo, es probable que sobreviva mejor a estos que el resto de la industria automovilística de Estados Unidos. Y de nuevo, su desempeño ha sido tan bueno durante tanto tiempo que no podemos dejar de sentirnos impresionados. Lo mismo pensamos de muchas de las compañías excelentes.

En tercer lugar, ¿por qué hemos añadido (como el lector verá pronto) ejemplos de empresas que no estaban en la lista original, y de otras que no se ajustaban a nuestra definición original de la excelencia? La razón es que nuestra investigación sobre la innovación y la excelencia corporativa es un esfuerzo continuo, y se ha trabajado mucho desde 1979. Por ejemplo, un equipo de McKinsey hizo un estudio especial de la excelencia en el sector estadounidense de bienes de consumo; y otro más reciente ha concluido un estudio sobre las empresas excelentes en Canadá. Un grupo está trabajando con ahínco en la cuestión de la excelencia en las empresas de tamaño mediano —o umbral—, que es la categoría de «hasta ahora, todo va bien». Además, mientras el equipo original continúa haciendo seguimiento, encontramos más refuerzos de los resultados iniciales, así como más ejemplos.

El proceso ha sido más sorprendente de lo que hubiéramos imaginado. Desde la publicación original de nuestros hallazgos en la revista *Business Week* en julio de 1980, hemos dictado más de doscientas conferencias, dirigido más de cincuenta talleres, y pasado mucho tiempo viajando. Es raro el día en que no nos reunamos con alumnos (o con miembros activos) de las empresas de nuestra encuesta. En Memorex, uno de nosotros se encontró recientemente con un hombre que había trabajado directamente, y por muchos años, con Watson, Sr., en IBM. Nuestra lista de amigos y conocidos en el programa de gestión de marca de P&G y del programa de ventas de IBM es tan larga como un brazo. Una persona que conocimos en nuestras entrevistas en 3M se mantiene en contacto con nosotros, y hemos pasado largos días hablando con él sobre la innovación. La corroboración a veces se vuelve sorprendentemente detallada. Por ejemplo, alabamos la informalidad de HP. Sin embargo, uno de nuestros colegas, quien analizó a Tandem, una empresa altamente exitosa (fundada por exfuncionarios de HP) afirma que «las tradicionales fiestas con cerveza de Tandem los viernes son más exuberantes que las de HP». Seguimos aprendiendo más y más; añadiendo confirmación y modificación a un nivel de detalle que refuerza considerablemente nuestra confianza en los hallazgos.

Por último, nos preguntan, ¿y qué de la evolución y el cambio? ¿Cómo hicieron estas empresas para llegar donde están? ¿Se trata siempre de un líder fuerte al timón? Debemos reconocer que nuestro prejuicio al principio consistió en descartar con firmeza el papel del liderazgo; a falta de otra razón, lo hicimos porque la respuesta de todo el mundo para lo que está mal (o bien) con cualquier organización es su líder. Creíamos firmemente que las empresas excelentes habían llegado a ser como son debido a un conjunto único de atributos culturales que las distinguen del resto, y que si entendíamos esos atributos lo suficientemente bien, podríamos hacer más que murmurar simplemente «liderazgo» en respuesta a preguntas como «¿Por qué J&J es tan buena?». Desafortunadamente, lo que encontramos fue que, relacionados con casi todas las empresas, había un líder fuerte (o dos) que parecían haber tenido mucho que ver con el hecho de que la empresa fuera excelente en primer lugar. Muchas de estas —por ejemplo, IBM, P&G, Emerson, J&J y Dana—, parecían haber adquirido su carácter esencial bajo la tutela de una persona muy especial. Además, lo hicieron en una fase bastante temprana de su desarrollo.

Sin embargo, hay un par de salvedades. Las empresas excelentes parecen haber desarrollado culturas que han incorporado los valores y las prácticas de los grandes líderes, y por lo tanto, se podrá ver que esos valores compartidos sobrevivirán varias décadas después del paso del gurú original. En segunda instancia, tras regresar al lugar en el que empezamos con Chester Barnard, parece que el verdadero papel del director ejecutivo es manejar los *valores* de una organización. Esperamos que lo que sigue ilumine entonces los valores que se deben afinar y manejar, y que de ese modo, a fin de cuentas, hayamos ayudado a resolver el dilema del liderazgo.

SEGUNDA PARTE

HACIA UNA NUEVA TEORÍA

2

El modelo racional

El profesionalismo en la administración con frecuencia se equipara con la racionalidad práctica. Vimos aflorar esto en ITT, durante la búsqueda emprendida por Harold Geneen de los «hechos inamovibles». Esto prosperó en Vietnam, donde el éxito se medía según el número de bajas. Sus magos fueron los prometedores jóvenes de Ford Motor Company, y su personaje prepotente fue Robert McNamara. El enfoque numérico y racionalista con respecto a la gerencia predomina en las escuelas de administración de empresas. Nos enseña que los gerentes profesionales bien capacitados pueden administrar cualquier cosa. Busca una justificación imparcial y analítica para todas las decisiones. Esta idea es lo suficientemente correcta como para estar peligrosamente equivocada, y tal vez nos ha descarriado bastante.

No nos dice lo que, aparentemente, han aprendido las empresas excelentes. No nos enseña a querer a los clientes. No instruye a nuestros líderes en la profunda importancia de hacer del trabajador promedio un héroe y un triunfador consistente. No muestra la manera tan contundente en que los trabajadores pueden identificarse con el trabajo que hacen si les damos un poco de autoridad. No nos dice por qué el control autogenerado de calidad es mucho más efectivo que el control de calidad generado por los inspectores. No nos dice que nos ocupemos de los productos campeones como si fueran los primeros brotes primaverales. No nos impele a permitir —e incluso a estimular, como lo hace P&G— la competencia interna entre líneas de productos, la duplicación, e incluso la canibalización de un producto a otro. No nos ordena que dediquemos más tiempo a la calidad, que incurramos en excesos en el servicio al cliente, y a manufacturar productos que duren y funcionen. No muestra, como señala Anthony Athos, que «los buenos gerentes crean significados para las personas, así como dinero». El enfoque racional de la administración pasa muchas cosas por alto.

Cuando nosotros dos fuimos a la escuela de administración de empresas, el departamento más fuerte era el de finanzas, la mayoría de los estudiantes tenía grados de ingeniería (incluyéndonos a nosotros), los cursos sobre métodos cuantitativos abundaban, y los únicos datos que muchos de nosotros considerábamos como «datos reales» eran solamente los que podíamos ponerles números. Aquellos eran los *viejos* tiempos, pero la situación no ha cambiado mucho. Por lo menos, cuando asistíamos a nuestras escuelas de administración de empresas de posgrado en la década de los sesenta, unos pocos estudiantes podían escurrirse a través del sistema con una distinción relativa haciendo uso de sus talentos innatos como farsantes consumados. Hoy día toman cursos bajo su propio riesgo si no han «repasado los números» (traducción: hecho algún tipo —cualquier tipo— de análisis cuantitativo). Muchos estudiantes de posgrado en administración de empresas temen tanto la posibilidad de que les fallen las baterías de la calculadora durante el examen final que llevan baterías de repuesto, una calculadora adicional, o ambas cosas. La palabra «estrategia», que se utilizaba para designar una idea excelente para demoler a la competencia, ha llegado a menudo a ser sinónimo del avance cuantitativo, del golpe analítico, de los números en la cuota de mercado, de la teoría de la curva de aprendizaje, del posicionamiento de la empresa en una caja matriz de 4-, 9- o 24- (la idea matriz, extraída directamente de las matemáticas) y poner todo ello en una computadora.

No obstante, hay señales incipientes de esperanza. Los cursos sobre estrategia están empezando a ser reconocidos, y abordan el problema de la implementación. Los cursos sobre las políticas de fabricación (aunque mayoritariamente cuantitativos) están regresando al menos de nuevo al plan de estudios. Sin embargo, los «deportistas técnicos», como los llama un colega nuestro y exgerente de planta, son todavía una fuerza dominante en el pensamiento empresarial estadounidense. Los departamentos de finanzas siguen siendo tan fuertes como siempre en las escuelas de administración de empresas. Los profesores y estudiantes talentosos en administración de ventas y manufactura —las disciplinas básicas de la mayoría de los negocios— son tan escasos (y refrescantes) como la lluvia en el desierto.

No nos malinterprete. No estamos en contra del análisis cuantitativo *per se*. Los mejores vendedores de consumo, tales como P&G, Chesebrough-Pond's y Ore-Ida, llevan a cabo análisis tan certeros y claros que son la envidia y la furia de sus competidores. En realidad, las empresas que hemos llamado excelentes están entre las mejores para obtener números, analizarlos y resolver problemas con ellos. Muéstrenos una empresa sin una buena base de datos —una buena imagen cuantitativa de sus clientes, mercados y competidores— y le mostraremos una en la que las prioridades se establecen con las maniobras políticas más bizantinas.

A lo que nos oponemos es al análisis equivocado y obstinado; a un análisis que es demasiado complejo para ser útil, y demasiado complicado para ser flexible. Nos oponemos a un análisis que se esfuerza por ser preciso (especialmente en el momento equivocado) acerca de lo que es inherentemente incognoscible —como por ejemplo, las predicciones detalladas sobre los mercados cuando el uso final de un nuevo producto es todavía nebuloso (recuerde, la mayoría de las primeras estimaciones suponían que el mercado de las computadoras era de cincuenta a cien unidades)—, y especialmente al análisis efectuado *a* los operadores de línea *por parte de* personal no intervencionista y orientado al control. Patrick Haggerty, de TI, insistía en que «aquellos que *implementan* los planes deben *hacer* los planes»; su renombrado sistema de planificación estratégica era supervisado por solo tres empleados; todos temporales y todos oficiales de línea que iban a regresar otra vez a sus puestos.

También nos oponemos a situaciones en las que la acción se detiene mientras que la planificación asume el mando; el muy frecuentemente observado síndrome de «la parálisis por análisis». Hemos observado a demasiados gerentes de línea que simplemente quieren continuar con su labor, pero son desalentados por el personal central, que siempre puede encontrar una manera de «probar» que algo no funcionará, a pesar de que no tienen cómo cuantificar la razón por la que podría funcionar. El personal central procede de un modo seguro asumiendo una opinión negativa; y a medida que adquiere poder, extrae toda la energía, la vida y la iniciativa de la empresa.

Ante todo, deploramos el lamentable abuso del término «racional». Racional significa sensible, lógico, razonable; una conclusión que fluye a partir de una afirmación correcta sobre el problema. Sin embargo, la palabra «racional» ha llegado a tener una definición muy estrecha en el análisis de los negocios. Es la respuesta «correcta», pero le falta toda esa materia humana desordenada; como por ejemplo, las estrategias acertadas que no permiten que los viejos hábitos persistan, la implementación de barreras y las simples inconsistencias humanas. Tomemos por ejemplo las economías de escala. Si se *pudiera* alcanzar el máximo proceso de eficiencia, si *todos* los proveedores elaboraran implementos perfectos y lo hicieran a tiempo, si no se interpusiera la descuidada interacción humana, entonces las grandes plantas *producirían* más que las pequeñas. Sin embargo, como señala el investigador John Child en una cuantificación poco común de una parte del problema, mientras que las tiendas sindicalizadas que tienen entre diez y veinticinco empleados pierden en promedio un tiempo equivalente a quince días al año debido a conflictos laborales por cada mil empleados, las instalaciones con mil empleados o más perdieron un promedio de dos mil días, o un múltiplo de 133. Veamos también la innovación. Un investigador concluyó recientemente que la efectividad en la investigación estaba inversamente relacionada con el tamaño del grupo: si está conformado por más de siete personas, la efectividad de la investigación disminuye. Nuestras historias sobre «operaciones secretas», realizadas por diez personas que superaron en inventos a grupos de varios centenares, confirman esto.

También nos oponemos a aquellos que sostienen que todas esas cosas (el fervor de los equipos pequeños, las disputas que surgen solo como una función del tamaño) constituyen el distintivo del factor «arte» en la administración. Sí, la cuantificación de este tipo de factores es difícil, y probablemente ni siquiera sea útil. Sin embargo, los factores pueden ser considerados sin duda de manera sensible, lógica y muy precisa frente a experiencia pasada que está moderadamente bien documentada. ¿Es simplemente arte lo que lleva a decir a John Mitchell, presidente de Motorola e ingeniero inflexible, que no permitirá que haya mucho más de mil personas, principalmente «porque algo simplemente sale mal cuando hay más personas bajo un mismo techo»? O, ¿es solo una versión lógica de razonamiento sólido, basada en el recuerdo bastante preciso de la experiencia? Nos gustaría apostar por esto último.

¿Por qué entonces, podría preguntar usted, la definición estrecha de la racionalidad, el punto de vista de las «máquinas sin operadores humanos deplorables», fue aparentemente acertada durante tanto tiempo? ¿Por qué equivalía a la tarea de producir ganancias sin paralelo en la productividad, especialmente después de la Segunda

Guerra Mundial? En parte, las cosas eran más simples en aquel entonces: la demanda acumulada de productos después de la Segunda Guerra Mundial, la ausencia de fuertes competidores internacionales, una fuerza laboral posterior a la depresión que se sentía afortunada de tener un trabajo, y la «euforia» de ser un trabajador estadounidense que producía los mejores y más brillantes alerones para un mundo sediento de ellos, fueron todos factores.

Existe también otra razón crítica. Las técnicas de administración de los últimos veinticinco años en realidad han sido necesarias. Como hemos dicho, abogamos por un análisis sólido. Las mejores empresas de nuestra lista combinan una cucharada de análisis sólido con una jarra de amor por el pan de hamburguesa; ambas son indispensables. Antes de la aparición del modelo analítico, todo lo que había era la técnica instintiva, y era totalmente inadecuada para hacer frente a un mundo complejo. Es cierto que aprender a segmentar los mercados, tener en cuenta el valor temporal del dinero, y elaborar una sólida proyección del flujo de dinero en efectivo se han convertido desde hace mucho tiempo en los pasos vitales para la supervivencia de los negocios. El problema surgió cuando esas técnicas que se transformaron en la jarra y en el amor por el producto se convirtieron en la cuchara. Las herramientas analíticas están ahí para ayudar —y pueden hacerlo de una manera admirable—, pero lo cierto es que no pueden producir o vender.

Cualesquiera que sean las razones, Estados Unidos *predominaba*, y, como lo expresó George Gilder en su libro *Riqueza y pobreza*, prevaleció «la mitología racionalista secular». Esto era tan manifiestamente cierto que Steve Lohr, en un reciente artículo de portada de la revista *New York Times*, cuenta que hace solo una década el mundo temía ser arrasado por la técnica gerencial estadounidense, y no solo por nuestros laboratorios, nuestras fábricas, o incluso nuestro tamaño. «Estos invasores estadounidenses eran superiores, según [la opinión del editor francés Jean-Jacques] Servan-Schreiber, no debido a sus recursos monetarios o tecnológicos, sino a su habilidad organizacional corporativa, y el genio detrás de todo esto era el gerente corporativo estadounidense».

Sin embargo, algo ha sucedido en los trece años transcurridos desde que Servan-Schreiber publicó por primera vez *El desafío americano*. Los negocios estadounidenses se han sumido en un pantano de problemas económicos y políticos, de los cuales los más prominentes son la

OPEP y una reglamentación nacional cada vez mayor. Sin embargo, a decir verdad, estos problemas son compartidos por muchos otros países, algunos de los cuales son ahora islas de buenas noticias. A menudo se cita el desempeño de muchas empresas japonesas y alemanas como evidencia de que «se puede hacer». Y, por supuesto, ellos han sido más golpeados por la OPEP que nosotros. Además, ellos se desempeñan en economías reguladas más que nosotros. Los gerentes alemanes, mucho más que los estadounidenses, deben lidiar continuamente con los sindicatos laborales. Y el uso de incentivos económicos individuales por parte de Japón y de Alemania Occidental es, hablando en términos relativos, mucho más débil que el nuestro. El economista Lester Thurow señala:

Tampoco tienen los competidores [de Estados Unidos] el esfuerzo laboral desatado ni los ahorros mediante el aumento de las diferencias de ingresos. De hecho, ellos han hecho exactamente lo opuesto. Si nos fijamos en la brecha de ingresos entre un porcentaje del diez por ciento superior e inferior de la población, los alemanes trabajan duro por un treinta y seis por ciento menos de inequidad que nosotros, y los japoneses trabajan aún más duro con un cincuenta por ciento menos de inequidad. Si las diferencias en los ingresos fomentaran la iniciativa individual, deberíamos estar llenos de iniciativa, ya que entre los países industrializados, solo los franceses nos superan en términos de inequidad.

En *El desafío americano*, Servan-Schreiber sugirió que en un tiempo —recientemente—, valorábamos nuestro talento administrativo mucho más que nuestra pericia técnica. Sin embargo, de manera interesante, ¿dónde aparece Steve Lohr citando a Servan-Schreiber? Su contexto es un artículo titulado «Repasando la gestión empresarial estadounidense», un ataque frontal a las habilidades estadounidenses en materia de administración. Lohr lanza la siguiente andanada: «Con qué rapidez cambian las cosas; hoy, cuando los ejecutivos extranjeros hablan de sus homólogos estadounidenses, tienden a usar un tono más desdeñoso que de admiración, y de hecho, Estados Unidos parece estar repleto de evidencia de fracasos gerenciales».

En el marco de unas pocas semanas a finales de la década de los ochenta, *Newsweek*, *Time*, *The Atlantic Monthly*, *Dun's Review* (en dos ocasiones), y hasta *Esquire* publicaron artículos de portada sobre el tema general de que los administradores eran los culpables del estado lamentable de los negocios en Estados Unidos, y no la OPEP, la regulación, los incentivos no monetarios, o ni siquiera nuestros insignificantes gastos en inversión. *Fortune* reportó que un vicepresidente ejecutivo de Honda había dicho:

La cantidad de dinero que están gastando [las compañías automotrices estadounidenses] realmente no me molesta. No me malinterpreten, por favor. Estados Unidos es el país más avanzado tecnológicamente, y el más próspero. Sin embargo, la inversión de capital por sí sola no marca ninguna diferencia. En cualquier país, la calidad de los productos y la productividad de los trabajadores dependen de la administración. Cuando Detroit cambie su sistema gerencial, veremos unos competidores estadounidenses más fuertes.* Solo unas semanas después, *Fortune* dio seguimiento al comentario de Honda en un artículo titulado «Europa supera el estilo gerencial estadounidense», el cual atacaba nuestra miopía y tendencia a cambiar administradores en lugar de construir instituciones estables, y nuestra falta de cuidado por los productos que hacemos.

Las quejas en contra de la administración estadounidense parecen entrar en cinco categorías principales: (1) las escuelas de administración de empresas nos están matando; (2) los así llamados administradores profesionales no tienen la perspectiva correcta; (3) los gerentes no se identifican personalmente con lo que hacen sus empresas; (4) los gerentes no tienen suficiente interés en su gente; y (5) los altos directivos y su personal se han aislado en sus analíticas torres de marfil.

El bombardeo contra las escuelas de administración de empresas parece haber producido la mayor cantidad de humo, por la razón evidente de que simbolizan a las demás y son fáciles de criticar. H. Edward Wrapp —reconocido profesor de la Universidad de Chicago en políticas empresariales—, sugiere: «Hemos creado un monstruo. Un colega

---

* La primera oleada de ataques parecía centrarse en la acorralada industria automotriz, pero a mediados de 1981, estaba claro que las industrias maduras no eran las únicas en tener problemas. Los japoneses obtuvieron una participación del setenta por ciento en el mercado de chips con un RAM de 64K, sin duda el principal referente de la alta tecnología industrial. La mayoría de los observadores reconoció (en secreto, si no públicamente) que la causa era la calidad, simple y llanamente, y no la concentración en la inversión.

señaló, y estoy de acuerdo con él, que las escuelas de administración de empresas han hecho más para asegurar el éxito de la invasión de Estados Unidos realizada por Japón y Alemania Occidental que cualquier cosa que se me ocurra». Wrapp continúa criticando el énfasis excesivo de las escuelas de administración de empresas en los métodos cuantitativos; una queja que se repite en nuestra propia investigación. Steve Lohr aparentemente está de acuerdo, concluyendo en su artículo del *New York Times* que ahora hay «una opinión muy extendida en el sentido de que las maestrías en administración de negocios podrían ser parte del problema actual». Otro crítico ofrece una receta sencilla para solucionar el problema, y con la que no discrepamos del todo. Michael Thomas, un antiguo y exitoso banquero de inversión y, en los últimos tiempos, un autor inspirador, señala: «[Ellos] carecen de alfabetismo en artes liberales [...] necesitan una visión más amplia, un sentido de la historia, tener perspectivas sobre arte y literatura [...] Yo cerraría todas las escuelas de posgrado de administración de empresas...». Los observadores profesionales tienen opiniones similares. Uno de ellos, que trabaja en National Semiconductor, nos dijo: «Las personas con títulos en administración de empresas de Harvard y maestrías en administración de Stanford duran alrededor de diecisiete meses. No pueden lidiar [con la flexibilidad y la falta de estructura]».

Recientemente nos topamos con una versión muy personal de las quejas sobre las escuelas de administración de empresas. Cuando Rene McPherson, de Dana —quien había hecho avances luego de un logro esplendoroso en la más difícil de las áreas, la productividad en un sector que se mueve lentamente y que está sindicalizado—, fue nombrado como decano de la Escuela Graduada en Administración de Empresas de Stanford, uno de nuestros colegas, que acababa de asumir como vicedecano, nos llevó ansioso a un lado. «Tenemos que hablar», insistió. «Acabo de tener mi primera reunión larga con Rene. Me habló de su experiencia en Dana. ¿Saben que no hay ni una sola cosa de las que él hizo allí que siquiera se mencione en el currículo de maestría en administración de empresas?».

LA PERSPECTIVA AUSENTE

Sin embargo, las escuelas de administración de empresas no están gobernando el país. Los gerentes lo gobiernan. Enfatizar todo el problema puede ser una perspectiva ausente; la falta de cualquier sentimiento por el todo en beneficio del llamado gerente profesional. Una vez más, Ed Wrapp presenta el caso más contundente:

El sistema está produciendo una horda de gerentes con talentos demostrables, pero son talentos que no están en la corriente dominante de la empresa. Los gerentes profesionales están dispuestos a estudiar, analizar y definir el problema. Están empapados de especialización, estandarización, eficiencia, productividad y cuantificación. Son altamente racionales y analíticos. Insisten en metas objetivas [...] Pueden tener éxito en algunas organizaciones si saben simplemente hacer presentaciones a la junta directiva o redactar planes estratégicos. La tragedia es que estos talentos enmascaran deficiencias reales en las capacidades administrativas en general. Estos ejecutores talentosos corren en busca de refugio cuando se deben tomar decisiones desagradables en términos operativos, y a menudo fracasan miserablemente cuando se les encarga obtener beneficios, completar tareas y conducir a una organización hacia adelante.

Otros observadores han notado el mismo fenómeno. Un escritor de la revista *Business Week*, en una edición dedicada al tema de la reindustrialización, expuso el caso de manera sucinta: la mayoría de la alta gerencia «carece de un instinto para la *gestalt* de su negocio». Robert Hayes y William Abernathy, en un artículo reciente de *Harvard Business Review*, «Gestionando nuestro camino a la decadencia económica», proporcionan claves con respecto a la razón: «La típica carrera ya no [...] les ofrece a los ejecutivos un conocimiento íntimo y práctico de las tecnologías, clientes y proveedores de la compañía [...] Desde mediados de la década de los cincuenta, se ha producido un aumento bastante sustancial entre el porcentaje de nuevos presidentes de empresas cuyos intereses primarios y pericia están en áreas financieras y legales, y no en la producción». Y Hayes añade: «Ya no existe mucho del espíritu del alto directivo que simplemente mira algo y dice: "Rayos, este es un buen producto. ¡Hagámoslo, aunque la recompensa no sea evidente todavía!"». Frederick Herzberg, otro veterano observador de las prácticas gerenciales estadounidenses por más de cuarenta años, declara simplemente: «Los gerentes no aman el producto. De hecho, están a la defensiva al respecto».

Por el contrario, tenemos el éxito fenomenal de Japón en el aca-
paramiento del mercado de autos pequeños. ¿Cuál, exactamente, es
la naturaleza de la magia japonesa? *Fortune* sugiere que no solo es el
bajo consumo de gasolina:

Los japoneses merecen crédito por mucho más que el triunfo circuns-
tancial de poder suministrar vehículos de bajo consumo a un país [Es-
tados Unidos] que no los tiene en cantidad suficiente. Ellos sobresalen
en la calidad de los ajustes y acabados, molduras que encajan, puertas
que no se cuelgan, materiales de buen aspecto y buena durabilidad,
así como en trabajos de pintura impecables. Lo más importante de
todo, los autos japoneses se han ganado una buena reputación por
su fiabilidad, derivada generalmente de una tasa baja en términos de
reclamaciones por concepto de garantía. Técnicamente, la mayoría de
los autos son bastante normales.

Una de nuestras historias favoritas para respaldar el análisis de
Fortune es la de un trabajador de Honda que, mientras se dirigía a su
casa todas las noches, enderezaba los limpiaparabrisas de todos los
Honda que encontraba. ¡Simplemente no podía soportar un defecto
en un Honda!

Ahora, ¿por qué todo esto es importante? Porque gran parte de
la excelencia en el desempeño tiene que ver con personas que están
motivadas por valores convincentes, simples, e incluso hermosos. Tal
como se lamenta Robert Pirsig en *El zen y el arte del mantenimiento
de la motocicleta*:

Mientras trabajaba, pensaba en el descuido en los manuales de computadoras digitales que estaba editando [...] Estaban llenos de errores,
ambigüedades, omisiones y de información tan inexacta que tenías
que leerlos seis veces para que tuvieran un poco de sentido. Sin embargo, lo que inicialmente me llamó la atención fue la relación de estos
manuales con la actitud del espectador que había visto en la tienda. Se
trataba de manuales para espectadores. Tenían ese formato. En cada
línea estaba implícita la idea de que «aquí está la máquina, aislada en
el tiempo y el espacio de todo lo demás en el universo. No tiene ninguna relación contigo, no tienes ninguna relación con ella, aparte de
activar ciertos interruptores, mantener los niveles de voltaje, verificar

las condiciones de error», y así sucesivamente. Así es. La mecánica en su actitud hacia la máquina [la motocicleta de Pirsig] realmente no exigía ninguna actitud diferente del manual hacia la máquina, o de la actitud que tuve cuando lo llevé allá. Todos éramos espectadores. Entonces se me ocurrió que no *hay* manual que se ocupe del asunto *real* del mantenimiento de motocicletas, el aspecto más importante de todos. Preocuparte por lo que haces se considera irrelevante o se da por sentado.

El ataque luego se dirige a la falta de preocupación de la gerencia por aquellas personas que podrían amar el producto si se les diera la oportunidad. Para algunos críticos, esta acusación lo resume todo. El profesor Abernathy recuerda su sorpresa al descubrir la razón del éxito japonés con los autos: «Los japoneses parecen tener una tremenda ventaja en los costos [...] La gran sorpresa para mí fue descubrir que no es la automatización [...] Ellos han desarrollado un enfoque en las "personas", aplicado a la producción de autos [...] Ellos tienen una fuerza laboral entusiasta, que está dispuesta a trabajar, y que se emociona con la fabricación de automóviles [...] Tenemos una posición diferente en este país en cuanto a la productividad básica, y esto se debe a una gran cantidad de pequeños detalles. No es el tipo de cosas que se puedan corregir con políticas de inversión».

Steve Lohr sale en defensa de este punto. Él se refiere a Akio Morita, el presidente de Sony, quien lanza una crítica: «Los gerentes estadounidenses se preocupan muy poco por sus trabajadores». Morita pasa a describir su revolución cuidadosamente diseñada en las plantas de Sony en EE. UU. Lohr señala: «En las plantas de Sony en San Diego y Dothan, la productividad ha aumentado a un ritmo constante, de modo que ahora es muy cercana a la de las fábricas de la compañía en Japón». Y el altamente publicitado historial de Sony en EE. UU. palidece al lado del resurgimiento posterior a la compra de la operación de Motorola en la producción de televisores realizada por Matsushita. En cinco años, con prácticamente ni una sola sustitución en la fuerza laboral en el Medio Oeste estadounidense, el puñado de gerentes generales japoneses logró reducir las reclamaciones de garantía de $22 millones a $3,5 millones; recortar los defectos por cada cien unidades, de ciento cuarenta a seis; disminuir las quejas en los primeros noventa días (después de la venta) de un setenta por ciento al siete por ciento y reducir la rotación de personal del treinta por ciento anual al uno por ciento.

El éxito de Sony y de Matsushita en Estados Unidos es un vívido recordatorio de la probable ausencia de algún tipo de «magia oriental» que sustenta el asombroso récord de la productividad japonesa. Un comentarista señaló: «La propuesta de la productividad no es tan esotéricamente japonesa sino simplemente humana [...] la lealtad, el compromiso mediante la capacitación efectiva, la identificación personal con el éxito de la compañía y, de manera más simple, la relación humana entre el empleado y su supervisor». Sin embargo, hay una diferencia decisiva a nivel cultural que parece fomentar la productividad entre los japoneses. Como nos explicó un importante ejecutivo japonés: «Somos muy distintos del resto del mundo. Nuestro único recurso natural es el trabajo duro de nuestra gente».

Tratar a la gente —y no al dinero, a las máquinas o a las mentes— como un recurso natural puede ser la clave de todo. Kenichi Ohmae, director de la oficina de McKinsey en Tokio, dice que en Japón, la *organización* y las *personas* (de la organización) son sinónimas. Aún más, la orientación de las personas fomenta el amor por el producto y requiere una modesta toma de riesgos e innovación por parte del trabajador promedio. Como lo explica Ohmae:

La administración japonesa les dice continuamente a los trabajadores que aquellos que están en las fronteras son los que mejor conocen el negocio [...] Una compañía bien dirigida se apoya firmemente en las iniciativas individuales o grupales para la innovación y la energía creativa. Usa al máximo la capacidad creativa y productiva de cada empleado [...] Toda la organización —los buzones de propuestas, los círculos de calidad, y similares— tiene un aspecto «orgánico» y «empresarial» en lugar de «mecánico» y «burocrático».

Kimsey Mann, director ejecutivo de Blue Bell, el segundo mayor fabricante textil del mundo, afirma al referirse a los ocho atributos de la excelencia gerencial en los que se basa este libro, que «cada uno de los ocho trata acerca de las personas».

TORRES DE MARFIL ANALÍTICAS

La razón detrás de la falta de enfoque en el producto o en las personas en tantas empresas estadounidenses se debe, al parecer, a la simple presencia de un enfoque en otra cosa. Ese algo es la dependencia excesiva en el análisis de las torres de marfil corporativas, y la dependencia excesiva en el truco de la prestidigitación financiera; las herramientas que parecerían eliminar el riesgo, pero también, por desgracia, eliminan la acción.

«Una gran cantidad de empresas se exceden», sostiene Ed Wrapp. «Les parece que la planificación es más interesante que lanzar un producto vendible [...] La planificación es un respiro bienvenido a los problemas operativos. Es más gratificante a nivel intelectual, y no tiene las presiones propias de las operaciones [...] La planificación formal a largo plazo casi siempre conduce a un énfasis excesivo en la técnica». Fletcher Byrom, de Koppers, ofrece una sugerencia. «Como régimen», afirma, «como disciplina para un grupo de personas, la planificación es muy valiosa. Mi posición es seguir adelante y planear, pero una vez que hayas hecho la planificación, colócala en el estante. No te dejes maniatar por ella. No la utilices como un aporte importante al proceso de toma de decisiones. Utilízala principalmente para reconocer los cambios cuando tengan lugar». En este sentido, *Business Week* informó recientemente: «De manera significativa, ni Johnson & Johnson, ni TRW, ni 3M —todas consideradas como de pensamiento progresista—, tienen en la junta a alguien llamado un planificador corporativo».

David Ogilvy, fundador de Ogilvy and Mather, señala sin rodeos: «La mayoría de los hombres de negocios son incapaces de tener un pensamiento original porque son incapaces de escapar de la tiranía de la razón». Theodore Levitt, un renombrado profesor de mercadeo en Harvard, señaló recientemente: «Los modeladores desarrollan intrincados árboles de decisiones, cuya pretensión con fines de utilidad es sobrepasada tan solo por la admiración que sienten los gerentes de línea de alto nivel por los tecnócratas que los erigen». Por último, tenemos un recuento reciente sobre una nueva estrategia de productos de Standard Brands, que fue un fracaso deplorable. La razón, de acuerdo con un artículo de portada de *Business Week*, fue que Standard Brands contrató a un grupo de planificadores de GE y luego les confirió algo similar a responsabilidad operativa. Luego de despedir a la mayoría de ellos, el presidente comentó: «Los chicos eran brillantes, [pero] no eran el tipo de personas que podían implementar los programas».

Ahora bien, todo esto parece ser una mala noticia para muchos que han trabajado toda una vida procesando números. Sin embargo, el problema no es que las empresas no deban planificar. Por supuesto que deben hacerlo. El problema es que la planificación se convierta en un fin en sí. Va mucho más allá del proverbio sensato de Byrom en el sentido de utilizarla con el fin de mejorar la preparación mental. En lugar de eso, el plan se sustenta en la verdad, y los datos que no encajan en el plan preconcebido (por ejemplo, la respuesta real del cliente a una acción de ensayo previo en el mercado) son denigrados o alegremente ignorados. El truco sustituye a la acción pragmática. («¿Has encuestado al personal corporativo acerca de la estimación?», era una pregunta común en el comité de operaciones de una empresa que observamos durante años).

El desempeño de los negocios en Estados Unidos se ha deteriorado fuertemente, al menos comparado con el de Japón, y en ocasiones con el de otros países, así como en muchos casos por completo, en términos de estándares de productividad y calidad. Ya no hacemos los mejores productos o los más confiables, y rara vez los hacemos por menos dinero, especialmente en las industrias competitivas a nivel internacional (por ejemplo, automóviles, chips).

La primera oleada de ataque a las causas de este problema se centró en los reguladores del gobierno. Sin embargo, esta parecía ser una respuesta incompleta. Luego, a mediados de la década de los ochenta, la búsqueda de las causas fundamentales condujo a ejecutivos atentos, a reporteros de negocios y a académicos por igual, al corazón de las prácticas gerenciales, y todos trataron de averiguar qué había salido mal. No sorprende entonces que la reciente dependencia de Estados Unidos en el exceso de análisis y en una modalidad estrecha de racionalidad recibiera todo el peso del ataque. Ambas parecían estar especialmente en desacuerdo con el enfoque japonés sobre la fuerza laboral y la calidad, incluso teniendo en cuenta las diferencias culturales.

La investigación se topó con dos obstáculos formidables. El primero fue la actitud defensiva inherente. El intelecto y el alma del hombre de negocios estaban finalmente bajo ataque. Hasta entonces, había sido alentado por la prensa a seguir simplemente echando la culpa a otros, y concretamente al gobierno. En segundo lugar, el ataque se topó con un problema de lenguaje. No fue visto como un ataque a «una forma estrecha de racionalidad», que hemos llamado el «modelo racional», exigiendo por lo tanto una forma más amplia. Fue visto como un ataque a la racionalidad y al pensamiento lógico en sí, estimulando por lo tanto y de manera implícita, el escape a la irracionalidad y al misticismo. Alguien habría pensado que la única solución consistía en celebrar las reuniones de las juntas directivas de Ford en el centro zen local. Y, obviamente, esa no sería la solución.

Sin embargo, detengámonos un momento y preguntémonos: ¿qué es exactamente lo que queremos decir con la caída del modelo racional? Realmente estamos hablando de lo que Thomas Kuhn, en su emblemático libro *La estructura de las revoluciones científicas*, llama un cambio de paradigma. Kuhn sostiene que los científicos en cualquier campo y en cualquier momento poseen un conjunto de creencias compartidas sobre el mundo, y para ese momento, el conjunto constituye el paradigma dominante. Lo que él llama «ciencia normal» transcurre de buena manera bajo este conjunto de creencias compartidas. Los experimentos se llevan a cabo estrictamente dentro de los límites de esas creencias y se dan pequeños pasos hacia el progreso. Un ejemplo antiguo pero excelente es la visión ptolemaica del universo (que se mantuvo hasta el siglo XVI), la cual decía que la Tierra estaba en el centro del universo, y la luna, el sol, los planetas y las estrellas estaban incrustadas en esferas concéntricas a su alrededor. Se desarrollaron fórmulas elaboradas y modelos matemáticos que pronosticaban con precisión eventos astronómicos basados en el paradigma ptolemaico. No fue hasta que Copérnico y Kepler encontraron que la fórmula funcionaba más fácilmente cuando el sol reemplazaba a la Tierra como el centro de todo, que surgió una instancia de cambio de paradigma.

Después que comienza un cambio de paradigma, el progreso es rápido, aunque cargado de tensión. La gente se enoja. Los nuevos descubrimientos llegan a raudales para apoyar el nuevo sistema de creencias (por ejemplo, los de Kepler y Galileo), y se produce la revolución científica. Otros ejemplos conocidos de cambios de paradigma y de la consiguiente revolución en la ciencia incluyen la transición a la relatividad en física, y a las placas tectónicas en la geología. El punto importante en cada instancia es que la antigua «racionalidad» es re-emplazada con el paso del tiempo por otra nueva, diferente, y más útil. Estamos instando a un poco de esto en los negocios. La antigua racionalidad es, en nuestra opinión, descendiente directa de la escuela de la administración científica de Frederick Taylor, y ha dejado de ser una disciplina útil. A juzgar por las acciones de los gerentes que parecen operar bajo este paradigma, algunas de las creencias compartidas incluyen:

- Lo grande es mejor porque siempre puede obtener economías de escala. Cuando tenga dudas, consolide cosas; elimine la superposición, la duplicación y los desperdicios. Incidentalmente, mientras va creciendo, asegúrese de que todo esté coordinado de manera cuidadosa y formal.
- Los productores de bajo costo son los únicos triunfadores seguros. Las funciones de utilidad de los clientes los llevan a centrarse en el costo durante el análisis final. Los supervivientes siempre lo hacen más barato.
- Analícelo todo. Hemos descubierto que podemos evitar decisiones grandes e imprudentes por medio de una buena investigación de mercado, de un análisis de flujo de dinero en efectivo, y de un buen presupuesto. Si un poco es bueno, entonces más debe ser mejor, así que implemente cosas como flujos de efectivo descontados para inversiones arriesgadas como la investigación y el desarrollo. Utilice el presupuesto como un modelo para la planificación a largo plazo. Haga pronósticos. Establezca objetivos numéricos sobre la base de esos pronósticos. Produzca grandes volúmenes de planificación cuyo contenido principal sean los números. (Incidentalmente, olvide el hecho de que la mayoría de los pronósticos de largo alcance están obligados a salir mal el día en que se hacen. Olvide que el rumbo del invento es, por definición, impredecible).
- Deshágase de quienes perturban la paz; es decir, de los campeones fanáticos. Después de todo, tenemos un plan. Queremos una nueva actividad de desarrollo de un producto para generar el avance necesario, y pondremos a 500 ingenieros en ello si es necesario, porque tenemos una idea mejor.
- La labor del administrador es tomar decisiones. Haga las llamadas correctas. Tome las decisiones difíciles. Equilibre la cartera. Compre

en industrias atractivas. La implementación, o la ejecución, tienen una importancia secundaria. Reemplace todo el equipo de gerencia, si tiene que hacerlo, para que la implementación sea efectiva.

• Contrólelo todo. La labor de un gerente consiste en mantener las cosas ordenadas y bajo control. Especifique la estructura de la organización con gran detalle. Escriba largas descripciones de trabajos. Desarrolle matrices organizacionales complejas para asegurarse de que se rindan cuentas por cada contingencia posible. Dé órdenes. Tome decisiones negras y blancas. Trate a las personas como factores de producción.

• Establezca los incentivos adecuados y la productividad seguirá. Si les damos a las personas incentivos monetarios grandes y sinceros por hacer bien las cosas y trabajar de manera inteligente, el problema de la productividad desaparecerá. Recompense bien a quienes tengan un mejor desempeño. Elimine del treinta al cuarenta por ciento de la maleza que no quiera trabajar.

• Inspeccione el control de calidad. La calidad es como todo lo demás; ordene que se haga. Triplique el departamento de control de calidad si es necesario (olvídese de que la cantidad de personal en CC por unidad de producción en las compañías automotrices japonesas sea solo un tercio del tamaño de la nuestra). Haga que le informen al presidente. Les mostraremos a ellos (es decir, a los trabajadores) que hablamos en serio.

• Un negocio es un negocio es un negocio. Si puede leer los balances financieros, podrá administrar cualquier cosa. Las personas, los productos y los servicios son simplemente recursos a su haber, y usted tiene que alinearlos para obtener buenos resultados financieros.

• Los altos ejecutivos son más inteligentes que el mercado. Administre con cuidado los aspectos cosméticos del estado de resultados y el balance financiero, y quedará bien con los desconocidos. Por sobre todo, no permita que sus ganancias trimestrales dejen de crecer.

• Todo habrá terminado si dejamos de crecer. Cuando se nos acaben las oportunidades en nuestra industria, compremos en otras que no entendamos. Al menos, así podremos seguir creciendo.

Por mucho que la racionalidad de un negocio convencional parezca ser el motor de los negocios actuales, simplemente no explica la mayor parte de lo que hace que las empresas excelentes funcionen. ¿Por qué no? ¿Cuáles son sus deficiencias?

*En primer lugar, el componente numerativo y analítico tiene un
sesgo conservador incorporado. La reducción de costos se convierte
en la prioridad número uno y el aumento en los ingresos pasa a un
segundo plano.* Esto conduce a la obsesión por los costos, y no por la
calidad y el valor, a remendar productos viejos en lugar de juguetear
con el producto nuevo y descuidado o con el desarrollo del negocio,
y a solucionar la productividad a través de la inversión en lugar de
revitalizar la fuerza laboral. Una debilidad oculta en el enfoque analítico para la toma de decisiones en los negocios es que las personas
analizan lo que puede ser analizado con mayor facilidad, pasar más
tiempo con esto, y más o menos ignorar el resto.

Como señala John Steinbruner, de Harvard: «Si se exige una precisión cuantitativa, esta se obtiene —en el estado actual de cosas— solo
al reducir el alcance de lo que se analiza para que la mayoría de los
problemas importantes permanezcan fuera del análisis». Esto conduce
a la obsesión con el lado del costo en la ecuación. Allí los números son
«más sólidos». Por otra parte, la solución es mecánica y fácil de imaginar: comprar una nueva máquina para sustituir diecinueve puestos
de trabajo, reducir el papeleo en un veinticinco por ciento, cerrar dos
líneas y acelerar la restante.

El análisis numérico conduce simultáneamente a otra devaluación
involuntaria en el campo de los ingresos. El análisis no tiene manera
de valorar el brío adicional ni el ensañamiento añadido por un equipo
de ventas de IBM o de Frito-Lay. De hecho, según un observador reciente, cada vez que los analistas muestran su curiosidad por el «nivel
de servicios del 99,5 por ciento» en el equipo de ventas de Frito-Lay
(un nivel «irrazonable» de servicio en el así llamado negocio de productos básicos), sus ojos comienzan a brillar, y luego muestran cuánto
podría ahorrar Frito si disminuyera simplemente su compromiso con
el servicio. Los analistas tienen «razón»; Frito-Lay ahorraría dinero
de inmediato. Sin embargo, los analistas no pueden demostrar posiblemente el impacto que tiene un pequeño grado de falta de fiabilidad
en un servicio de ventas conformado por diez mil personas heroicas
—por no hablar de los minoristas de esta empresa—, y, por lo tanto,
en la pérdida de cuota de mercado o en una eventual disminución del
margen. Visto en términos analíticos, el exceso de compromiso con la
confiabilidad que tiene Caterpillar («servicio de entrega de repuestos
en cuarenta y ocho horas en cualquier lugar del mundo, o paga la

empresa»), o Maytag («Diez años de operación libre de problemas»), no tiene sentido. Analíticamente, la decidida duplicación de esfuerzos por parte de IBM y de 3M en el desarrollo de productos, o la canibalización de una marca de P&G por otra marca de esta empresa, es simplemente eso: duplicación. La sensación de familia en Delta, el respeto de IBM por el individuo, y el fetichismo de McDonald's y de Disney por la limpieza no tienen sentido en términos cuantitativos.

El enfoque exclusivamente analítico y desbocado conduce a una filosofía abstracta y sin corazón. Nuestra obsesión por el conteo de víctimas en Vietnam y nuestra incapacidad de comprender la persistencia y el horizonte a largo tiempo de la mentalidad oriental culminaron en la asignación inapropiada y más catastrófica de recursos humanos, morales y materiales en Estados Unidos. No obstante, la fascinación de McNamara por los números era solo una señal de los tiempos. Uno de sus compañeros y jóvenes prodigios en Ford, Roy Ash, fue víctima de la misma aflicción. *Fortune* dice de sus desventuras en Litton: «Totalmente abstracto en su visión de negocios, [Ash] disfrutó al máximo el ejercitar su mente aguda al analizar las técnicas más sofisticadas de contabilidad. Su brillantez lo llevó a pensar en la más regia de las formas: construir nuevas ciudades, crear un astillero que fabricaría los barcos más avanzados en términos técnicos, así como Detroit fabrica automóviles». Por desgracia, el análisis de *Fortune* habla no solo del fracaso de Ash en Litton, sino también del desastre similar diez años después que echó a pique a AM Internacional bajo su liderazgo.

El enfoque racionalista extrae el elemento vivo de unas situaciones que deberían estar, por encima de todo, vivas. Lewis Lapham, editor de *Harper's*, describe la falacia del sesgo enumerativo en un artículo de Easy Chair titulado «Regalos de los Magos»: «Los magos hablan inevitablemente de números y de pesos —barriles de petróleo, la oferta monetaria—, siempre acerca de algo material, y casi nunca de los recursos humanos; acerca de las cosas, y no de las personas. El sesgo prevalente se adapta al prejuicio nacional en favor de las instituciones antes que en los individuos». John Steinbeck hizo el mismo comentario sobre la racionalidad sin vida:

El pez Sierra del Pacífico tiene cuarenta y una espinas en la aleta dorsal. Y se pueden contar fácilmente. Sin embargo, si la sierra golpea con fuerza el sedal de modo que nos arden las manos, si el pez sondea

y casi escapa y, finalmente, sube de nuevo a la baranda, con sus colores vibrantes y su cola golpeando en el aire, nace toda una nueva
externalidad relacional; una que es más que la suma del pez y el pes-
cador. La única manera de contar las espinas de la sierra sin que nos
afecte esta segunda realidad relacional es sentarse en un laboratorio,
abrir un tarro que huele a demonios, sacar un pez tieso e incoloro de
la solución de formalina, contar las espinas y escribir la verdad [...]
Allí tienes una realidad registrada que no puede ser agredida; probablemente la realidad menos importante que no le concierne al pescado
ni a [...] Es bueno saber lo que haces. El hombre con este pescado en
escabeche ha establecido una verdad y registrado muchas mentiras en
su experiencia. El pez no tiene ese color, ni esa textura, ni esa mortan-
dad ni tampoco huele así.

   Ser poco racional equivale con frecuencia a ser negativo. Peter
Drucker ofrece una descripción acertada de la influencia funesta del
sesgo analítico de la gerencia: «Actualmente, la gerencia "profesional" se ve a sí misma en el papel de un juez que dice "sí" o "no" a
las ideas que vayan surgiendo [...] Un gerente en un alto puesto que
crea que su trabajo consiste en sentarse a juzgar, vetará inevitablemente la nueva idea. Siempre será "impráctica"». John Steinbruner
hace un comentario similar al reflexionar sobre el papel del personal
en general: «Es inherentemente más fácil desarrollar un argumento
negativo que adelantar uno que sea constructivo». En su análisis de
la decisión de la MLF (una fuerza nuclear, multilateral y compartida propuesta por la OTAN), Steinbruner relata un diálogo entre
un conservador académico y un estadista pragmático. El ministro
de relaciones exteriores, Dean Acheson, le dijo al asesor presiden-
cial Richard Neustadt, quien había estudiado en Harvard: «Usted
cree que a los presidentes se les debe advertir. Está equivocado. A
los presidentes se les debe dar confianza». Steinbruner pasa luego a
analizar el papel de los «advertidores» frente a los «reforzadores». A
pesar de su intento por presentar un caso equilibrado, está claro que
el peso del modelo analítico neutralmente aplicado cae en el lado de
la advertencia, y no del refuerzo.
   Rawleigh Warner, Jr., director ejecutivo de Mobil, se hizo eco del
tema al explicar por qué su compañía decidió no hacer una oferta en
los pozos petroleros de alta mar en Prudhoe Bay, en 1960: «La gente

de finanzas de esta empresa le prestaron un mal servicio a las de exploración [...] Los pobres empleados de exploración fueron impactados negativamente por gente que no sabía nada de petróleo ni de gas». Hayes y Abernathy, como de costumbre, son elocuentes sobre el tema: «Creemos que durante las dos últimas décadas, los gerentes estadounidenses han recurrido cada vez más a principios que premian el desprendimiento analítico y la elegancia metodológica sobre la percepción [...] basada en la experiencia. La ausencia de experiencia práctica y de fórmulas analíticas de la teoría de portafolio empuja a los gerentes aún más hacia un extremo de precaución en la asignación de recursos». Por último, George Gilder, en *Riqueza y pobreza*, afirma: «El pensamiento creativo [el precursor de la invención] requiere de un acto de fe». Gilder disecciona un ejemplo tras otro para respaldar su argumento, remontándose al diseño del trazado de los ferrocarriles, e insistiendo en que «cuando se construyeron, escasamente podían estar justificados en términos económicos».

La versión actual de la racionalidad no valora la experimentación y aborrece los errores. El conservatismo que conduce a la inacción y a «grupos de estudio» que duran varios años confronta con frecuencia a los hombres de negocios justo con lo que están tratando de evitar: el tener que, a fin de cuentas, hacer una gran apuesta. Los grupos de desarrollo de las empresas gigantes analizan y analizan hasta que han pasado varios años y solo se han asignado un producto realmente exitoso, en el que cada pito y silbato resulta atractivo para cada segmento. Mientras tanto, Digital, 3M, HP y Wang, en medio de un hervidero de experimentación, han procedido «irracional» y caóticamente, y cada una ha introducido diez o más productos nuevos durante el mismo período. El avance tiene lugar solo cuando hacemos algo: ensayar un prototipo temprano con un cliente o dos, dirigir una prueba de mercado rápida y sucia, pegar un aparejo de fortuna a una línea de producción en funcionamiento, probar una nueva promoción de ventas con cincuenta mil suscriptores.

La cultura dominante en la mayoría de las grandes compañías exige castigo por un error, sin importar qué tan útil, pequeño o invisible sea. Esto es especialmente irónico porque el ancestro más noble de la actual racionalidad en los negocios se llamaba gerencia *científica*. La experimentación es la herramienta fundamental de la ciencia: si experimentamos de manera exitosa, por definición cometeremos muchos

errores. Sin embargo, los hombres de negocios excesivamente racionales están en muy buena compañía aquí, porque ni siquiera la ciencia
reconoce su camino complicado hacia el progreso. Robert Merton, un
respetado historiador de las ciencias, describe el típico documento:

[Hay una] gran diferencia entre el trabajo científico tal como aparece
en el papel, y el curso real de investigación [...] La diferencia es un
poco como la que existe entre los textos del método científico y las
maneras en que los científicos piensan, sienten y abordan realmente
su trabajo. Los libros sobre métodos presentan patrones ideales, pero
estos patrones ordenados y normativos [...] no reproducen las adaptaciones oportunistas y típicamente desordenadas que hacen realmente
los científicos. El documento científico tiene una apariencia inmacu-
lada que reproduce poco o nada de los saltos intuitivos, salidas en fal-
so, errores, cabos sueltos y los accidentes afortunados que realmente
afectaron la investigación.

Sir Peter Medawar, quien recibió el premio Nobel por su labor en el
campo de la inmunología, declara rotundamente: «De nada sirve mirar
"documentos científicos", porque no solo ocultan, sino que tergiversan
activamente el razonamiento que acompaña el trabajo que describen».

   *La antiexperimentación nos conduce inevitablemente al exceso de
complejidad y a la inflexibilidad.* La mentalidad del «producto realmente exitoso» es más evidente en la búsqueda de la «superarma» en
el ámbito de la defensa. Un comentarista del *Village Voice* señala:

La manera más rápida de entender el temor producido en el Pentágono
por Spinney [un experimentado analista en la división del Programa
de análisis y evaluación del Departamento de Defensa] es citar su afirmación principal: «Nuestra estrategia de perseguir una complejidad
y sofisticación cada vez más técnica ha hecho que las soluciones de
alta tecnología y la disposición de combate sean mutuamente excluyentes». Es decir, mientras más dinero gasta actualmente EE. UU. en
defensa, tiene una menor capacidad para combatir [...] Más dinero ha
producido menos aviones, aunque más complejos, que no funcionan
la mayor parte del tiempo. El despliegue de un menor número de aviones significa un sistema de comunicación más frágil y elaborado que
probablemente no sobrevivirá en condiciones de guerra.

La precaución y la parálisis inducida por el análisis conducen a una inclinación a la antiexperimentación. Esto, a su vez, conduce irónicamente a la «gran apuesta» más arriesgada de todas o a la mentalidad de la «superarma». La tuerca gira una vez más. Para fabricar estos superproductos, se requieren estructuras gerenciales irremediablemente complicadas y que son impracticables en última instancia. La tendencia alcanza su máxima expresión en la estructura organizacional de la matriz formal. Curiosamente, unos quince años antes del apogeo de la matriz a mediados de los años setenta, el investigador Chris Argyris identificó las patologías clave de la matriz:

¿Por qué están teniendo problemas estas nuevas estructuras y estrategias administrativas? [...] La suposición detrás de esta teoría [matriz] era que si se definen claramente los objetivos y las vías críticas hacia estos objetivos, las personas tienden a cooperar para lograr estos objetivos de acuerdo con el mejor horario que pudieran concebir. Sin embargo, la teoría era difícil de aplicar en la práctica [...] No pasó mucho tiempo antes de que terminar el papeleo se convirtiera en un fin en sí mismo. El setenta y uno por ciento de los gerentes de nivel medio informó que el mantenimiento del papeleo sobre la planificación del producto y el flujo de revisión del programa se hizo tan crucial como el cumplimiento de la responsabilidad de línea asignada a cada grupo [...] Otra modalidad de adaptación fue retirarse y dejar que los niveles más altos se hicieran responsables por la administración exitosa del programa. «Este es su bebé: permítanles hacer que funcione» [...] Sin embargo, otro problema reportado con frecuencia fue la inmovilización del grupo debido a un sinnúmero de pequeñas decisiones.

El síndrome de complejidad se puede superar, pero no es fácil. La IBM 360 es uno de los grandes ejemplos de éxito de un producto en la historia empresarial estadounidense, y sin embargo, su desarrollo fue descuidado. Su presidente Thomas Watson, Sr., le pidió al vicepresidente Frank Cary «diseñar un sistema para asegurarnos de no repetir este tipo de problema». Cary hizo lo que Watson le pidió. Años más tarde, cuando fue nombrado presidente de la empresa, una de sus primeras medidas fue deshacerse de la laboriosa estructura de desarrollo de productos que había creado para Watson. «El señor Watson tenía razón», admitió. «La [estructura de desarrollo del producto] evitará que se repita la confusión de desarrollo de la 360. Desgraciadamente, también garantizará que jamás inventemos otro producto como la 360».

La respuesta de una empresa excelente a la complejidad es la fluidez; la versión administrativa de la experimentación. Las reorganizaciones ocurren todo el tiempo. «Si tienes un problema, asígnale los recursos necesarios y resuélvelo», señala un ejecutivo de Digital. «Es así de sencillo». Fletcher Byrom, de Kopper, coincide con esto: «Entre todas las cosas que he observado en las empresas, la más inquietante ha sido una tendencia al exceso de organización, lo cual produce una rigidez que es intolerable en una época de cambios cada vez más vertiginosos». David Packard, de HP, afirma: «Tienes que evitar que una organización sea demasiado rígida [...] Para que una organización funcione con eficacia, la comunicación debe darse a través del canal más eficaz, independientemente del organigrama. Eso pasa mucho acá. He pensado con frecuencia que después de organizarte, debes deshacerte del organigrama». Al referirse al tema de la racionalidad organizacional estadounidense, nuestro colega japonés Ken Ohmae señala: «La mayoría de las empresas japonesas ni siquiera tienen un organigrama razonable. Nadie sabe cómo está organizada Honda, salvo que utiliza una gran cantidad de equipos de proyectos y es bastante flexible [...] La innovación se produce normalmente en la interfaz, requiriendo disciplinas múltiples. Por lo tanto, la organización flexible japonesa se ha convertido, hoy día especialmente, en un activo».

El enfoque racionalista no celebra la informalidad. Analizar, planificar, decir, especificar y revisar son los verbos del proceso racional. Interactuar, probar, ensayar, fallar, mantenerse en contacto, aprender, cambiar de dirección, adaptar, modificar y ver son algunos de los verbos de los procesos gerenciales informales. Con más frecuencia, escuchamos sobre esto último en nuestras entrevistas con empresas excelentes. Intel tiene salas de conferencia adicionales, simplemente para aumentar la probabilidad de resolver un problema informal entre las diferentes disciplinas. 3M patrocina clubes de todo tipo, específicamente para mejorar la interacción. HP y Digital gastan más de la cuenta en sus sistemas de transporte aéreo y terrestre, solo para que sus empleados se visiten mutuamente. Un producto tras otro fluye a partir del principio fundamental del «acoplamiento rígido» de Patrick Haggerty, de TI. Todo esto significa que la gente habla, resuelve problemas y arregla las cosas en lugar de adoptar posturas, debatir y demorarse.

Sin embargo, y muy desafortunadamente, la administración por edicto les parece más cómoda a la mayoría de los gerentes estadounidenses. Ellos sacuden sus cabezas en señal de incredulidad ante 3M, Digital, HP, Bloomingdale, o incluso IBM, empresas cuyos procesos principales parecen fuera de control. Después de todo, ¿quién en su sano juicio establecería «Administrar deambulando» como pilar de su filosofía, como hace HP? Resulta que el control informal a través de la comunicación habitual y fortuita es en realidad mucho más estricto que dirigir por los números, algo que puede ser evitado o evadido. Sin embargo, tendrías dificultades para vender esa idea fuera de las empresas excelentes.

El modelo racional nos lleva a denigrar la importancia de los valores. Hemos visto pocas, si acaso alguna, direcciones empresariales nuevas y audaces que hayan venido de la precisión en las metas o del análisis racional. Si bien es cierto que las buenas empresas tienen excelentes habilidades analíticas, creemos que sus principales decisiones son forjadas más por sus valores que por su destreza con los números. Las de mejor desempeño crean una cultura amplia, inspiradora y compartida, un marco coherente en el que la gente entusiasmada busca las adaptaciones apropiadas. Su capacidad para extraer contribuciones extraordinarias a partir de una gran cantidad de personas se convierte en la capacidad de crear un sentido de propósito altamente valorado. Este propósito emana siempre del amor por el producto, de ofrecer servicios de la mejor calidad, y de honrar la innovación y la contribución de todos. Un propósito tan noble está inherentemente en conflicto con los treinta objetivos trimestrales de sus adquisiciones comerciales, las veinticinco medidas de contención del gasto, las cien reglas degradantes para los trabajadores de la línea de producción, o con una estrategia de origen analítico y siempre cambiante que hace énfasis en los costos este año, en la innovación en el siguiente, y sabrá Dios en qué otra cosa un año más tarde.

Hay poco espacio en el mundo racionalista para la competencia interna. No se supone que una empresa deba competir consigo misma. No obstante, en la investigación de las empresas excelentes, vimos un ejemplo tras otro de ese fenómeno. Además, notamos que el motivador principal era la presión de grupo, en lugar de las órdenes del jefe. General Motors fue la primera empresa en implementar la idea de la competencia interna hace más de sesenta años; 3M, P&G,

IBM, HP, Bloomingdale's y Tupperware son sus maestros actuales.
La superposición de divisiones, la duplicación de líneas de productos,
varios y nuevos equipos de desarrollo de productos, y vastos flujos de
información para estimular la comparación entre la productividad —y
las mejoras—, son las consignas. ¿Por qué tantas empresas no han
entendido el mensaje?

Una vez más, la tendencia de analizar lo analizable termina siendo
fatal. Es cierto que los costos de duplicación de la línea de productos
y la falta de uniformidad en los procedimientos de manufactura se
pueden medir con precisión. Sin embargo, los ingresos incrementales
se benefician de un flujo continuo de nuevos productos desarrollados
por campeones celosos, y los incrementos en la productividad resultantes de la innovación continua por parte de los equipos de la planta
de producción que compiten entre sí son mucho más difíciles, si no
imposibles, de controlar.

ÉNFASIS EN EL LUGAR EQUIVOCADO

Tal vez el defecto más importante de la visión estrecha de la racionalidad no es que sea mala en sí, sino que ha conducido a un gran
desequilibrio en la manera de pensar acerca de la gerencia. Harold
Leavitt, de Stanford, tiene una manera genial de explicar este punto.
Él considera el proceso gerencial como un flujo interactivo de tres
variables: encontrar el camino, la toma de decisiones y la implementación. El problema con el modelo racional es que solo aborda el elemento del medio: la toma de decisiones. Al explicar las diferencias
entre las tres actividades, Leavitt hace que sus estudiantes piensen
primero en líderes políticos cuyos estereotipos encajen de la manera
más adecuada en las categorías. Por ejemplo, una clase típica sugeriría
al presidente John Kennedy como un explorador. Para el estereotipo
de la toma de decisiones, podrían escoger a Robert McNamara en su
cargo como ministro de defensa, o a Jimmy Carter como presidente.
Para el implementador prototípico, todo el mundo piensa en Lyndon
Johnson («Razonemos juntos» o «preferiría que él estuviera dentro de
la carpa y orinando hacia afuera, que afuera y orinando en el interior
de la carpa»).

Para efectos de una mayor comprensión, Leavitt hace que su clase
asocie diversas ocupaciones con sus tres categorías. Las personas que

entran en la categoría de la toma de decisiones incluyen analistas de sistemas, ingenieros, individuos con maestrías, estadísticos y gerentes profesionales; son compañeros de viaje extraños, pero muy parecidos en su tendencia al enfoque racional. Implementando las ocupaciones estarían aquellas en que las personas disfrutan trabajando con otras personas: psicólogos, vendedores, maestros, trabajadores sociales y la mayoría de los gerentes japoneses. Por último, en la categoría de búsqueda de caminos encontramos a poetas, artistas, empresarios y líderes que han impreso un sello personal a sus negocios.

Obviamente, los tres procesos están interconectados, y el énfasis en cualquier característica que excluya a las otras dos es peligroso. El mundo de los negocios está lleno de aspirantes a exploradores; de artistas que no terminan nada de lo que empiezan. Del mismo modo, los ejecutores abundan; son vendedores comprometidos que no tienen visión. Y los escollos de aquellos que hacen un hincapié excesivo en la toma de decisiones han sido objeto de este capítulo. El punto de todo esto es que la gestión empresarial tiene al menos tanto que ver con la búsqueda de caminos y con la aplicación como con la toma de decisiones. Los procesos son intrínsecamente diferentes, pero pueden complementarse y reforzarse entre sí.

La búsqueda de caminos es un proceso esencialmente estético e intuitivo; un proceso de diseño. Existe una infinidad de alternativas que se pueden plantear para los problemas de diseño, ya sea que estemos hablando de diseño arquitectónico o de los valores rectores de un negocio. A partir de esa infinidad, hay un montón de malas ideas, y aquí el enfoque racional es útil para seleccionar la paja. Sin embargo, por lo general, uno de ellos permanece en el conjunto grande y restante de buenas ideas de diseño, y ninguna cantidad de análisis elegirá entre estas, pues la decisión final se debe esencialmente a una cuestión de gustos.

La implementación, en gran medida, también es idiosincrásica. Como señala Leavitt: «Las personas quieren mucho a sus propios niños, y por lo general no están muy interesadas en los bebés de los demás». Como consultores, hemos encontrado reiteradamente que al cliente no le hace bien que «probemos analíticamente» que la opción A es la mejor *y detenernos en ese punto*. En esa fase del proceso de consultoría, la opción A es nuestro bebé, no el de ellos, y ninguna dosis de brillantez analítica hará que las personas que no estén comprometidas crean esto. Ellas tienen que adentrarse en el problema y entenderlo, y luego apropiarse de él por sí mismas.

Como hemos señalado, no discutimos con la intención de inclinar drásticamente la balanza hacia la búsqueda de caminos o la implementación. La racionalidad *es* importante. Un análisis de la calidad ayudará a señalarle a un negocio la dirección correcta para la búsqueda de caminos y eliminar las opciones imprudentes. Sin embargo, si Estados Unidos quiere recuperar su posición competitiva en el mundo, o incluso conservar la que tiene, no podemos seguir sobrepasándonos haciendo cosas a nivel racional.

3

El hombre en espera de motivación

El problema central de la visión racionalista en el sentido de organizar a las personas es que estas no son muy racionales. El hombre simplemente está mal diseñado (o, por supuesto, viceversa, según nuestro argumento aquí) para encajar en el viejo modelo de Taylor, o en los organigramas de hoy día. De hecho, si nuestro entendimiento del estado actual de la psicología al menos se acerca a lo correcto, el hombre es el objeto de estudio por excelencia en los conflictos y la paradoja. Nos parece que para entender por qué las empresas excelentes son tan efectivas en generar tanto el compromiso como la innovación regular en decenas y hasta centenares de miles de personas, debemos considerar cómo manejan las siguientes contradicciones, que son parte integral de la naturaleza humana:

1. Todos somos egocéntricos; aspirantes a algunos aplausos, y por lo general nos gusta pensar en nosotros mismos como ganadores. Sin embargo, lo cierto es que nuestros talentos están distribuidos normalmente; ninguno de nosotros es realmente tan bueno como nos gustaría pensar; no obstante, frotar nuestras narices diariamente en esa realidad no nos hace ningún bien.

2. Nuestro hemisferio cerebral derecho —imaginativo y simbólico— es al menos tan importante como nuestro hemisferio izquierdo, racional y deductivo. Razonamos a partir de las historias *al menos* con tanta frecuencia como con los buenos datos. «¿Se siente bien?» es más importante que «¿Tiene sentido?» o que «¿Puedo probarlo?».

3. Como procesadores de información, somos simultáneamente defectuosos y maravillosos. Por un lado, podemos guardar explícitamente muy poco en nuestra mente; como mucho, alrededor de media docena de datos al mismo tiempo. Por lo tanto, debe existir una enorme presión sobre las gerencias —especialmente en las organizaciones complejas— para mantener las cosas muy simples. Por otro lado,

nuestra mente inconsciente es poderosa y acumula una gran cantidad de patrones, si se lo permitimos. La experiencia es una excelente maestra; sin embargo, la mayoría de los negocios parece subestimarla en el sentido especial que describiremos.

4. Somos criaturas de nuestro entorno; muy sensibles y receptivas a las recompensas y a los castigos externos. Además, nuestro interior nos impulsa y nos automotiva muchísimo.

5. Actuamos como si expresar lo que creemos fuera importante; sin embargo, las acciones son más elocuentes que las palabras. Resulta que no podemos engañar a nadie. Los demás observan patrones en nuestras acciones más mínimas, y son lo suficientemente sabios para desconfiar de las palabras que no estén a tono con nuestras acciones.

6. Necesitamos un significado en nuestras vidas a toda costa y nos sacrificaremos muchísimo por instituciones que nos ofrezcan un significado. De manera simultánea, necesitamos independencia, sentir que estamos a cargo de nuestro destino, y tener la capacidad de sobresalir.

Ahora bien, ¿cómo manejan estos conflictos la mayoría de las empresas? Se enorgullecen mucho de establecer objetivos muy altos para las personas (equipos de productividad, de desarrollo de productos, o gerentes generales de divisiones); objetivos ambiciosos. Estos son perfectamente racionales, pero en última instancia terminan siendo autodestructivos. ¿Por qué TI y Tupperware, por el contrario, insisten en que los equipos establezcan sus propios objetivos? ¿Por qué IBM fija cuotas de modo que casi todos los vendedores pueden cumplir con ellas? Seguramente TI tiene trabajadores perezosos. Y no importa lo inteligentes que sean los programas de contratación, selección y capacitación de IBM para sus vendedores, no hay manera de que este gigante vaya a contratar a todas las superestrellas para su equipo de ventas. ¿Qué está pasando entonces?

La respuesta es sorprendentemente sencilla, aunque ignorada por la mayoría de los gerentes. En un reciente estudio psicológico, cuando se les pidió a un grupo aleatorio de adultos varones que se clasificaran según «su capacidad de llevarse bien con los demás», *todos* los individuos —el cien por ciento— se colocaron en la mitad superior de la población. El sesenta por ciento se calificó en el diez por ciento de la población, y un veinticinco por ciento pensó con humildad que estaba en el uno por ciento superior de la población. En un hallazgo paralelo, el setenta por ciento se clasificó en el cuartil superior en liderazgo; solo al dos por ciento le pareció estar debajo de la media como líderes. Finalmente, en un área donde el autoengaño debe ser difícil para la mayoría de los varones, por lo menos el sesenta por ciento dijo estar en el cuartil superior de la capacidad atlética, y solo el seis por ciento dijo estar por debajo de la media.

Todos pensamos que somos lo máximo. Somos vigorosa y tremendamente irracionales con respecto a nosotros mismos. Y eso tiene implicaciones contundentes en términos de la organización. Sin embargo, encontramos que la mayoría de las empresas tiene una visión negativa de su gente. Regañan verbalmente a los empleados por su pobre desempeño. (La mayoría hablan con más rudeza de la que actúan, pero el lenguaje duro de todos modos intimida a la gente). Las empresas nos instan a correr riesgos, pero castigan incluso las fallas pequeñas. Quieren innovación, pero matan el espíritu del campeón. Con sus sombreros racionalistas, diseñan sistemas que parecen calculados para acabar con la autoimagen de sus trabajadores. Es posible que no quieran hacer eso, pero lo hacen.

El mensaje que aparece de manera conmovedora en los estudios que revisamos es que nos gusta pensar en nosotros mismos como ganadores. La lección que tienen que enseñar las empresas excelentes es que no existe razón alguna para no diseñar sistemas que refuercen continuamente esta noción; la mayoría de sus empleados fueron creados para sentir que son triunfadores. Su demografía está distribuida dentro de la curva normal; igual que cualquier otra gran población, pero la diferencia es que sus sistemas refuerzan grados de victoria en lugar de grados de derrota. Su gente, por lo general, cumple con sus objetivos y cuotas, porque los objetivos y las cuotas son establecidos (a menudo por las propias personas) para permitir que eso suceda.

Lo contrario es cierto en las empresas que no son tan excelentes. Mientras que IBM administra explícitamente para asegurarse de que entre el setenta y el ochenta por ciento de sus vendedores cumplan con las cuotas, otra empresa (una competidora de IBM en un sector de su línea de productos) lo hace para que solo el cuarenta por ciento del equipo de ventas cumpla con sus cuotas durante un año típico. Con este enfoque, al menos el sesenta por ciento del personal de ventas piensa que son perdedores. Ellos lo resienten, y esto los conduce a un comportamiento disfuncional, impredecible y frenético. Tacha a un hombre como perdedor, y empezará a actuar como uno. Como señaló un gerente de GM: «Nuestros sistemas de control son diseñados bajo la suposición aparente de que el noventa por ciento de las personas son perezosas, que nunca hacen nada bien, que solo quieren mentir, engañarnos, robarnos o perjudicarnos en algún sentido. Desmoralizamos al noventa y cinco por ciento de la fuerza laboral que actúa como adultos diseñando sistemas para cubrirnos la espalda contra el cinco por ciento que realmente son malos trabajadores».

Los sistemas en las empresas excelentes no solo están diseñados para producir una gran cantidad de ganadores; están erigidos para celebrar la victoria cuando ocurra. Sus sistemas hacen un uso extraordinario de incentivos no monetarios. Están llenos de alboroto.

Hay otras oportunidades para el refuerzo positivo. El hallazgo más intrigante en otro campo importante de la investigación psicológica, llamado la «teoría de la atribución», es el llamado error fundamental de atribución postulado por Lee Ross, de la Universidad de Stanford. La teoría de la atribución trata de explicar la forma en que le asignamos una causa al éxito o al fracaso. ¿Fue buena suerte? ¿Fue habilidad? ¿Nos equivocamos? ¿Nos derrotó el sistema? El error fundamental de atribución que tanto intriga a los psicólogos es que normalmente tratamos cualquier éxito como si fuera nuestro, y cualquier fracaso como si fuera del sistema. Si algo sale bien, es bastante claro que «yo hice que sucediera», «soy talentoso», y así sucesivamente. Si pasa algo malo, «son ellos», «es el sistema». Una vez más, las implicaciones para la organización son claras. Las personas se desconectan si sienten que están fallando, porque «el sistema» es el culpable. Se conectan cuando el sistema los lleva a creer que tienen éxito. Aprenden que pueden hacer las cosas debido a su habilidad, y, lo más importante, es probable que vuelvan a intentarlo.

El viejo refrán dice: «Nada tiene tanto éxito como el éxito». Y resulta que esto tiene una sólida base científica. Los investigadores que estudian la motivación encuentran que el factor principal es simplemente la autopercepción de los sujetos motivados de que realmente lo están haciendo bien. Que se guíen o no por alguna norma absoluta es algo que no parece tener mucha importancia. En un experimento, a unos adultos les dieron diez acertijos para resolver. Los diez eran exactamente los mismos para todos. Ellos trabajaron en los acertijos, los entregaron y recibieron los resultados al final. En realidad, los resultados que les dieron eran ficticios. A la mitad de los que presentaron el examen se les dijo que lo habían hecho bien; de los diez, siete correctos. A la otra mitad se les dijo que lo habían hecho mal; de los diez, siete incorrectos. Luego se les entregaron otros diez acertijos (los mismos para cada persona). A la mitad que se les *dijo* que lo habían hecho bien en la primera ronda, realmente les fue bien en la segunda, y a la otra mitad les fue peor. La mera asociación con el éxito personal en el pasado conduce aparentemente a una mayor persistencia, a una mayor motivación, o a algo que nos lleva a hacerlo mejor. Warren Bennis, en su libro *The Unconscious Conspiracy: Why Leaders Can't Lead,* encuentra una razón amplia para estar de acuerdo: «En un estudio realizado con maestros escolares, resultó que cuando tenían altas expectativas de sus alumnos, solo eso bastó para causar un aumento de veinticinco puntos en el puntaje de CI de los estudiantes».

Las investigaciones sobre las funciones del cerebro muestran que los hemisferios izquierdo y derecho difieren sustancialmente. El izquierdo es racional, secuencial y verbal; es el hemisferio «lógico» y racional. El hemisferio derecho es el artístico; es el que ve y recuerda patrones, melodías y es sensible a la poesía. La diferencia absoluta entre los dos hemisferios se ha demostrado en repetidas ocasiones; por ejemplo, cuando la cirugía requerida en casos de epilepsia severa ha disociado los vínculos entre los dos hemisferios. Los estudios muestran que el lado derecho es muy bueno para visualizar cosas, pero no puede verbalizar ninguna. El lado izquierdo no puede recordar patrones ni caras de personas. Los que dicen: «No soy bueno para recordar nombres, pero nunca olvido una cara» no tienen ningún problema; simplemente su hemisferio derecho es un poco predominante.

Arthur Koestler señala el papel dominante, nos guste o no, de nuestro hemisferio derecho. En su libro *El fantasma en la máquina,* Koestler atribuye nuestras emociones más bajas, nuestra predilección por la guerra y la destrucción, a «una mitad del cerebro [derecha] no desarrollada». Koestler afirma que «[nuestra] conducta sigue siendo dominada por un sistema relativamente crudo y primitivo». Y Ernest Becker llega al extremo de decir que «el énfasis psicoanalítico en la naturaleza de la criatura [es decir, en nuestros rasgos básicos] es *la* percepción perdurable sobre el carácter humano». Luego añade que nos conduce con urgencia a «buscar trascendencia», «evitar el aislamiento», y «por encima de todo, a temer la impotencia».

Las implicaciones organizacionales de esta línea de razonamiento son ineludibles, aunque tienen un lado oscuro potencial (por ejemplo, haremos casi cualquier cosa para buscar trascendencia). El investigador de negocios Henry Mintzberg amplía esta idea:

Hay un hecho que se repite a menudo en toda esta investigación: los procesos gerenciales clave son enormemente complejos y misteriosos (para mí como investigador, así como para los gerentes que los implementan), recurren a la información más ambigua y usan los procesos mentales menos articulados. Estos procesos parecen ser más relacionales y holísticos que ordenados y secuenciales, y más intuitivos que intelectuales; parecen ser más característicos de la actividad del hemisferio cerebral derecho.

Todas las investigaciones sobre los hemisferios izquierdo y derecho del cerebro sugieren simplemente que las empresas están llenas (cien por ciento) de seres humanos emocionales y altamente «irracionales» (para los estándares del lado izquierdo del cerebro): personas que quieren desesperadamente estar en equipos ganadores («buscar trascendencia»); individuos que prosperan en la camaradería de un grupo pequeño y efectivo o un entorno de unidad («evitar el aislamiento»); criaturas que quieren tener la sensación de que tienen el control parcial de sus destinos («miedo a la impotencia»). Ahora bien, dudamos seriamente de que las empresas excelentes hayan procedido partiendo explícitamente de consideraciones provenientes del lado derecho del cerebro en el desarrollo de sus prácticas administrativas. Sin embargo, el efecto es tal que parece que así es, especialmente en relación con sus competidores. Estas empresas simplemente toman en consideración —y aprovechan— el lado más emocional y primitivo (bueno y malo) de la naturaleza humana. Proporcionan una oportunidad para ser los mejores, un contexto para la búsqueda de la calidad y la excelencia. Brindan respaldo; más aún, celebración; utilizan unidades pequeñas e íntimas (de las divisiones a las «operaciones secretas» u otros usos de los equipos), y ofrecen oportunidades para destacarse dentro de entornos protegidos; como parte de un círculo de calidad en TI, por ejemplo, donde hay nueve mil de estas entidades.

Tenga en cuenta también que este reconocimiento implícito de los rasgos del lado derecho por parte de las empresas excelentes se da directamente a expensas de prácticas comerciales, tradicionalmente del lado izquierdo del cerebro: las causas por las cuales luchar están muy lejos de los treinta objetivos trimestrales de sus adquisiciones comerciales. El equipo íntimo o la pequeña división hacen caso omiso de las economías de escala. Permitir la libertad de expresión por parte de miles de círculos de calidad va en contra de la «mejor y única manera» de una organización con producción tradicional.

Existe otro aspecto de la naturaleza de nuestro hemisferio derecho del cerebro que normalmente no es parte de la sabiduría administrativa convencional, pero que está siendo claramente alimentado por las empresas excelentes. Es el lado intuitivo y creativo. Muchos creen que las ciencias y las matemáticas son la fuente del pensamiento lógico, y el pensamiento lógico y racional ciertamente está provisto de la progresión cotidiana de las ciencias. Sin embargo, como señalamos en relación con el cambio de paradigma científico, la lógica no es el verdadero motor del progreso científico. Mire cómo James Watson, uno de los descubridores de la estructura del ADN, describió la doble hélice la noche en que terminó su investigación: «Es hermoso; lo ven; es muy hermoso». En las ciencias, la estética y la belleza del concepto son tan importantes que el premio Nobel Murray Gell-Mann comentó: «Cuando se tiene algo simple que está de acuerdo con todo el resto de la física y realmente parece explicar lo que sucede, unos pocos datos experimentales en contra de esto no son ninguna objeción en absoluto». Cuando Ray Kroc, antiguo presidente de McDonald's, se refirió a los panes de hamburguesas en términos poéticos, no había prescindido de sus sentidos; simplemente reconoció la importancia de la belleza como un punto de partida para la lógica de negocios resultante.

«Razonamos» con nuestro lado intuitivo, tanto como, y quizás más que, con nuestro lado lógico. Dos psicólogos experimentales, Amos Tversky y Daniel Kahneman, son los líderes de un avance importantísimo realizado hace unos quince años en la psicología experimental, llamado «tendencias cognitivas». En una prueba tras otra con sujetos sofisticados —e incluso capacitados científicamente—, nuestra tendencia por lo intuitivo se manifiesta a sí misma. Por ejemplo, un fenómeno que ellos denominan «representatividad» afecta profundamente nuestras capacidades de razonamiento. Dicho en términos simples, somos más influenciados por las historias (anécdotas completas y que tienen sentido en sí mismas) que por los datos (que son, por definición, totalmente abstractos). En un experimento típico, a los sujetos se les contó una historia acerca de un individuo, se les suministraron algunos datos relevantes, y luego les pidieron adivinar su profesión. Les dijeron por ejemplo: «Jack es un hombre de cuarenta y cinco años. Está casado y tiene cuatro hijos. En general, es conservador, cuidadoso y ambicioso. No muestra ningún interés en asuntos políticos ni sociales, y dedica la mayor parte de su tiempo libre a sus pasatiempos, que incluyen carpintería en casa, navegar y resolver acertijos matemáticos». A continuación, se les dijo que la descripción de Jack fue extraída de una población que contiene un ochenta por ciento de abogados y un veinte por ciento de ingenieros. No tuvo importancia decirles que había muchos abogados en la muestra; los sujetos escogieron la ocupación basados en sus estereotipos sobre la ocupación. En este caso, la mayor parte de ellos decidió que Jack era ingeniero.

Gregory Bateson afirma también el caso de la primacía de la representatividad:

Hay una historia que he utilizado antes y que utilizaré otra vez: un hombre quería saber acerca de la mente, no en la naturaleza, sino en su computadora grande y privada. Le preguntó: «¿Calculas que llegarás a pensar como un ser humano?». La máquina comenzó a trabajar para analizar sus propios hábitos computacionales. Por último, imprimió su respuesta en una hoja, como lo hacen este tipo de máquinas. El hombre corrió a buscar la respuesta y encontró, perfectamente escritas, las palabras: ESO ME RECUERDA UNA HISTORIA. Una historia es un pequeño nudo o complejo de esas especies de conectividad que llamamos relevancia. Sin duda, la computadora estaba en lo cierto. Sin duda, así es como piensa la gente.

Otros hallazgos relacionados incluyen:

1. No prestamos atención a los resultados anteriores. La historia no nos conmueve tanto como una buena anécdota actual (o, presumiblemente, un poco de chismorreo). Razonamos con los datos que acuden fácilmente a nuestra mente (y que Kahneman y Tversky llamaron la «disponibilidad heurística») incluso si estos datos no tienen una validez estadística. Si en el transcurso de una semana nos encontramos con tres amigos en un hotel en Tokio, somos más

propensos a pensar «¡qué raro!», que a reflexionar sobre la probabilidad de que nuestro círculo de conocidos tienda a frecuentar los mismos lugares que nosotros.

2. Si dos eventos coexisten, así sea de manera vaga, nos apresuramos a formular conclusiones sobre la causalidad. Por ejemplo, en un experimento, a unos sujetos se les dan datos clínicos sobre personas y dibujos de ellas. Más tarde, cuando se les pide que recuerden lo que han encontrado, ellos sobrestiman considerablemente la correlación entre el aspecto de una persona y sus verdaderas características; personas que eran, de hecho, sospechosas por naturaleza fueron juzgadas normalmente (y erróneamente) por tener ojos peculiares.

3. Somos casos perdidos con respecto al tamaño de una muestra. Nos parece que las pequeñas muestras son tan convincentes como las grandes, y algunas veces incluso más. Consideremos, por ejemplo, una situación en la que un individuo saca dos bolas de una urna y descubre que ambas son rojas. Otra persona saca entonces treinta bolas y descubre que dieciocho son rojas y doce son blancas. La mayoría de la gente cree que la primera muestra contiene la evidencia más contundente de que la urna contiene predominantemente bolas rojas, aunque como un asunto meramente estadístico, lo contrario es cierto.

Y lo mismo sucede con una gran cantidad de datos experimentales, y con miles de experimentos antiguos, demostrando que las personas razonan de manera intuitiva. Lo hacen con reglas simples en términos de decisión, lo cual es una forma elegante de decir que, en este mundo complejo, confían en su instinto. Necesitamos formas de clasificar las minucias infinitas que existen, y comenzamos con la heurística: asociaciones, analogías, metáforas y formas que han funcionado para nosotros anteriormente.

Hay cosas buenas y malas en esto, aunque pensamos que son principalmente buenas. La parte mala es que, como lo demuestran varios experimentos, nuestro instinto colectivo no es muy útil en el arcano mundo de las probabilidades y las estadísticas. Este es un campo en el que un poco más de entrenamiento en el lado racional sería útil. Sin embargo, el elemento positivo es que probablemente sea solo el salto intuitivo el que nos permitirá resolver problemas en este mundo complejo. Esta es una de las principales ventajas del hombre sobre la computadora, tal como lo veremos.

SIMPLICIDAD Y COMPLEJIDAD

La mayoría de los acrónimos son malísimos. Sin embargo, no MSE: ¡Mantenlo simple, estúpido! Una de las características más importantes de las empresas excelentes es que han comprendido la importancia de mantener las cosas simples a pesar de las presiones genuinas y abrumadoras para complicar las cosas. Hay una poderosa razón para esto, y recurrimos al premio Nobel Herbert Simon para una respuesta. Simon ha participado activamente en el campo de la inteligencia artificial en años recientes, tratando de conseguir que las computadoras «piensen» más como los seres humanos, en lugar de realizar búsquedas ineficientes y exhaustivas para las soluciones.

Uno de los hallazgos más importantes de Simon y sus colegas, por ejemplo, es que los seres humanos no somos buenos procesando grandes flujos de datos e información que sean nuevos. Han descubierto que lo máximo que podemos recordar en nuestra memoria a corto plazo, sin olvidar algo, son seis o siete datos.

Una vez más, esto nos enfrenta a una paradoja importante para la gerencia, pues el mundo de las grandes empresas *es* complejo. El grado de complejidad está sugerido por el hecho de que a medida que el número de personas de una empresa incrementa aritméticamente, el número de interacciones entre ellas también aumenta de manera geométrica. Si nuestra empresa tiene diez empleados, todos podemos mantenernos en contacto porque el número de formas en las que podemos interactuar, digamos, en conversaciones de uno a uno, es cuarenta y cinco. Por otra parte, si nuestra empresa cuenta con mil empleados, ese mismo número de posibles interacciones de uno a uno aumenta hasta quinientos mil aproximadamente. Si hay diez mil empleados, entonces el número se eleva a cincuenta millones. Para hacer frente a las complejas necesidades de comunicaciones generadas solo por el tamaño, necesitamos sistemas apropiadamente complejos, o al menos así parece.

Recientemente leímos una gran cantidad de propuestas comerciales, y ninguna de ellas tenía menos de cincuenta páginas. Luego, examinamos los programas personales de los ejecutivos principales de una empresa de artículos de consumo de $500 millones; y pocas veces sus programas contenían menos de quince objetivos al año, y treinta de ellos no era inusual. Usted dirá que esto no es irrazonable, hasta que se da cuenta de que el equipo directivo está tratando de mantenerse informado del avance profesional de las 500 personas en las posiciones más altas de la compañía; tal vez se trate de quince mil objetivos. Ahora, ¿cuál es la respuesta lógica a que las cosas sean cada vez más y más complejas para los altos ejecutivos? ¿Qué hacen ellos cuando empiezan a recibir miles de objetivos que de alguna manera se espera que procesen? ¿Qué hacen cuando todos estos objetivos no son más que una pequeña parte del conjunto total de información que deben manejar? Bueno, contratan personal para simplificarse las cosas para ellos mismos.

De hecho, el personal puede simplificar las cosas... para ellos. Sin embargo, el personal les hace la vida imposible a las personas que están en el campo. Tan pronto ese personal, sin importar la cantidad, entra en acción, comienza a generar solicitudes de información, instrucciones, reglamentos y políticas, informes, y finalmente, cuestionarios sobre «cómo le está yendo al personal». En algún lugar del camino a la grandeza, se presenta una sobrecarga de información. La memoria a corto plazo no puede procesarla en su totalidad, ni siquiera una pequeña fracción de ella, y las cosas se vuelven muy confusas.

No obstante, como suele suceder, las empresas excelentes parecen haber encontrado formas de afrontar su problema. Por un lado, mantienen deliberadamente un personal reducido. De este modo, no hay suficiente personal corporativo para generar demasiada confusión en los distintos niveles de una empresa. Emerson, Schlumberger y Dana, por ejemplo, son corporaciones de máximo desempeño, de tres mil a seis mil millones de dólares; sin embargo, cada una es dirigida por menos de cien personas en la sede corporativa. Entretanto, Ford, tiene diecisiete capas de gerencia, mientras que Toyota (y la Iglesia Católica Romana, con ochocientos millones de miembros) tienen cinco. Como otra estrategia para afrontar sus situaciones, las empresas excelentes se centran solo en unos pocos valores clave del negocio, y en unos pocos objetivos. El enfoque en unos valores clave les permite a todos ver lo que es importante, por lo que simplemente hay una menor necesidad de instrucciones diarias (por ejemplo, una sobrecarga diaria de memoria a corto plazo). Tras asumir la dirección de Dana, Rene McPherson eliminó de manera dramática veintidós pulgadas y media de manuales de políticas, y los reemplazó con una declaración de una sola página sobre su filosofía, que se centraba en las personas «productivas». (Sus auditores estaban horrorizados. «Eso significa que podría haber setenta y cuatro procedimientos diferentes en setenta y cuatro plantas distintas». McPherson replicó: «Sí, y tal vez significa que ustedes finalmente tendrán que ganarse sus honorarios»).

Muchas de estas compañías eliminan el papeleo mediante el uso de grupos operativos de éxito rápido, y entre los enemigos del papeleo, P&G es famosa por su insistencia en memorandos de una sola página como casi el único medio de comunicación escrita. Otras empresas «suboptimizan»; parecen ignorar las economías de escala, soportando una buena cantidad de superposición interna, duplicación y errores solo para no tener que coordinarlo todo, lo que, debido a su tamaño, no podrían hacer de todos modos. A medida que avancemos en los resultados de la investigación en capítulos posteriores, encontraremos series de instrumentos utilizados por las empresas excelentes para mantener las cosas simples. En cada instancia están ignorando el «mundo real», el mundo complejo. Son, en un sentido real, *simplistas*, y no solo mantienen las cosas simples. Obviamente, «más de dos objetivos no son objetivos» —la consigna de TI— es irrealista; treinta objetivos *es* una descripción más realista del mundo. Sin embargo, la regla de TI coincide con la naturaleza humana. Con un poco de suerte y una gran dosis de persistencia, se podrían lograr realmente dos cosas en un año.

Simon, en su investigación sobre la inteligencia artificial, encuentra otro resultado fascinante que es, finalmente, alentador. Al examinar la memoria a largo plazo, él y sus colegas estudiaron el problema de la programación de computadoras para jugar ajedrez. En el interior de esta investigación descansa una idea importante que relaciona el papel de lo racional con el papel de lo intuitivo. Simon empezó suponiendo que el ajedrez podría jugarse sobre una base estrictamente racionalista, es decir, que uno podría programar una computadora como un árbol de decisiones. Antes de hacer un movimiento, la computadora buscaría por adelantado y examinaría todos los ataques y contraataques posibles. Teóricamente, esto se puede hacer. Sin embargo, no es práctico, pues el número de posibilidades es casi del orden de 10 a la 120ª potencia (un billón, por el contrario, es solo del orden de 10 a la 12ª potencia). Las computadoras más rápidas de la actualidad pueden hacer algo así como cálculos de la 10 a la 20ª potencia en un siglo. Por lo tanto, programar nuestra computadora para que se comporte racionalmente cuando juegue ajedrez simplemente no es factible.

Pasmado por la noción, Simon pasó a investigar lo que pueden hacer realmente los buenos ajedrecistas. Al realizar su investigación, les pidió a maestros de ajedrez —a los mejores del mundo—, que miraran brevemente (por espacio de diez segundos) partidas que ya habían comenzado, y en las que los tableros tenían todavía alrededor de veinte piezas. Simon descubrió que los maestros de ajedrez podían recordar posteriormente las ubicaciones de prácticamente todas las piezas. Esto no se corresponde en absoluto con la teoría de la memoria a corto plazo. Cuando a los ajedrecistas de clase A (un rango menor que el de los maestros) se les pidió que se sometieran a la misma prueba, sus resultados fueron mucho más discretos. Tal vez los maestros de ajedrez tienen mejor memoria a corto plazo. Sin embargo, este es el problema de esa idea: ni los maestros ni los ajedrecistas de clase A pudieron recordar en qué lugar estaban las piezas en los tableros configurados que fueron generados de manera aleatoria sin partidas en progreso. Algo más debe incidir en esto.

Ese algo más, cree Simon, es que los maestros de ajedrez tienen memorias ajedrecísticas mucho más desarrolladas, y que estas memorias adquieren la forma de patrones recordados a nivel subconsciente, o lo que Simon llama «vocabularios de ajedrez». Mientras que un ajedrecista de clase A tiene un vocabulario de alrededor de dos mil patrones, el maestro tiene un vocabulario de casi cincuenta mil. Parece que los ajedrecistas utilizan el pensamiento de árbol de decisiones, pero solo en un sentido muy limitado. Ellos comienzan con los patrones: ¿he visto esto antes?, ¿en qué contexto?, ¿qué funcionó antes?

Cuando empezamos a hacer hincapié en las implicaciones de la investigación de Simon, nos llama la atención su aplicabilidad en todas las demás esferas. La marca del verdadero profesional en cualquier campo es el rico vocabulario de patrones, desarrollado por medio de años de educación formal y, especialmente, de experiencia práctica. El médico experimentado, el artista, el maquinista, todos tienen ricos patrones de vocabulario. Simon los llama ahora «viejos amigos».

Esta noción se debe celebrar, pues creemos que constituye el valor real de la experiencia en los negocios. Contribuye a explicar la importancia de administrar deambulando. No solo los empleados se benefician cuando les prestan atención. Un jefe curtido tiene buenos instintos; sus patrones de vocabulario de viejos amigos le dicen de inmediato si las cosas están saliendo bien o mal.

La noción de los patrones de vocabulario debe hacer varias cosas por nosotros, pues pensamos acerca de sus implicaciones para la excelencia en la gerencia. Debería ayudarnos a confiar con mayor frecuencia en nuestro instinto con respecto a las decisiones clave en materia de negocios. Nos debería llevar a pedir el consejo de clientes y trabajadores con mayor frecuencia. Y, finalmente, debería alentarnos a todos nosotros a pensar detenidamente en el valor de experimentar en contraposición a un estudio simplemente aislado.

EL REFUERZO POSITIVO

B. F. Skinner tiene una mala reputación en algunos círculos. Sus técnicas se perciben como muy manipuladoras. En realidad, él se pone a sí mismo como blanco para sufrir ataques desde todas partes. Por ejemplo, en su popular tratado *Mas allá de la libertad y la dignidad*, pide nada menos que una amplia «tecnología del comportamiento». Sostiene que todos somos simplemente producto de los estímulos que recibimos del mundo exterior. Si se especifica por completo el entorno, se podrán predecir con exactitud las acciones individuales. Nos enfrentamos al mismo problema que afrontaron los racionalistas con el hombre económico. Así como el hombre económico nunca puede saber lo suficiente (es decir, todo) para maximizar su función de la utilidad, nunca podremos acercarnos al hecho de especificar completamente el entorno como para predecir el comportamiento. Sin embargo, y por desgracia, tendemos a ignorar algunas conclusiones muy prácticas y de gran alcance de Skinner, debido a la arrogancia de sus pretensiones y a la ideología implícita asociada con ellas.

Si profundizamos más, encontramos que la lección más importante de Skinner es el papel del refuerzo positivo, de las recompensas por el trabajo bien hecho. Skinner y otros toman nota especial de la asimetría entre el refuerzo positivo y negativo (esencialmente, la amenaza de sanciones). En resumen, el refuerzo negativo producirá el cambio conductual, pero a menudo de maneras extrañas, impredecibles e indeseables. El refuerzo positivo también provoca un cambio de comportamiento, pero normalmente en la dirección planeada.

¿Por qué dedicarle tiempo a esto? Nos parece que el centro de toda la noción de la gerencia es la relación superior/subordinado, la idea del gerente como «jefe», y el corolario de que las órdenes serán proferidas y acatadas. La amenaza de castigo es el poder principal que subyace en todo esto. En la medida en que prevalece esta noción subyacente, no estamos prestando atención a la necesidad dominante de las personas para ser ganadores. Por otra parte, el refuerzo negativo y repetido es, como señala Skinner, por lo general una táctica fútil. No funciona muy bien. Generalmente resulta en una actividad frenética y sin guía. Además, el castigo no suprime el deseo de «hacerlo mal». Skinner afirma: «La persona que ha sido castigada no está simplemente menos inclinada a comportarse de una manera determinada; a lo sumo, aprenderá a evitar el castigo».

Por el contrario, el refuerzo positivo no solo forja la conducta sino que enseña también, mejorando de paso nuestra imagen propia. Para dar primero un ejemplo negativo, supongamos que somos castigados por «no tratar bien a un cliente». No solo no sabemos lo que tenemos que hacer específicamente con el fin de mejorar; podríamos responder «aprendiendo» para evitar a todos los clientes. En palabras de Skinner, el «cliente» *per se*, en lugar de «tratar mal a un cliente», ha sido asociado con el castigo. Por otro lado, si alguien nos dice por medio de un elogio proveniente de un «comprador misterioso» que «solo actuamos en la mejor tradición de la Corporación XYZ en respuesta a la leve queja de la señora Jones», sería algo muy diferente. Debido a la experiencia de Skinner, y a la nuestra, lo que probablemente veremos ahora es un empleado que busca en todas partes para encontrar a más señoras Jones a quienes tratar bien. El empleado ha aprendido que un patrón específico de conducta (positivo) conduce a recompensas, y que ha satisfecho al mismo tiempo la insaciable necesidad humana de mejorar la autoimagen.

Ore-Ida, la subsidiaria de alimentos congelados de Heinz que ha tenido tanto éxito, está ensayando una variación interesante sobre este tema con el fin de fomentar un mayor aprendizaje y toma de riesgos en sus actividades de investigación. Ha definido cuidadosamente lo que llama el «fracaso perfecto», y ha hecho preparativos para disparar un cañón en señal de celebración cada vez que ocurra uno. El concepto del fracaso perfecto surge del simple reconocimiento de que toda investigación y desarrollo son inherentemente arriesgadas, que la única manera de tener éxito es luego de muchos intentos, que el objetivo principal de la gerencia debería ser inducir muchos intentos, y que un buen intento que resulte en un poco de aprendizaje debe ser celebrado incluso cuando se produzca un error. A modo de subproducto, ellos legitiman y crean incluso sensaciones positivas pidiendo que detengan rápidamente una propuesta que falla de manera evidente, en lugar de dejar que se prolongue, ocasionando costos más altos en términos de fondos y una eventual desmoralización.

El refuerzo positivo también tiene una propiedad interesante similar al zen. *Introduce cosas buenas en la agenda en lugar de sacar cosas de la agenda.* La vida en los negocios, y en general, es fundamentalmente un asunto de atención: cómo empleamos nuestro tiempo. Por lo tanto, la producción más significativa de la administración es lograr que otros modifiquen su atención en direcciones deseables (por ejemplo, «pasar más tiempo en el campo con los clientes»). Solo hay dos maneras de lograr ese cambio. En primer lugar, intentamos por medio del refuerzo positivo liderar suavemente a las personas por un período de tiempo para que presten atención a las nuevas actividades. Este es un proceso sutil de formación. O podemos «tomar el toro por los cuernos» y simplemente tratar de eliminar los rasgos indeseables de la agenda (por ejemplo, «no te quedes en la oficina llenando formularios»). El argumento de Skinner es que el enfoque del luchador es probable que sea mucho menos eficiente, aunque no parezca así en un plazo muy corto. Es decir, sacar cosas de una agenda conduce a una resistencia abierta o encubierta: «Si insistes, me iré de la oficina, pero pasaré el tiempo en la taberna». El enfoque de «meter en la agenda» conduce a un proceso natural de difusión. La conducta reforzada positivamente llega a ocupar lentamente una parte de tiempo y atención cada vez mayor. Por definición, *algo* (¿a quién le importa qué?) menos deseable comienza a salir de la agenda. Sin embargo, sale de la agenda como resultado de nuestro proceso de clasificación. Lo que sale es lo que queremos apartar con el fin de habilitar un espacio para los aspectos reforzados positivamente. La diferencia de enfoque es sustancial. Si, únicamente por la fuerza del tiempo (una fuerza no aversiva), *optamos* por eliminar un elemento de baja prioridad, entonces es muy poco probable que nos engañemos a nosotros mismos y tratemos de hacer más de la conducta que es menos atractiva (lo que eliminamos de la agenda). Por lo tanto, de nuevo al zen; el uso del refuerzo positivo fluye con la corriente en lugar de combatirla.

Nuestra observación general es que la mayoría de los gerentes saben muy poco sobre el valor del refuerzo positivo. Muchos tampoco parecen valorarlo en absoluto, o lo consideran inferior a ellos, y que no es muy digno o muy macho. La evidencia de las empresas excelentes sugiere firmemente que los gerentes que se sienten así no se están haciendo justicia a ellos mismos. Las empresas excelentes no solo parecen conocer el valor del refuerzo positivo, sino también cómo manejarlo.

Como señala Skinner, la manera en que se lleva a cabo el refuerzo es más importante que la cantidad. En primer lugar, debería ser *específico*, e incorporar la mayor cantidad posible de contenido informativo. Observamos, por ejemplo, que los sistemas de dirección por objetivos (DPO) basados en la actividad («Pon en línea la planta de Rockville el 17 de julio») son más comunes en las empresas excelentes que están basadas financieramente en DPO.

En segundo lugar, el refuerzo debe tener *inmediatez*. Se dice que Thomas Watson, Sr., convirtió en una práctica el escribir un cheque en el acto por logros que observaba en su papel de gerente itinerante. Otros ejemplos de bonos otorgados en el acto fueron mencionados con frecuencia en nuestra investigación. En Foxboro, se necesitaba a toda costa un avance técnico para que la empresa pudiera sobrevivir en sus inicios. Cierta noche, un científico corrió a la oficina del presidente con un prototipo funcional. Asombrado por la elegancia de la solución y desconcertado por la manera de recompensarla, el presidente se inclinó hacia adelante en su silla, revolvió la mayor parte de los cajones de su escritorio, encontró algo, se acercó al científico por encima del escritorio, y le dijo: «¡Toma!». Tenía una banana en la mano, la única recompensa a la que podía recurrir en ese momento. A partir de ese instante, el pequeño broche «banana de oro» ha sido el mayor galardón concedido por logros científicos en Foxboro. A riesgo de que parezca demasiado mundano, en HP develamos la historia de vendedores que enviaban anónimamente bolsas de una libra de pistachos a los distribuidores que habían vendido una nueva máquina.

En tercer lugar, el sistema de mecanismos de retroalimentación debe tener en cuenta la «alcanzabilidad». Los grandes eventos «banana de oro» no son comunes; por lo tanto, el sistema debe recompensar las pequeñas victorias. Intercambiar las buenas noticias es común en las empresas excelentes.

La cuarta característica es que gran parte de la retroalimentación llega a través de la atención *intangible*, pero siempre significativa, de la gerencia directiva. Cuando usted piensa en ello, como el tiempo de los administradores es tan escaso, esta modalidad de refuerzo puede ser la más poderosa de todas.

Por último, Skinner afirma que el refuerzo habitual pierde impacto porque termina por ser esperado. Así, los refuerzos *impredecibles* e *intermitentes* funcionan mejor; el poder de caminar de nuevo por el piso de la planta de producción. Por otra parte, las pequeñas recompensas son con frecuencia más efectivas que las grandes. Los bonos cuantiosos a menudo se vuelven políticos, y desalientan a legiones de trabajadores que no los reciben pero piensan que los merecen. Recuerde, todos pensamos que somos ganadores. ¿Alguna vez ha estado alrededor del miembro de un equipo de lanzamiento de productos que no pensara que fue realmente su contribución personal lo que inclinó la balanza para sacar el nuevo artilugio de la puerta? La pequeña recompensa —la simbólica— se vuelve un motivo de celebración positiva en lugar del enfoque de una batalla política negativa.

Las nociones de refuerzo de Skinner tienen muchas ramificaciones. Probablemente, la más importante es la «teoría de la comparación social» formulada por Leon Festinger, y que es ampliamente celebrada en la actualidad. Su hipótesis, presentada en 1951, era simplemente que las personas buscan de manera más enérgica evaluar su desempeño comparándose a sí mismas con los demás, pero sin utilizar estándares absolutos. (En realidad, los orígenes de esta línea de investigación se remontan a 1897, cuando Norman Triplett observó en un experimento controlado que los ciclistas «corrían más rápido el uno contra el otro que contra un reloj»). Vemos muchas evidencias del uso de la comparación social en las empresas excelentes. Entre ellas se encuentran reseñas habituales de pares (el pilar de los sistemas gerenciales de TI, Intel y Dana); la información ampliamente disponible sobre el desempeño comparativo (grupos de ventas, equipos diminutos de productividad y similares); y la competencia interna deliberadamente inducida (por ejemplo, entre los gerentes de marca de P&G). Todas estas prácticas contrastan marcadamente con las técnicas administrativas convencionales. Cuando joven, Rene McPherson estuvo a punto de ser despedido en 1955 por decirle a la gente de su planta cuáles eran sus ventas y ganancias, y cómo se medían en comparación con otras plantas. En 1972, como presidente de Dana, McPherson visitó una planta en Toledo, abierta desde 1929, donde los gerentes y empleados nunca habían recibido información sobre su desempeño.

Desafortunadamente, esta historia no es excepcional. Esperamos que las personas se sientan motivadas en el vacío.

Sin embargo, para poner las cosas en la perspectiva correcta, debemos subrayar que *no* estamos abogando por el refuerzo como el punto de partida para la teoría sobre lo que motiva a las empresas excelentes. La obra de Skinner es importante, y, como hemos dicho, se desaprovecha en la mayor parte de la teoría y la práctica gerencial. No obstante, creemos que el contexto más amplio del alto desempeño es la *motivación intrínseca*. En la superficie, la automotivación se opone en muchos aspectos a las creencias de la teoría del refuerzo; pero creemos que los dos contextos encajan de manera agradable. En un experimento tras otro, Edward Deci, de la Universidad de Rochester, ha demostrado que el compromiso duradero con una tarea solo nace mediante el fomento de las condiciones que producen las motivaciones intrínsecas. En términos simples, Deci ha descubierto que las personas deben creer que una tarea es inherentemente valiosa para comprometerse realmente con ella. (Además, ha observado que si nosotros también recompensamos habitualmente una tarea, a menudo viciamos el compromiso con esta).

Tal vez no sea sorprendente que a los gerentes no les guste utilizar el refuerzo positivo. Huele a *Un mundo feliz*, por un lado (demasiado duro), y a palmaditas arbitrarias en la espalda por el otro (demasiado suave). Sin embargo, nos sorprende el grado en que la motivación intrínseca ha sido desaprovechada en la mayoría de las compañías. Las empresas excelentes, por el contrario, aprovechan el valor inherente de la tarea como una fuente de motivación intrínseca para sus empleados. TI y Dana insisten en que los equipos y divisiones fijen sus propias metas. Prácticamente la totalidad de las empresas excelentes son impulsadas por unos pocos valores clave, y luego les dan un espacio muy amplio a los empleados para emprender iniciativas en respaldo a esos valores. De esta manera, ellos encuentran sus propios caminos, y hacen suyas la tarea y sus resultados.

ACCIÓN, SIGNIFICADO Y AUTOCONTROL

Probablemente pocos de nosotros no estaríamos de acuerdo en que las acciones son más elocuentes que las palabras; sin embargo, nos comportamos como si no lo creyéramos. Nos comportamos como

si la proclamación de los reglamentos y su ejecución fueran sinónimos. «Pero yo hice que la calidad fuera nuestra meta número uno
hace varios años», se lamentan muchos. Los gerentes ya no pueden
conducir montacargas. Sin embargo, ellos siguen actuando. Hacen
algo. En pocas palabras, prestan atención a algunas cosas, y no a
otras. Sus acciones expresan sus prioridades, y son mucho más elocuentes que las palabras. En el caso de la calidad a la que aludimos
anteriormente, el subordinado de un presidente corporativo aclaró el
mensaje: «Por supuesto, a él le importa la calidad. Es decir, él nunca
dijo: "No me importa la calidad". El problema es que le importa
todo. Él dice: "Me importa la calidad" dos veces al año, y actúa
como "me importa que se entregue el producto" dos veces al día».
En otro caso, el presidente de una empresa de alta tecnología supeditó
las esperanzas de revitalización de su empresa a nuevos productos,
proclamando públicamente (por ejemplo, a los analistas de valores)
que ya estaban encaminados a hacerlo. Un vistazo a su agenda y registro de llamadas reveló que solo dedicaba realmente el tres por ciento
de su tiempo a nuevos productos. Sin embargo, él nos preguntó continuamente y con toda sinceridad por qué ni siquiera sus aliados más
cercanos estaban recibiendo el mensaje.

Curiosamente, este campo ambiguo ha sido objeto de un acalorado
debate en la psicología desde mucho tiempo atrás. Existen dos escuelas de pensamiento. Una sostiene que las actitudes (creencias, políticas, proclamaciones) preceden a las acciones: el modelo «decir y luego
hacer». La otra, que es claramente más dominante, revierte la lógica.
Jerome Bruner, psicólogo de Harvard, capta esto al señalar: «Es más
probable que hagas algo para sentir, que sentir para actuar». Un experimento histórico realizado en 1934 avivó la controversia. Demostraba
de manera inequívoca que con frecuencia hay poca relación entre una
creencia formulada de manera explícita y la acción mundana:

En 1934, LaPiere, un profesor blanco, hizo una gira por Estados Unidos con un joven estudiante chino y su esposa. Estuvieron en sesenta
y seis hoteles o moteles, y en 184 restaurantes. Todos les dieron hospedaje, excepto uno, y nunca les negaron el servicio en un restaurante.
Algún tiempo después se les envió una carta a estos establecimientos
para preguntar si aceptarían chinos como huéspedes. (En esa época había un fuerte prejuicio contra los chinos en Estados Unidos).

El noventa y dos por ciento dijo que no lo haría. LaPiere, y muchos después de él, interpretaron estos hallazgos como una inconsistencia significativa entre el comportamiento y las actitudes. Casi todos los propietarios se *comportaron* de una manera tolerante, pero expresaron una *actitud* intolerante cuando fueron cuestionados por vía escrita.

De forma análoga, lo que se llama «investigación con un pie en la puerta» demuestra la importancia de que nuestras acciones muestren cada vez más un mayor compromiso. Por ejemplo, en un experimento realizado en Palo Alto, California, la mayoría de los sujetos que aceptaron inicialmente exhibir un *pequeño* letrero en la ventana frontal de sus casas para apoyar una causa (la seguridad del tráfico) posteriormente accedieron a colocar una valla publicitaria en el patio delantero de sus casas; lo que requería que permitieran a personas desconocidas cavar grandes agujeros en el césped. Por otro lado, a quienes no se les pidió que dieran ese pequeño paso inicial, rechazaron el mayor en noventa y cinco casos de cada cien.

Las implicaciones de esta línea de razonamiento son claras: solo si logras que las personas *actúen*, incluso en pequeña escala y de la forma en que quieres que lo hagan, estas creerán en lo que hacen. Por otra parte, el proceso de alistamiento fue mejorado por una *administración* explícita en el proceso de etiquetado después del acto; en otras palabras, alabando y elogiando públicamente y sin cesar las pequeñas victorias a lo largo del camino. «Hacer las cosas» (muchos experimentos y ensayos) conduce a un aprendizaje, adaptación, difusión y a un compromiso rápidos y eficaces; es el sello de la empresa bien dirigida.

Más aún, nuestras empresas excelentes parecen trazar su camino hacia las estrategias, y no lo contrario. James Brian Quinn, un destacado investigador del proceso estratégico, habla sobre el papel del liderazgo en el desarrollo de estrategias. No suena muy parecido a un proceso orientado a los números ni donde lo primero es el análisis. Él enumera las principales tareas del liderazgo, y la letanía incluye ampliar la comprensión, crear conciencia, cambiar símbolos, legitimar nuevos puntos de vista, hacer cambios tácticos y probar soluciones parciales, ampliar el apoyo político, superar la oposición, inducir y estructurar la flexibilidad, lanzar globos de prueba y participar en la espera sistemática, crear focos de compromiso, cristalizar el enfoque, administrar coaliciones, y formalizar el compromiso (por ejemplo, potenciar «campeones»). Así, el papel del líder es ser orquestador y etiquetador: tomar lo que se pueda obtener en el proceso de la acción y transformarlo —generalmente después de los hechos— en un compromiso duradero hacia una nueva dirección estratégica. En resumen, él construye significados.

El destacado matemático Roger Penrose señala: «El mundo es una ilusión creada por una conspiración de nuestros sentidos». Sin embargo, nosotros, pobres mortales, tratamos valientemente, y a veces desesperadamente, de grabar significado en la *tabula rasa* que se nos da al nacer. Como dijo Bruno Bettelheim en *Psicoanálisis de los cuentos de hadas*: «Si esperamos vivir no solo de un instante a otro, sino en la verdadera conciencia de nuestra existencia, entonces nuestra necesidad más urgente y nuestro logro más difícil es encontrarle sentido a nuestra vida». Bettelheim hace hincapié en el papel histórico y de gran alcance de los cuentos de hadas y los mitos en la conformación del significado en nuestras vidas.

Según íbamos trabajando en la investigación de nuestras empresas excelentes, nos llamó la atención el uso predominante de historias, lemas y leyendas, cuando las personas trataban de explicar las características de sus propias instituciones maravillosas. Todas las empresas que entrevistamos, desde Boeing a McDonald's, eran simplemente ricos tapices de anécdotas, mitos y cuentos de hadas. Y nos referimos realmente a cuentos de hadas. La gran mayoría de las personas que hoy día cuentan historias sobre T. J. Watson, de IBM, nunca lo conocieron ni tuvieron una experiencia directa de la realidad más mundana y original. Dos ingenieros de HP que tenían alrededor de veinticinco años nos entretuvieron recientemente con historias de «Bill y Dave» (Hewlett y Packard) por espacio de una hora. Posteriormente, nos sorprendimos al descubrir que ninguno había visto, ni mucho menos hablado, con los fundadores. En estos días, personas como Watson y A. P. Giannini de Bank of America asumen funciones de proporciones míticas que mucha gente de carne y hueso tendría dificultades para asumir. Sin embargo, en un sentido organizacional, estas historias, mitos y leyendas parecen ser muy importantes porque transmiten los valores compartidos, o la cultura de la organización.

Sin excepción, el dominio y la coherencia en la cultura demostraron ser una característica esencial de las empresas excelentes. Más

aún, mientras más fuerte era la cultura y cuanto más se dirigiera al
mercado, menor era la necesidad de manuales de políticas, organigramas, o procedimientos y reglas detallados. En estas empresas, las
personas en los niveles inferiores saben lo que tienen que hacer en la
mayoría de las situaciones porque el puñado de valores rectores es tan
claro como el agua. Uno de nuestros colegas está trabajando con una
empresa grande que fue organizada recientemente, luego de una serie
de fusiones. Él comenta: «Ya sabes, el problema consiste en que *cada*
decisión se está tomando por primera vez. Las personas de alto nivel
están inundadas de trivialidades porque no hay normas culturales».

Por el contrario, los valores compartidos en las empresas excelentes son claros, en gran medida debido a que la mitología es rica.
Todo el mundo en Hewlett-Packard sabe que se supone que sean innovadores. Todo el mundo en Procter & Gamble sabe que la calidad
del producto es la condición *sine qua non*. En su libro sobre P&G,
Eyes on Tomorrow, Oscar Schisgall dice: «Ellos hablan de cosas que
tienen muy poco que ver con el precio del producto [...] Hablan de
la integridad del negocio, del trato justo a los empleados. "Desde un
principio", comentó el difunto Richard R. Deupree cuando era director general, "William Procter y James Gamble se dieron cuenta de que
los intereses de la organización y de sus empleados eran inseparables.
Esto nunca se ha olvidado"».

Las empresas con desempeño más pobre a menudo tienen también culturas sólidas, aunque de carácter disfuncional. Usualmente se
enfocan más en políticas internas que en el cliente, y más en «los
números» que en el producto y en las personas que lo hacen y lo venden. Las empresas excelentes, por el contrario, parecen reconocer lo
que otras empresas que solo trazan objetivos financieros no conocen
ni consideran importantes. Las empresas excelentes parecen entender
que *todos* los seres humanos buscan significado (no solo los cincuenta
en el nivel superior que están «en el grupo de los bonos»).

Tal vez la trascendencia es un término demasiado grandioso para
el mundo de los negocios, pero el amor por el producto en Caterpillar,
Bechtel y en J&J se acerca mucho a merecerla. En cualquier caso,
nos parece fascinante que tantos pensadores en ramas tan diversas
concuerden en la necesidad predominante de los seres humanos de
encontrar significado y trascender más allá de lo mundano. Nietzsche
creía que «quien tiene un *porqué* por el cual vivir, puede soportar casi

cualquier *cómo*». John Gardner dice en *Morale*: «El hombre es un buscador testarudo de significado».

Algunos de los trabajos más riesgosos que hacemos tienen que ver con alterar las estructuras de las organizaciones. Las emociones se alteran y casi todo el mundo se siente amenazado. ¿Por qué pasa esto? La respuesta es que si las empresas no tienen nociones sólidas de sí mismas, reflejadas en sus valores, historias, mitos y leyendas, la única seguridad de las personas depende de dónde se encuentren en el organigrama. Si amenaza eso, y en ausencia de un propósito corporativo más grande, usted habrá amenazado lo más cercano que tienen al significado en su vida de negocios.*

De hecho, la necesidad de significado es tan fuerte que la mayoría de las personas conceden un grado considerable de latitud o de libertad a las instituciones que lo otorgan. Las empresas excelentes están marcadas por culturas muy sólidas, tanto así que cree en sus normas o se va. No hay pasos intermedios para la mayoría de las personas en las empresas excelentes. Una talentosa ejecutiva de mercadeo al consumidor nos dijo: «Ya saben, admiro profundamente a Procter & Gamble. Son los mejores en el negocio. Sin embargo, no creo que pudiera trabajar con ellos». Ella estaba diciendo lo mismo que Adam Myerson, del *Wall Street Journal,* tenía en mente cuando nos instó a escribir un editorial sobre este tema: «¿Por qué no quisiéramos trabajar para una de nuestras empresas excelentes?». Las culturas que construyen significados para muchos repelen a otros.

Algunos de los que han comentado sobre nuestra investigación se preguntan si no hay una que otra trampa en la fortaleza misma de las

---

* Por lo visto, lo contrario también es cierto. Cuando estábamos trabajando con nuestro primer cliente en Japón en un problema que no tenía que ver nada con la organización, fuimos testigos de una importante reorganización en curso al mismo tiempo que nuestro estudio. Nos sorprendió la naturaleza del cambio y la velocidad con la que se llevó a cabo. En una semana, casi todos los 500 ejecutivos más importantes habían cambiado sus puestos de trabajo, muchos se habían trasladado de Tokio a Osaka o viceversa, la tormenta ya había quedado atrás, y los negocios transcurrieron como de costumbre. Llegamos a la conclusión de que los japoneses eran capaces de reorganizarse de una manera tan impecable en apariencia como lo hicieron porque la seguridad siempre estaba presente; no la seguridad de sus cargos, pues muchos fueron degradados o transferidos a empresas filiales, sino una seguridad que tenía sus raíces en un suelo cultural sólido y en unos significados compartidos.

culturas y estructuras de las empresas bien administradas. Probablemente sea así. En primer lugar, las tradiciones están tan arraigadas que un cambio dramático en su entorno puede tomarlas por sorpresa, cuando menos lo esperan. Este es un punto válido. Sin embargo, podríamos argumentar que en general, los valores de las empresas excelentes casi siempre insisten en estar cerca del cliente o, de otro modo, se centran en lo externo. Una concentración intensa en los clientes conduce a la típica empresa excelente a ser inusualmente sensible al entorno, y por lo tanto, es *más* capaz de adaptarse que sus competidores.

Para nosotros, el aspecto más preocupante de una cultura fuerte es la posibilidad de abuso que siempre está presente. Una de las necesidades que satisfacen las fuertes culturas de las empresas excelentes es la necesidad de seguridad que tenemos la mayoría de nosotros. Entregaremos muchísimo a las instituciones que nos den un sentido del significado y, a través de este, un sentido de la seguridad. Por desgracia, al buscar seguridad, la mayoría de las personas parecen demasiado dispuestas a ceder ante la autoridad, y al conferir un sentido por medio de creencias firmemente mantenidas, otros están demasiado dispuestos a ejercer el poder. Dos experimentos aterradores, realizados por Stanley Milgram en Yale, y por Philip Zimbardo en Stanford, nos advierten del peligro que acecha en el lado más oscuro de nuestra naturaleza.

El primero, conocido para muchos, son los experimentos de Stanley Milgram sobre la obediencia. Milgram llevó a sujetos adultos de la calle a un laboratorio de la Universidad de Yale y les pidió que participaran en experimentos en los que habrían de administrar choques eléctricos a las víctimas. (En realidad, no lo hicieron. Las víctimas eran conspiradores de Milgram y los aparatos de descargas eléctricas eran falsos. Más aún, el protocolo experimental hizo parecer que la selección tanto de la víctima como del victimario fuera aleatoria). Inicialmente, Milgram había conducido a las víctimas a una habitación, y a quienes suministraban los choques a otra. Siguiendo las instrucciones que les daba un experimentador de bata blanca (la figura de autoridad), los que aplicaban los choques le dieron vuelta al dial, el cual pasó de «leve» a «extremadamente peligroso». Siguiendo instrucciones, ellos administraron electricidad, y para sorpresa y decepción de Milgram, el experimento «fracasó». Todos fueron «hasta el extremo» en la administración de las descargas. El cien por ciento siguió órdenes, aunque en pruebas escritas anteriores más del noventa por ciento predijo que no administraría ningún choque eléctrico. Milgram embelleció el entorno. Instaló una ventana entre las habitaciones para que quienes administraban los choques pudieran ver a las «víctimas» retorcerse de dolor. Añadió «gritos» a las víctimas. Aun así, el ochenta por ciento sincronizó el dial en «intenso», y el sesenta y cinco por ciento lo hizo en «extremadamente peligroso». A continuación, Milgram hizo que las víctimas parecieran ser «contadoras hogareñas y cuarentonas» y llevó a cabo los experimentos en un apartamento deprimente en el centro de la ciudad. Hizo que el administrador de las descargas sostuviera la mano de la víctima en la placa de la carga eléctrica. Todos estos pasos tenían como fin desmoronar la aceptación del sujeto de la autoridad ostentada por el experimentador con la bata blanca. Ninguno funcionó muy bien. Las personas siguieron aceptando la autoridad en gran medida.

Milgram formuló numerosas razones para el resultado. ¿Se debía a la genética? Es decir, ¿hay un valor de la supervivencia de las especies en la jerarquía y en la autoridad que nos lleva a todos a someternos? ¿Las personas son simplemente sádicas? Él concluyó, en términos generales, que nuestra cultura «ha fallado casi en su totalidad en inculcar los controles internos sobre las acciones que tienen su origen en la autoridad».

En el otro caso, Zimbardo publicó un anuncio en un periódico de Palo Alto, California (el típico diario de una comunidad de clase alta), solicitando voluntarios para un experimento «carcelario». Zimbardo salió en la madrugada de un sábado, escogió los voluntarios, los contrató y los llevó a una «cárcel» con paneles de yeso en el sótano del edificio de la facultad de psicología de la Universidad de Stanford. Pocas horas después de llegar, los «guardias» asignados al azar comenzaron a actuar como tales, y los designados aleatoriamente como «prisioneros» empezaron a representar su papel. En las primeras veinticuatro horas, los guardias se estaban comportando de un modo brutal, tanto física como psicológicamente. Hacia el final del segundo día, un par de prisioneros estuvieron a punto de sufrir un colapso psicótico y tuvieron que abandonar el experimento. El «alcaide» Zimbardo, temeroso de su propio comportamiento, así como del de los demás, suspendió el experimento al cuarto día, aunque estaba programado para durar diez.

Las lecciones son aplicables a las culturas de las empresas excelentes, pero la aparente gracia salvadora de estas es que no están enfocadas hacia el interior. El mundo de las empresas excelentes es especialmente abierto a los clientes, quienes a su vez insuflan un sentido de equilibrio y de proporción a un entorno que de otra manera sería posiblemente claustrofóbico.*

En general, las culturas que han desarrollado las empresas excelentes nos han impresionado muchísmo. A pesar de sus peligros inherentes, estas culturas han hecho que sus empresas sean contribuyentes únicas a la sociedad. Grand old Ma Bell, aunque actualmente pueda estar acosada por la desregulación, le dio a Estados Unidos un sistema telefónico que casi es el mejor del mundo en cualquier parámetro. Theodore Vail, quien durante setenta y cinco años insistió en que la empresa no era una compañía telefónica, sino una empresa de «servicios», fue fundamental en este logro.

Por último, y paradójicamente, las empresas excelentes parecen sacar provecho de otra necesidad muy humana: la necesidad que tenemos de controlar nuestro propio destino. Al mismo tiempo que estamos casi demasiado dispuestos a ceder ante las instituciones que nos dan un significado, y por lo tanto, una sensación de seguridad, también queremos autodeterminación. Con igual vehemencia, *buscamos al mismo tiempo la autodeterminación y la seguridad*. Esto es ciertamente irracional. Sin embargo, quienes no aprenden a manejar la tensión de alguna manera, están, de hecho, técnicamente locos. En *El eclipse de la muerte*, Ernest Becker definió la paradoja: «Por lo tanto, el hombre tiene la tensión absoluta del dualismo. La individuación significa que el ser humano tiene que oponerse al resto de la naturaleza [sobresalir]. Sin embargo, crea precisamente el aislamiento que uno no puede soportar, y que a la vez necesita con el fin

---

* Otro aspecto preocupante de la fuerte cultura corporativa es qué tan bien les irá en el mundo exterior a quienes han pasado la mayor parte de sus vidas en ella, en caso de irse; algo que hacen algunos. Nuestra observación, aunque no está respaldada por investigación, es que les va menos bien de lo que podría esperarse, dados sus historiales a menudo estelares en las empresas con un desempeño superior. Se parece un poco a un lanzador de béisbol a quien los Yankees canjea a otro equipo. Con frecuencia, estas personas desconocen totalmente el enorme sistema de apoyo que tenían en la empresa excelente, y se sienten, como mínimo, inicialmente perdidas y desconcertadas sin ella.

de desarrollarse distintivamente. Crea la diferencia que se convierte en una carga muy pesada, acentúa la pequeñez de uno mismo y el hecho de sobresalir al mismo tiempo».

Los psicólogos estudian la necesidad de la autodeterminación en un campo llamado «ilusión de control». En términos simples, sus resultados indican que si las personas piensan que tienen incluso un modesto control personal sobre sus destinos, persistirán en sus tareas. Las harán mejor. Se comprometerán más con ellas. Ahora bien, uno de los campos más activos de esta experimentación es el estudio de las tendencias cognitivas. El experimento típico en este campo cuenta con individuos que estiman sus probabilidades de éxito en futuras tareas después de haber tenido alguna experiencia en el mismo tipo de actividad. Los resultados son bastante consistentes: independientemente de que los sujetos sean adultos o estudiantes universitarios de segundo año, sobrestiman las probabilidades de tener éxito en una tarea fácil, y subestiman las probabilidades de tener éxito en una tarea difícil. En resumen, distorsionan habitualmente las estimaciones de las posibilidades de los eventos. Si el historial pasado demuestra que han obtenido, digamos, un sesenta por ciento en una tarea fácil, los individuos estimarán sus probabilidades de éxito en un noventa por ciento. Si el pasado ha demostrado que la capacidad en la tarea difícil es del treinta por ciento, el individuo le asignará el diez por ciento de probabilidades de éxito en el futuro. Necesitamos tener éxito y destacarnos —a toda costa—, por lo tanto, sobrestimamos la posibilidad de hacer la tarea fácil. Y para preservar el prestigio y garantizar la seguridad, subestimamos la posibilidad de hacer la tarea difícil.

Una serie de experimentos que realmente pone de manifiesto nuestra necesidad de autodeterminación, y al mismo tiempo, nuestro deseo de control, es la del tipo «botón para apagar el ruido», que mencionamos en la Introducción. Aunque nunca utilicemos el botón, el hecho de que podríamos hacerlo si quisiéramos mejora nuestro desempeño por pasos cuánticos. Otros experimentos similares producen resultados semejantes. Un sujeto al que se le permita introducir su mano en la urna de la lotería creerá que las probabilidades de sacar el billete ganador serán sustancialmente más altas que si lo hace otra persona. Si a un individuo se le dan a probar cuatro latas de refrescos sin marcar y luego se le pide que elija su favorita, le gustará su primera opción mucho más que si la elección se hubiera limitado a solo dos latas. (Las bebidas son las mismas en todos los casos). El hecho, de nuevo, de que *creamos* tener un *poco* más de discreción conduce a un compromiso *mucho* mayor.

Y aquí, también, las compañías excelentes parecen entender estas necesidades humanas que son importantes, aunque paradójicas. Incluso en situaciones en las que la economía de la industria parece fuertemente a favor de la consolidación, vemos que las empresas excelentes dividen las cosas y relegan la autoridad a un segundo plano. Estas empresas ofrecen la oportunidad de sobresalir, pero la combinan con una filosofía y un sistema de creencias (por ejemplo, la creencia predominante de Dana en «las personas productivas») que proporcionan un significado trascendente: una combinación maravillosa.

EL LIDERAZGO TRANSFORMADOR

Argumentamos con frecuencia que las empresas excelentes son como son porque están organizadas para conseguir un esfuerzo extraordinario por parte de seres humanos comunes y corrientes. Es difícil imaginar que empresas de mil millones de dólares tengan personas que sean muy diferentes de la norma con respecto a la población en su conjunto. Sin embargo, hay un área en la que las empresas excelentes han sido verdaderamente bendecidas con un liderazgo inusual, especialmente en sus inicios.

El liderazgo es muchas cosas. Es paciente, y por lo general construye una coalición aburrida. Es la siembra deliberada de camarillas que uno espera que resulten en el fermento adecuado en las entrañas de la organización. Es cambiar meticulosamente la atención de la institución a través del lenguaje mundano de los sistemas de gerencia. Es alterar agendas para que las nuevas prioridades reciban suficiente atención. Es ser visible cuando las cosas van mal, e invisible cuando van bien. Es conformar un equipo leal a nivel directivo que hable más o menos con una sola voz. Es escuchar detenidamente la mayor parte del tiempo, hablar frecuentemente con estímulos, y reforzar las palabras con acciones creíbles. Es ser duro cuando es necesario, y es el abierto y ocasional ejercicio de poder, o de la «acumulación sutil de matices, de cien cosas que se hacen un poco mejor», como señaló Henry Kissinger en una ocasión. La mayor parte de estas acciones son lo que el politólogo científico James MacGregor Burns llama «liderazgo transaccional» en su libro *Leadership*. Estas son las actividades necesarias del líder que consumen la mayor parte de su día.

Sin embargo, Burns ha postulado otra forma de liderazgo, que ocurre con menos frecuencia, algo que llama «liderazgo transformado»; un liderazgo que se basa en la necesidad de significado del hombre, un liderazgo que crea propósito institucional. Estamos bastante seguros de que la cultura de todas las empresas excelentes que ahora parece cumplir con las necesidades del «hombre irracional», tal como se describe en este capítulo, puede remontarse al liderazgo transformador en algún lugar de su historia. Aunque las culturas de estas empresas parecen ser tan robustas que la necesidad del liderazgo transformador no es continua, dudamos de que estas culturas se hubieran desarrollado como lo hicieron sin ese tipo de liderazgo en el pasado, más a menudo cuando eran relativamente pequeñas.

El líder transformador también se preocupa por las minucias, aunque de un tipo diferente; le preocupan los trucos del pedagogo, del mentor, del lingüista; se preocupa por la manera más exitosa de ser forjador de valores, ejemplo y hacedor de significados. Su labor es mucho más difícil que la del líder transaccional porque es el verdadero artista, el verdadero pionero. Después de todo, él debe suscitar y ejemplificar simultáneamente el deseo de trascendencia que nos une a todos. Al mismo tiempo, exhibe una consistencia casi tosca durante largos períodos de tiempo para respaldar su uno o dos valores trascendentes. Ninguna oportunidad es demasiado pequeña; no hay foro que sea demasiado insignificante ni público demasiado joven.

Burns habla de manera más convincente acerca de la necesidad del líder de permitir a sus seguidores trascender los asuntos diarios. Comienza criticando a los primeros estudiantes del liderazgo por su preocupación con el poder, sugiriendo que esta atención los cegó para la tarea mucho más importante de inculcar un propósito. «Este valor absolutamente central [propósito] ha sido reconocido inadecuadamente en la mayoría de las teorías», sostiene. «El liderazgo sobre los seres humanos se ejerce cuando las personas con ciertos motivos y propósitos movilizan, en competencia o en conflicto con otros, recursos institucionales, políticos, psicológicos y de otro tipo con el fin de despertar, involucrar y satisfacer los motivos de los seguidores». En esencia, sostiene Burns: «El liderazgo, a diferencia de empuñar un poder patente, es, pues, inseparable de las necesidades y metas de los seguidores». De este modo, Burns sienta las bases para una definición concisa del liderazgo transformador:

El [liderazgo transformador] se produce cuando una o más personas *interactúan* con otras de tal manera que los líderes y seguidores se elevan mutuamente a niveles más altos de motivación y de moral. Sus propósitos, que podrían haber comenzado separados pero relacionados, se fusionan en el caso del liderazgo transaccional. Las bases del poder están relacionadas no como contrapesos, sino como un apoyo mutuo a un fin común. Se utilizan varios nombres para este tipo de liderazgo: elevador, movilizador, inspirador, exaltador, alentador, exhortador, evangelizador. Obviamente, la relación puede ser moralista. Sin embargo, el liderazgo transformador se convierte en última instancia en una *moral* que aumenta el nivel de la conducta humana y la aspiración ética tanto del líder como del liderado, y tiene, por lo tanto, un efecto transformador en ambos [...] El liderazgo transformador es un liderazgo dinámico en el sentido en que los líderes se lanzan a una relación con seguidores que se sentirán «elevados» por este, y a menudo se vuelven más activos ellos mismos, creando así nuevos cuadros de líderes.

Burns, al igual que otros, cree que los líderes están apelando a ciertas necesidades inconscientes: «El proceso fundamental es esquivo; consiste, en gran parte, *en hacer consciente aquello que es inconsciente entre los seguidores*». Tomando como ejemplo al presidente Mao Zedong, él comenta: «Su verdadera genialidad fue comprender las emociones de los demás». El psicólogo de negocios Abraham Zaleznick afirma lo mismo al contrastar a los líderes y a los gerentes: «Los gerentes prefieren trabajar con personas; los líderes despiertan emoción». La obra del psicólogo David McClelland, en particular *Power: The Inner Experience*, ofrece una descripción del proceso basada en experimentos:

[Nosotros] nos dispusimos a descubrir con exactitud, por medio de experimentos, qué tipo de pensamientos tenían los miembros de una audiencia cuando estaban expuestos a un líder carismático [...] Aparentemente, se sentían fortalecidos e inspirados por la experiencia; se sentían más poderosos, y no menos poderosos o sumisos. Esto sugiere

que la forma tradicional de explicar la influencia de un líder en sus
seguidores no ha sido del todo correcta. Él no los obliga a someterse
y a seguirlo por la simple magia abrumadora de su personalidad y sus
poderes persuasivos [...] En realidad, él influye al fortalecer e inspirar a su audiencia [...] El líder despierta confianza en sus seguidores.
Ellos se sienten más capacitados para lograr cualquier tipo de metas
que compartan con él.

Retomando uno de los puntos principales de Burns —la simbiosis
entre el líder y los seguidores—, encontramos que dos atributos de esa
simbiosis son especialmente llamativos: la credibilidad y la emoción.
En el primero, la credibilidad, encontramos que nuestras empresas con
desempeño superior e impregnadas de valores son lideradas por aquellos que crecieron en el núcleo del negocio: ingeniería eléctrica en HP
o en Maytag, ingeniería mecánica en Fluor o en Bechtel. Las estrellas
en desempeño rara vez eran liderados por contadores o abogados. En
el segundo caso, la emoción, Howard Head, inventor y empresario,
padre del esquí Head y de la raqueta de tenis Prince, exhorta: «Tiene
que creer en lo imposible». En Hewlett-Packard, el criterio principal
y explícito para escoger gerentes es su capacidad de generar emoción.
Una simple descripción del proceso de encontrar emoción es ofre-
cida por James Brian Quinn, quien, entre otras cosas, ha estudiado
desde hace mucho tiempo el proceso real y desordenado de encontrar
y lograr valores y objetivos estratégicos y dominantes. Quinn cita a un
director ejecutivo de bienes de consumo: «Hemos descubierto lentamente que nuestra meta más efectiva es *ser mejores* en ciertas cosas.
Ahora tratamos de hacer que nuestra gente nos ayude a encontrar cuáles deben ser estas cosas, cómo definir *mejor* de una forma objetiva, y
cómo *llegar a ser* mejores en nuestras esferas seleccionadas. Ustedes
se sorprenderán de lo motivador que puede ser esto».
Warren Bennis tiene una buena metáfora para el líder transformador: el líder como «arquitecto social». Sin embargo, para dar crédito
cuando es debido, Bennis, Burns y nosotros, en nuestras observaciones sobre las empresas excelentes, fuimos anticipados varias décadas
por Chester Barnard, de quien hablaremos de nuevo en el siguiente
capítulo, y por Philip Selznick, quien publicó en 1957 un libro pequeño y azul, a menudo pasado por alto, y titulado *Leadership and
Administration*, en el que afirma:

La construcción de propósito es un reto a la creatividad porque implica transformar a hombres y a grupos de unidades técnicas y neutrales en participantes que tienen un sello, una sensibilidad y un compromiso particular. A fin de cuentas, es un proceso educativo. Se ha señalado de manera muy acertada que el líder eficaz debe conocer el significado y dominar la técnica del educador [...] El arte del líder creativo es el de construir la institución, de reelaborar los materiales tecnológicos y humanos para diseñar un organismo que incorpore valores nuevos y duraderos [...] Institucionalizar es *infundir con valores* más allá de los requerimientos técnicos de la tarea en cuestión. La premiación de la maquinaria social más allá de su papel técnico es en buena medida un reflejo de la manera única en que satisface las necesidades personales o grupales. Siempre que los individuos se adscriben a una organización o a una manera de hacer las cosas como personas y no como técnicos, el resultado es una premiación de la estrategia por su propio bien. Desde el punto de vista de la persona comprometida, la organización pasa de ser una herramienta desechable a convertirse en una valiosa fuente de satisfacción personal [...] Así, el líder institucional *es sobre todo un experto en la promoción y protección de los valores*.

Debemos hacer una breve pausa aquí, a medida que exaltamos los valores, para preguntar qué valores. Tal vez, en principio, podríamos sugerir simplemente «ser mejores» en cualquier campo, como sostiene James Brian Quinn, o «ser fieles a nuestra propia estética», como dijo Walter Hoving de sí mismo y de Tiffany's. Tal vez sea Ray Kroc de McDonald's viendo la «belleza en un pan de hamburguesa» o «el respeto por el individuo» de Watson en IBM, o la creencia de Dana en «las personas productivas», o el «servicio de partes en cualquier lugar del mundo en cuarenta y ocho horas» de Caterpillar. ¿Sensibleros? Solo si somos cínicos. Estos valores están transformando a las empresas que los viven.

Gran parte de nuestra discusión ha rayado en lo altisonante, por ejemplo, al hablar para crear un propósito transformador. *Es* altisonante, pero al mismo tiempo es simplemente práctica. Hemos sostenido que el hombre es considerable y sorprendentemente irracional. Razona por las historias, se considera que está en el diez por ciento superior si se le juzga según una buena característica, necesita sobresalir

y encontrar un sentido de manera simultánea, y así sucesivamente.
Sin embargo, las prácticas gerenciales rara vez tienen en cuenta estas
debilidades y limitaciones.

No obstante, las directivas de las empresas excelentes toman en
cuenta estas cosas, ya sea de manera consciente o inconsciente. El
resultado es un mejor desempeño relativo, un mayor nivel de contribución del hombre «promedio». Más importante aún, tanto para la
sociedad como para las empresas, estas instituciones crean entornos
en los que las personas pueden prosperar, desarrollar la autoestima, y
ser además participantes entusiastas de la empresa y de la sociedad en
su conjunto. Mientras tanto, el grupo mucho más grande de quienes
no tienen un desempeño excelente parece actuar, casi sin lógica, en
conflicto con cada variable que hemos descrito aquí. Perder en lugar de ganar es la norma, así como el refuerzo negativo en lugar del
positivo, la dirección según el manual de reglas en vez de tapices de
mitos, restricción y control; más que un significado que se remonta y
una oportunidad de salir airosos, así como un liderazgo político antes
que moral.

TERCERA PARTE
VOLVER A LO BÁSICO

4

Manejando la ambigüedad y la paradoja

La prueba de una inteligencia de primera es la capacidad para tener en mente dos ideas opuestas al mismo tiempo, y aún así conservar la capacidad de funcionar.

—F. Scott Fitzgerald

Algunos de los gerentes que han examinado nuestros ocho atributos de la excelencia gerencial comentan que son interesantes, pero no necesariamente básicos; dicen que no son cruciales para explicar por qué las empresas excelentes tienen un desempeño tan bueno. Creemos que estos gerentes están equivocados. Muchas personas inteligentes y muy conocedoras de los negocios están operando desde una base teórica que es simplemente obsoleta. Eso es ciertamente comprensible, ya que ninguna teoría nueva —buena o mala— es fácilmente accesible. Después de todo, se encuentra en una etapa bastante temprana y desordenada de desarrollo. Y es en gran medida oscura, vinculada al «mundo real» solo por implicación, como suele ser el caso con la teoría de vanguardia.

Por lo tanto, para entender la relación entre el desempeño de las empresas excelentes y los ocho atributos, necesitamos una nueva teoría. Y eso es lo que pretendemos aportar. En este capítulo trataremos de combinar algunas contribuciones recientes a la evolución de la teoría gerencial con algunas de las implicaciones teóricas de los datos de las empresas excelentes.

Pero regresemos momentáneamente al mundo del modelo racional. Las viejas teorías gerenciales eran atractivas porque eran sencillas y no estaban cargadas de ambigüedad o paradojas. Por otro lado, el mundo no es así. (De manera interesante, uno de nuestros colegas japoneses criticó fuertemente un informe que habíamos preparado para uno de sus clientes. Sostuvo que era demasiado complaciente. Le parecía que sus clientes dudarían de la exactitud de algo tan inequívoco). Nos parece fascinante que el mundo de la ciencia esté procediendo en direcciones paradójicas e inquietantemente similares a aquellas que estamos observando y proponiendo para el mundo de la teoría gerencial. Por ejemplo, inicialmente se creía que la luz eran partículas. Entonces los científicos descubrieron que la luz se comportaba como ondas. Sin embargo, tan pronto como se adoptó el punto de vista de las ondas, apareció una nueva evidencia para la teoría de las partículas. Sin embargo, si la luz está conformada realmente por partículas, debería tener masa, y entonces no podría viajar a la velocidad de la luz, como obviamente lo hace. Heisenberg demostró que se podía saber la posición de una partícula subatómica o su masa, pero no ambas de manera simultánea. De modo que aquí vemos a la más racional de las disciplinas, la física, apresurándose de cabeza a través del espejo de la ambigüedad, con físicos atómicos utilizando términos como «atracción», «extrañeza», «antimateria», y «quark» para describir las partículas.

Es más fácil entender la ciencia cuando podemos comprender sus principios a través de metáforas del mundo que conocemos; cosas que hemos tocado, visto u olido. De ahí el atractivo del modelo del átomo de Niels Bohr, que se asemejaba al sistema solar, un núcleo con electrones girando alrededor de él como planetas orbitando en torno al sol. Sin embargo, desafortunadamente, esa perspectiva no nos llevó muy lejos para entender el átomo, porque ahora sabemos que el átomo no se parece mucho al sistema solar. Del mismo modo, el mundo gerencial parecía más fácil cuando establecimos paralelos con la milicia, que sigue siendo la metáfora que asociaba la mayoría de las personas con la estructura gerencial en el siglo XX. Sin embargo, una vez más, los paralelos se derrumbaban cuando tratábamos de entender cualquier cosa más compleja que, por ejemplo, un regimiento bajo ataque. (Puede afirmarse que hay problemas incluso en esa imaginería inequívoca. William Manchester, en *Goodbye, Darkness*, habla de veteranos de la Marina burlándose del entusiasmo aún sin probar —y de las órdenes— de los tenientes en la Escuela de cadetes, quienes los conducirían al devastador fuego enemigo. Muchos oficiales terminaban escapando y no regresaban. Así que, como cualquier colega entendido sabe bien, el así llamado modelo militar, tan claro como el agua —profiere una orden y será cumplida de inmediato—, ni siquiera aplica a los militares). Si realmente queremos entender, necesitamos algo mejor. Por desgracia, lo mejor no es más fácil, a primera vista, aunque pueda llegar a serlo a medida que se progresa en la comprensión. Como veremos, la nueva ola de pensamiento en el ámbito gerencial nos lleva a un mundo ambiguo y paradójico, igual que el mundo de la ciencia. Sin embargo, creemos que sus principios son más útiles, y a fin de cuentas, más prácticos. Mucho más importante, creemos que las empresas excelentes, si algo saben, es cómo manejar una paradoja.

Se han elaborado numerosos esquemas para describir la evolución de las teorías gerenciales. Para nuestros propósitos, el lugar de partida más útil lo presenta Richard Scott, de Stanford. Scott imagina cuatro eras principales de desarrollo teórico y de práctica gerencial. Cada época se define por la combinación única de elementos en una cuadrícula de dos dimensiones. Para imaginar esto, piense que un lado va de «cerrado» a «abierto», y que el otro lado va de «racional» a «social». Veamos ahora el primer lado del espectro, de cerrado a abierto. Procede del pensamiento mecánico sobre las organizaciones (cerrado) al pensamiento *gestalt* (abierto). En marcado contraste con la sabiduría que prevalece en la actualidad, los teóricos gerenciales de los primeros sesenta años del siglo XX no se preocuparon por el medio ambiente, la competencia, el mercado, o ningún otro aspecto externo a la organización. Tenían una perspectiva del mundo con un «sistema cerrado». Esta perspectiva, miope como parece ser ahora, se centraba en lo que debía hacerse para optimizar la aplicación de recursos teniendo en cuenta únicamente lo que ocurría al interior de una empresa. En realidad, esto no cambió mucho hasta 1960 aproximadamente, cuando los teóricos comenzaron a reconocer que las dinámicas de la organización interna eran moldeadas por eventos externos. Teniendo en cuenta explícitamente los efectos de las fuerzas externas sobre el funcionamiento interno, entonces comenzó la era del «sistema abierto».

El segundo lado de la cuadrícula de Scott va de lo «racional» a lo «social». Lo racional, en este contexto, significa que los propósitos y objetivos claros se pueden determinar de una manera relativamente simple. Por ejemplo, si su empresa pertenece al sector minero, el objetivo debe ser maximizar los ingresos procedentes de las minas actuales y de las futuras actividades de exploración. Si asumimos estos propósitos y funciones objetivas como algo dado por sentado, las altas directivas simplemente tienen que elegir los medios que resulten de manera más eficiente en el logro de las metas. Las decisiones racionales se pueden tomar sobre esta base, y el rumbo de la organización estará trazado por completo. Lo social, por otra parte, reconoce lo complicado que es establecer propósitos, e implica que la selección de un propósito no es muy directa ni deducible. (Por ejemplo, ¿qué quiere decir «maximizar» en nuestro hipotético negocio minero?, ¿cómo podemos medir las «ganancias»? ¿nos limitamos únicamente a la minería de roca dura?, y ¿cómo podemos tomar decisiones concretas con respecto a algo tan intangible como la exploración exitosa?). La visión social supone que las decisiones en torno a los objetivos son opciones de valor, y no mecánicas. Estas opciones no se efectúan tanto por un pensamiento claro como por la coalición social, por patrones de hábitos pasados, y por otras dinámicas que afectan a las personas que trabajan en grupos.

Las cuatro eras distintas surgen cuando los dos ejes están yuxtapuestos (ver la figura en la página siguiente). La primera va de 1900 casi hasta 1930, y es la época del «actor racional-sistema cerrado». Los dos principales paladines de la posición teorética de esa época fueron Max Weber y Frederick Taylor. Weber era un sociólogo alemán. Postuló la idea de que la burocracia —el orden por regla— es la modalidad más eficiente de organización humana. Taylor, un estadounidense, probó las teorías de Weber con estudios de tiempo y movimiento. La idea central de la escuela de Weber y Taylor fue sugerir que si un cuerpo finito de reglas y técnicas se pudiera aprender y dominar —reglas sobre la división del trabajo, sobre períodos máximos de control, sobre la correspondencia entre autoridad y responsabilidad—, entonces los problemas esenciales del hecho de dirigir grandes grupos de personas serían más o menos resueltos.

Obviamente, el sueño de Weber y Taylor no se materializó, y el sistema de actor racional-sistema cerrado fue suplantado, desde 1930 hasta 1960, por una época de actor social-sistema cerrado. Sus luminarias fueron Elton Mayo, Douglas McGregor, Chester Barnard y Philip Selznick.

Mayo era un psicólogo clínico que trabajaba en la Escuela de administración de empresas de Harvard, y a quien se recuerda principalmente como el padre de los famosos experimentos Hawthorne. Estas investigaciones comenzaron de un modo poco propicio, como un simple trabajo de campo, consistente en la mayoría de los ámbitos con la tradición de Taylor. Tenían la intención de ser solo un montón de estudios sencillos sobre los factores de higiene industrial. Los experimentos se llevaron a cabo básicamente en las instalaciones eléctricas de la planta de Western Electric en Circero, Illinois, y el propósito era ensayar el efecto de las condiciones laborales en la productividad.

CUATRO FASES DE LA TEORÍA Y DE TEÓRICOS DESTACADOS

	Sistema cerrado	Sistema abierto
Actor racional	I. 1900-1930 Weber Taylor	III. 1960-1970 Chandler Lawrence Lorsch
Actor social	II. 1930-1960 Mayo et al. McGregor Barnard Selznick	IV. 1970-? Weick March

Sin embargo, una serie de eventos sorprendentes se filtró en el trasfondo teórico y siguieron persistiendo de una manera tan obstinada como las obstinadas creencias que los precedieron. Un buen ejemplo es el de los niveles de iluminación que mencionamos anteriormente: las luces se encendían, la productividad aumentaba; las luces se apagaban, la productividad se incrementaba de nuevo. ¿Qué sucedió? Los experimentos continuaron por una década con resultados desconcertantes. Aunque el conjunto de datos experimentales es tan rico que se hicieron y se siguen haciendo muchas interpretaciones, la idea principal parece ser que el simple acto de prestar atención positiva a las personas tiene mucho que ver con la productividad. Este efecto permea los datos de nuestras empresas excelentes. Hewlett-Packard valora la innovación a partir de una gran masa de trabajadores, y sus sistemas para prestar atención a la innovación (por ejemplo, hablar de ella, honrarla) son completamente claros en ese aspecto. La gestión de las empresas mineras que son buenas en la exploración tienen muchas formas de prestar atención a los geólogos de campo.

Mayo y sus seguidores en Harvard establecieron el campo de la psicología social industrial. La Segunda Guerra Mundial estimuló el crecimiento de este campo, tal como lo hizo con tantos otros, y al final de la guerra, aspectos relacionados como la capacitación de grupo y la selección del liderazgo estaban empezando a florecer. Después de la guerra, Douglas McGregor hizo una contribución importante. Recordamos principalmente a McGregor por su desarrollo de la Teoría X y la Teoría Y, las perspectivas opuestas de que los trabajadores son perezosos y necesitan que se les motive y, lo contrario, que son creativos y se les deben asignar responsabilidades. La tesis de McGregor era de gran alcance, tal como dijo en el prefacio a su emblemático libro *El lado humano de las empresas:* «Este volumen es un intento de respaldar la tesis de que el aspecto humano de la empresa es "todo una sola pieza"; que las suposiciones teóricas que tiene la administración para controlar sus recursos humanos determinan todo el carácter de la empresa». McGregor se opuso al enfoque racionalista de la escuela de Taylor. «Si hay una sola suposición que permee la teoría de la organización convencional», arremetió él, «es que la autoridad es el medio principal e indispensable del control gerencial». McGregor señaló que realmente, la autoridad existe como una de las varias formas de influencia y control social, pero por desgracia, la reflexión teórica y los gerentes de la época consideraban la autoridad como un concepto absoluto, antes que uno relativo.

McGregor denominó a la Teoría X «la suposición de la mediocridad de las masas». Sus premisas son «(1) que el ser humano promedio tiene una aversión inherente al trabajo y que lo evitará si puede, (2) que las personas, por lo tanto, necesitan ser coaccionadas, controladas, dirigidas y amenazadas con el castigo para que hagan el esfuerzo adecuado con respecto a los fines de la organización, y (3) que el ser humano típico prefiere ser dirigido, quiere evitar la responsabilidad, tiene relativamente poca ambición, y quiere seguridad por encima de todo». McGregor sostuvo que la Teoría X no es un hombre de paja, «sino en realidad una teoría que influye materialmente la estrategia gerencial en un amplio sector de la industria estadounidense».

Por el contrario, la Teoría Y supone:

(1) que el esfuerzo físico y mental en el trabajo es tan natural como en el juego o el descanso: el individuo promedio no tiene aversión intrínseca al trabajo; (2) el control externo y la amenaza de castigo no son los únicos medios para lograr el esfuerzo hacia los fines de una empresa; (3) el compromiso con los objetivos es una función de la recompensa asociada con su logro; la más importante de este tipo de recompensas es la satisfacción del ego y puede ser el producto directo del esfuerzo dirigido hacia los fines de una organización; (4) el ser humano promedio aprende, en las condiciones adecuadas, no solo a aceptar sino a buscar responsabilidad; y (5) *la capacidad de ejercer un grado relativamente alto de imaginación, ingenuidad y creatividad en la solución de problemas organizacionales está ampliamente, y no restrictivamente, distribuida en la población.* [Las cursivas son nuestras].

Las teorías de McGregor y aquellas que siguieron, en lo que más tarde se convertiría en las «relaciones humanas» en la escuela de administración de empresas, han caído en descrédito en la última década. El fracaso aplastante del movimiento de las relaciones humanas se debió precisamente a su incapacidad para ser visto como un equilibrio a los excesos del modelo racional; un fracaso ordenado por sus propios excesos igualmente fútiles. Esto nos recuerda a una empresa que salió de la parte más profunda de los grupos T, de la planificación de abajo hacia arriba, de la gerencia democrática, y de otras formas de «hacer felices a todos». El resultado positivo fue que cuando Jean fumaba en una reunión y a Joe le molestaba, Joe aprendió a sentirse lo suficientemente cómodo para pedirle a Jean que no lo hiciera, y Jean aprendió a no tomarse esta petición en términos personales. La compañía era aparentemente muy hábil para solucionar esa pesadilla de todas las grandes empresas: una mejor comunicación. El problema era que, a pesar de que era realmente buena comunicándose en asuntos poco importantes, de alguna manera, los asuntos importantes nunca se discutían.

Mientras que el modelo racional era un puro juego de arriba hacia abajo; el modelo social, producido por los discípulos equivocados de McGregor, se convirtió en un puro juego de abajo hacia arriba, un intento por comenzar revoluciones a través del departamento de capacitación. McGregor siempre había temido eso y dijo: «Los supuestos de la teoría Y no niegan lo apropiado de la autoridad, pero sí niegan que sea apropiada para todos los propósitos y bajo todas las circunstancias».

Aunque vagamente, estamos comenzando a percibir un tema central que, en nuestra opinión, hace que las compañías excelentes sean extraordinarias. En la superficie, la teoría X y la teoría Y son mutuamente excluyentes. Escoge una o la otra. Como líder, tiene un estilo autoritario o democrático. En realidad, no es ninguno y ambos al mismo tiempo. Los señores Watson (IBM), Kroc (McDonald's), Marriott, y otros, han sido pioneros tratando a las personas como adultos, induciendo la innovación práctica y contribuciones de decenas de miles de personas, ofreciendo capacitación y oportunidades de desarrollo para todos, tratando a todo el mundo como un miembro de la familia. De hecho, el señor Watson, al ejecutar su política de puertas abiertas, tenía una debilidad inquebrantable por el trabajador; sus gerentes rara vez se salieron con la suya cuando la queja del trabajador afloraba a la superficie. Por otro lado, todos estos señores eran duros como rocas. Todos eran implacables cuando se infringían sus valores fundamentales del servicio al cliente y la calidad desmedida. Entonces, podemos decir que combinaron un lado amable con un lado duro. Como buenos padres, les importaba mucho y esperaban mucho. Un intento de simplicar sus características como predominantemente «X» o «Y» es como perder la perspectiva casi por completo.

Aunque McGregor y Mayo encarnan la teoría social de la organización aplicada al ser humano individual; Chester Barnard y Philip Selznick —que comenzaron aproximadamente al mismo tiempo que ellos— pueden surgir como los teóricos más influyentes. En nuestra opinión, la obra de Barnard y Selznick ha sido ampliamente desaprovechada por los gerentes.

Luego de haber sido presidente de New Jersey Bell, Barnard se trasladó a Harvard para reflexionar sobre su experiencia, y escribió *Las funciones de los elementos dirigentes* en 1938. Su densidad hace que sea prácticamente ilegible; no obstante, es un monumento. Kenneth Andrews, de la Universidad de Harvard, señaló en su introducción a la edición en el trigésimo aniversario del libro (1968): «El objetivo de Barnard es ambicioso. Como nos dice en su prefacio, su propósito inicial es proporcionar una teoría completa del comportamiento cooperativo en las organizaciones formales. La cooperación se origina en la necesidad de un individuo para lograr propósitos para los cuales él, por sí mismo, es inadecuado».

Mientras Mayo, McGregor y otros, entre ellos el propio Barnard, estaban desarrollando ideas enfocadas en evocar el mejor esfuerzo de las personas en todos los niveles, Barnard fue el único en percatarse del papel fundamental y poco convencional que tenían los ejecutivos en hacer que esto sucediera. En particular, Barnard concluyó que es el ejecutivo el que debe garantizar el compromiso y manejar activamente la organización informal. Y tiene que hacer esto al tiempo que garantiza que la organización logre simultáneamente sus metas económicas. El de Barnard fue probablemente el primer tratamiento equilibrado del proceso de administración.

Barnard fue también el primero (que sepamos) en hablar de la función principal del director ejecutivo como modelador y administrador de los valores compartidos en una organización: «Las funciones esenciales [del ejecutivo] son, primero, proporcionar el sistema de comunicaciones; segundo, promover la obtención de los esfuerzos esenciales; y tercero, formular y definir el propósito». Barnard añadió que los valores y el propósito de la organización se definen más por lo que hacen los ejecutivos que por lo que dicen. «Ya se ha puesto de manifiesto que, estrictamente hablando, el propósito se define más de cerca por el conjunto de las medidas adoptadas que por cualquier formulación de palabras». También hizo hincapié en que el propósito, para ser eficaz, debe ser aceptado por todos los contribuyentes al sistema de esfuerzos. En las empresas excelentes vemos precisamente eso. Los valores son claros; son ejecutados minuto a minuto y década tras década por los mejores; y son bien entendidos en lo más profundo de los rangos de las empresas.

Tal vez la genialidad de Barnard se expresa mejor por su énfasis inusual en administrar el conjunto:

El sentido común del conjunto no es obvio, y de hecho, a menudo no está efectivamente presente. El control está dominado por un aspecto particular —lo económico, lo político, lo religioso, lo científico, lo tecnológico— con el resultado de que [el desempeño superior] no está asegurado y se produce el fracaso o se ve amenazado constantemente. Sin duda, el desarrollo de una crisis debido a la desigualdad en el tratamiento de todos los factores es la oportunidad de acción correctiva por parte de los ejecutivos que tienen el don de detectar la totalidad. Una concepción formal y ordenada del conjunto rara vez está presente, tal vez pocas veces es posible, con excepción de unos pocos hombres con genio ejecutivo, o de unas pocas organizaciones ejecutivas cuyo personal es ampliamente sensible y bien integrado.

Hoy en día sigue siendo raro encontrar énfasis en administrar el conjunto. Poco más de una década después de la publicación del libro de Barnard, Philip Selznick divulgó una teoría similar en la que inventó términos como «competencia distintiva» (aquello en lo que una empresa en particular es excepcionalmente buena, y la mayoría de las otras no) y el «carácter organizacional» (en el que Selznick anticipa la idea de las organizaciones como culturas). Citamos extensamente a Selznick porque pensamos que describe hermosamente el carácter organizacional, las competencias, los valores institucionales y el liderazgo. Encontramos que estos rasgos, tal como él los describe, son esenciales para el éxito de las empresas excelentes:

De este modo, el término «organización» sugiere una cierta desnudez, un sistema ligero y sensato de actividades conscientemente coordinadas. Se refiere a una *herramienta prescindible*, a un instrumento racional diseñado para hacer un trabajo. Por otra parte, una «institución» es más como un producto natural de las necesidades y presiones sociales, un organismo adaptativo de respuesta [...] Los términos «institución», «carácter organizacional» y «competencia distintiva» se refieren todos al mismo proceso básico: la transformación de una disposición técnica y diseñada de pilares en un organismo social [...] Las organizaciones se convierten en instituciones a medida que se les infundan valores [...] esto produce una identidad distinta. Donde la institucionalización está muy avanzada, las perspectivas son distintivas, los hábitos y otros compromisos están unificados, coloreando todos los aspectos de la vida organizacional y confiriéndoles una *integración social* que va mucho más allá de la coordinación y el mando formales [...] Es fácil estar de acuerdo con la proposición abstracta de que la función de un ejecutivo es encontrar una combinación afortunada de medios y fines. Es más difícil tomar esa idea en serio. Hay una fuerte tendencia en la vida administrativa a divorciar los medios y los fines al hacer un énfasis excesivo en uno o en otro. El culto a la eficiencia en la práctica administrativa es una forma moderna de enfatizar excesivamente en el significado de dos maneras [...] fijando la atención en mantener el buen funcionamiento o haciendo hincapié en las técnicas de organización [...] La eficacia como un ideal cooperativo presume que las metas se han establecido y que los recursos están disponibles. En muchas situaciones, incluyendo la mayoría de las más importantes, es probable que las metas no se hayan definido [o] cuando se definen, es posible que tengan que crearse los medios necesarios. La creación de los medios no es un asunto técnico limitado; requiere moldear el carácter social de la institución. El liderazgo va más allá de la eficacia (1) cuando establece la misión básica y (2) cuando crea un organismo social capaz de cumplir con esa misión.

El legado de Mayo, McGregor, Barnard y Selznick del hombre como actor social es inmenso. Por desgracia, como ya hemos señalado, los dos primeros fueron desacreditados cuando discípulos ingenuos pervirtieron sus ideas, y los otros dos nunca han sido, hasta la fecha, muy leídos o aclamados. En particular, dos de nuestros hallazgos (los correlativos de la autonomía y la iniciativa empresarial, y la productividad a través de las personas) son enteramente consistentes con McGregor; los otros tres (práctica, basada en valores; seguir con lo conocido; propiedades simultáneamente flexibles y rígidas) encajan dentro de la visión de las cosas que tenían Barnard y Selznick. Sin embargo, todavía falta algo. Volvamos a la fórmula de Scott.

La tercera etapa, que duró desde 1960 hasta 1970 aproximadamente, fue a la vez un paso atrás y un paso adelante. Scott lo llama la época del «actor racional-sistema abierto». La teoría dio un paso atrás al revertir los supuestos mecanicistas sobre el hombre. Dio un paso adelante en el sentido de que los teóricos vieron finalmente a una empresa como parte de un mercado competitivo, conformado y moldeado por fuerzas ajenas a él. Una contribución fundamental a la época fue realizada por Alfred Chandler en *Strategy and Structure*. En pocas palabras, Chandler señaló que las estructuras organizacionales en las grandes empresas como DuPont, Sears, General Motors y General Electric son todas consecuencias de las presiones cambiantes del mercado. Por ejemplo, Chandler demarca la proliferación de líneas de productos impulsada por el mercado, tanto en Du Pont como en General Motors. El autor muestra cómo la proliferación condujo a un alejamiento necesario de una forma organizacional monolítica y funcional hacia una forma estructural acoplada y divisional menos estricta.

Chandler escribió este libro en Harvard, y otros dos catedráticos de esta misma universidad, Paul Lawrence y Jay Lorsch, siguieron sus pasos en 1967 con otro estudio histórico: *Organization and Environment*. Su modelo era mucho más sofisticado que el de Chandler, pero llegó más o menos a la misma conclusión. Ellos estudiaron estructuras de organización y sistemas de administración, y contrastaron los de mejor desempeño en un sector que se movía con rapidez —los plásticos especiales— con el de los contenedores, que era un sector estable y de movimiento lento. Ellos encontraron que las estrellas del negocio caracterizadas por la estabilidad mantenían una forma simple de organización funcional y sistemas de control igualmente simples. Por el contrario, las estrellas en las empresas de un sector que se movía con rapidez —los plásticos especiales— tenían una forma más descentralizada y sistemas más ricos que sus competidores, a quienes no les iba tan bien.

Por último, Scott postula una cuarta época, que comenzó en 1970 aproximadamente y que continúa hasta el presente. Él describe su posición teórica como «actor social-sistema abierto». El desorden predomina en ambas dimensiones. El actor racional es reemplazado por el actor social complejo; un ser humano con fortalezas, debilidades, limitaciones, contradicciones y racionalidades incorporadas. La empresa zarandeada por un ritmo rápido y un conjunto cambiante de fuerzas externas sustituye al negocio aislado del mundo exterior. En opinión de los más destacados teóricos de la actualidad, todo está en flujo: los fines, los medios y las tormentas del cambio externo. Los líderes de esta época incluyen a Karl Weick, de Cornell; y a James March, de Stanford.

El paradigma dominante en esta cuarta época del pensamiento organizacional hace hincapié en la informalidad, en el espíritu emprendedor individual y en la evolución. La señal más clara de que los pensadores gerenciales más destacados se están alejando radicalmente de las opiniones pasadas es el cambio en las metáforas. Weick es vehemente en el tema del cambio de metáfora, afirmando que las metáforas militares habituales limitan seriamente nuestra capacidad de pensar en la administración en términos sensatos: «Las organizaciones tienen personal, una línea y una cadena de mando. Desarrollan estrategias y tácticas. Las organizaciones atacan a los competidores, reclutan personas con maestrías [...] resuelven problemas despidiendo a personas (de una manera honrosa o de otra), ajustando controles, introduciendo disciplina, buscando refuerzos, o aclarando responsabilidades; pues es lo que se hace cuando un ejército colapsa». Weick está convencido de que las metáforas militares son una mala elección cuando se trata del problema de gerenciar una empresa comercial. En primer lugar, el uso de metáforas militares asume que alguien gana claramente y que otra persona pierde claramente. En los negocios, esto no suele ser el caso. En segundo lugar, Weick sostiene que la metáfora militar es una elección errada porque las personas resuelven problemas por analogía, y mientras utilicen la analogía militar, «obliga a las personas a mantener un conjunto muy limitado de soluciones para resolver cualquier problema, y un conjunto muy limitado de formas de organizarse».

Según Weick y March, las nuevas metáforas que abren vetas nuevas y ricas para pensar en la administración —sin importar lo amenazante que pueda ser para los ejecutivos arraigados en la vieja escuela— incluyen palabras como navegar, jugueteo, necedad, balancines, estaciones espaciales, cubos de basura, mercados y tribus salvajes. Al hablar de las empresas excelentes, sugeriremos muchas otras, como por ejemplo, campeones, operaciones secretas y zares, que provienen de las formas en que las compañías excelentes hablan de sí mismas. «Aunque son diversas», sostiene Weick, «cada metáfora ha articulado alguna propiedad de las organizaciones que de otro modo podría haber pasado desapercibida». Como señala Anthony Athos: «la verdad se *oculta* en la metáfora».

Chester Barnard escribió *Las funciones de los elementos dirigentes* en 1938 y es probable que merezca que se le llame una teoría completa sobre la gerencia. Lo mismo ocurre con *El comportamiento administrativo*, escrito por Herbert Simon en 1947. *Teoría de la organización*, escrito por March y Simon en 1958, incluye 450 proposiciones relacionadas entre sí acerca de las organizaciones. También constituye una teoría de administración completa.

Podría decirse que, desde entonces, no se ha escrito una verdadera teoría organizativa. Quizás March afirmaría que su libro *Ambiguity and Choice in Organizations*, coescrito con Johan Olsen en 1976, es una teoría en toda regla, pero no creemos que lo sea. Ciertamente, Karl Weick no sostiene que su maravilloso libro *Social Psychology of Organizing* contiene una teoría completamente desarrollada. De hecho, él dice simplemente: «Este libro trata acerca de la apreciación organizacional».

El punto es que los esfuerzos de los principales teóricos de hoy equivalen a un importante conjunto de viñetas sobre administración. De manera crucial, estas historias refutan con precisión la mayor parte de la sabiduría convencional que existía anteriormente. Más aún, contrarrestan viejas consignas en maneras que son completamente afines con nuestras observaciones sobre las compañías excelentes. Sin embargo, no quiere decir que no haya necesidad de una nueva teoría. La necesidad es apremiante si los gerentes de hoy día, sus asesores y los maestros de los gerentes del futuro en las escuelas de administración de empresas quieren estar a la altura de los retos que se plantean en el capítulo 2.

Ciertamente, no estamos proponiendo aquí toda una teoría organizativa. Sin embargo, creemos que a través de los descubrimientos de las empresas excelentes, vemos unas pocas dimensiones de la teoría que no han sido objeto de atención por los estudiosos o gerentes activos. Por otra parte, creemos que estos resultados nos ofrecen una manera sencilla y directa de expresar algunos conceptos hasta ahora oscurecidos en las actuales teorías de vanguardia. Mientras tanto, hay algunas ideas subyacentes que deben ser lanzadas como una base, al menos, para entender los ocho atributos que trataremos en los próximos ocho capítulos.

El claro punto de partida es la aceptación de los límites de la racionalidad, el tema central de los dos últimos capítulos. Basándonos en esto, cuatro elementos principales de la nueva teoría incluirían nuestras observaciones sobre las necesidades humanas básicas en las organizaciones: (1) la necesidad de sentido; (2) la necesidad de un control módico; (3) la necesidad de refuerzo positivo, de pensar en sí mismas como ganadoras en algún sentido; y (4) el grado en que las acciones y los comportamientos moldean las actitudes y creencias, y no al contrario.

Hay algunas ideas importantísimas de la pasada y actual teoría de administración que necesitan incorporarse en el tejido de la nueva teoría. Hay dos que queremos destacar especialmente, porque no creemos que hayan recibido la atención que merecen; estas son (1) la noción de las empresas, especialmente de las excelentes, como culturas distintivas; y (2) la emergencia de la empresa exitosa mediante una evolución deliberada pero específicamente impredecible.

LA IMPORTANCIA DE LA CULTURA

Algunos colegas que nos han oído argumentar sobre la importancia de los valores y culturas distintivas han dicho en efecto: «Eso es genial, pero ¿no es un lujo? ¿Acaso los negocios no tienen que hacer dinero en primer lugar?». La respuesta es que, por supuesto, una empresa tiene que estar bien en términos fiscales. Y las empresas excelentes están entre las más sólidas de todas en este sentido. Sin embargo, su conjunto de valores *integra* las nociones de salud económica, servir a los clientes, y crear significados de principio a fin. Como nos dijo un ejecutivo: «El beneficio es igual que la salud. Lo necesitas, y cuanto más, mejor. Sin embargo, no es por eso que existes». Por otra parte, en un trabajo de investigación que precedió a este, encontramos que a las empresas cuyos únicos objetivos articulados eran de carácter financiero, no les fue tan bien en este sentido como a las que tenían conjuntos de valores más amplios.

Sin embargo, es sorprendente lo poco que se dice acerca de la formación de valores en las teorías de gerencia actuales, y en particular, lo poco que se dice de las empresas como culturas. La estimación de 3M citada en el capítulo 1 —«los miembros con el cerebro lavado de una secta política extremista no son más conformistas en sus creencias centrales»— es la misma por la que es conocida 3M, no por su rigidez, sino por su espíritu empresarial desenfrenado. Delta Airlines vive su «sensación de familia», y el presidente Tom Beebe, señala: «Lo que Delta tiene a su favor es la relación tan estrecha que todos sentimos el uno por el otro». Algunas personas se retiran de Texas Instruments porque es «demasiado rígida»; por otro lado, ha sido tremendamente innovadora, y su presidente Mark Shepherd dice de su sistema de la planificación, objetivos, estrategias y tácticas: «El OET sería estéril si no fuera por la cultura de innovación que impregna la institución». Un analista de *Fortune* hace la siguiente observación sobre Maytag: «La fiabilidad de Maytag le debe mucho a la ética laboral de Iowa». Stanley Davis, de la Universidad de Columbia, afirma: «Las empresas que operan en Rochester, Nueva York [por ejemplo, Kodak], o Midland, Michigan [por ejemplo, Dow], a menudo tienen culturas corporativas muy fuertes. Mucho más que las firmas que operan en la ciudad de Nueva York o en Los Ángeles».

Algunos académicos han emitido unos pocos murmullos audibles sobre los valores y la cultura desde que Barnard y Selznick plantearon el asunto por primera vez. Richard Normann, en *Management and Statesmanship*, habla de la importancia de «la idea predominante del negocio», y comenta que el «proceso más crucial» que ocurre en cualquier empresa puede ser la interpretación continuada de los acontecimientos históricos y el ajuste de la idea predominante del negocio en ese contexto. Y en un libro reciente sobre la estructuración organizacional, Henry Mintzberg menciona la cultura como un principio de diseño, aunque solo brevemente, llamándola (por desgracia) la «configuración misionera» y dándole un sesgo futurista lamentable: «La configuración misionera [estructural] tendrá su propio mecanismo supremo de coordinación —la socialización, o, si se quiere, la estandarización de las normas—, y el correspondiente parámetro principal de diseño: el adoctrinamiento [...] La organización tendrá [...] una ideología. El visitante perceptivo lo "sentirá" de inmediato». Sin embargo, en esto no hay nada futurista, como implica Mintzberg. Procter & Gamble ha estado operando de esa manera durante unos 150 años, e IBM durante casi setenta y cinco. La filosofía predominantemente orientada a las personas de Levi Strauss comenzó con una política inaudita de «no despidos» tras el terremoto de San Francisco en 1906.

Andrew Pettigrew ve el proceso de dar forma a la cultura como el primer rol de la gerencia: «El [líder] no solo crea los aspectos racionales y tangibles de las organizaciones, como la estructura y la tecnología, sino que es también el creador de símbolos, ideologías, lenguaje, creencias, rituales y mitos». Utilizando un lenguaje sorprendentemente similar, Joanne Martin, de Stanford, piensa en las organizaciones como en «sistemas compuestos de ideas, y el significado de ellas debe ser administrado». Martin ha estimulado una gran cantidad de investigación práctica y específica que indica el grado en que las redes ricas en leyendas y parábolas de todo tipo impregnan a las instituciones con mejor desempeño. HP, IBM y DEC son tres de sus ejemplos favoritos. La investigación también indica que las empresas de bajo desempeño son relativamente estériles en esta dimensión. Warren Bennis también habla acerca de la primacía de la imagen y la metáfora:

No es tanto la articulación de objetivos sobre lo que una [institución] *debería* estar haciendo, lo que crea una nueva práctica. Son las imágenes lo que crea la comprensión, la necesidad moral convincente de que el nuevo camino es el correcto [...] Fue la hermosa escritura de Darwin sobre sus viajes en el *Beagle*, más que el contenido de sus escritos, lo que marcó la diferencia, debido a que la idea de la evolución realmente había estado en el aire durante un tiempo. No solo hubo menciones paralelas a ella, sino que el tío de Darwin había realizado algunos de los trabajos primarios en ella [...] Por lo tanto, si tuviera que dar consejos de improviso a cualquiera que esté tratando de implementar cambios, yo preguntaría: «¿Qué tan clara es la metáfora? ¿Cómo se ha entendido? ¿Cuánta energía estás dedicando a ella?».

La prensa de negocios, que comenzó en algún punto del 1980, ha utilizado cada vez más la cultura como una metáfora. *Business Week* legitimó la práctica al publicar un artículo de portada sobre la cultura corporativa a finales del verano de 1980. Actualmente, la palabra parece aflorar cada vez con mayor frecuencia en el periodismo de negocios.

Tal vez la cultura era tabú como tema después del libro de William H. Whyte, Jr., *El hombre organización*, y la imagen conformista y de traje de franela que presentó. No obstante, lo que Whyte parece haber pasado por alto, y también los teóricos de la gerencia hasta hace poco, es lo que en el capítulo 12 llamamos las propiedades «flexibles-rígidas» de las compañías excelentes. En las mismas instituciones donde la cultura es tan dominante, se producen los más altos niveles de verdadera autonomía. La cultura regula rigurosamente las pocas variables que en realidad cuentan, y ofrece significado. Sin embargo, dentro de esos valores cualitativos (y en casi *todas* las otras dimensiones), las personas se animan a sobresalir, a innovar. Así, el lema «IBM significa servicio» pone de relieve la predominante devoción de la compañía al cliente individual; pero esa misma formulación también proporciona un espacio notable. A todos, desde el oficinista hacia arriba, se les anima a hacer todo aquello en lo que pueden pensar para asegurarse de que el cliente individual sea cuidado. En un entorno más mundano, Steven Rothman, al escribir en *D & B Reports*, cita a un distribuidor de Tupperware: «La empresa me da una gran libertad para desarrollar

mi propio enfoque. Hay ciertos elementos que no pueden faltar para
que cada fiesta tenga éxito, pero si como distribuidor de Tupperware
decides colorear esos elementos —lunares rosados y púrpura, y yo
prefiero que sean lavanda y encajes—, está bien. Esa libertad te permite ser lo mejor que puedes ser». Así que, de hecho, el poder del
valor se debe en gran medida a que fomenta la innovación práctica
para llevar a cabo su espíritu al máximo.

EVOLUCIÓN

En la medida en que la cultura y los valores compartidos son importantes en la unificación de las dimensiones sociales de una organización, la evolución administrada es importante para hacer que una
empresa sea adaptable.

Nos enfrentamos a un dilema extraordinario. La mayor parte de
la teoría actual no es lo suficientemente rígida ni lo suficientemente
flexible. La teoría no es lo suficientemente rígida como para considerar el papel de los valores compartidos de manera rígida y la cultura
como la principal fuente de propósito y estabilidad. Propone reglas
y fijación de metas para cubrir estas bases. Al mismo tiempo, la mayoría de la teoría actual no es lo suficientemente flexible como para
considerar la relativa falta de estructura y la necesidad de una lógica
gerencial totalmente nueva para asegurar la adaptación continua en
las grandes empresas. En su lugar, propone habitualmente reglas estructurales y ejercicios de planificación —ambas son formas de rigidez— para satisfacer esta necesidad.

Estos dos problemas proceden de la complejidad inherente de las
grandes organizaciones, aunque ambos han sido expulsados por las
compañías excelentes sobre una base *ad hoc*. Las grandes instituciones son demasiado complejas, en realidad, para administrar con manuales de reglas, por lo que los gerentes, para simplificar el problema,
utilizan unos valores trascendentes que cubren los propósitos principales. La adaptación también es demasiado difícil de administrar con
reglas en una gran empresa, por lo que los gerentes astutos simplemente se aseguran de que haya suficientes «variaciones ciegas» (es
decir, buenos intentos, ya sean exitosos o no) que satisfagan las leyes
de la probabilidad para asegurar un montón de toques sencillos, un
doble ocasional, y un jonrón, una vez cada diez años.

Necesitamos un nuevo lenguaje. Tenemos que considerar la adición de términos en nuestro vocabulario gerencial: algunos podrían ser estructuras temporales, grupos *ad hoc*, organizaciones fluidas, lo pequeño es hermoso, incrementalismo, experimentación, orientación a la acción, imitaciones, muchos intentos, variaciones injustificadas, competencia interna, jugueteo, tecnología del desatino, productos campeones, producción clandestina, operaciones secretas, sectas, y organizaciones informales. Cada uno de ellos modifica la sabiduría convencional. Cada uno implica tanto la ausencia de una dirección clara como la necesidad simultánea de acción. Más importante aún, necesitamos nuevas metáforas y modelos para unir estos términos en un todo sensato, coherente y fácil de recordar.

James March, como hemos señalado, ha propuesto como concomitante a su metáfora del «cubo de basura» un modelo de toma de decisiones en el que «los flujos de problemas, soluciones, participantes, y oportunidades de elección» giran alrededor, resultando ocasionalmente en decisiones. Por otra parte, él sugiere que «[nosotros] necesitamos complementar la tecnología de la razón con una tecnología del desatino. Los individuos y las organizaciones necesitan formas de hacer cosas para las que no tengan una buena razón. No siempre. Por lo general no, pero a veces sí. Necesitan actuar antes de pensar». El liderazgo en un sistema de este tipo, afirma March, jugaría un papel diferente: «En lugar de un analista en busca de datos específicos, nos inclinamos a pensar en un monitor en busca de señales inusuales». March resume sus puntos de vista de una manera más atractiva cuando señala que «esta visión de administrar organizaciones es relativamente sutil. Asume que las organizaciones deben ser navegadas antes que conducidas, y que la eficacia del liderazgo depende con frecuencia de poder establecer pequeñas intervenciones de manera que la fuerza de los procesos organizacionales naturales amplifique las intervenciones en lugar de amortiguarlas». Y en su imagen más bella, dice que «el diseño organizacional se parece más a encontrar una valla para desviar la nieve que cae, que hacer un muñeco de nieve».

Karl Weick opta por describir la adaptación en términos de «sistemas ligeramente acoplados». Sostiene que la mayoría de la tecnología gerencial ha asumido erróneamente el acoplamiento rígido: dé una orden o declare una política, y serán obedecidas de manera automática. «Cuanto más se profundiza en las sutilezas de las organizaciones»,

afirma Weick, «más se empieza a cuestionar qué significa el orden y
más se convence uno de que los prejuicios imperantes del orden (aquello que es eficiente, planeado, predecible, y a lo que se ha sobrevivi-
do) son sospechosos como criterios para la evolución exitosa». Weick
sugiere que los dos procesos evolutivos están en el centro de la adaptación. «La variación injustificada es crítica», afirma, y añade, «sim-
patizo más con la complicación deliberada». A continuación, exhorta
a que la «creación de sentido retrospectivo es la metáfora clave». Con
esto, Weick quiere decir que la tarea primordial de la gerencia es seleccionar, después del hecho, entre los «experimentos» que ocurren
de manera natural en la organización. Los que tienen éxito y están de
acuerdo con los propósitos de la gerencia se etiquetan después de los
hechos («creación de sentido retrospectivo») como precursores de la
nueva dirección estratégica. Los perdedores son víctimas de tratar de
aprender de «entornos empobrecidos y poco profundos». Es decir, hay
poco de lo cual aprender; la empresa está marcada por algunos «intentos afortunados». Weick concluye de manera lógica: «Nadie es libre de
hacer algo que no pueda imaginar». Y ofrece la descripción de Gordon
Siu acerca de un experimento maravilloso para reforzar este punto:

[...] Si colocas media docena de abejas y el mismo número de moscas en una botella y la pones en posición horizontal, con su base
hacia la ventana, descubrirás que las abejas persistirán, hasta morir
de agotamiento o de hambre, en su esfuerzo por descubrir una salida
a través del cristal; mientras que todas las moscas habrán salido en
menos de dos minutos a través del cuello en el lado opuesto [...]
Es su amor por la luz [el de las abejas], es su propia inteligencia,
lo que constituye su perdición en este experimento. Evidentemente,
ellas se imaginan que la salida de cada prisión debe estar donde
la luz brilla con mayor claridad; y actúan en consecuencia y persisten en una acción demasiado lógica. Para ellas, el vidrio es un
misterio sobrenatural que nunca han encontrado en la naturaleza;
no han tenido la experiencia de esta atmósfera repentinamente im-
penetrable; y, cuanto mayor sea su inteligencia, tanto más inadmi-
sible e incomprensible parecerá el extraño obstáculo. Mientras que
las moscas, cabezas huecas, despreocupadas de toda lógica y del
enigma del cristal, hacen caso omiso del llamado de la luz, aletean
violentamente de aquí para allá y encuentran la suerte que a menudo

descansa en lo simple; encuentran la salvación allí donde otros más sabios perecerán, y necesariamente terminan descubriendo la apertura amable que les restaura su libertad.

Weick concluye:

Este episodio habla de la experimentación, la persistencia, el ensayo y el error, los riesgos, la improvisación, la mejor manera, los desvíos, la confusión, la rigidez y la aleatoriedad, todo ello al servicio de hacer frente al cambio. Entre los contrastes más notables están aquellos que existen entre lo rígido y lo flexible. Existen diferencias en el grado en que los medios están relacionados con los fines, las acciones son controladas por las intenciones, las soluciones están guiadas por la imitación a la del vecino, la retroalimentación controla la búsqueda, los actos previos determinan los actos subsecuentes, la experiencia anterior restringe la actividad presente, la lógica domina la exploración, y en el grado en que la sabiduría y la inteligencia afectan la conducta para afrontar algo. En este ejemplo, los vínculos flexibles proporcionan los medios para que algunos actores hagan frente de manera exitosa a un cambio importante en su entorno. Cada mosca individual, al estar relacionada de manera flexible con su vecina y con su propio pasado, hace numerosas adaptaciones idiosincrásicas que eventualmente resuelven el problema del escape. La flexibilidad es una ventaja en este caso particular, pero precisamente cómo y cuándo contribuye la flexibilidad al cambio exitoso y de qué manera las intervenciones de cambio deben ser modificadas para hacer frente a la realidad de la flexibilidad, es algo que no es obvio.

Weick, March y otros están fascinados por el papel que juegan los clásicos procesos evolutivos en el desarrollo de las organizaciones. Su papel en relacionar las poblaciones de las empresas a las necesidades del entorno siempre ha sido reconocido por los economistas: si las empresas no son relevantes y no permanecen en forma, no sobrevivirán. En el sentido más amplio (aunque muy desconcertante para la mayoría de las administraciones), la teoría funciona demasiado bien. La mayoría de las empresas que hoy día están en el *Fortune* 500 no estaban allí hace cincuenta años. Todos los nuevos empleos netos del sector privado en Estados Unidos durante los últimos veinte años fueron añadidos por empresas que no estaban en la lista *Fortune* 1000 hace dos décadas. Dos tercios de los nuevos empleos netos procedían de empresas con menos de veinte empleados veinte años atrás. Hace una década, nuestros gigantes automovilísticos parecían invencibles. Hoy nos preguntamos si más de uno sobrevivirá.

En 1960, Theodore Levitt, de Harvard, escribió un artículo en *Harvard Business Review* titulado «La miopía del mercadeo», en el que señaló que cada industria fue una vez una industria en crecimiento. Contra toda lógica, se establece un círculo vicioso. Después de experimentar un crecimiento continuo durante un tiempo, los gerentes de la industria llegan a creer que este crecimiento está asegurado. Se convencen de que no hay sustituto competitivo para su producto, y depositan demasiada fe en los beneficios de la producción masiva y en la inevitable y constante reducción de costos que se da a medida que la producción aumenta. Las administraciones se preocupan por los productos que se prestan a una mejora cuidadosamente controlada y por los beneficios de la reducción de costos de fabricación. Todas estas fuerzas se combinan para producir un estancamiento o declive inevitable.

En *Dynamic Economics*, el economista Burton Klein propone un planteamiento cuidadosamente investigado y muy similar: «Suponiendo que una industria haya alcanzado la fase de historia lenta, los avances rara vez provienen de las grandes empresas en la industria. De hecho, en los casi cincuenta inventos [cincuenta innovaciones decisivas del siglo XX estudiadas por él], y que dieron lugar a nuevas curvas en forma de «S» [nuevos e importantes patrones de crecimiento] en industrias relativamente estáticas, no he podido encontrar ningún caso en el que el avance en cuestión proviniera de una empresa importante en la industria». George Gilder profundiza en la obra de Klein: «El mismo proceso por el cual una empresa se vuelve más productiva en una industria, tiende a hacer que sea menos flexible y creativa».

Parece ser que la evolución funciona de manera continua en el mercado, que la adaptación es crucial, y que pocos negocios grandes, si acaso, lo logran. Es muy probable que muchas de nuestras empresas excelentes no permanezcan boyantes para siempre. Argumentaríamos simplemente que han tenido una carrera larga —mucho más larga y exitosa que la mayoría— y que están mucho más cerca que el resto de mantener su capacidad de adaptación y tamaño al mismo tiempo.

Creemos que una de las razones principales para esto, y que solo recientemente les preocupó a los teóricos gerenciales, es la evolución propagada intencionadamente dentro de las empresas. Las compañías excelentes son *organizaciones que aprenden*. No esperan a que el mercado termine por perjudicarlas; ellas crean su propio mercado interno. (Un analista señaló que la verdadera magia gerencial de IBM en los días de la cuota de mercado del noventa por ciento fue crear, casi de la nada, un espectro de competidores). Curiosamente, las principales empresas han desarrollado toda una multitud de dispositivos y rutinas gerenciales para evitar la calcificación. Experimentan más, respaldan más ensayos y permiten pequeños fracasos; mantienen las cosas pequeñas, interactúan más con los clientes —especialmente los clientes sofisticados— (todas funciones de la organización), fomentan la competencia interna y permiten la duplicación y la superposición resultantes; y mantienen un entorno rico e informal, muy cargado de información, lo que estimula la difusión de ideas que funcionan. Curiosamente, pocas hablan con claridad sobre lo que están tramando. Las mejores, en HP, 3M, Digital, Wang, J&J o en Bloomingdale's, son especialmente poco expresivas con respecto al papel de la administración en orquestar dicho proceso. Lo saben en el momento en que lo ven, y pueden detectar el deterioro en el margen; pero, al igual que nosotros, no tienen ningún lenguaje con el cual describir el fenómeno. Patrick Haggerty estuvo muy cerca de institucionalizar la innovación en TI con su sistema OST. Sin embargo, incluso en este caso, debido a la naturaleza ordenada de sistemas semejantes a la naturaleza, TI está mostrando signos desafortunados de suprimir regularmente en lugar de favorecer la adaptación continua.

Hace una década, Peter Drucker anticipó la necesidad de adaptación cuando afirmó en *The Age of Discontinuity*: «Los empresarios van a tener que aprender a construir y a administrar las organizaciones innovadoras». Norman Macrae, editor adjunto de la revista *The Economist*, dio a entender que «la reorganización constante es la razón principal por la que opino que las grandes corporaciones estadounidenses siguen siendo a menudo las más eficientes operadoras de empresas del día a día en el mundo». Igor Ansoff, quien ha estudiado durante mucho tiempo la estrategia de negocios, añade: «... podemos predecir la pérdida de la primacía de la estructura como el componente principal en la definición de la capacidad organizacional. La estructura

se convertirá en una habilitadora dinámica tanto del cambio como de
la inmutabilidad; el modelo por excelencia del "caos organizado"».
Esto nos recordó un análisis que hicimos sobre departamentos de exploración minera exitosos y fracasados en las principales compañías
de esta industria. Como informamos al cliente, todos los exploradores
exitosos nos parecían «más que nada como un caos estructurado».
«Entornos animados y florecientes» es la manera como nuestro colega
David Anderson acertadamente caracterizó a las empresas excelentes
en uno de los primeros informes sobre esta investigación.

Esto parece resumirse en una filosofía de que lo pequeño es hermoso y de lo pequeño es efectivo entre las empresas de buen desempeño. En repetidas ocasiones hemos encontrado cosas mucho más
divididas y mucho menos ordenadas de lo que deberían ser según la
sabiduría convencional. Una vez más, ¿qué está pasando? ¿Qué pasó
con las economías de escala? ¿Cómo pueden ser rentables estas empresas? ¿No entienden la curva de aprendizaje de la economía? En
una sección titulada «Parecía una buena idea en aquel momento»,
Science 82 informó:

Hace diez años, Ford Motor Co. construyó una planta para producir
anualmente quinientas mil toneladas de bloques de motor de hierro.
Erigida sobre el principio de que la producción en masa equivale a
menores costos, tenía cuatro pisos de altura y era lo suficientemente
grande para contener setenta y dos campos de fútbol. Sin embargo,
la planta diseñada para producir motores V-8 resultó ser demasiado
grande y especializada. Cuando los nuevos diseños de motores más
ligeros siguieron a la contracción del petróleo, Ford descubrió que
reequipar la enorme planta era prohibitivamente costoso. Cerró la fábrica y trasladó las operaciones a una planta más pequeña, con treinta
años de antigüedad.

Las compañías excelentes entienden que más allá de un cierto tamaño sorprendentemente pequeño, las *dis-economías* de escala parecen instaurarse con mucha determinación. A principios de la década
de los ochenta, cuando compartimos nuestros resultados tentativos
con John Doyle, vicepresidente de investigación y desarrollo en HP,
comentamos que las empresas de alto desempeño con las que habíamos hablado, incluyendo a HP, parecían estar «suboptimizando» sus

divisiones y plantas (haciéndolas habitualmente más pequeñas de lo que parecían dictar los factores de mercado o las economías de escala). A pesar de que lo dijimos como un comentario favorable, él se opuso a nuestra selección de palabras. «Para nosotros, lo que ustedes están llamando "subóptimo" es óptimo», afirmó con vehemencia.

A lo largo de los capítulos restantes de este libro, encontraremos ejemplos de cosas que no están organizadas para ser tan ordenadas como prescriben los libros de normas. El tema común, el hilo que parece vincular el desorden aparente, es la idea de que lo pequeño es eficaz. Encontramos divisiones, plantas y filiales que eran más pequeñas que lo que cualquier análisis de costos sugiere que deberían serlo. Encontramos un «espíritu empresarial simulado»; en este sentido, los «gerentes de tienda» de Dana (en realidad, gerentes de planta) son un buen ejemplo. La descentralización de la función se practicaba allí donde la economía clásica prescribiría de otra manera; es decir, los casi noventa gerentes de tienda de Dana pueden tener su propio sistema de contabilidad de costos, cada uno puede hacer sus propias compras y controlar prácticamente todos los aspectos de la política de personal. En una compañía tras otra, encontramos trabajos realizados por grupos de diez personas que eran habitualmente más innovadores que muchos equipos de I+D y de ingeniería totalmente equipados y con cientos de personas. Encontramos un ejemplo tras otro de competencia interna, de varios equipos que trabajaban en una misma cosa, duplicando y superponiendo la línea de productos, de personas experimentando y señalando con orgullo sus errores útiles. Encontramos miríadas de pequeños grupos operativos de éxito rápido, más círculos de calidad de los que se suponía que las gerencias estadounidenses estaban utilizando en ese momento. Observamos menos estandarización de procedimientos y una mayor disposición concomitante a «dejar que ellos lo hagan como quieran si tiene sentido y funciona».

Creemos estar abriendo un importante camino teórico aquí. Hemos observado más «fragmentación», más cosas dividiéndose en unidades manejables de lo que otros han hecho de manera profesa. En la teoría que existe hasta la fecha, la idea de que lo pequeño es eficaz se limita generalmente a los debates sobre la capacidad de innovación de las pequeñas empresas. Sin embargo, en la mayoría de las empresas excelentes vemos diversos enfoques de fragmentación como un principio fundamental de la práctica de una administración eficaz.

Curiosamente, mientras más observamos el fenómeno, más lo vemos como un vehículo para una mayor eficiencia, y para fomentar la adaptación y la supervivencia.

Oliver Williamson, de la Universidad de Pensilvania, es el principal teórico en el campo de la eficiencia. Su libro *Mercados y jerarquías* probablemente no ha recibido la atención que merece, porque es muy difícil de leer (incluso el autor admite esto en el prefacio). Williamson sostiene que, en las estimaciones convencionales de las economías de escala, hemos subestimado enormemente los «costos de transacción», es decir, el costo de la comunicación, la coordinación y las decisiones. Es más o menos el mismo comentario que hicimos anteriormente en relación con el aumento de la complejidad geométrica asociada con el crecimiento aritmético en el número de empleados si necesitan interactuar para hacer sus tareas. En la medida en que muchos factores deben ser coordinados, los costos de la coordinación general saturan las economías de escala tecnológicamente determinadas. Las afirmaciones de Williamson son apoyadas por un creciente cuerpo de evidencia empírica.

Las ideas de Williamson se parecen a lo que hemos observado, pero con una diferencia fundamental. Él ve el mundo en términos de blanco o negro. Si los costos de transacción indican que una función se puede realizar de manera más eficiente por los mercados (por ejemplo, externos) que por las jerarquías, entonces deberían ser contratados. Para utilizar un ejemplo trivial a modo de ilustración, regar las plantas en una oficina grande y profesional parece una tarea menor. Sin embargo, decidir qué tipo de vegetación se adapta a la temporada y mantenerla viva es algo que absorbe una gran cantidad del tiempo del personal. Por lo tanto, es menos caro (y más eficaz) contratar a un proveedor externo de jardinería y servicio de riego. (El creador del servicio suele ser un empresario inteligente que advierte el dolor de cabeza que puede ser el mantenimiento de plantas). Si las cosas se pueden hacer de manera más eficiente en el interior, entonces él sostiene que las jerarquías son la norma. Creemos que la opción del mercado está totalmente disponible dentro de la empresa. Las prácticas administrativas fundamentales en IBM, HP, 3M, TI, McDonald's, Delta, Frito, Tupperware, Fluor, J&J, Digital y Bloomingdale's, influyen en gran medida en el punto de que los mercados de todo tipo funcionan bien en el interior. La competencia interna ha sido una política formalmente estipulada en P&G desde 1930; Sloan la utilizó explícitamente en GM, a principios de los años veinte. El orden se sacrifica y se obtiene eficiencia. De hecho, se gana más que eficiencia. Por medio de la fragmentación, una corporación estimula un alto volumen de acción rápida. La organización *actúa*, y luego aprende a partir de lo que ha hecho. Experimenta, comete errores, encuentra el éxito inesperado, y una nueva dirección estratégica surge de manera inexorable. Creemos firmemente que la razón principal por la que las grandes empresas dejan de innovar es por su dependencia de las grandes fábricas, del flujo uniforme de producción, de las operaciones integradas, de la planificación de una tecnología de grandes apuestas y del establecimiento de una dirección estratégica y rígida. Se olvidan cómo aprender y dejan de tolerar errores. La empresa se olvida de aquello que la hizo exitosa en primer lugar, que usualmente era una cultura que estimulaba la acción, los experimentos y los intentos repetidos.

De hecho, creemos que una organización verdaderamente adaptativa evoluciona de una manera muy darwiniana. La empresa está intentando un montón de cosas, experimentando, cometiendo el tipo adecuado de errores; es decir, que está fomentando sus propias mutaciones. La sociedad adaptativa ha aprendido rápidamente a eliminar las mutaciones banales y a invertir fuertemente en las que funcionan. Nuestra conjetura es que algunas de las direcciones más creativas adoptadas por las organizaciones adaptativas no se planean con mucha precisión. Estas organizaciones están construyendo las cercas de nieve de March para desviar los intentos, experimentos, errores y grandes éxitos ocasionales en direcciones que solo están relativamente bien. De hecho, nuestro colega Lee Walton sostiene que la labor principal de la administración es «hacer que la manada se dirija más o menos al oeste».

Una crítica básica a nuestro uso de la analogía darwiniana es que parece limitarse a las innovaciones pequeñas y graduales. Estos críticos sostienen que los grandes avances, como el Sistema 360 de IBM, requieren una planificación enérgica y de «apuesta por la compañía». Nos agrada que se haya planteado la pregunta, pues es muy fácil de refutar tanto en términos teóricos como empíricos. No parece haber ningún respaldo en la teoría evolutiva para una interpretación estrecha e incremental (es decir, que la evolución procede con pasos pequeños).

El biólogo evolucionista Stephen Jay Gould, un líder indiscutible en este campo, señala que la evolución del cerebro humano en una variación aleatoria, por ejemplo, lejos de haberse producido como una lógica pequeña o anticipada al siguiente paso para la especie, se adelantó 50.000 años o más a su tiempo; es decir, que proporcionó un exceso de capacidad para las necesidades del hombre de las cavernas. Por esa razón, no ha cambiado básicamente desde entonces. Obviamente, las principales mutaciones exitosas son mucho menos frecuentes que las pequeñas. Sin embargo, esto es, sin duda, lo que esperaríamos. En cualquier caso, el modelo evolutivo es compatible con la aparición de grandes saltos sin que se requiera, en palabras de Gould, de un Dios omnisciente o de una planificación profética.

La evidencia empírica es aún más sorprendente. Burton Klein y otros han demostrado en decenas de estudios que, en la industria, *nunca* es el líder de la industria el que da el gran salto. Por el contrario, afirman, es el inventor o el pequeño individuo el que lo da, incluso en industrias aburridas como el acero y el aluminio, en las que no se esperaría encontrar muchos inventores. Por otra parte, nuestras propias investigaciones indican poco menos: que la mayoría de los grandes y nuevos avances en los negocios, desde McDonald's (sus productos en el menú de desayuno son responsables de casi el cuarenta por ciento del negocio), hasta GE (ingeniería de plásticos y motores de aviones) han provenido de pequeños grupos de fanáticos que operan fuera de la corriente mayoritaria. De hecho, un observador de conocida trayectoria señaló que *ninguna* de las principales introducciones de productos de IBM en el último cuarto de siglo ha provenido del sistema formal. Eso no quiere decir que la empresa no haga una apuesta grande y bien planificada por un nuevo producto o negocio en algún momento. Por supuesto que sí. Es decir, que la mutación en sí, incluso si es grande, se produce en un nivel muy inferior de la empresa y siempre bajo la tutela de fanáticos que operan fuera del sistema. Existe incluso un mayor apoyo por el hecho de que casi ninguna gran innovación (llamada así después de los hechos) se usa tal como se pensó originalmente. Como hemos señalado, se pensaba que las computadoras tenían solo un puñado de aplicaciones, y muchas de ellas en la Oficina del Censo. Los transistores se desarrollaron para un pequeño conjunto de usos militares. Originalmente se pensó que las locomotoras diesel eran útiles solo en el traslado de vagones de carga. La xerografía estaba dirigida a un segmento pequeño del mercado existente de la litografía; las copias en grandes cantidades no fueron, para nada, la fuerza motriz detrás de la invención ni en los inicios del mercadeo.

Así que, la teoría evolutiva y un tanto desordenada de la administración aplica tanto para las innovaciones a gran escala, como a las de pequeña escala, y también a su eficiencia y eficacia. Un elemento final de la teoría merece una mención destacada. En la biología, el aislamiento puede significar un desastre en una zona de especies activas. Las mutaciones (el equivalente a nuevos intentos de productos) pueden ocurrir de vez en cuando, pero las selecciones (éxitos) son poco probables. Por lo tanto, el proceso de una generación mutante (experimentos, intentos, errores) debe tratar no con el aislamiento, sino con las necesidades reales de negocios y oportunidades. La solución de las empresas excelentes es que se produce a través de un conjunto amplio y notable de interacciones con el entorno, a saber: los clientes. Una vez más, la teoría convencional se queda extremadamente corta ante la realidad de una empresa excelente.

La teoría gerencial dio un giro importante hace unos quince años. Como hemos señalado, el entorno finalmente se filtró en los modelos organizativos. El estudio más trascendental fue realizado en 1967 por Lawrence y Lorsch. Más recientemente, los dos principales proponentes de la teoría evolutiva han sido dos investigadores jóvenes y descollantes: Jeffrey Pfeffer y Gerald Salancik. En 1978 publicaron *The External Control of Organizations: A Resource Dependence Perspective*. También en 1978, Marshall Meyer publicó *Environments and Organizations*, un libro que contiene siete capítulos teóricos y la recapitulación de diez importantes programas de investigación realizados en el curso de una década. El corazón de todos estos investigadores está en el lugar correcto. Citemos por ejemplo a Pfeffer y a Salancik: «La tesis central de este libro es que para entender el comportamiento de una organización, es necesario entender también el contexto de ese comportamiento. Las organizaciones están supeditadas ineludiblemente a las condiciones del entorno. De hecho, se ha dicho que todas las organizaciones se dedican a actividades que tienen por conclusión lógica la adaptación al entorno». No hay nada malo en eso. Sin embargo, nos parece interesante que al revisar los índices de estos trabajos claramente vanguardistas, no hayamos podido encontrar la palabra «cliente», «comprador» o «clientela». Los tres libros hablan sobre el

entorno, pero pierden totalmente la riqueza de contacto con el cliente
por parte de las empresas excelentes, que abarca multitudes de dispositivos, desde entrevistas en el sótano de la tienda de Bloomingdale's
en Nueva York (en gran medida simbólicas) a amplias selecciones de
experimentos de usuarios en Digital y en otros lugares.

Algunos investigadores han ido más lejos. En particular, James
Utterback y Eric von Hippel, de MTI, luego de estudiar a las empresas con mayor tecnología, han hecho varios análisis de la intensidad
de los contactos con el cliente entre las empresas con mejor desempeño. Utterback, por ejemplo, habla sobre el alcance de las empresas innovadoras: «Implica conexiones especiales con su entorno, en
lugar de conexiones generales. Y conexiones con usuarios particularmente creativos y exigentes. Esto requiere también que la conexión sea personal e informal [...] Una gran cantidad de traducción
y de ensayos ocurre entre el productor de la tecnología y el cliente.
A menudo hay una gran cantidad de interacción entre los posibles
usuarios y la organización, la cual aporta un cambio importante al
producto en el mercado». Sin embargo, los escritos de Utterback y
de von Hippel no son la corriente mayoritaria, y tienen un alcance limitado para un número relativamente pequeño de empresas de
alta tecnología. Nos complace decir que el fenómeno de la relación
intensa entre la compañía y el cliente que nosotros observamos no
conocía fronteras de industrias.

No hay nada nuevo bajo el sol. Selznick y Barnard hablaron de la
cultura y el forjamiento de valores hace cuarenta años. Por esa misma
época, Herbert Simon empezó a hablar de límites a la racionalidad.
Chandler comenzó a escribir sobre los vínculos ambientales hace
treinta años. Weick empezó a escribir sobre los análogos evolutivos
hace quince. El problema es, primero, que ninguna de las ideas se
ha convertido todavía en la corriente mayoritaria; han tenido poco o
ningún efecto en los hombres de negocios. En segundo lugar, y creemos que es lo más importante, todos estos autores están muy, muy
lejos de describir la riqueza y la variedad de conexiones que hemos
observado en las empresas excelentes. No se trata únicamente de la
experimentación; son los miles de experimentos los que caracterizan
a estas operaciones. No es solo la competencia interna; es hacer virtualmente toda la asignación de recursos por medio de la competencia
interna. No es solo que lo pequeño es hermoso; son los cientos de

unidades diminutas, de una pequeña fracción del tamaño tecnológicamente alcanzable. No se trata solo del contacto con el cliente, sino de una amplia gama de dispositivos para hacer que cada uno, desde el nuevo contador hasta el CEO, esté en contacto permanente con el cliente. En resumen, las prácticas centrales en materia de gerencia en las empresas excelentes no solo son diferentes. Ponen de cabeza la sabiduría convencional sobre la administración.

5

Tendencia a la acción

El ochenta por ciento del éxito está apareciendo.
—Woody Allen

Pero, sobre todo, intenta algo.
—FDR

Listo. Fuego. Apunten.
—Ejecutivo de Cadbury

Se experimenta una emoción cuando visitas las reservas de animales salvajes del África Oriental que es imposible de describir. Los libros no la captan. Las diapositivas y películas no la captan. Los trofeos, especialmente, no la captan. No obstante, cuando estás allá, la sientes. Las personas que han estado allí pueden enfrascarse en una conversación durante horas sobre esto; la gente que no ha estado allá no puede imaginarlo.

Experimentamos un poco de la misma impotencia al describir el atributo de una empresa excelente que parece apuntalar al resto: orientación a la acción; una tendencia a hacer las cosas. Por ejemplo, estábamos tratando de describirle a un ejecutivo responsable de coordinar la administración de proyectos cómo podría simplificar radicalmente las formas, los procedimientos, y conectar las direcciones de los comités que habían invadido su sistema. Le dijimos despreocupadamente: «Bueno, en 3M y TI no parecen tener estos problemas. Las personas simplemente hablan unas con otras de forma regular». Él nos miró con la mirada vacía. Nuestras palabras difícilmente le sonaron como un consejo exótico, ni siquiera como un consejo útil. Entonces dijimos: «Usted no está compitiendo con 3M. Vayamos un día a St. Paul y echemos un vistazo. Se sorprenderá».

Nuestros amigos en 3M aceptaron la visita, y vimos todo tipo de cosas extrañas. Observamos montones de reuniones informales entre vendedores, el personal de mercadeo, de manufactura, de ingeniería, de I&D —incluso de contabilidad—, sentados aquí y allá, conversando sobre los problemas de un nuevo producto. Asistimos a una sesión en la que un cliente de 3M estaba hablando de manera informal con una quincena de personas de cuatro divisiones sobre la mejor forma de servir a su empresa. Nada parecía ensayado. No vimos ninguna presentación estructurada. Esto se prolongó durante todo el día; las personas se reunían de una manera aparentemente aleatoria para conseguir resultados. Al final de la jornada, nuestro amigo estuvo de acuerdo en que nuestra descripción había sido bastante exacta. Ahora *su* problema era el mismo que el nuestro: no sabía cómo describirle la situación a otra persona.

Es muy difícil enunciar con claridad lo que es tendencia a la acción, pero es muy importante intentarlo porque es un mundo complejo. La mayoría de las instituciones con las que hemos pasado tiempo están enredadas en informes extensos que han sido manoseados por varios empleados, y a veces, de manera muy literal, por cientos de ellos. Se exprime toda la vida a las ideas; solo queda un ápice de responsabilidad personal. Las grandes empresas parecen fomentar enormes operaciones de laboratorio que producen documentos y patentes por toneladas, pero rara vez nuevos productos. Estas empresas están sitiadas por vastos conjuntos entrelazados de comités y grupos operativos que eliminan la creatividad y bloquean la acción. El trabajo se rige por una falta de realismo, engendrado por muchas personas que no han hecho, vendido, probado y, a veces, ni siquiera han visto el producto, pero que han escuchado de él luego de leer informes áridos producidos por otros empleados.

Sin embargo, la vida en la mayoría de las empresas excelentes es dramáticamente diferente. Sí, también tienen grupos operativos, por ejemplo. No obstante, es más probable ver un enjambre de grupos operativos que duran cinco días, que tienen unos pocos miembros, y que propician que los operadores de línea hagan algo diferente, en lugar de tener un grupo operativo de treinta y cinco personas que dura dieciocho meses y produce un informe de quinientas páginas.

El problema que estamos abordando en este capítulo es la respuesta muy razonable y racional a la complejidad de las grandes empresas: coordinar cosas, estudiarlas, conformar comités, pedir más datos (o nuevos sistemas de información). De hecho, cuando el mundo es complejo, como lo es en las grandes empresas, un sistema complejo parece estar en orden con frecuencia. Sin embargo, este proceso suele ser exagerado en gran medida. La complejidad genera letargo e inercia, haciendo que muchas compañías se vuelvan indiferentes.

La lección importante de las empresas excelentes es que la vida no tiene por qué ser así. Las empresas excelentes parecen abundar en técnicas claramente individuales que contrarrestan la tendencia normal a la conformidad y la inercia. Sus mecanismos comprenden una amplia gama de dispositivos de acción, especialmente en el área de los sistemas administrativos, la fluidez de la organización y los experimentos; unos dispositivos que simplifican sus sistemas y fomentan una postura organizacional incansable al aclarar cuáles números importan realmente o limitan arbitrariamente la longitud de la lista de objetivos.

FLUIDEZ ORGANIZACIONAL: AD

Tanto Warren Bennis en *The Temporary Society,* como Alvin Toffler en *El shock del futuro,* identificaron la necesidad de la adhocracia como una forma de vida corporativa. Ellos argumentaron que en unos tiempos que cambian rápidamente, la burocracia no es suficiente. Por «burocracia», se refieren a la estructura organizativa formal que se ha establecido para afrontar los aspectos rutinarios y cotidianos de los negocios: la venta, la fabricación, y así sucesivamente. Por «adhocracia», se refieren a los mecanismos organizacionales que tienen que ver con todas las nuevas cuestiones que, o bien caen entre las grietas burocráticas, o abarcan tantos niveles de la burocracia que no está claro quién debe hacer qué; y en consecuencia, nadie hace nada.

El concepto de la fluidez organizacional, por lo tanto, no es nuevo. Lo nuevo *es* que las compañías excelentes parecen saber cómo hacer buen uso de él. Ya se trate de sus formas abundantes de comunicar de manera informal o de sus formas especiales de utilizar dispositivos *ad hoc,* tales como los grupos operativos, las empresas excelentes logran una acción rápida simplemente porque sus organizaciones son fluidas.

La naturaleza y los usos de la comunicación en las empresas excelentes son notablemente diferentes de las de sus pares que no lo son. Las empresas excelentes son una vasta red de comunicaciones abiertas e informales. Los patrones y la intensidad cultivan el derecho de las personas a contactarse entre sí, con regularidad, y las propiedades caóticas/anárquicas del sistema se mantienen bajo control simplemente debido a la regularidad del contacto y a su naturaleza (por ejemplo, par frente a par en situaciones cuasi competitivas).

La intensidad de las comunicaciones es inconfundible en las empresas excelentes. Por lo general, esto comienza con una insistencia en la informalidad. En Walt Disney Productions, por ejemplo, todos, desde el presidente hacia abajo, llevan una placa solo con el nombre de pila. En HP insisten de igual forma en los nombres de pila. Luego están las políticas de puertas abiertas. IBM dedica una enorme cantidad de tiempo y energía a esto. Las puertas abiertas fueron una parte transcendental de la filosofía original de Watson, y siguen vigentes hoy en día, con 350.000 empleados. El presidente sigue respondiendo a todas las quejas que reciba de cualquier empleado. El uso de las puertas abiertas también está generalizado en Delta Airlines; en Levi Strauss tiene un significado tan grande que la llaman la «quinta libertad».

Sacar a la administración de la oficina es otro contribuyente a los intercambios informales. En United Airlines, Ed Carlson la llamó «Administración visible» y «AD: Administrar deambulando». HP trata el AD («Administrar deambulando», en este caso) como un principio central del importantísimo «camino de HP».

Otro estímulo vital para la comunicación informal es el despliegue de simples configuraciones físicas. Corning Glass instaló escaleras mecánicas (en lugar de ascensores) en su nuevo edificio de ingeniería para aumentar la posibilidad de contactos cara a cara. La compañía 3M patrocina clubes para cualquier grupo de empleados de doce personas o más con el único propósito de aumentar la probabilidad de sesiones de resolución de problemas a la hora del almuerzo y en general. Un oficial de Citibank señaló que en un departamento, la fisura entre los oficiales de operaciones y los de préstamos se solucionó cuando mudaron al mismo piso a todos los miembros del grupo y entremezclaron sus escritorios.

¿Qué provoca esto? Muchísima comunicación. Todas las reglas de oro de HP tienen que ver con comunicar más. Incluso los entornos sociales y físicos en HP lo fomentan: no puedes caminar mucho tiempo por las instalaciones de Palo Alto sin ver a un montón de personas sentadas en salones con pizarras y trabajando casualmente en los problemas. En cualquiera de esas reuniones *ad hoc*, es probable encontrar personal de investigación y desarrollo, de fabricación, de ingeniería, de mercadeo y de ventas. Eso está en marcado contraste con la mayoría de las grandes empresas con las que hemos trabajado, donde los gerentes y analistas nunca se encuentran o hablan con los clientes, nunca se encuentran o hablan con los vendedores, y nunca miran o tocan el producto (y la palabra «nunca» no es elegida a la ligera). Un amigo en HP, al referirse a la organización central del laboratorio de esa compañía, añade: «No estamos realmente seguros de cuál sea la mejor estructura. Todo lo que sabemos con certeza es que partimos de un grado notablemente alto de comunicación informal, que es la clave. Tenemos que preservar eso a toda costa». Las creencias de 3M son similares, lo que llevó a uno de sus ejecutivos a decir: «Solo hay una cosa que está mal con su análisis de las empresas excelentes. Es necesario un noveno principio de comunicaciones. Simplemente, hablamos mucho unos con otros sin una gran cantidad de papeles o de procesos formales complicados». Todos estos ejemplos se suman a una *tecnología virtual de mantenerse en contacto*; de mantenerse en contacto informal continuamente.

En general, observamos el tremendo poder de la revisión habitual y positiva por pares. Una historia sencilla proviene de Tupperware. Esta empresa obtiene alrededor de $200 millones en utilidades antes de impuestos sobre los casi $800 millones en ventas de simples recipientes de plástico. La tarea clave de la gerencia es motivar a los más de ochenta mil vendedores, y el ingrediente principal es el «Rally». Cada lunes por la noche, todos los vendedores asisten a un «rally» para su grupo de distribuidores. En el Rally, todo el mundo sube al escenario —en el orden inverso a las ventas de la semana anterior— durante un proceso conocido como Conteo (mientras que sus compañeros los celebran uniéndose en algo llamado «Todos se levantan»). Casi todos, si han hecho algo, reciben un pin, una insignia, o varios de ellos. Luego repiten todo el proceso y suben en pequeñas unidades. Por una parte, esto es una rutina que contiene un castigo considerable: una competencia de cabeza a cabeza que no se puede evitar. Por otra, contiene un tono positivo: todos ganan, los aplausos y el alboroto impregnan todo el evento, y la técnica de evaluación es informal en lugar de estar atiborrada de papeles. De hecho, todo el sistema de Tupperware está dirigido a generar buenas y nuevas oportunidades, y celebración. Cada semana hay una gran variedad de nuevos concursos. Tomemos, por ejemplo, a tres distribuidores moribundos: la gerencia dará un premio al que tenga el mayor aumento en ventas en las próximas ocho semanas. Luego están los treinta días de Jubileo cada año, en los que se agasaja a *quince mil* personas (en grupos de tres mil, en eventos de una semana de duración) con galardones, premios y ceremonias de todo tipo. Todo el entorno es uno que utiliza en extremo el refuerzo positivo.

Por encima de todo, cuando nos fijamos en HP, Tupperware y en otras empresas, vemos un esfuerzo gerencial decididamente consciente para hacer dos cosas: (1) honrar con todo tipo de refuerzo positivo cualquier acción valiosa realizada por las personas que están en el tope, y más especialmente, en los niveles inferiores; y (2) buscar un alto volumen de oportunidades para el intercambio de buenas noticias.

Debemos señalar que cuando estábamos haciendo la primera ronda de entrevistas para la encuesta, los tres entrevistadores principales se reunieron al cabo de unas seis semanas. Cuando tratamos de resumir lo que nos parecía más importante (y diferente), coincidimos de manera unánime en que eran los entornos maravillosamente informales de las empresas excelentes. No hemos modificado nuestro punto de vista desde entonces. El nombre del juego exitoso es la comunicación rica e informal. El extraordinario producto derivado es la capacidad de tener tu pastel y de comértelo también; es decir, que una comunicación rica e informal conduce a más acción, a más experimentos, a más aprendizaje, y simultáneamente, a la capacidad de mantenerse en contacto de un modo más efectivo y en la cima de las cosas.

Considere ahora esto. «La voz del director ejecutivo de Chase estaba matizada con una admiración reticente», informa *Euromoney*. «En Citibank, si no les gusta algo, lo cambian; no gradualmente, como lo haríamos nosotros, sino de inmediato, aun cuando tengan que virar el banco al revés para hacerlo». Y esto: un ejecutivo de IBM comentó: «Se dice que en los años sesenta, IBM estableció el objetivo de poder instaurar una reorganización importante en tan solo unas pocas semanas». Los valores de IBM permanecen constantes, y la estabilidad concomitante permite desplazar estructuralmente grandes porciones de recursos para atacar un problema particular. En el extremo más pequeño del espectro, el CEO de TRAK, la exitosa empresa de artículos deportivos que factura $35 millones, señaló que tenía que ser una organización flexible con el fin de mantener entusiasmadas a sus estrellas: «Hay que seguir ideando nuevos proyectos para darles a las personas valiosas [...] [Nuestro enfoque] es reorganización y equipos de trabajo flexibles. Lo estamos haciendo una parte permanente de nuestro esquema de organización».

De nuevo, Harris Corporation ha hecho prácticamente lo imposible: ha solucionado en gran medida el problema de difundir la investigación financiada por el gobierno en áreas que sean comercialmente viables. Muchos otros lo han intentado, y casi todos han fracasado. El ingrediente principal del éxito de Harris es que la gerencia toma regularmente grupos de ingenieros (de veinticinco a cincuenta) de los proyectos de gobierno y los mueve, como grupo, a nuevas divisiones de emprendimientos comerciales. Movimientos similares han sido cruciales para el éxito de Boeing. Un funcionario señala: «Podemos hacerlo [crear una nueva unidad grande] en dos semanas. No pudimos hacerlo en dos años en International Harvester».

Hay decenas de variaciones sobre este tema en las empresas excelentes, pero todas se reducen a una disposición refrescante para mover recursos: grupos de ingenieros, de vendedores, de productos entre las divisiones, y similares.

Fragmentar

Recordamos vívidamente que entramos a la oficina de un importantísimo funcionario de línea que ahora era «coordinador de grupo de productos». Era un viejo obstinado y loco que se había ganado sus espuelas resolviendo problemas de negociación laboral. Ahora su escritorio estaba vacío, y hojeaba distraídamente una colección de artículos de relaciones humanas de *Business Harvard Review*. Cuando le preguntamos sobre qué estaba haciendo, nos presentó una lista de los comités que presidía. En efecto, esta ilustración resulta en la matriz; resulta en un entorno de responsabilidades fragmentadas. No equivale a lo que encontramos en las compañías excelentes.

El oficial de línea, que ha dirigido una de las filiales asiáticas de Exxon durante los últimos diez años, hizo una presentación sobre la «estrategia» en una reciente reunión de la alta gerencia. Contó una historia notable de mejora. ¿Era una historia de previsión astuta y de movimientos estratégicos? No lo es, en nuestra opinión. Más bien, era una historia sobre una serie de acciones pragmáticas. En prácticamente cada uno de los diez años, algún problema individual había sido resuelto. En cierto año, un grupo de choque llegó de la sede regional y le ayudó a controlar las cuentas por cobrar. Otro año, la ofensiva tenía como objetivo el cierre de algunos segmentos no rentables. En otro, un esfuerzo adicional ofensivo ayudó a concertar un nuevo acuerdo con los distribuidores. Era un ejemplo clásico de lo que hemos llamado la «teoría de los fragmentos». Hemos llegado a creer que el factor clave del éxito en los negocios consiste simplemente en pasar los brazos alrededor de casi cualquier problema práctico y derribarlo... en el acto. En Japón, Exxon simplemente ejecutó (casi a la perfección) una serie de maniobras. Hizo que cada problema fuera manejable. Luego lo atacó. El tiempo asociado con cada programa era bastante corto. El que fuera *realmente* la prioridad número uno durante ese corto período de tiempo era incuestionable. Sonaba como una previsión estratégica, pero diríamos que era un rasgo mucho más notable: acababan de conseguir soluciones correctas para una serie de tareas prácticas.

Hay un principio subyacente aquí; un rasgo importante de la orientación a la acción que llamamos fragmentación. Esto significa simplemente dividir las cosas para facilitar la fluidez de la organización y fomentar la acción. Los fragmentos y partes orientados a la acción han sido objeto de muchos calificativos —campeones, equipos, grupos operativos, zares, centros de proyectos, operaciones secretas y círculos de calidad—, pero tienen algo en común. Nunca aparecen en el organigrama formal de la empresa, y rara vez en el directorio telefónico corporativo. Sin embargo, son la parte más visible de la adhocracia que mantiene la fluidez de la empresa.

El grupo pequeño es el más visible de los dispositivos de fragmentación. Los grupos pequeños son, simplemente, los componentes organizacionales básicos de las empresas excelentes. Por lo general, cuando pensamos en los componentes organizacionales, nos centramos en los niveles más altos de aglomeración: departamentos, divisiones o unidades estratégicas de negocios; esos son los que aparecen en los organigramas. Sin embargo, creemos que un grupo pequeño es fundamental para el funcionamiento eficaz a nivel organizacional. En este sentido (así como en muchos otros), las compañías excelentes tienen un aspecto muy japonés. En *Japan As Number One*, Ezra Vogel afirmó que todos los negocios y la estructura social de las empresas japonesas se erigen en torno a la Kacho (director de sección) y del grupo de ocho a diez personas que por lo general comprende una sección:

El componente esencial de una empresa no es un hombre con una función particular asignada y su secretaria y asistentes. El componente esencial de la organización es la sección [...] La sección modesta, dentro de su ámbito, no espera órdenes ejecutivas, sino que toma las iniciativas [...] Para que este sistema funcione con eficacia, el personal más importante de la sección necesita saber e identificarse con los propósitos de la compañía a un mayor grado que las personas de una empresa estadounidense. Esto lo logran a través de una larga experiencia y con años de discusión con los demás en todos los niveles.

Al parecer, el grupo pequeño como componente básico también funciona en Estados Unidos, aunque no es una parte tan natural de la cultura nacional como lo es en Japón. En la división de nuevos productos, 3M tiene varios cientos de equipos de riesgo, compuestos de cuatro a diez personas. O recordamos a los nueve mil equipos de TI apresurándose a buscar pequeñas mejoras en la productividad. En Australia, una de las pocas empresas de gran tamaño con un excelente historial de trabajo es ICI. Entre los programas que el director general Dirk Zeidler implementó a principios de los años setenta, estaba una serie de equipos entrelazados que se parecían mucho a una sección japonesa.

El verdadero poder del grupo pequeño reside en su flexibilidad. Los equipos de nuevos productos se forman en cualquier lugar en 3M y nadie se preocupa mucho acerca de si encajan exactamente o no en los límites de la división. Apropiadamente, Mark Shepherd, presidente de TI, llama a su compañía «un entorno fluido y orientado a los proyectos». La buena noticia de las empresas bien administradas es que lo que debe funcionar funciona.

También es bastante notable la manera en que el uso de los equipos eficaces en las empresas excelentes cumple, al dedillo, con los mejores hallazgos académicos sobre la composición de los grupos pequeños eficaces. Por ejemplo, los equipos de productividad eficaz o de nuevos productos en las empresas excelentes usualmente tienen entre cinco a diez personas. La evidencia académica es clara en esto: el tamaño óptimo del grupo, en la mayoría de los estudios, es de alrededor de siete personas. Otros hallazgos respaldan esto. Los equipos que se componen de *voluntarios*, que son de *duración limitada* y que *establecen sus propios objetivos* generalmente son mucho más productivos que los que tienen rasgos anversos.

El grupo operativo ad hoc. Un grupo operativo puede ser el epítome de la fragmentación eficaz. Por desgracia, también puede convertirse en la quintaesencia de una burocracia sin esperanza. ¡Qué bien recordamos el análisis! El cliente era un sector de $600 millones de una empresa de varios miles de millones de dólares. Inventariamos los grupos operativos y había 325 formalmente en existencia. Hasta entonces, las noticias eran pocas. Lo que realmente nos asombró, y también a la empresa, fue que ni un solo grupo operativo había concluido sus obligaciones en los últimos tres años. Ninguno se había disuelto tampoco. En una situación similar con otro cliente, elegimos al azar los informes del grupo operativo y encontramos que la extensión típica era de más de cien páginas; las aprobaciones tenían entre veinte y un máximo de casi cincuenta.

Examinemos rápidamente la historia reciente para entender la actual historia de amor con los grupos operativos. Aunque sin duda alguna existían previamente en muchas formas sin etiquetas, la NASA y el programa Polaris les dieron un buen nombre. La NASA inventó la estructura del equipo *ad hoc*, y en sus primeros programas, cumplió su propósito. El programa de submarinos Polaris funcionó aún mejor. La noción del grupo operativo se propagó entonces por la industria y se utilizó para todo. Ya en 1970, se había incorporado de manera tan generalizada en muchas empresas grandes que se había convertido en solo una parte adicional del sistema rígido que estaba destinado a corregir.

En retrospectiva, varias cosas estaban mal. Al igual que con cualquier otra herramienta adoptada dentro de un contexto burocrático, se convirtió con el tiempo en un fin en sí misma. El papeleo y la coordinación tomaron el lugar de la actividad de la tarea dirigida. Las instituciones pesadas, formales, llenas de documentos y dirigidas por reglas, pusieron el grupo operativo en un laberinto que había debajo, en lugar de utilizarlo como un fragmento separable y que indujera a la acción. Los grupos operativos se convirtieron simplemente en comités de coordinación, pero con un nombre diferente. Al igual que otras herramientas administrativas adoptadas en el contexto equivocado, el grupo operativo empeoró las cosas en lugar de mejorarlas.

Esa es la mala noticia. La buena es que en las organizaciones donde el contexto es el adecuado —la aceptación rápida de la fluidez y la adhocracia—, el grupo operativo se ha convertido en una herramienta muy eficaz para resolver problemas. En efecto, es la defensa número uno contra las estructuras de matriz formal. Reconoce la necesidad de la solución multifuncional de problemas e iniciativas de aplicación, pero no mediante el establecimiento de dispositivos permanentes.

Una historia ayuda a ilustrar nuestro punto. En medio de esta encuesta, uno de nosotros entró a la sede de Digital en Maynard, Massachusetts, en un borrascoso día de febrero. Después de haber terminado la parte formal de la entrevista, le pedimos a un ejecutivo que nos describiera algunas de las cosas reales en las que estaría trabajando en los próximos días. Queríamos tener una idea de las cosas que realmente funcionaban en Digital.

Este ejecutivo señaló que él y otras seis personas de la compañía iban a reorganizar la fuerza nacional de ventas. Cada uno de los siete es un gerente de línea de alto nivel. Cada uno tiene plena autoridad para aprobar cambios en su grupo. Estábamos hablando un jueves con este ejecutivo. Él y su grupo viajarían a Vail, Colorado (no son tontos en Digital), aquella misma noche. «Regresaremos el lunes por la noche, y esperamos anunciar los cambios en el personal de ventas el martes. La etapa inicial de la implementación debería estar funcionando más o menos una semana después», señaló él.

A medida que hacíamos más entrevistas, oímos repetidamente variaciones sobre este tema. Las características distintivas de los grupos operativos que encontramos en empresas tan dispares como Digital, 3M, HP, TI, McDonald's, Dana, Emerson Electric y Exxon fueron sorprendentemente diferentes del modelo burocrático que habíamos llegado a esperar de muchas otras situaciones. En las empresas excelentes, los grupos operativos estaban trabajando de la manera en que se supone que deben trabajar.

No hay muchos miembros en estos grupos operativos, por lo general diez o menos. En realidad, son la encarnación de las propiedades de los grupos pequeños de los que hablamos anteriormente. La infortunada tendencia contrastante del modelo burocrático es involucrar a todo el que pueda estar interesado. La membresía de un grupo operativo normalmente llega a veinte, e incluso hemos visto algunos con hasta setenta y cinco miembros. El punto es limitar la participación de los miembros principales del grupo operativo activo. Eso no funcionaría en muchas empresas, ya que requiere de confianza por parte de los excluidos en el sentido en que estarán bien representados.

El nivel al que se reporta el grupo operativo, y la jerarquía de sus miembros, son proporcionales a la importancia del problema. Si el problema es muy grande, prácticamente todos los miembros son funcionarios de alto nivel y el grupo operativo informa al presidente ejecutivo. Es esencial que las personas tengan carta blanca para que aquello que recomiendan sea implementado. Un ejecutivo de Digital afirmó: «Solo queremos miembros de alto nivel, no sustitutos. El tipo de personas que queremos son personas muy ocupadas cuyo principal objetivo sea salir del maldito grupo operativo y volver a trabajar». A esto le llamamos el «teorema del miembro ocupado».

La duración del típico grupo operativo es muy limitada. Esta es una característica atractiva. En TI, es raro si algún grupo operativo tiene una duración de más de cuatro meses. Entre las empresas ejemplares, la idea de que cualquier grupo operativo pudiera durar más de seis meses es repugnante.

La membresía es generalmente voluntaria. Esto nos lo explicaron mejor en 3M: «Miren, si Mike me pide formar parte de un grupo operativo, lo haré. Así es que trabajamos. Sin embargo, más vale que haya un problema real. Y mejor es que haya algunos resultados. Si no los hay, que ni sueñen que voy a perder mi tiempo ayudando a Mike otra vez. Si es mi grupo operativo, trataré de asegurarme de que las personas que pasan tiempo en él obtengan un valor real de este».

El grupo operativo se forma con rapidez, cuando se necesita, y generalmente no está acompañado de un proceso formal de certificación. Puesto que la labor del grupo operativo es el principal medio de resolución de problemas en entornos complejos y multifuncionales, las empresas de la encuesta, por suerte, pueden formarlos en un abrir y cerrar de ojos, y con poca fanfarria. Por el contrario, en la burocracia de los 325 grupos operativos descritos anteriormente, las certificaciones formales y por escrito (a menudo extensas) acompañaban a cada grupo operativo.

El seguimiento es rápido. En este sentido, TI es ejemplar. Nos dijeron que tres meses después de que se forma un grupo operativo, la alta dirección quiere saber qué ocurrió en consecuencia. «Nada; todavía estamos trabajando en el informe», no es una respuesta satisfactoria.

No se asigna personal. Aproximadamente la mitad de los 325 grupos operativos mencionados anteriormente tenían un personal permanente asignado a ellos: personas barajando papeles asociadas con un grupo que baraja papeles. En *ningún* caso en TI, HP, 3M, Digital o Emerson hubo un solo informe acerca de un integrante del «personal» asignado de manera permanente a un grupo operativo como director ejecutivo, «asistente de», o redactor de informes de tiempo completo.

La documentación es informal, a lo sumo, y con frecuencia mínima. Como nos dijo un ejecutivo: «Los grupos operativos por estos lares no están en el negocio de producir documentos. Están en el negocio de producir soluciones».

Por último, debemos reiterar la importancia del contexto, del clima. La necesidad de unas comunicaciones abiertas fue subrayada por Frederick Brooks, de IBM, en su discusión sobre el desarrollo del Sistema 360, del cual fue un artífice principal. Aunque este era un gigantesco proyecto en equipo y de mucho mayor alcance de lo que normalmente se entiende por un grupo operativo, la estructura era fluida. Según Brooks, se llevaron a cabo reorganizaciones con gran regularidad. El contacto entre los miembros era intenso; todos los miembros principales se reunieron semanalmente y durante medio día en la sala de conferencias para evaluar el progreso y decidir posibles cambios. Las minutas fueron publicadas en menos de doce *horas*. Todos los integrantes del proyecto tenían acceso a toda la información que necesitaba: todos los programadores, por ejemplo, vieron todo el material procedente de todos los grupos del proyecto. Nadie asistió a las reuniones semanales en papel de consultor (es decir, del personal). «Todo el mundo tenía la autoridad para hacer compromisos vinculantes», comenta Brooks. El grupo del Sistema 360 celebraba sesiones anuales de «corte suprema», que normalmente duraban dos semanas completas. Cualquier problema que no se hubiera resuelto en otros lugares se resolvía en este intercambio intensivo de dos semanas. La mayoría de las empresas que hemos observado no puede concebir la idea de que veinte empleados clave estén fuera por dos semanas, o que se reúnan durante medio día cada semana. Tampoco conciben el intercambio de información generalizada ni reuniones en las que todos los participantes tengan autoridad para hacer compromisos vinculantes.

La diferencia entre esto y la manera en que muchas otras organizaciones hacen negocios es tan sorprendente que un ejemplo más del lado no excelente parece un complemento perfecto para esta sección. Recientemente nos pidieron examinar por qué un proyecto de sistema de información administrativa de carácter informático no estaba funcionando. Este proyecto cruzaba muchas fronteras organizacionales y se había establecido como un grupo operativo. Recopilamos una historia clínica de sus actividades durante el año anterior, y encontramos que, a pesar de que estaban siguiendo la mayoría de las reglas de buena administración en un grupo operativo, las personas que trabajaban en informática y en las divisiones casi nunca tenían una comunicación cara a cara, excepto en las reuniones formales. Ellos podrían haberse trasladado, por ejemplo, a un mismo lugar; un pequeño grupo podría haber trabajado incluso en un mismo espacio. Sin embargo, ninguno estuvo dispuesto a hacerlo. Podían haberse hospedado en el mismo hotel durante los viajes de campo, pero nunca lo hicieron. Un grupo escogió alojarse en hoteles menos costosos; el otro replicó que se hospedaría más cerca de las plantas. Podían al menos haber cenado juntos después de las largas horas que duraban las excursiones, pero a un grupo le gustaba jugar al tenis y al otro no. Todo esto suena bastante tonto, y los ejecutivos del cliente no nos creyeron inicialmente. No obstante, cuando reunimos finalmente a todas las personas en la misma habitación, aceptaron a regañadientes que teníamos razón en todo. Nos gustaría decir que todo mejoró después de eso, pero no fue así. El proyecto, que era sólido en todos los aspectos desde un punto de vista empresarial, fue desechado finalmente.

Equipos de proyectos y centros de proyectos. El análisis del grupo operativo es uno de los favoritos. Todos lo hacen, pero las empresas excelentes utilizan esta herramienta rutinaria de un modo muy diferente del resto. El grupo operativo es un instrumento emocionante, fluido y *ad hoc* en las empresas excelentes. Es prácticamente *la* forma de resolver y manejar problemas espinosos, y un incentivo sin igual a la acción práctica.

IBM se preparó para el proyecto del Sistema 360 utilizando un grupo operativo o equipo de proyecto muy grande, otra forma de adhocracia. La gente cuenta que el proyecto siguió adelante con muchos tropiezos, pero la organización del Sistema 360, particularmente en sus últimos años, atrajo claramente a los mejores talentos de la institución, y esta los puso a trabajar sin ninguna distracción en la tarea monumental. Compañías como Boeing, Bechtel y Fluor utilizan continuamente enormes equipos de proyectos como estos. De hecho, esto es fundamental para su manera de hacer negocios puesto que la mayoría de su negocio es trabajar en proyectos. Estos equipos tienen una capacidad impresionante para cambiar rápidamente entre estructuras: su estructura de rutina para los asuntos del día a día y su estructura de equipo de proyectos. Sin embargo, lo que es quizás aún más impresionante, es ver a una gran empresa que *no* utiliza rutinariamente los equipos de proyectos pasar a esta modalidad con la facilidad con que un conductor experimentado manipula la palanca de cambios. Ese parece ser el caso con IBM y con el Sistema 360, y estamos impresionados.

General Motors ofrece otro ejemplo particularmente llamativo en el uso de la estructura temporal. La industria automovilística está bajo ataque. Prácticamente todo lo que hace la industria automovilística de Estados Unidos parece tener un día de retraso y faltarle un dólar. Sin embargo, nos impresiona cualquier institución de $60 mil millones de dólares que pueda superar a sus principales competidores nacionales por casi tres años en una tarea de implementación, y eso fue exactamente lo que hizo GM con su proyecto de reducción de personal. El vehículo principal fue el centro de proyecto; una clásica organización temporal. El centro de proyectos de GM sacó a 1.200 personas clave de divisiones históricamente autónomas de la empresa —incluyendo a las personas más importantes, como el jefe de ingenieros—, y las asignó al centro de proyectos, que duró cuatro años. Su misión era clara: ejecutar la tarea de la reducción completamente especificada, en curso, y regresarla a las divisiones para su aplicación definitiva. La verdadera magia de la historia es que cuando se llevó a cabo la tarea, el centro del proyecto de reducción desapareció en 1978. De hecho, GM estaba tan contenta con el éxito en la reducción que decidió adoptar centros de proyectos como la modalidad principal de la organización en la década de los ochenta. Ocho centros de proyectos existen en la actualidad en un edificio especial. Dos de estos trabajan actualmente en el auto eléctrico y en la computarización general de motores; otro se dedica a asuntos laborales.

La mayoría de las organizaciones, cuando se enfrentan a un problema estratégico abrumador, se lo pasan al personal de planificación o lo agregan a los objetivos de numerosos gerentes de línea que ya están bastante ocupados. Si se supone que el personal debe resolver el problema, el compromiso nunca tiene lugar. Si se supone que la organización de línea habitual debe resolverlo, el impulso nunca se da. El Sistema 360 de IBM o el proyecto de reducción de GM son ejemplos dramáticos y promisorios de la manera como este tipo de problemas se pueden abordar con éxito.

Los japoneses utilizan esta forma de organización con una presteza aterradora. Por ejemplo, para desarrollar una posición competitiva a nivel mundial en robótica o microinformática, los japoneses sacan personas clave de varias empresas y las transfieren a centros de proyectos para hacer tareas básicas en investigación con miras a desarrollos. Cuando los problemas tecnológicos clave se han resuelto, las personas clave regresan a sus propias empresas y compiten como locos entre sí. Los productos están listos entonces para ser distribuidos por todo el mundo luego de haber sido perfeccionados por la dura competencia dentro de Japón.

El programa CVCC de Honda es un ejemplo de esto. Las personas clave fueron retiradas de todas las demás tareas y asignadas al proyecto CVCC durante varios años. Canon hizo lo mismo durante el desarrollo de su Canon AE-1; la empresa reunió a 200 de sus mejores ingenieros en el «Grupo Operativo X» durante dos años y medio hasta que la AE-1 fue desarrollada, implementada y lanzada exitosamente al mercado.

Hay muchos otros ejemplos de fragmentación, y los veremos en las últimas secciones del libro. Sin embargo, por el momento, hay cuatro mensajes principales que queremos transmitir sobre la fragmentación. En primer lugar, las ideas sobre la eficiencia de costos y la economía de escala nos están llevando a desarrollar grandes burocracias que simplemente no pueden actuar. En segundo lugar, las empresas excelentes han encontrado numerosas maneras (no solo unas pocas) de dividir las cosas con el fin de hacer que sus organizaciones sean fluidas, y destinar los recursos adecuados para afrontar los problemas. En tercer lugar, la fragmentación y otros dispositivos no funcionan a menos que el contexto sea el correcto. Las actitudes, el clima y la cultura deben tratar el comportamiento *ad hoc* como algo más normal que el comportamiento burocrático. Por último, los entornos independientes en los que prospera el comportamiento *ad hoc* solo son superficialmente estructurados y caóticos. Subyacentes a la ausencia de formalidad, descansan los propósitos compartidos, así como una tensión interna y una competitividad que hacen que estas culturas sean tan duras como el acero.

ORGANIZACIONES QUE EXPERIMENTAN

Nuestro axioma favorito es «hazlo, arréglalo, pruébalo». Karl Weick añade que «la acción caótica es preferible a la inacción ordenada». «No te quedes ahí, haz algo», alude a lo mismo. Seguir adelante con algo, especialmente cuando es complejo, solo se reduce a probar algo. Se obtiene aprendizaje y progreso solo cuando hay *algo* de lo cual aprender, y ese algo, la materia del aprendizaje y del progreso, es cualquier acción completada. El proceso de administrar esto se puede pensar mejor en términos del experimento y, de manera más generalizada, en términos del proceso de experimentación.

El afloramiento más importante y visible de la tendencia a la acción en las empresas excelentes es su voluntad para probar cosas; de experimentar. No hay absolutamente ninguna magia en el experimento. Es simplemente una pequeña acción completada, una prueba manejable que te ayuda a aprender algo, como en la química de secundaria. Sin embargo, nuestra experiencia ha sido que la mayoría de las grandes instituciones se han olvidado de cómo probar y aprender. Parece que prefieren el análisis y el debate que intentar algo, y están paralizadas por el miedo al fracaso, por muy pequeño que sea.

El problema fue descrito con precisión recientemente en *Science*. La NASA «inventó» una técnica llamada Administración Orientada al Éxito (AOE) para controlar el desarrollo del transbordador espacial. La técnica asume que todo va a salir bien. Como señaló un oficial: «Significa que diseñas según los costos y luego rezas». La intención era eliminar el desarrollo paralelo y posiblemente redundante al probar el *hardware*, en respuesta a las presiones actuales de costos que enfrenta el organismo. Sin embargo, como ha señalado *Science* —y otros medios—, el programa ha resultado en aplazamientos generales de trabajos difíciles, accidentes embarazosos, rediseños costosos, personal errático, y en la ilusión de que todo está funcionando bien. «El efecto neto de este enfoque administrativo», dice *Science*, «ha sido una ausencia de planes realistas, la falta de comprensión de la situación del programa y la acumulación de déficits de costos y horarios sin ninguna visibilidad».

En ninguna parte ha sido más evidente el problema que en el desarrollo de los tres motores principales del transbordador espacial. *Science* informa: «En lugar de probar cada componente de motor por separado, el principal contratista de la NASA simplemente los atornilló todos juntos y —con los dedos cruzados— los prendió. El resultado fue por lo menos cinco incendios enormes». Influenciados por la AOE, los funcionarios de la NASA empezaron a confundir la predicción con la realidad (para ser justos, probablemente la realidad política se los impuso). La NASA sufría de «arrogancia tecnológica», comenta un analista del Senado. «Los administradores confiaron demasiado en que los avances tecnológicos se materializarían para salvar la situación». Esta no es ciertamente la NASA de antes, donde la redundancia era deliberada, las pruebas se llevaban a cabo con regularidad, y los programas se ejecutaban a tiempo y funcionaban.

La similitud y la abundancia de estas historias son aterradoras, y equivalen a nada menos que a la práctica habitual de la administración. Por ejemplo, un banco gigante se preparaba para introducir cheques viajeros en un mercado altamente competitivo. Un grupo operativo trabajó durante dieciocho meses y produjo todo un gabinete repleto de análisis de mercados. A medida que se acercaba la fecha del lanzamiento nacional, le preguntamos al jefe del proyecto qué había hecho en términos de una prueba rigurosa del mercado. Él respondió que había hablado con dos amigos banqueros de Atlanta para ofrecerles los cheques. «¿Con dos?», fue nuestra reacción de incredulidad. «Con dos», afirmó él. «No estábamos seguros de que el proyecto iba a ser aprobado. No queríamos revelar nuestro secreto».

Oímos excusas débiles como esta día tras día. Por otro lado, nos impresiona el comentario incisivo que hizo un amigo en Crown Zellerbach, un competidor de P&G en algunos mercados de productos de papel. «P&G prueba, prueba y prueba. Lo vemos venir por meses, a menudo por años. Sin embargo, sabes que cuando llegan, probablemente es hora de moverte a otro lugar y no interponerse en su camino. No dejan piedra sin mover ni variable sin probar». P&G aparentemente no tiene miedo de probar y, por lo tanto, de telegrafiar sus movimientos. ¿Por qué? Porque, sospechamos, el valor añadido de aprender antes del lanzamiento a nivel nacional sobrepasa por mucho los costos de la sorpresa perdida.

El seguir adelante caracteriza a P&G y a la mayoría de las empresas excelentes. Charles Phipps, de Texas Instruments, describe el éxito temprano de esta empresa, y su voluntad de ser audaz y atrevida. Él capta el espíritu del experimento; la capacidad de TI para aprender rápidamente, y de conseguir algo (casi cualquier cosa). «Se sorprendieron a sí mismos: como empresa muy pequeña, $20 millones y con recursos muy limitados, descubrieron que podían superar a grandes laboratorios como Bell Labs, RCA y GE en el sector de los semiconductores, simplemente porque habían tratado de *hacer* algo, en lugar de mantenerlo en el laboratorio».

Un ejemplo tras otro refleja la misma mentalidad de experimentación. En Bechtel, los ingenieros de mayor nivel hablan de su credo guía: mantener una «agradable sensación de lo factible». En Fluor, el principal factor de éxito puede ser lo que ellos llaman «tomar una idea y hacer metal con ella». En Activision, la consigna para diseñar videojuegos es «desarrollar un juego lo más pronto posible. Tener algo con qué jugar. Hacer que tus compañeros comiencen a entretenerse de inmediato. Aquí no cuentan las buenas ideas. Tenemos que ver algo». En Taylor & Ng, una exitosa operación de diseño de artículos para el hogar de $25 millones con sede en San Francisco, su propietario Win Ng describe su filosofía: «El desarrollo de un prototipo con anticipación es la meta número uno de nuestros diseñadores, o de cualquier otra persona que tenga una idea, si vamos al caso. No confiamos hasta que podamos verlo y sentirlo».

En HP, es una tradición que los ingenieros de diseño de productos dejen sobre sus escritorios cualquier cosa en la que estén trabajando, de modo que cualquiera puede jugar con ello. Caminar de un lado para otro es el corazón de su filosofía para todos los empleados, y el nivel de confianza es tan alto que las personas se sienten en libertad de jugar con las cosas que sus colegas están inventando. Un joven ingeniero comenta: «Aprendes rápidamente que debes tener algo para que la gente juegue. Te dicen, probablemente el primer día, que el compañero caminando por la oficina con tu aparato en la mano seguramente sea un ejecutivo corporativo, y quizás hasta Hewlett o Packard». HP también habla del «síndrome del banco de al lado». La idea es que mires a tu alrededor, a las personas que trabajan en el banco de al lado, y pienses en cosas que podrías inventar para facilitarles su trabajo.

Robert Adams, director de investigación y desarrollo en 3M, lo expresa así: «Nuestro enfoque es hacer un poco, vender un poco y hacer un poco más». McDonald's tiene más artículos experimentales en su menú, formatos de tienda y planes de precios que cualquiera de sus competidores. En las tres primeras horas de nuestra entrevista en Dana, oímos mencionar más de sesenta experimentos de productividad que estaban haciendo en una planta u otra. P&G es, como hemos dicho, especialmente reconocida por lo que un analista llama su «fetiche por las pruebas». Todos los días se ven numerosos ejemplos de empresas bien administradas. De acuerdo con un analista, «Bloomie [Bloomingdale's] es la única minorista de gran volumen que hace experimentos en toda la tienda». De hecho, en respuesta a esa observación, un empleado de Levi Strauss que estaba asistiendo a un seminario reciente levantó la voz y dijo: «¿Saben que fue allí donde a Levi se le ocurrió la idea de los *jeans* desteñidos? Bloomie estaba comprando nuestros *jeans* y destiñéndolos». Se dice que Holiday Inn tiene doscientos hoteles de pruebas en los que están experimentando continuamente con habitaciones, precios y menús de restaurantes. En Ore-Ida, una empresa muy exitosa, las pruebas de mercado, sabores, precios y paneles de consumidores se hacen de forma continua, y el director ejecutivo está tan familiarizado con estas pruebas y con sus resultados como con sus datos financieros.

El factor crítico es el entorno y un conjunto de actitudes que fomenten la experimentación. Este comentario, realizado por el hombre que inventó el transistor, capta la quintaesencia del experimento:

Me inclino más a ser un creyente de un poco de malicia y oportunidad [...] ¿Cómo haces para empezar un trabajo? Tienes a las personas que lo leen todo, y no llegan a ningún lado. Y a las personas que no leen nada, y tampoco llegan a ningún lado. Tienes a otros que van por ahí preguntándole a todo el mundo, y los que no le preguntan a nadie. Yo le digo a mi gente: «No sé cómo empezar un proyecto. ¿Por qué no vas y haces algún experimento?». Verás, aquí hay un principio. No empiezas primero haciendo algo que te va a tomar seis meses humanos antes de encontrar la respuesta. Siempre puedes encontrar una forma en la que, luego de unas pocas horas de esfuerzo, hayas dado algunos pasitos.

David Ogilvy afirma igualmente que no existe una palabra más importante que «probar»:

La palabra más importante en el vocabulario de la publicidad es PRO-BAR. Si prueba previamente su producto y su publicidad con los consumidores, le irá bien en el mercado. Veinticuatro de cada veinticinco productos nuevos no salen de los mercados de prueba. Los fabricantes que *no* prueban sus productos en el mercado incurren en el costo (y en la desgracia) colosal de hacer que sus productos fracasen a escala nacional, en lugar de sucumbir discreta y económicamente en los mercados de prueba. Pruebe su promesa. Pruebe sus medios de comunicación. Pruebe sus titulares y sus ilustraciones. Ponga a prueba su nivel de gastos. Ponga a prueba sus anuncios. Nunca deje de probar, y su publicidad nunca dejará de mejorar [...] La mayoría de los hombres jóvenes en las grandes empresas se comportan como si la ganancia no fuera una función del tiempo. Cuando Jerry Lambert obtuvo su primer éxito con Listerine, aceleró todo el proceso de comercialización dividiendo el tiempo en *meses*. En lugar de limitarse a planes *anuales,* Lambert examinó su publicidad y sus beneficios cada mes. El resultado fue que ganó $25 millones en ocho años, cuando la mayoría de las personas tardan doce veces más en hacerlo. En la época de Jerry Lambert, Lambert Pharmacal Company vivía mes a mes, y no año tras año. Les recomiendo eso a todos los anunciantes.

Peter Peterson (actual presidente de Lehman Brothers), al hablar de los días en que era presidente de Bell & Howell, ofrece un ejemplo concreto y hermoso de un experimento:

¿Han oído hablar de los lentes zoom? Una de las grandes ventajas de ser nuevo en una compañía es que ignoras completamente lo que no se puede hacer. Pensaba que una cámara con un lente zoom era algo que utilizabas en los partidos de fútbol. Esa era la imagen que tenía: un objeto extraordinariamente caro. Un día fui al laboratorio y vi un lente zoom. Nunca antes había visto uno, lo acerqué a mis ojos, y bueno, fue realmente dramático. Me explicaron que no era aplicable a los productos de consumo porque costaría una buena cantidad de dinero, entre otras razones. Pregunté: «¿Cuánto costaría hacerme una cámara, solo una, con un lente zoom?». Ellos dijeron: «¿Solo una? ¿Se refiere

a una modificación inexperta? Probablemente costaría unos $500».
Dije: «Bueno, supongamos que lo hacemos. Mis tarifas son bastante
altas, de modo que nos costará al menos $500 continuar con esta dis-
cusión por otra hora o dos, así que mejor manos a la obra». Me llevé la
cámara a mi casa. Aquella noche hicimos una fiesta con cena, coloqué
el lente zoom sobre el piano, y les pregunté a los invitados si querían
participar en un estudio de mercadeo muy sofisticado; es decir, colocar la cámara a su ojo. Todos reaccionaron con un entusiasmo extraordinario: «Dios mío, maravilloso. Nunca he visto nada semejante en
mi vida». Hicimos esto por unos $500 [...] Si más industrias probaran
nuevas ideas sobre una base de bajo costo, tal vez aumentarían sus
expectativas sobre lo que el mercado puede soportar.

La historia de Peterson contiene varios mensajes importantes sobre la
mentalidad de la experimentación en los negocios. El más obvio es
la rentabilidad de intentar algo como una alternativa para analizarlo
todo. El menos obvio es la capacidad de las personas para pensar de
manera más creativa —y al mismo tiempo, concretamente— con el
prototipo a mano.

En su clásico libro *El lenguaje en el pensamiento y en la acción*,
S. L. Hayakawa capta la esencia del fenómeno cuando señala que una
vaca no es una vaca. La vaca Bessie no es la vaca Janie. Hayakawa
está hablando de la importancia de poder pasar de un nivel de abstracción a otro —de la vaca a Bessie y luego a Janie—, con el fin de
pensar con claridad o comunicar con eficacia.

Por ejemplo, uno de nosotros pasó recientemente una tarde agradable de fin de semana preparando jabones caseros. La tarea no es
muy compleja. El manual que utilizamos era claro, y hasta bellamen-
te escrito, en algunas partes. Sin embargo, hicimos muchas cosas mal,
aprendimos una veintena o más de pequeños trucos que nos ayudarán
la próxima vez, y todo en cuestión de dos o tres horas. Por ejemplo, la
sincronía exacta de las temperaturas entre la mezcla de soda cáustica y
la de grasas disueltas es fundamental. El manual es claro en esto y ofrece
muchas sugerencias. Sin embargo, aún así tuvimos problemas: un reci-
piente era de metal, poco profundo y con una gran superficie; el otro era
de cristal, alto y estrecho. Las diferencias en las formas y materiales, entre otras cosas, produjeron velocidades de enfriamiento sustancialmente
diferentes en el momento crítico. La «percepción» es lo único que puede

ayudarnos a afrontar rápidamente unos fenómenos tan complejos. La riqueza de la experiencia (en lenguaje matemático, el número de variables que aparecen y que son manipuladas) que se presenta *solamente* cuando uno se expone de manera tangible a un sujeto, material o proceso, es inigualable en el documento o en la descripción abstracta.

Por lo tanto, cuando «tocarlo», «probarlo» y «olerlo» se vuelven las consignas, los resultados son, con mucha frecuencia, extraordinarios. Igualmente extraordinarios son los extremos a los que llegan las personas para evitar la experiencia de probar algo. Fred Hooven, un protegido de Orville Wright, titular de treinta y ocho patentes importantes y alto directivo de la facultad de ingeniería en Dartmouth, describe un caso absurdo, aunque muy típico: «Puedo pensar en tres ocasiones en mi carrera en las que mi cliente no estaba haciendo ningún progreso en un problema mecánico complicado, e insistí en reunir a los ingenieros y a los técnicos [constructores de modelos] en un mismo cuarto. En cada caso, la solución apareció rápidamente. *También recuerdo que surgió una objeción y fue que si poníamos a los ingenieros y al taller en el mismo cuarto, los dibujos se ensuciarían».* Hooven añade, en respaldo al punto en general: «El ingeniero debe tener acceso inmediato e informal a las instalaciones que necesite para poner sus ideas en práctica [...] Cuesta más hacer dibujos de una pieza que hacer la pieza, y el dibujo es apenas una comunicación de una sola vía, de modo que cuando el ingeniero recibe su pieza, probablemente ha olvidado lo que quería, y encontrará que no funciona debido a que cometió un error en los dibujos, o que necesita un pequeño cambio en algún aspecto, lo que a menudo requiere otros cuatro meses para hacerlo bien».

Entonces, por medio de la experimentación, es mucho más fácil para las personas (por ejemplo, para los diseñadores, especialista en *marketing,* presidentes, vendedores y clientes) pensar creativamente acerca de un producto, o ser creativo sobre los usos del producto, si se trata de un prototipo, lo que equivale a decir que tendrá un bajo nivel de abstracción en sus manos. Por lo tanto, ninguna cantidad de estudios de mercado habría predicho el éxito fenomenal de la computadora Apple II. Creemos que fue la combinación de un producto de alta calidad y el surgimiento de una red asombrosa de grupos de usuarios, todos jugando con las máquinas y contribuyendo con nuevo *software* casi a diario, lo que hizo que tuviera tanto éxito. Ningún estudio de

mercado habría pronosticado que una mujer a quien conocemos sería
la mayor usuaria de Apple en su familia; y ella, menos aún, lo habría
vaticinado. Fue el hecho de estar empezando su propio negocio en su
casa y la Apple *allí*, donde podía probarla y jugar con ella con entera
libertad, lo que marcó toda la diferencia. Anteriormente, si le hubieras
hablado de las maravillas del procesamiento de palabras, ella habría
presagiado (de hecho, así lo hizo) que no la utilizaría. El concepto era
demasiado abstracto. Sin embargo, tener la máquina para jugar hizo
de ella una adepta.

Por esta razón, HP enfatiza tanto a sus ingenieros que dejen fuera
sus nuevos prototipos experimentales, donde otros puedan jugar con
ellos. Por eso la investigación de mercado que hizo Peterson sobre
el lente zoom en la cena de su casa fue, realmente, la más sofisticada
investigación de mercado imaginable.

La velocidad y los números

La presteza y un gran número de experimentos son ingredientes críticos para el éxito por medio de la experimentación. Hace varios años,
estudiamos a los exploradores de petróleo exitosos frente a los que
tenían menos éxito en ese sector. Llegamos a la conclusión de que
si tuvieras a los mejores geólogos, lo último en técnica geofísica, los
equipos más sofisticados, y así sucesivamente, la tasa de éxito en la
perforación y exploración de los campos estaría cerca del quince por
ciento. Sin todas estas ventajas, el porcentaje de éxito disminuiría al
trece por ciento, aproximadamente. Ese hallazgo sugiere que el denominador —el número de intentos— es muy importante. De hecho, un
análisis de Amoco, empresa revitalizada hace poco para convertirse
en la principal exploradora de petróleo en EE. UU., sugiere un solo
factor de éxito: *Amoco simplemente perfora más pozos*. George Galloway, director de producción de esta empresa, señala: «Los resultados más favorables fueron imprevistos por nosotros o por cualquier
otra persona [...] Eso sucede *si* perforas una gran cantidad de pozos».
Encontramos el mismo fenómeno en la exploración de minerales. La
diferencia crítica entre las compañías de exploración que no tienen
éxito radica en una dramática diferencia en la cantidad de piedra que
taladran. Aunque el taladrar piedra *parece* una tarea costosa, pues se
usa un taladro con punta de diamante, es la única manera de averiguar

lo que realmente hay allá abajo. El resto es pura especulación, por muy bien informados que estén los geólogos y geofísicos.

Un ex alto directivo de Cadbury destaca igualmente el valor de la velocidad y de los números. Él recuerda el nombramiento de un nuevo ejecutivo de desarrollo de productos en Cadbury. Luego de observar lo que no se estaba usando en la línea de desarrollo, anunció con regocijo que habría seis lanzamientos de nuevos productos en el año siguiente. Y seis más en los doce meses a partir de entonces. Casi todo lo que planeaba lanzar había estado en varios estados de limbo por un período de dos a siete años. Cumplió sus plazos, y tres de los productos siguen siendo muy exitosos en la actualidad. Un veterano que presenció lo ocurrido, comentó: «Puedes reducir el tiempo para lanzar un producto *a tu voluntad*, si así lo deseas. Él lanzó doce en tan solo veinticuatro meses. No hubiéramos hecho un ápice de progreso si hubiéramos tardado cinco años en poner en marcha el mismo volumen».

Peterson explica la razón de ser del fenómeno Cadbury. Un experimento, como es una acción simple, puede ser sometido a la presión de plazos irrazonablemente apretados. Bajo la presión de plazos —y actividades manejables por llevar a cabo— parece que lo imposible ocurre con frecuencia. Peterson comenta:

He observado que a menudo las personas trabajan en algo durante años y entonces se les presenta alguna situación urgente [...] y de repente salen adelante. Ahora bien, en una ocasión estábamos desarrollando una cámara eléctrica de cine de 8 mm, y anticipábamos que tardaría unos tres años en completarse. Entonces, un día, el vicepresidente de mercadeo decidió probar una técnica diferente. Les llevó algo a los ingenieros y dijo: «¡Acabo de recibir un aviso de que nuestros competidores tienen una cámara eléctrica de cine de 8 mm!». En un plazo de veinticuatro horas tuvieron un enfoque completamente diferente. Me pregunto simplemente, ¿cuál es el papel de la urgencia?

Velocidad significa incursionar con rapidez (probarlo ahora), y también retirarse con rapidez. La predilección de Jesse Aweida, presidente de Storage Technology, por tomar decisiones mantiene a toda la compañía en un estado constante de experimentación. *Fortune* informa:

Crear una unidad de disco [...] cuesta $1.500 más que venderla. Con celeridad característica, Aweida elevó el precio en un cincuenta por ciento, y como eso no funcionó, canceló el producto a pesar de haber invertido $7 millones en él [...] Aweida detesta la inacción. Él afirmó en una reunión nacional de ventas de STC en enero pasado: «Creo con frecuencia que tomar una decisión, incluso una mala, es mejor que no tomar ninguna en absoluto». Su capacidad para cambiar rápidamente de rumbo ha rescatado a la empresa de algunas de sus malas decisiones. Afortunadamente para STC, la fuerte ambición de Aweida se equilibra con su habilidad para corregir rápidamente.

Hay una cualidad en la experimentación como una mentalidad corporativa que se parece mucho a una partida de póquer. Con cada carta aumentan las apuestas, y con cada carta sabes más, pero nunca sabes lo suficiente hasta que hayas jugado la última. La habilidad más importante en el juego es saber cuándo retirarse.

Con la mayoría de los proyectos o experimentos, no importa cuántos eventos importantes definas o cuántas gráficas PERT dibujes, todo lo que realmente estás comprando con el dinero invertido es más información. Nunca sabes con certeza hasta después del hecho si ha valido la pena o no. Por otra parte, a medida que el proyecto o experimento se empieza a poner en marcha, cada paso importante se vuelve mucho más costoso que el anterior y es más difícil de detener debido a los costos ocultos y, en especial, a los compromisos del ego. La decisión crucial en materia gerencial es si hay que retirarse o no. Los mejores sistemas de administración de proyectos y de administración experimental que hemos visto tratan estas actividades más o menos como el póquer. Las dividen en partes manejables; revisan rápidamente; y no sobregerencian en el ínterin. Hacer que funcionen significa simplemente tratar los grandes proyectos como nada más que experimentos, que de hecho es todo lo que son, y tener la fortaleza mental del jugador de póquer para retirarse de una partida y comenzar inmediatamente con otra cada vez que la partida actual deje de parecer prometedora.

Aprendizaje barato: invisibilidad y sistemas permeables

La experimentación actúa como una forma de aprendizaje barato para la mayoría de las empresas excelentes, demostrando ser por lo general menos costosa —y más útil— que los sofisticados estudios de mercado o la planificación cuidadosa del personal. Una vez más, y en referencia a sus días en Bell & Howell, Peterson es bastante claro al respecto:

Antes de dejar que una idea sea cercenada, y de que cualquier apreciación completamente racional de la idea nos convenza de que no va a funcionar, nos hacemos otra pregunta. ¿Hay alguna manera de poder experimentar con esta idea a bajo costo? El experimento es la herramienta más poderosa para poner la innovación en acción, y probablemente no se utiliza tan ampliamente como debería en la industria estadounidense [...] La idea que estoy tratando de formular es que si logramos que el concepto del experimento sea incorporado en nuestro pensamiento y de ese modo obtener evidencia sobre una gran cantidad de «no se puede», «no lo haremos», «no deberíamos», etc., un mayor número de buenas ideas se traducirán en acciones [...] Déjenme darles [un] ejemplo. Como no somos una empresa grande, no podemos darnos el lujo de correr riesgos masivos gastando millones de dólares para promover algo sin saber si será eficaz o no. Un día llegó alguien con una idea que aparentemente era «absurda». Los que han leído libros de casos de mercadeo de Harvard conocerán todas las razones por las que esto no funciona: ¿por qué no vender una cámara de cine por $150 [esto fue en 1956] por correo directo? [...] En lugar de decir: «Señores, esta idea es absurda», tratamos de desarrollar esta idea: «Examinemos algunas razones que podrían funcionar». Entonces hicimos la pregunta clave: «¿Cuánto nos costaría probar la idea?». El costo era solamente unos $10.000. El punto es que podríamos haber gastado un tiempo equivalente a $100.000 sobreintelectualizando este problema [...] Nueve de cada diez expertos le dirán que esta idea simplemente no funcionará. Sin embargo, sí funcionó, y ahora es la base de un negocio importante, nuevo y rentable para nosotros. Es posible que todos nosotros seamos un poco pomposos con respecto al poder de un enfoque intelectual y racional en relación con a una idea que es a menudo extremadamente compleja.

Otra propiedad importante del experimento es su invisibilidad relativa. En GE, un término para la experimentación es «producción clandestina». (El término paralelo en 3M es «escarbar»). Allí, la tradición de guardar un poco de dinero, un poco de mano de obra, y de trabajar por fuera de la corriente mayoritaria de la organización es de larga tradición. Los éxitos colosales de GE, como los mencionados anteriormente en plásticos de elaboración y motores de aeronaves, han resultado directamente del proceso de producción clandestina. El proceso ha sido esencial para GE. De hecho, un análisis reciente sugiere que virtualmente cada gran avance de GE en el último par de décadas tuvo su origen en algún tipo de producción clandestina. Varios observadores han dicho lo mismo de IBM. Un antiguo compañero del señor Watson se atreve a sugerir que la salud innovadora de una empresa se puede medir mejor por la cantidad de producción clandestina que tenga lugar. Tait Elder, que dirigió la División de nuevos emprendimientos de negocios de 3M (DNEN), comentó que la planificación, la elaboración de presupuestos e incluso los sistemas de control deben estar diseñados específicamente para ser «un poco permeables». Muchas personas necesitan una forma de rebuscar dinero y de experimentar en el límite de los presupuestos con el fin de ejecutar programas poco ortodoxos.

Lo último, y lo más importante, es *la conexión con el cliente*. El usuario, especialmente el cliente sofisticado, es un participante clave en los procesos de experimentación más exitosos. Abordaremos extensamente esta noción en el próximo capítulo, pero por el momento, nos limitaremos a decir que gran parte de la experimentación de las empresas excelentes se presenta en conjunción con un usuario importante. Digital tiene más experimentos baratos en curso que cualquiera de sus competidores. (HP y Wang le están pisando los talones a Digital). Cada una está *con* un usuario, *en* los locales de un usuario.

Obviamente, todos los experimentos de McDonald's se hacen en conjunto con los usuarios; con los clientes. Muchas empresas, por el contrario, esperan hasta que el artilugio perfecto esté diseñado y construido antes de someterlo —tarde en el juego y, a menudo, después de haber gastado varios millones de dólares— al escrutinio de los clientes. La magia de Digital, McDonald's, HP y de 3M consiste en dejar que el usuario lo vea, lo pruebe y lo vuelva a moldear, desde muy temprano.

El contexto de la experimentación

Del mismo modo que hemos señalado que los dispositivos *ad hoc* como los grupos operativos no funcionarán salvo si el entorno respalda la fluidez y la informalidad, la experimentación no funcionará si el contexto no es el adecuado. Los directivos tienen que ser tolerantes con los sistemas permeables; tienen que aceptar los errores, apoyar la producción clandestina, fluir con los cambios inesperados y animar a los campeones. Isadore Barmash, en *For the Good of the Company*, presenta la fascinante reacción en cadena con la que una sola persona, Sam Neaman, desencadenó un proceso de experimentación sumamente exitoso que añadió millones de dólares a las finanzas de las tiendas McCrory en los años sesenta. Es una descripción tan maravillosa sobre la manera en que un proceso de experimentación es implementado con éxito, que citaremos extensamente a Neaman, quien era entonces un ejecutivo sin cartera, y posteriormente llegó a ser director ejecutivo:

Yo no tenía autoridad [...] pero aquí había una oportunidad. Teníamos una tienda que había perdido muchísimo dinero. Quería saber qué se necesitaba para que le fuera bien. Así que le dije a John [el gerente de la tienda]: «Mira, vamos a traer a esta tienda a un grupo de personas; a un equipo, y tú serás el mariscal de campo. Van a visitar a toda la competencia en la ciudad y consignarán por escrito lo que descubran. Examinarás nuestra mercancía y harás un informe escrito. Todas las noches organizarás clases con una pizarra y les consultarás a todos [...] Además, traeré al gerente regional, a comerciantes, compradores y a otros gerentes de tiendas. Quiero saber la suma total de nuestro conocimiento luego de tomar una muestra de un grupo de personas dedicadas a encontrar lo que pueden hacer luego de pensar juntas». Ellos estudiaron la tienda durante varias semanas. Tuvieron dificultades para ponerse de acuerdo, pero lo hicieron. El ánimo estaba por las nubes; la emoción era indescriptible. ¿Por qué? Porque por primera vez les dieron una oportunidad para expresarse a sí mismos como individuos y como grupo, y cada uno dio lo mejor de sí [...] No gastaron ni cinco centavos. Todos los cambios se hicieron con lo que teníamos en la tienda. Se cambiaron los pisos, se ampliaron los pasillos, se pintaron las paredes, era una tienda nueva; un deleite a la vista.
¿Qué salvó a la tienda? Ellos sabían que tenían que visitar a toda la competencia y luego mirar nuestra tienda de manera muy objetiva. Ellos aplicaron lo que habían aprendido. Hasta entonces, habían mirado las pupilas del jefe y adivinado qué era lo que quería. Todo lo

que hice fue pedir que utilizaran sus sentidos y sus cabezas, y recibí
una tienda increíble. Redujo sus pérdidas durante los próximos dos
años y luego comenzó a ser rentable. Después de tanto ajetreo, toda la
compañía se dio cuenta de ello. El presidente y su comitiva llegaron
corriendo para ver qué sucedía. Ahora todo el mundo subió a bordo.
Ahora todo el mundo quería un distrito; todos los vicepresidentes, el
vicepresidente ejecutivo, incluso el presidente.

Muéstrele un camino a la gente. Eso fue lo que hice. Incluso tenía
un lugar para enviarlos a todos: Indianápolis. «Vayan a Indianápolis en
Indiana», les dije. «Vayan allá, echen un vistazo a la tienda, y aprendan.
Fue creada por personas como ustedes, utilizando saliva y brillador, y
solo sus propios talentos normales». Un poco más tarde, en la oficina local, cambié el patrón. Le dije a un vicepresidente de una cadena de misceláneas que estaba a cargo de las compras: «Está bien, Joe, no tienes
que ir al Medio Oeste del país. Créame un Indianápolis aquí mismo en
Nueva York. Has visto lo que puede hacerse. Entonces, crea un Indianápolis en Flushing. Sin embargo, no quiero que lo copies. Mantendremos
a Indianápolis como una especie de escuela». Le dije que me diera su
versión de una buena tienda de misceláneas en Flushing.

Bueno, varias semanas después me invitó a la tienda y me encontré con una de las tiendas minoristas más hermosas que haya visto.
Inmediatamente invité a otros a que la conocieran. Nunca usted habría
creído que su tienda horrible sería la atracción del barrio y la joya
de la compañía. Las ventas comenzaron a aumentar de inmediato y
llegó a ser nuestra mejor tienda en Nueva York. Sin embargo, lo que
también hizo fue desafiar a los otros ejecutivos a salir de sus oficinas
y «hacer un Indianápolis».

Cuando la empresa matriz comenzó a presumir más y más, amplié
las variaciones. Utilicé la idea de la tienda de Indianápolis como una
ayuda visual. Esto implicó desarrollar un sistema para seleccionar una
unidad que necesitaba mejorar, lograr que la gente hiciera las mejoras
y luego traer a otros para que vieran lo que se había hecho, con el fin
de que pudieran aprender de ello. Esto se convirtió en el sustituto de
escribir memorandos o dar instrucciones por teléfono. En su lugar,
dije: «Vengan a echar un vistazo. Esta es la nueva compañía —no es
otra cosa—, ¡es esto!». Di instrucciones a todos los distritos (diez a
quince tiendas) de que debían tener su propia tienda modelo. Cada
gerente de distrito tendría que reflejar todos sus conocimientos en una

tienda y mejorar todas las tiendas en su distrito a partir de «Indianápolis». Esta sería su modelo, el modelo de su gerente, y el modelo para todos los que la visitaran. La idea prendió fuego como un reguero de pólvora. Trabajaron por la noche, los domingos y los días festivos. Los domingos se convirtieron en grandes juergas con cerveza y comida, provistos por el gerente del restaurante de la tienda. Disfrutaron como nunca en la vida poniendo la cadena en forma, en todos los cuarenta y siete distritos.

La descripción de Neaman es algo más que la historia de muchas personas haciendo un experimento; es también la historia de personas a las que se les permitió sobresalir un poco, de gente que empezó a sentirse como ganadoras. Y lo más importante, es la historia del contexto que permite a las personas —de hecho, que las anima— a probar cosas. Más allá de lo que ya hemos hablado, parece que hay dos importantes aspectos contextuales en el proceso de experimentación en las empresas.

El primero es una difusión ligeramente forzada pero mayormente natural, y que se construye a sí misma. El corazón del proceso de difusión es la manera como empiezas. «Los comienzos son momentos muy delicados», comentó un sabio. Tiene razón. Usted comienza con las cosas fáciles, con las cosas que son fáciles de cambiar, y con los lugares donde su base de apoyo dentro de la empresa es clara. Vimos a Neaman hacer precisamente eso. Indianápolis no era ni la tienda más grande ni la más visible. Sin embargo, era, bajo la tutela de Neaman, una tienda que estaba lista para probar algo. Un amigo, Julian Fairfield, tuvo entre sus primeras labores administrativas el problema de revertir la situación de una planta que fabricaba alambres y cables a la que le estaba yendo pésimo. «Todo estaba mal», dijo él. «No sabía por dónde empezar. Así que empecé a lidiar con los asuntos internos. Era algo donde todos íbamos a estar de acuerdo, y era fácil de solucionar. Supuse que si me convertía en un fanático de los asuntos internos, algo que era fácil de mejorar, ellos comenzarían a creer de manera natural en otros cambios». Y lo hicieron.

El Chase Manhattan Bank terminó recientemente de hacer un ajuste grande y exitoso a su operación de ventas al detal (consumidores). La historia fue prácticamente la misma. La administración comenzó con la gerente regional que estaba más entusiasmada por hacer algo. La región de ella no era la más grande, ni la peor, ni la mejor. Era simplemente una que estaba lista para el cambio. Esa gerente regional intentó cosas, probó cosas y se anotó algunos triunfos visibles. La saga se propagó de un voluntario a otro. Los más obstinados subieron a bordo solo al final. Del mismo modo, la introducción del menú de desayuno de McDonald's comenzó en una tienda en el fin del mundo. Unos pocos dueños de franquicia lo adoptaron y luego se difundió, durante un período de dos años, como un fuego incontrolado. Ahora representa entre el treinta y cinco y el cuarenta por ciento de los ingresos de McDonald's. En Bloomingdale's, el proceso experimental comenzó del mismo modo: el departamento en el que era más fácil hacer cambios era también el favorito del presidente: los alimentos importados. Ahí fue donde esto comenzó. Luego vinieron los muebles. La alta costura, que ha recibido la mayor parte de la atención posterior, pero que era la más difícil de cambiar, fue el último departamento.

El consultor Robert Schaffer describe con mucho acierto el proceso de tomar impulso tras la acumulación de pequeños éxitos:

La idea esencial es enfocarse de inmediato en resultados tangibles —antes que en programas, gestiones y solución de problemas— como el primer paso en el lanzamiento de iniciativas de mejora en el desempeño [...] Casi siempre es posible identificar una o dos metas esenciales y a corto plazo en las que los ingredientes para el éxito están en su lugar [...] El enfoque de *primero los resultados* cambia toda la psicología de la mejora en el desempeño [...] La gente debe hacer diferentes tipos de preguntas [...] No, «¿Qué se está interponiendo en el camino?», sino más bien, «¿Cuáles son algunas cosas que podemos lograr pronto?» [...] En lugar de tratar de superar la resistencia a lo que la gente *no* está lista para hacer, averigüe lo que *están* dispuestos a hacer [...] De manera casi inevitable, cuando los gerentes concluyen un proyecto de forma exitosa, tienen muchas ideas sobre cómo organizar los pasos subsiguientes.

Schaffer describe, a la usanza de Neaman en Indianápolis, cómo escoger una tarea manejable. Sugiere afinar y afinar hasta que lo factible se manifieste. «Selecciona *una* filial cuyo gerente parezca *interesado* en la innovación y el progreso. Trabaja con un equipo del personal de ventas para aumentar las ventas en unas *pocas* líneas seleccionadas, tal vez solo en algunos sectores de mercados *seleccionados*, en un porcentaje *específico,* en cuestión de un *mes* o seis semanas. A medida que vean resultados tangibles, ellos deben recomendarle... cómo expandir la prueba» (las cursivas son nuestras).

Schaffer, al igual que Neaman, Fairfield, Chase Manhattan y Bloomingdale's sacan a la luz una gran cantidad de variables. El proceso de experimentación es casi revolucionario. Valora la acción por encima de la planificación, el hacer más que pensar y lo concreto más que lo abstracto. Sugiere, de una manera muy zen, seguir con la corriente: tareas factibles, empezar por los objetivos más fáciles y listos, buscar campeones maleables antes que pesimistas recalcitrantes. La imagen de una gran cantidad de empresas que asumen riesgos modestos como Bloomingdale's, 3M, TI, Dana, McDonald, GE, HP o IBM viene a la mente. Toda la noción de correr riesgos fue revolucionada. No correr un poco de riesgo, no «salir y hacer un poco de algo» se vuelve riesgoso en las compañías excelentes. La tarea gerencial se transforma en cultivar buenos intentos, permitir fracasos modestos, calificar los experimentos como éxitos después de los hechos, animar y orientar en silencio el proceso de difusión. El experimento está justo en el corazón de un nuevo enfoque gerencial, incluso en medio de la complejidad más asombrosa de una GE o IBM.

Simplificando los sistemas

Interesantemente, la fluidez, la fragmentación y la experimentación se apoyan en el carácter de los sistemas formales de las empresas excelentes. Por ejemplo, un joven colega le dio recientemente a uno de nosotros una tarea de lectura en preparación para una entrevista con un cliente. Él había reunido una serie de propuestas acumuladas que habían llegado hasta el presidente de la división de nuestro cliente. La más corta tenía cincuenta y siete páginas. Esto no es lo que ocurre en Procter & Gamble.

Los sistemas de P&G son pequeños en número y de construcción sencilla, en armonía con el enfoque práctico de ejecución de la entidad. Los gerentes dicen que las «ranuras son profundas y claras». Sus sistemas están bien lubricados, son bien entendidos y van al grano. En P&G, el lenguaje de la acción —el lenguaje de los sistemas— es el legendario *memorando de una página.*

Recientemente desayunamos con un gerente de marca de P&G y le preguntamos si la legenda del memorando de una página era cierta. «Sube y baja»,* respondió él, «pero yo acabo de someter una serie de recomendaciones para hacer algunos cambios en la estrategia de mi marca. El memo tenía una página y cuarto, y me lo devolvieron. Era demasiado largo». La tradición se remonta a Richard Deupree, un ex-presidente de la compañía:

... A Deupree le disgustaba muchísimo cualquier memorando que tuviera más de una página escrita a máquina. A menudo los devolvía con una orden: «Redúcelo a algo que yo pueda entender». Si el memorando se refería a una situación compleja, a veces añadía: «No entiendo los problemas complicados. Solo entiendo los simples». Cuando le preguntaron sobre esto durante una entrevista, Deupree explicó: «Parte de mi trabajo consiste en capacitar a la gente para dividir el asunto en cuestión en una serie de asuntos simples. Entonces todos podremos actuar con inteligencia».

Ed Harness, presidente de P&G recientemente jubilado, se hace eco de la tradición: «Una breve presentación escrita que separe los hechos de las opiniones es la base para la toma de decisiones aquí».

La proliferación del MIS (Sistema de información gerencial, por sus siglas en inglés), de los modelos de predicción, las batallas interminables entre distintos miembros del personal —y la «politización» que acompaña el proceso de resolución de problemas—, son algunas de las razones para la creciente falta de fiabilidad. Un memorando de una página es muy útil. En primer lugar, simplemente hay menos cosas por debatir, y la posibilidad de comprobar y validar veinte cosas en una página, por ejemplo, es más fácil que veinte veces por cien. Ayuda a centrar la mente. Por otra parte, uno permanece visible. No puedes responsabilizar de manera razonable a alguien por equivocarse con un número en el Apéndice 14. Si solo hay veinte números, por el contrario, la rendición de cuentas aumenta de manera automática y genera fiabilidad. El descuido es simplemente incompatible con los memorandos de una página.

---

* Por ejemplo, el histórico memorando escrito por Neil McElroy el 13 de mayo de 1931, recomendando la marca frente a la competencia entre marcas, «valientemente tenía tres páginas».

B. Charles Ames, expresidente de Reliance Electric y actual presidente de Acme-Cleveland, sostiene una idea similar. «Puedo hacer que un gerente de división escupa una propuesta de setenta páginas de la noche a la mañana», señala. «Lo que no puedo lograr es que produzca un análisis de una página o un gráfico, por ejemplo, que muestre la tendencia y la proyección, y que luego me diga: "Estas son las tres razones por las que podría mejorar; estas son las tres cosas que podrían empeorarlo"».

John Steinbeck dijo una vez que el primer paso para escribir una novela es escribir una declaración de propósito de una página. Si usted no puede escribir una página que sea clara, es probable que no llegue lejos con la novela. Nos han dicho que esto es sabiduría convencional en el oficio de la escritura, pero que aparentemente se les escapa a la mayoría de los hombres de negocios. No es de extrañar que las suposiciones clave se pierdan en una propuesta de inversión de cien páginas. La lógica probablemente es imprecisa. Tal vez la escritura estará inflada. El pensamiento es, casi por definición, de pacotilla. Y, peor aún, el debate subsiguiente sobre la propuesta entre los altos ejecutivos y los colaboradores puede estar igualmente fuera de foco.

Un analista financiero comentó una vez acerca de P&G: «Son tan meticulosos que es aburrido». Otro añadió: «Es una empresa muy deliberada y rigurosa». La persona de fuera se pregunta cómo pueden ser *así* de meticulosos, deliberados y rigurosos si los informes solo tienen una página de extensión. Una parte de la respuesta descansa en las vicisitudes para incluirlo todo en una sola página. La tradición sostiene que el típico primer memorando escrito por el asistente de un gerente de marca o por un joven gerente de marca requiere al menos quince borradores. Otra parte de la respuesta es que tienen una gran cantidad de análisis de respaldo, igual que todos los demás. La diferencia en P&G es que no se echan encima todas esas páginas entre ellos. Y otra característica convincente para el culto a una sola página es... ¡menos papel!

El poder del memorando de una página es que su impacto real es mucho más profundo que esta lista parcial de rasgos. Con el propósito de frenar la papelería y de favorecer la acción, Jorge Díaz Serrano, presidente de Pemex, la petrolera mexicana, cuenta que dejó de responder por escrito a todo el material redactado y comenzó a usar el teléfono; su objetivo era establecer un modelo de comunicación para la empresa. Y Harry Gray, presidente de United Technologies, afirma: «Me conocen por ser un hombre que detesta el papel. Cuando asumí la posición de presidente ejecutivo, reuní a todos los oficiales principales y les hablé de esta aversión acérrima al papel. Tengo fobia al respecto. También les dije que, por un año, iba a tener la carga de leer todas las copias al carbón de lo que ellos consideraban como correspondencia importante. Les ordené un cese y desista, y que no me enviaran ninguna otra hoja de papel, a excepción de memorandos de una página».

Charles Ames, al hablar de su experiencia anterior en Reliance, cuenta sobre la historia de amor por los sistemas complejos que a veces ocultan una incapacidad para manejar los conceptos básicos: «Teníamos sistemas de planificación de todo tipo, desde sistemas estratégicos de muy largo plazo a los de corto plazo. Sin embargo, no podíamos predecir lo que íbamos a vender el próximo mes. Entonces desmantelé el sistema de planificación de cinco años y opté por otro de un año, y luego por un sistema trimestral. Terminamos dirigiendo la empresa con un sistema de treinta días durante un año aproximadamente. Solo entonces aprendimos a obtener las cifras adecuadas. Con el tiempo, desarrollamos de nuevo un sistema a largo plazo, aunque nunca regresamos a las proporciones épicas que habíamos tenido originalmente».

A diferencia de la experiencia inicial de Ames, Emerson Electric, Dana y TI, otras empresas fomentan la respuesta rápida enfocándose en *uno o dos números estrechamente vigilados*. Por ejemplo, un informe del *New York Times* sobre Emerson Electric señala: «Los presidentes de división y sus principales lugartenientes son observados mensualmente con lupa por su vicepresidente de grupo. La atención se centra más en el presente que en el futuro. Tres elementos —inventarios, utilidades y ventas— constituyen una prueba para los gerentes. Se les dice que lo que tienen que hacer es asegurarse de que haya ganancias cada mes, cada trimestre, y en última instancia, todo el año». Del mismo modo, un artículo de *Management Today* sobre Dana, afirma: «A pesar de que la oficina central no exige muchos informes escritos, necesita un cierto mínimo de información. El elemento más importante es la cifra de ingresos. En los viejos tiempos solía darse, junto con muchas otras cosas, en una tabulación real contra el presupuesto antes del día veinte del mes siguiente. En el sistema actual, las divisiones transmiten a la oficina central, por teléfono o télex, la cantidad total facturada, así como las ganancias aproximadas, al final de cada día laboral».

Prácticamente cualquier sistema puede ser limpiado y simplificado. Algunas consignas en TI son: «Más de dos objetivos no son objetivos», y, «superamos la fase de puntuación en la década de los setenta». Sí, TI es una empresa impulsada por sistemas; su expresidente Haggerty pasó una década inculcando lo que él llama el «lenguaje» del Sistema de objetivos, estrategias y tácticas (OET). Sin embargo, el eje principal del OET está en el fomento de las comunicaciones informales y en la rendición personal de cuentas, y no hay mejor ilustración sobre las técnicas de TI que el concepto aparentemente mundano de dos objetivos. La mayoría de los sistemas de dirección por objetivos que hemos visto incluyen hasta treinta objetivos anuales para un solo gerente. Es obvio que nadie logra hacer más que un puñado de actividades cada pocos meses. TI se limita a reconocer este hecho: «Hemos pasado por todo. Cada gerente solía tener un montón de objetivos. Sin embargo, poco a poco hemos recortado y recortado y recortado. Ahora cada gerente de CAC [Centro de atención al cliente del producto, el equivalente a una división de TI] tiene *un* logro importante cada trimestre. Eso es todo. Usted *puede* —y nosotros también— esperar que alguien complete una tarea».

Otros han instituido rutinas similares. El presidente John Hanley de Monsanto (que curiosamente, se formó en P&G), comenta: «Lo máximo son de tres a cinco objetivos [por año]». John Young, de HP, se hace eco de Hanley: «En nuestra revisión estratégica, el punto crítico son los tres a cinco objetivos [por año] del gerente general de división. Realmente no necesitamos los datos financieros. La única razón por la que los utilizo es para mantener contentos a los gerentes de división. Si logran estos objetivos, los valores financieros seguirán». La naturaleza de los objetivos de HP también es importante para la acción, y de nuevo, es muy diferente de aquellos en las empresas que no son excelentes. Los objetivos de HP son las *actividades* y no las finanzas abstractas sobre las que el gerente tiene poco control; por ejemplo: «Pongan la planta de Eugene, Oregón, al setenta y cinco por ciento de su capacidad para el 15 de marzo», o, «Hagan que el equipo de ventas de la región oeste dedique el cincuenta por ciento de su tiempo en llamar a los clientes tipo X en lugar de tipo Y para el 31 de octubre».

Aunque los memorandos de una sola página, las cifras honestas y los objetivos precisos son los sistemas característicos de las empresas excelentes, el contexto es igualmente importante. El problema es que el contexto puede observarse solo como la suma de muchos rasgos aparentemente mundanos. Una gran cantidad de empresas han intentado todos los rasgos y sistemas: comunicaciones breves, tomas de decisiones basadas en hechos, administración por objetivos. Sin embargo, lo intentan, no tienen éxito inicialmente y entonces se rinden; es otro truco que se va por el desagüe. Pocos persisten con el diseño de sistemas hasta que han alcanzado el equilibrio entre la simplicidad y la complejidad. P&G lleva cuarenta años profundizando las ranuras de sus sistemas de comunicaciones de una sola página.

ORIENTACIÓN A LA ACCIÓN

No hay un rasgo más importante entre las empresas excelentes que una orientación a la acción. Parece casi trivial: experimentos, fuerzas de tarea *ad hoc*, grupos pequeños, estructuras temporales. Ya se trate de la introducción del Sistema 360 de IBM (un acontecimiento fundamental en la historia de los negocios estadounidenses) o de un grupo operativo *ad hoc* de tres días en Digital, estas empresas, a pesar de su enorme tamaño, rara vez se dejan complicar por el exceso de complejidad. No se rinden y crean comités permanentes o grupos operativos que duran años. No se dejan llevar por largos informes. Tampoco instalan matrices formales. Viven de acuerdo con las limitaciones humanas básicas que describimos anteriormente: las personas solo pueden manejar un poco de información a la vez, y progresan si se perciben a sí mismas como un poco autónomas (por ejemplo, experimentando modestamente).

La principal queja de las organizaciones es que se han vuelto más complejas de lo necesario. Sin embargo, es refrescante que las empresas excelentes respondan diciendo: si tiene un problema importante, traiga a las personas adecuadas y espere que lo solucionen. Las «personas adecuadas» con mucha frecuencia se refiere a gente en posiciones altas que «no tienen tiempo». No obstante, de alguna manera, sí tienen tiempo en Digital, TI, HP, 3M, IBM, Dana, Fluor, Emerson, Bechtel, McDonald's, Citibank, Boeing, Delta, y otras. Tienen tiempo en esas instituciones porque no están paralizadas por organigramas, descripciones de trabajo o por el hecho de que la autoridad coincida exactamente con la responsabilidad. Listo. Fuego. Apunten. Aprendan de sus intentos. Eso es suficiente.

6

Cerca del cliente

Probablemente el fundamento gerencial más importante que hoy día se ignora es permanecer cerca del cliente para satisfacer sus necesidades y anticipar sus deseos. En muchas compañías, el cliente se ha convertido en una tremenda molestia cuyo comportamiento impredecible estropea planes estratégicos cuidadosamente elaborados, cuyas actividades trastornan las operaciones informáticas, y que insiste tercamente en que los productos adquiridos deben funcionar.

—Lew Young, Editor jefe, *Business Week*

Que una empresa deba estar cerca de sus clientes parece un mensaje lo suficientemente benigno. Entonces surge la pregunta: ¿por qué hay necesidad de escribir un capítulo como este? La respuesta es que, a pesar de toda la palabrería dedicada a la orientación de mercado en estos días, Lew Young y otros tienen razón: el cliente es ignorado o considerado como una tremenda molestia.

La buena noticia de las empresas excelentes consiste en la medida, y con la intensidad que los clientes se inmiscuyen en cada rincón y grieta del negocio: ventas, manufactura, investigación, contabilidad. Un mensaje simple impregna la atmósfera. Todo el éxito en los negocios se resume en algo que etiquetamos como una venta, y esto une a la empresa y al cliente, al menos temporalmente. Un simple resumen de lo que reveló nuestra investigación sobre el atributo del cliente es el siguiente: las empresas excelentes *están realmente* cerca de sus clientes. Así de sencillo. Otras empresas hablan de ello; las empresas excelentes lo hacen.

Ninguna teoría gerencial existente contribuye a explicar el papel del cliente en la prototípica empresa excelente. Cuando más, las recientes conversaciones teóricas hablan de la importancia del entorno externo que influye en la institución. Sin embargo, no entiende en lo más mínimo la intensidad de la orientación al cliente que existe dentro de las empresas con mejor desempeño, ni que la intensidad parece ser uno de los secretos mejor guardados de las empresas estadounidenses.

El caso fue expresado con mucho acierto por John Doyle (director de investigación y desarrollo de HP). Estábamos discutiendo los valores que sustentan a los negocios. Él señaló que la única postura que tiene posibilidades de sobrevivir a los estragos del tiempo es aquella que está enfocada indefectiblemente en lo externo: «La única forma de sobrevivir a largo plazo es si todo el mundo piensa y trata de hacer algo para que la próxima generación de productos llegue a los locales de los clientes».

Al observar a las empresas excelentes, y en concreto, la manera como interactúan con los clientes, lo que nos pareció más sorprendente fue la presencia constante de la *obsesión*. Esto se produjo de forma característica como un compromiso excesivo y aparentemente injustificable con algún tipo de calidad, fiabilidad o servicio. Estar orientadas al cliente no significa que nuestras empresas excelentes dejen caer los hombros cuando se trata del desempeño tecnológico o de los costos. Sin embargo, nos parece que están más impulsadas por su orientación directa a sus clientes que por la tecnología o el deseo de ser productoras de bajo costo. Veamos por ejemplo a IBM. No es que se haya quedado rezagada, pero la mayoría de los observadores estarán de acuerdo en que no ha sido un líder en tecnología desde hace décadas. Su dominio se basa en su compromiso con el servicio.

El servicio, la calidad y la fiabilidad son estrategias dirigidas a la lealtad y al crecimiento (y al mantenimiento) del flujo de ingresos a largo plazo. *El punto de este capítulo, y un maravilloso concomitante a una orientación al cliente, es que los ganadores parecen centrarse especialmente en el aspecto de la generación de ingresos.* El uno sigue al otro.

OBSESIÓN POR EL SERVICIO

A pesar de que no se trata de una empresa, nuestro ejemplo favorito de cercanía al cliente es el vendedor de autos Joe Girard. Durante once años consecutivos, vendió más autos y camiones nuevos que cualquier otro vendedor. De hecho, en un año típico, Joe, quien vendió más del doble de unidades que el segundo mejor vendedor, comentó: «Envío más de trece mil tarjetas al mes».

¿Por qué empezar con Joe? Debido a que su magia es la misma de IBM y de muchas de las empresas excelentes. Se trata simplemente del servicio, de un servicio arrollador, especialmente del servicio posventa. Joe señaló: «Hay una cosa que hago y que muchos vendedores no hacen, y es creer que la venta realmente comienza *después* de la venta, y no antes [...] El cliente aún no ha cruzado la puerta cuando mi hijo ya le ha enviado una nota de agradecimiento». Un año después, Joe todavía intercede personalmente ante el gerente de servicio en nombre de sus clientes. Mientras tanto, él mantiene el fluir de las comunicaciones:

Los clientes de Joe no lo olvidan una vez que le han comprado un auto; ¡él no lo permitirá! Cada mes durante todo el año, reciben una carta de él. Está en un sobre en blanco, siempre con un tamaño o color diferente. «No luce como el correo basura que tiras a la papelera antes de abrirlo», nos confía Joe. Ellos la abren y dice: "ME CAES BIEN". En el interior dice: "¡Feliz Año Nuevo te desea Joe Girard!"». Él les envía una carta a los clientes en febrero, deseándoles un «Feliz día en el natalicio de George Washington». En marzo, es «Feliz día de San Patricio». Ellos adoran las cartas. Joe se jacta: «Deberían oír los comentarios que recibo de ellos».

Fuera de contexto, las trece mil tarjetas de Joe parecen solo otro truco de ventas. Sin embargo, al igual que a las principales empresas, a Joe parece *importarle* realmente. Joe comenta: «En los mejores restaurantes del país, el amor y el afecto emanan de sus cocinas [...] y cuando vendo un auto, mi cliente se va con la misma sensación que siente cuando sale de un excelente restaurante». El sentido de afecto de Joe sigue vigente después de la venta: «Cuando [el cliente] regresa para un servicio, hago todo lo posible para que reciba el mejor [...] Tienes que ser como un médico. Algo está mal con su auto, y te sientes mal por él». Por otra parte, Joe se preocupa por cada cliente como un individuo. No piensa en términos estadísticos, sino que hace hincapié en que ha vendido «uno a la vez, cara a cara, vientre a vientre». Joe dice: «Ellos no son ni una interrupción ni un fastidio; son mi sustento». Comenzamos esta sección con Joe porque ha actuado, igual que el resto de los casos, como si el cliente realmente le importara.

«Una vez estuve en una reunión de gerentes de ventas con el Sr. Watson [senior]», relata Gordon Smith, recientemente retirado de

Memorex. «El propósito era evaluar algunos problemas de los clientes. Sobre la mesa había ocho o diez pilas de papeles que identificaban la causa de los problemas: "problemas de manufactura", "problemas de ingeniería", y así sucesivamente. Después de muchas discusiones, el señor Watson, que era grande, se dirigió lentamente hacia la parte delantera de la habitación y, en un abrir y cerrar de ojos, barrió la mesa y envió papeles volando por toda la habitación. Dijo: "Aquí no hay categorías de problemas. Solo hay un problema. Algunos de nosotros no estamos prestando suficiente atención a nuestros clientes". Dio media vuelta y se marchó, dejando a veinte compañeros preguntándose si aún tenían empleo o no».

En *A Business and Its Beliefs*, Thomas J. Watson, Jr., habla acerca de las ideas que le ayudaron a construir su empresa. Él expresa este punto convincente sobre el servicio:

Con el tiempo, el buen servicio se convirtió casi en un acto reflejo en IBM [...] Hace años corrimos un anuncio que decía simplemente, y en negritas: «IBM significa servicio». A menudo he pensado que ha sido nuestra mejor publicidad. Señalaba de manera clara solo aquello que representamos con exactitud. *Queremos darle al cliente el mejor servicio de cualquier empresa en el mundo* [...] Los contratos de IBM siempre han ofrecido, no *máquinas* para alquilar, sino los *servicios* de la máquina; es decir, el equipo en sí, y el asesoramiento continuo y el consejo del personal de IBM.

Al igual que Joe Girard, IBM es fanática de sus creencias en materia de servicios. En la mayoría de las empresas, los «asistentes de» funcionarios suelen cargar bolsas, llevar papeles y hacer recados. No en IBM. Allí, algunos de los mejores hombres de ventas se hacen asistentes de altos oficiales de la compañía. Mientras están en esta posición, dedican la totalidad de su tiempo, generalmente por espacio de tres años, a hacer una sola cosa: *responder a todas las quejas de los clientes en un lapso de veinticuatro horas*. (El esfuerzo multitudinario es igualmente notable en el terreno. Un ejecutivo de procesamiento de datos de Lanier en Atlanta, y competidor en algunas áreas, es un gran creyente de las grandes computadoras de IBM: «Recuerdo la última vez que tuvimos problemas. Una horda descendió en cuestión de horas desde todas partes. Llamaron a unos ocho expertos en mi problema. Al menos cuatro eran de Europa, uno procedía de Canadá, y otro de América Latina. Allá era donde estaban ellos»).

La parte extraña de la historia de IBM sobre el servicio es la ausencia de grietas en la armadura. Recientemente, en un período de una semana, uno de nosotros: (1) se sentó al lado de un vendedor de IBM de veinticinco años de edad, que vivía en Oakland, durante un vuelo de Nueva York a San Francisco; (2) habló con un alto ejecutivo de AT&T que había trabajado para IBM; (3) conversó con un ejecutivo de Memorex que había sido ejecutivo de fabricación de IBM; (4) discutió una decisión comercial de IBM con un administrador de hospital; y (5) habló en un salón de clases con un joven que había sido vendedor de IBM. Estas personas no se parecían entre sí; iban desde una atractiva joven afroamericana hasta un cincuentón canoso. No obstante, todas hablaban igual. Todas estaban de acuerdo en que IBM ha tenido problemas; con el *software,* e incluso a veces con la calidad. Sin embargo, todas estuvieron de acuerdo también, utilizando prácticamente las mismas palabras, en que el servicio y la fiabilidad de IBM son incomparables. Lo que es muy impresionante es la profundidad y la consistencia de su creencia de que IBM realmente se *preocupa* por el servicio.

Los ejemplos que respaldan esto son abundantes. Nuestra oficina está en el piso cuarenta y ocho de la Sede Mundial de Bank of America; en consecuencia, tenemos contacto con muchos ejecutivos de este banco. A un amigo lo habían puesto a cargo de las operaciones de la División mundial de banca. Nos dijo que cuando comenzó a trabajar, unos tres meses antes de nuestra discusión, en realidad tenía un solo objetivo principal: destetar al banco de su dependencia total de IBM. «Por ejemplo, comprémosle algo a Amdahl». Y continúa: «Creo que llevaba trabajando unas cuatro semanas, cuando entré una mañana y había una gran propuesta en mi escritorio titulada "Requerimientos de sistemas para los ochenta". La miré. Era de mi ejecutivo de cuenta de IBM. Yo no quería eso. Lo llamé y le pregunté: "¿Por qué demonios me estás haciendo esto?". Él fue directo al grano y me dijo: "¡Así es como controlamos a los clientes!"».

Cuando oyes hablar a Buck Rodgers, vicepresidente de mercadeo corporativo, como lo hicimos hace poco, sientes una sensación de *déjà vu,* y de repente te das cuenta de que estás escuchando a la encarnación moderna de Watson insistiendo en la Regla de oro (en términos de servicio). Rodgers afirma que toda propuesta a un cliente debería ser «abrumadoramente justificable en costos desde el punto de vista del cliente». (Un conocido nuestro y antiguo funcionario de IBM se lamenta: «Un vendedor de IBM siempre vende el producto más barato que haga el trabajo», y añade que le gustaría que dijeran lo mismo de su empresa actual. «No puedo creerlo», comenta acerca de esto último. «Ellos tratan de venderles el puente de Brooklyn. Actúan como si el mañana no existiera»). Rodgers sostiene que IBM está «orientado al cliente y al mercado, y no a la tecnología». Dice que quiere que los vendedores «actúen como si estuvieran en la nómina del cliente», y habla de poner *todos los recursos de IBM* a disposición del cliente». Finalmente, señala que «recibir la orden es el paso más sencillo; lo que cuenta es el servicio de posventa». Añade que IBM mantiene sus sucursales de venta pequeñas (con un máximo de cien personas) para que «sea fácil hacer negocios con nosotros». Observa de manera concluyente que «tenemos que estar en contacto continuo».

Para asegurarse de estar en contacto, IBM mide mensualmente la satisfacción del cliente interno y externo. Estas medidas justifican gran parte de la compensación de incentivos, especialmente para los administradores ejecutivos. Las encuestas sobre la actitud de los empleados se hacen cada noventa días, al igual que revisiones sobre las percepciones de los empleados de la forma en que se mantiene el servicio al cliente.

Los funcionarios corporativos de IBM todavía hacen llamadas de ventas con gran regularidad. En Nueva York, una vez nos encontramos con un oficial financiero de alto nivel que llama a los clientes e insiste en que toda su gente lo haga también: «¿Cómo puede alguien diseñar una política de créditos si no conoce al cliente?». El presidente John Opel resalta el punto: «Hay que recordar quién paga las cuentas. No importa cuál sea la disciplina principal, finanzas o manufactura, tienes que conocer y experimentar la emoción de las ventas. Ahí es donde realmente ves que las cosas suceden».

IBM respalda sus creencias de estar cerca del cliente con una capacitación intensiva. La capacitación básica en ventas es de quince meses: el setenta por ciento del tiempo se pasa en la sucursal, y el treinta por ciento en un entorno semejante al de una universidad. La capacitación avanzada sigue como un reloj. Por ejemplo, más de mil personas al año pasan por la Clase del presidente. Es impartida por ocho profesores de Harvard y seis de IBM, y su propósito es «enseñar a la gente cómo piensan los presidentes de servicio al cliente». Aproximadamente mil nuevos vendedores asisten a un curso ofrecido por un director financiero, también realizado en asociación con la Universidad de Harvard. Ellos aprenden cómo piensan los directores financieros. Esto es parte de un programa que se suma a un estimado de quince días de capacitación formal para todo el mundo, todos los años, independientemente de la antigüedad.

El énfasis de IBM en el servicio tiene una parte difícil. Los representantes de cuentas tienen «plena responsabilidad» por los equipos existentes. Por ejemplo, supongamos que usted es un representante y llama a una cuenta mañana por la mañana y le dicen, en su primera reunión, que tiene que retirar parte del equipo de IBM recientemente instalado. Aunque su antecesor había sido el representante de ventas durante los últimos diez años (y, por lo tanto la causa probable del retiro), Rodgers añade que a pesar de esto te descontarán, del bono y del salario, el importe total de la comisión pagada al representante de ventas anterior por hacer el pedido original. Sobra decir que este sistema refleja la profundidad del compromiso de IBM con el servicio de posventa y la importancia de proseguir las relaciones con los clientes. Rodgers enfatiza: «Esto mantiene a la persona involucrada con el cliente desde el lado de la satisfacción de este». Jacques Maison-Rouge, director de IBM World Trade, subraya la idea: «IBM siempre actúa como si estuviera a punto de perder a *todos* sus clientes».

Otros sistemas difíciles incluyen las «revisiones conjuntas de pérdidas». El personal regional y de las sucursales se reúne mensualmente para discutir las pérdidas en las cuentas. Además, el presidente, el director y todos los oficiales de alto rango reciben informes *diarios* de las cuentas perdidas. Un alto exdirectivo de IBM señala: «Es sorprendente. Recuerdo que una vez perdí una cuenta grande. Ni siquiera había llegado a la oficina después de la reunión cuando el teléfono ya estaba sonando sin parar. "¿Qué pasó? Hablemos de ello". Parecía como si la mitad de la corporación se hubiera abalanzado sobre mí al día siguiente. Hasta el día de hoy no sé cómo se enteraron tan rápido». Los antiguos empleados de IBM se sorprenden por la ausencia de este tipo de sistemas tan vigorosos en sus nuevas empresas. Uno de ellos que hoy día es vicepresidente ejecutivo de un competidor recientemente comentó consternado: «No puedo creerlo. El presidente ni siquiera mantiene una *lista* de nuestros cien mejores clientes».

Sin embargo, si se mira con suficiente detenimiento, casi siempre se puede encontrar a alguien que lo hace mejor; por ejemplo, *Lanier* supera en servicio incluso a IBM en unos pocos nichos de mercado. Un amigo que dirige la división de procesamiento de palabras en una gran corporación estaba hablando acerca de la lentitud con que se difunde el concepto de la oficina del futuro. Dijo que el problema es que todo el mundo se refiere a uno de los principales componentes, la llamada máquina de escribir inteligente, como un «procesador de palabras». Él afirma: «Seguro que no hay nada que desaliente más al usuario y a la secretaria, ni que sea una mayor amenaza, que ese término».¿Hay alguien que no lo llame procesador de palabras? Solo conocemos a uno: Lanier. Y la última vez que echamos un vistazo, el pequeño Lanier había derrotado a competidores gigantes como IBM, Xerox, Wang y a casi un centenar de otros en procesadores autónomos de palabras. Ellos compartían líderes y tenían márgenes sólidos para arrancar. Llaman a sus máquinas la «máquina de escribir sin problemas». El calificativo alude a la orientación al cliente de Lanier, una empresa que vive, duerme, come y respira clientes. De hecho, un colega comentó que estar cerca de los ejecutivos de Lanier es como estar en un vestuario de fútbol durante el descanso en un partido disputado. La conversación ruidosa se centra continuamente en las ventas, en los clientes y en la competencia cabeza a cabeza con los competidores.

Comienza, como en IBM, con modelos de conducta. Wesley Cantrell, presidente de Lanier, exuda orientación al cliente. Todos los altos ejecutivos de Lanier hacen llamadas de ventas una vez al mes. La orientación al cliente de Lanier también hace hincapié en la simplicidad y «amabilidad» del producto. Cantrell ha sido fuertemente influenciado por su temprana labor como vendedor. Vendió productos de copias para oficinas en 3M. Dice que el folleto de instrucciones de Kodak tenía quince páginas, mientras que las instrucciones de 3M ocupaban apenas una hoja. «Su manual de instrucciones era mi mejor herramienta de ventas», señala.

Lanier quiere hacer que sus productos sean fáciles para el usuario, y eso funciona. Una reciente tesis doctoral de la escuela de administración de empresas de Harvard comparó a Xerox, Wang Labs y a Lanier en un estudio sobre la adaptación. Se encontró que la orientación de Lanier era la más cercana al usuario final, la secretaria. El resultado fue la adopción muy rápida de características que fueran atractivas para las secretarias.

Con un plazo de entrega excesivamente corto y un tiempo breve de servicio *in situ*, Lanier supera incluso a IBM en materia de servicios. El desempeño en el servicio y el tiempo de visita son medidos sin cesar por la administración de Lanier. Gastan dinero para lograr un servicio rápido; «sobreequipan» a su personal de servicio. La inversión en herramientas y dispositivos de pruebas que lleva consigo un representante de servicio de Lanier está sustancialmente por encima del promedio de la industria. Lanier también trata de superar a IBM en la respuesta a las quejas. La compañía sostiene que responde a todas las quejas en un plazo máximo de cuatro horas, y el presidente maneja personalmente buena parte de estas. (Y añade: «Y cobro a mis vendedores regionales y personal de servicio *mi* tarifa por hora por encargarme del problema»). Le gusta superar el plazo de cuatro horas, y dice: «Obviamente, la máquina de escribir sin problemas facilita hacer esto».

Tal vez nuestro ejemplo favorito de un exceso en el servicio es *Frito-Lay*. Hemos estado expuestos a una buena parte de la teoría microeconómica, y a veces parece que solo hay una cosa de la que los economistas están absolutamente seguros después de varios siglos de trabajo: los productores de trigo no tienen altos márgenes en los mercados perfectamente competitivos. No tenemos excelentes productores de trigo en nuestro estudio, pero llegamos bastante cerca. Las papas fritas y los *pretzels* deberían ser productos de consumo indiferenciados clásicos. Al igual que los productores de trigo, los fabricantes de papas fritas no deberían tener altos márgenes ni cuotas de mercado. Sin embargo, Frito-Lay, una subsidiaria de PepsiCo, vende mucho más de $2 mil millones de papas fritas y de *pretzels* anualmente, posee cuotas de mercado que llegan al sesenta y setenta por ciento en la mayor parte del país, y tiene márgenes que son la envidia de la industria alimentaria. ¿Por qué?

Lo llamativo de Frito no es su sistema de administración de marca, que es sólido, ni su programa de publicidad, que también está bien hecho. Lo que es sorprendente es su personal de ventas, conformado por cerca de diez mil personas, y su «nivel de servicio del 99,5 por ciento». ¿Qué significa esto en términos prácticos? Significa que Frito hace algunas cosas que claramente no son rentables a corto plazo. Gastará varios cientos de dólares enviando a un camión para surtir una tienda con un par de cajas de papas fritas de treinta dólares. Parecería que no se hace dinero de esa manera. Sin embargo, en la institución hay muchísimas historias de vendedores que desafían valerosamente las condiciones climáticas para entregar una caja de papas fritas o para ayudar con la limpieza de una tienda después de un huracán o un desastre. Las cartas sobre este tipo de actos llegan por montones a la sede de Dallas. Hay una magia y un simbolismo en el llamado al servicio que no se pueden cuantificar. Como hemos dicho anteriormente, es el objetivo soñado por cualquier analista de costos. Siempre se puede citar un ejemplo para ahorrar dinero reduciendo un punto porcentual o dos. No obstante, la gerencia de Frito, al mirar las cuotas de mercado y los márgenes, no interfiere con el celo del personal de ventas.

Frito vive simplemente para su personal de ventas. El sistema tiene éxito porque apoya al vendedor de ruta, cree en él y lo hace sentir esencial para el éxito de la empresa. Frito tiene veinticinco mil empleados. Los que no están en ventas viven según la máxima simple del «servicio a las ventas». Mientras que un gerente de planta, para citar un ejemplo, es claramente evaluado sobre la base tradicional de si cumple o no con su presupuesto de gastos, cuando el personal de ventas sufre una crisis, el gerente no dudará en hacer que la planta trabaje tiempo extra para asegurarse de que las ventas reciban lo que necesiten. Si no hace esto, se lo harán saber de todas partes, al igual que nuestro amigo de IBM que perdió su cuenta importante.

El mejor análisis externo del concepto de servicio de cercanía con el cliente que hemos visto es una iniciativa adelantada en 1980 por Dinah Nemeroff, de Citibank. Ella encuestó a dieciocho empresas como American Airlines, Disney Productions, McDonald's, Westin, Hertz e IBM. Uno de los hallazgos más interesantes de Nemeroff es que las personas en estas compañías diferentes, pero de servicio intensivo, utilizan el mismo lenguaje para describirse a sí mismas. Ella señala: «Discuten los problemas de servicio con palabras idénticas».

Nemeroff identifica tres temas principales en una orientación de servicios eficaz: (1) la participación activa e intensiva de los altos directivos; (2) una notable orientación a las personas; y (3) una alta intensidad de medición y retroalimentación. Como ya hemos visto una y otra vez, todo comienza con la alta dirección. Con ingenio, Nemeroff

llama a esto «habilidad en el servicio». Los altos ejecutivos ejercen
esa habilidad mediante el ejemplo personal. Su compromiso empieza
con una filosofía de empresa. De hecho, muchas de las empresas en su
encuesta dedican una parte *explícita* de su función a discutir el servicio. Y en muchas de ellas, la excelencia en el servicio fue considerada
como el principal objetivo. Las compañías cuya meta principal es el
servicio dijeron que «la rentabilidad sigue de manera natural», lo que
refuerza la idea de la generación de ingresos planteada al comienzo
de este capítulo.

Nemeroff recopiló numerosos ejemplos de rasgos de estilo gerencial que refuerzan la filosofía de servicio. Encontró que los altos directivos trataban los problemas de servicio como asuntos de «tiempo
real»; asuntos que merecen su atención personal inmediata. También
encontró que la alta dirección interviene directamente, haciendo caso
omiso de la cadena de mando, en las decisiones sobre el servicio. Estos gerentes tienen reuniones frecuentes con los jóvenes profesionales que responden la correspondencia de los clientes. Escriben «notas
marginales en la correspondencia de los clientes», y «participan en
manifestaciones dramáticas de prestación de servicios para aumentar
la visibilidad ante los clientes». (Y, agregaríamos nosotros, para reforzar este mensaje de servicio en sus propias organizaciones).

Sobre otro aspecto del estilo gerencial superior, Nemeroff hace
una observación crucial y sorprendentemente sutil: «Los ejecutivos
entrevistados creen que deben mantener una perspectiva de servicio
a largo plazo como generador de ingresos». Las grandes compañías
estadounidenses pasan por alto este aspecto con mucha frecuencia.
Los objetivos de rentabilidad, aunque son muy necesarios, se centran
internamente y desde luego no inspiran a miles de personas que están
en los niveles inferiores de una empresa. Por otra parte, los objetivos
del servicio son casi siempre significativos para los empleados que
están en estos niveles. Es crucial que estos tengan fuerte sentido de
la responsabilidad personal. Y se sabe que esto se ha logrado cuando
alguien dice en el campo, al igual que uno de los encuestados de
Nemeroff: «Cada uno de nosotros *es* la empresa».

Nemeroff establece la importante conexión de que las «relaciones con los clientes simplemente reflejan las relaciones con los empleados». La manera en que estas empresas de servicios manejan a
su gente es inseparable de la intensidad de los sistemas de medición

y retroalimentación. Quizás su hallazgo más importante en este sentido fue que continuamene están preparando nuevos programas de recompensas e incentivos. Por ejemplo, uno de los encuestados dijo que, «los programas de incentivos por servicio se cambian al menos cada año para mantenerlos frescos, y la mayoría son elaborados por la gerencia local». Esto realmente nos llamó la atención en todos los aspectos laborales de las empresas excelentes. Los programas para empleados —programas de incentivos, de capacitación, o simplemente un alboroto— son afinados continuamente, de igual manera que el desarrollo de productos. No se espera que ninguna práctica tenga un impacto eterno, y los programas para empleados tienen ciclos de vida al igual que los productos, o tal vez incluso más cortos.

Uno de los mejores ejemplos de servicio a través de las personas es *Walt Disney Productions*. De hecho, muchos califican a Disney y a McDonald's como los dos mejores proveedores de servicios masivos en Estados Unidos, o en el mundo. Red Pope, quien desde hace mucho tiempo ha observado y escrito sobre Disney, comenta: «La manera en que Disney mira interna y externamente a las personas, las maneja, se comunica con ellas y las recompensa es en mi opinión la base fundamental sobre la que descansan sus cinco décadas de éxito [...] He podido observar de cerca y con reverencia la teoría y la práctica de vender satisfacción y de servir exitosamente a millones de personas sobre una base diaria. Esto es lo que Disney hace mejor».

Las observaciones de Pope sobre Disney son una clara validación del estudio de Nemeroff. Por ejemplo, la intensa participación de la administración es resaltada en Disney por un programa anual de una semana de duración llamado «utilización común». Según Pope, este programa insta a los ejecutivos de Disney a salir de sus oficinas y abandonar sus trajes habituales de negocios. Ellos se ponen un disfraz temático y se encaminan a la acción. «Durante una semana entera, el jefe vende tiques o palomitas de maíz, sirve helados o perros calientes, carga y descarga carritos, estaciona autos, conduce el monorriel o los trenes, y trabaja en cualquiera de los cien puestos en escena que hacen que los parques de entretenimiento cobren vida».

El tema del servicio a través de la gente comienza en Disney, como sucede en muchas de las empresas excelentes, con un lenguaje especial. En Disney no hay trabajadores. A los empleados se les llama «miembros del reparto» y el departamento de personal se llama «*casting*». Cada vez que trabajas con el público, estás «en el escenario». Por ejemplo, dos de los hijos de Red Pope, de dieciséis y dieciocho años, fueron contratados por Disney World para recibir boletos en Orlando. Para este trabajo aparentemente rutinario, fueron necesarias ocho horas diarias de instrucción durante cuatro días antes de que se les permitiera subir al escenario. Allí aprendieron sobre los Invitados; no clientes con «c» minúscula, sino Invitados con «I» mayúscula. Pope les preguntó a sus hijos por qué habían necesitado cuatro días para aprender a recibir boletos, y ellos respondieron: «¿Qué pasa si alguien quiere saber dónde están los baños, cuándo comienza el desfile, o qué autobús tomar para regresar al hotel? [...] Necesitamos saber las respuestas y dónde obtenerlas rápidamente. Papá, después de todo, estamos en el escenario, ayudando a producir el Espectáculo para nuestros Invitados. Nuestro trabajo consiste en ayudar a los Invitados a disfrutar del espectáculo cada minuto».

Las personas son incorporadas a la cultura desde una fase temprana. Todos tienen que asistir a Disney U y aprobar «Tradiciones I» antes de pasar a la capacitación especializada. Pope cuenta:

Tradiciones I es una experiencia de un día entero donde el nuevo empleado recibe una muestra constante de la filosofía y metodología operativas de Disney. Nadie está exento del curso, desde los vicepresidentes hasta los empleados recién contratados de tiempo parcial [...] Disney espera que el nuevo MR [miembro de reparto] sepa algo acerca de la empresa, de su historia y su éxito, así como de su estilo gerencial antes de empezar a trabajar realmente. A cada persona le enseñan la manera en que cada división está relacionada con otras: divisiones de operaciones, de complejos turísticos, de alimentos y bebidas, de mercadeo, de finanzas, de comercialización, de entretenimiento, etc., y la manera como cada división se «relaciona con el espectáculo». En otras palabras, «así es como todos trabajamos juntos para hacer que las cosas sucedan. Esta es tu parte en la visión general».

Los sistemas de apoyo para las personas en el escenario también son dramáticos. Por ejemplo, hay cientos de teléfonos escondidos en los arbustos, líneas calientes que remiten a un servicio central de respuesta a las preguntas. Y la cantidad de esfuerzo que se hace en la limpieza diaria sorprende incluso a los observadores externos más curtidos. En estas y en decenas de otras formas, la exageración marca todos los aspectos en que Disney aborda a sus clientes.

Independientemente de que sean o no tan fanáticas en su obsesión por el servicio como Frito, IBM o Disney, todas las empresas excelentes parecen tener argumentos sólidos en materia de servicios que impregnan a las instituciones. De hecho, una de nuestras conclusiones más importantes sobre las empresas excelentes es que, *ya sea que su negocio básico consista en doblar metales, en alta tecnología, o en vender hamburguesas, todas se han definido a sí mismas como empresas de servicios.*

Archie McGill, vicepresidente ejecutivo de AT&T, fue un ejecutivo en IBM. Él va más allá y hace una distinción acertada entre los estándares de servicio de base amplia y lo que él llama un «enfoque al cliente» (un verdadero enfoque de servicios). Esto último, señala él, significa «reconocer que *cada* individuo percibe el servicio en sus propios términos». También añade que la medición excesiva del servicio (por ejemplo, decenas de variables) puede en realidad ir en detrimento de esta, pues uno pierde de vista al cliente individual. Supongamos que tienes un «estándar del noventa y cinco por ciento», y añade: «¿Qué pasa con el cinco por ciento restante? A pesar de que el cien por ciento puede ser teóricamente inalcanzable, el negocio *debe actuar como si cualquier fallo fuera intolerable*».

Boeing es otro ejemplo excelente. Para estar seguros, la empresa fabrica aviones, pero lo que la hace destacar es su orientación al servicio. Un analista del *Wall Street Journal* comenta sobre Boeing:

Casi todos los operadores de aeronaves Boeing tienen una historia acerca de cómo la companía ha podido superar obstáculos. Cuando la pequeña aerolínea Alaska Airlines necesitaba un tren de aterrizaje para que un avión se posara sobre una pista de tierra, Boeing estuvo ahí. Cuando Air Canada tuvo un problema con la obstrucción de hielo en algunas ventilaciones de aire, Boeing envió a sus ingenieros a Vancouver, donde trabajaron día y noche para resolver el problema y minimizar la interrupción en la programación de la aerolínea. La atención de Boeing a las relaciones con el cliente ha dado sus frutos. En diciembre de 1978, Alitalia perdió un avión DC9 en el mar

Mediterráneo y la aerolínea italiana necesitaba un avión de reemplazo a toda costa. Umberto Nordio, presidente de Alitalia, llamó por teléfono a T. A. Wilson, presidente de Boeing, con un pedido especial: ¿cree usted que Alitalia podría recibir rápidamente un Boeing 727? En esa época, había una lista de espera de dos años para dichas aeronaves, pero Boeing hizo malabares en su calendario de entregas y Alitalia recibió el avión en un mes. El señor Nordio devolvió el favor seis meses más tarde, cuando Alitalia canceló planes para comprar aviones McDonald Douglass DC 10 y ordenó nueve Jumbos 747 [de Boeing], por un valor aproximado de $575 millones.

Al hablar de su increíble metamorfosis como una empresa que dependía principalmente de la milicia a otra que es principalmente comercial, Boeing comenta acerca de sí misma en el libro *Vision*: «Hemos tratado de conformar un equipo que esté orientado al cliente. Comprendimos que si queríamos tener éxito en la actividad comercial, el ingrediente importante era el cliente. No podemos permitir que una aerolínea diga —como a veces sucede— que "la única vez que ustedes están interesados en nuestro problema es cuando tratan de vendernos un nuevo avión". Hemos tardado mucho tiempo en reconocer los problemas del cliente. Ahora [este] punto de vista está empezando a filtrarse en toda la organización».

No podemos concluir esta discusión sin mencionar brevemente un tema que es de suma importancia para muchos observadores: ¿se puede gastar demasiado dinero en el servicio? Claro que sí; en un sentido absoluto, se puede gastar demasiado dinero. Sin embargo, si la respuesta es sí en términos absolutos, nosotros decimos que no en términos direccionales. Es decir, así como hay «demasiados» campeones en 3M y «demasiadas» divisiones en HP o J&J, de acuerdo con el análisis racional, *casi todas nuestras instituciones orientadas al servicio hacen «gastos excesivos» en el servicio, la calidad y la confiabilidad*. Como nos recuerda David Ogilvy: «En las mejores instituciones, las promesas se cumplen sin importar cuál sea el costo en agonía y en horas adicionales». Esto es válido para la publicidad, para las computadoras, las máquinas de escribir, los parques de atracciones y los *pretzels*.

Por último, observamos que la orientación al cliente es una motivación intensa. Recientemente nos reunimos con un antiguo empleado

de contabilidad de J&J que hoy día es vicepresidente principal del
Chase Manhattan Bank. Él nos comentó: «En las primeras dos semanas, hice llamadas de ventas. Es típico. De hecho, J&J dice que si no
puedes entender a los clientes, no podrás entender el negocio». Otro
amigo cuenta una historia común y corriente, pero similar:

Yo trabajaba en el Pentágono, en la oficina del jefe de operaciones
navales. Tenía un grupo de empleados civiles en una escala salarial
GS-11 y GS-12 [gerentes de nivel medio] que trabajaban para mí en
algunos aspectos del presupuesto de Operaciones y mantenimiento.
Siempre me preocupaba el que ellos estuvieran desmotivados por
el trabajo, pero muy animados en general. Muchos de ellos vendían
bienes raíces o dirigían otras pequeñas empresas como trabajo extra. Sin embargo, tenía un «experto» que realmente estaba entusias-
mado. Más tarde comprendí la razón. Debido a su habilidad para
desviar recursos y encontrar fuentes de dinero adicionales, yo lo enviaba con frecuencia a asignaciones temporales de dos o tres días en
Norfolk. Él trabajaba allí con la gente del departamento de Flota, y
buscaba la manera de darles el combustible suficiente para algunas
maniobras adicionales, o para lo que fuera. Ahora comprendo que
él era simplemente el único que tenía un verdadero «contacto con
el cliente». Visitaba barcos y a las personas que los operaban. Los
números no eran abstracciones para él. Sus acciones tenían efectos
medibles, o mejor aún, tangibles. En retrospectiva, hay cientos de
cosas que podría haber hecho para que aquella hubiera sido una experiencia común para todos mis empleados.

En nuestra experiencia con las empresas mejor dirigidas, no hay
un solo aspecto de una empresa en el que no se pueda inmiscuir el
cliente. Caterpillar envía al personal de las plantas a los terrenos de
pruebas para observar el funcionamiento de las grandes máquinas. Citibank permite operaciones de «trastienda» a las personas que visitan
regularmente a clientes y oficiales de cuentas para resolver directamente los problemas operativos. 3M insiste en que su personal más
básico de investigaciones y desarrollo visite regularmente a los clientes; lo mismo ocurre con HP. De esta manera, la orientación al servicio
se hace tangible para todos. «Cada uno de nosotros *es* la empresa»
adquiere entonces un sentido real.

OBSESIÓN POR LA CALIDAD

Hemos mencionado que muchas de nuestras empresas excelentes están obsesionadas con el servicio. Y por lo menos la misma cantidad actúa de la misma forma con respecto a la calidad y la fiabilidad. Un ejemplo excelente es *Caterpillar Tractor*. Caterpillar ofrece a los clientes un servicio garantizado de entrega de repuestos en cuarenta y ocho horas en cualquier lugar del mundo; si no puede cumplir esa promesa, el cliente lo recibirá gratis. Así de seguros están en Caterpillar de que sus máquinas funcionan. Una vez más, estamos ante un grado excesivo de logros que en términos estrictamente económicos sería considerado una leve forma de locura; esto es, hasta que ves los resultados financieros de Caterpillar.

Un artículo de *Fortune* afirma simplemente: «Los principios de funcionamiento de la empresa parecen ser una versión individual de la ley de los Boy Scouts: los principios cardinales son excelencia en la calidad, confiabilidad en el desempeño y lealtad en las relaciones con los distribuidores. Caterpillar ha perseguido activamente el objetivo de construir un tractor mejor y más eficiente que cualquier otra empresa en el mundo». Un analista de *Business Week* concuerda: «La calidad del producto es algo que el personal de Caterpillar mantiene tan presente como el catecismo». Cuando hicimos un comentario sobre Caterpillar en presencia de dos ejecutivos agrícolas de alto nivel a quienes conocemos, a ambos se les parecieron nublar los ojos en señal de reverencia. Del mismo modo, uno de nosotros recuerda a Caterpillar por los muchos días ordenando equipos de construcción para la Marina en Vietnam. Llegábamos casi a cualquier extremo, estirando las normas de adquisición hasta el límite, para especificar el equipo Caterpillar, que siempre era más costoso. Teníamos que hacerlo, pues sabíamos que nuestros comandantes de campo nos colgarían boca abajo si no encontrábamos una manera de conseguirles maquinaria Caterpillar. Cuando estás llevando excavadoras por transporte aéreo a territorios hostiles con el fin de construir pistas cortas de aterrizaje detrás de las líneas enemigas, quieres maquinarias que funcionen, todo el tiempo.

En el caso de Caterpillar, cerca del cliente también significa cerca del distribuidor. El expresidente y director William Blackie señaló: «Sentimos un gran aprecio por nuestros distribuidores. No los ignoramos ni los suplantamos. Algunos de nuestros competidores lo hacen y sus distribuidores se retiran. Los distribuidores de Caterpillar no se retiran; mueren ricos». Más allá del dinero, los distribuidores de Caterpillar son tratados como «miembros de la familia». *Business Week* señala al respecto: «La compañía hasta ofrece un curso en Peoria para alentar a los hijos de los distribuidores a permanecer en el negocio. E. C. Chapman, antiguo vicepresidente ejecutivo de mercadeo, recuerda: "El hijo de un distribuidor estaba estudiando para el ministerio y tenía un interés secundario en la música. Cuando llegó el momento de regresar a su casa, ya había cambiado sus planes de estudios. Se ha convertido en uno de nuestros distribuidores más exitosos"».

William Naumann, expresidente de Caterpillar, afirma que desde el comienzo de la expansión de los negocios de esta empresa, justo después de la Segunda Guerra Mundial, se tomó una decisión fundamental que ha tenido un impacto duradero en la forma en que Caterpillar realiza todos sus negocios. «Adoptamos una política firme de que un producto o componente de Caterpillar —sin importar en dónde se haya fabricado— equivaliera en calidad o desempeño al mismo producto o componente incorporado en cualquier otro lugar, ya sea en este país o en el extranjero». Naumann sostiene que «los usuarios pueden contar con la disponibilidad de repuestos independientemente del lugar en el que operen; una consideración importante en una industria altamente móvil. No tenemos huérfanos».

Naumann considera que esta decisión con respecto a la fiabilidad, la calidad y la uniformidad ha sido una enorme fuerza unificadora en el desarrollo de la empresa. «Una máquina fabricada en una planta es la contraparte de la misma máquina elaborada en cualquier otra instalación, y los repuestos son intercambiables en todo el mundo».

Otra empresa que sobresale en términos de calidad es McDonald's. Durante años, su tema principal ha sido «Calidad, Servicio, Limpieza y Valor»: C.S.L.V. Ray Kroc —fundador de la empresa— comenta: «Si tuviera un ladrillo para cada vez que he repetido la frase C.S.L.V. (Calidad, Servicio, Limpieza y Valor), creo que probablemente sería capaz de tender un puente sobre el Océano Atlántico con ellos». Desde los primeros días de la organización, todas sus tiendas han sido evaluadas con regularidad por su desempeño en estas categorías, y la medida de C.S.L.V. determina gran parte de la compensación que recibe el gerente de la tienda. El fracaso continuo en cumplir con los altos estándares C.S.L.V. de McDonald's puede ser motivo para despedir gerentes de tiendas o perder una franquicia.

Ray Kroc y otros miembros del equipo de la alta gerencia son legendarios por inspeccionar personalmente las tiendas usando C.S.L.V. Y hoy día, el concepto se mantiene tan vivo y coleando como siempre —con siete mil restaurantes y cuarenta mil millones de hamburguesas vendidas hasta la fecha en una empresa de $2,5 mil millones de dólares. En la cuarta página de su informe anual de 1980, la primera frase de la página después de la carta obligatoria a los accionistas comienza así: «La calidad es la primera palabra en el lema de C.S.L.V. de McDonald's [...] Y es así porque la calidad es lo que los consumidores disfrutan cada vez que visitan un McDonald's».

Es posible que los cínicos digan: «Claro, ¿acaso no todas las empresas hablan así?». En una de las varias revisiones de la historia de McDonald, entrevistamos a un joven ejecutivo y amigo nuestro que había trabajado en McDonald's cuando tenía diecisiete años mientras estudiaba en la escuela secundaria. La entrevista no tuvo ninguna estructura formal para que él pudiera decir lo que quisiera. Rápidamente habló de la calidad, el servicio y la limpieza. «Lo que me impresionó, mirando en términos retrospectivos», dijo, «fue la calidad de los ingredientes. McDonald's utiliza siempre carne de primera; es la mejor de todas». Él continuó: «Si las papas quedaban demasiado fritas, las tirábamos [...] si hacíamos agujeros en los panes con nuestros pulgares [algo que ocurría con frecuencia, especialmente para aquellos que son nuevos en la difícil tarea de manipular miles de panes], también los tirábamos. Lo increíble para mí es que aquí estoy, trece años después, y si quiero comida rápida, sigo yendo a McDonald's. Siempre me pareció que las papas fritas eran su mejor producto». (Y él está muy bien acompañado. A Julia Child también le encantan las papas fritas de McDonald's).

McDonald's es igualmente fanática de la limpieza. Si conversas con un exempleado acerca de lo que más recuerda, casi siempre te hablará acerca de la limpieza constante. «Nunca había un momento de ocio», recuerda un empleado que trabajaba en la parrilla. «Siempre que teníamos un tiempo libre en la tienda, estábamos limpiando algo».

Las historias rutinarias sobre la consistencia del producto y el servicio que narran los antiguos empleados de la parrilla son reforzadas por pensadores estratégicos y brillantes. Donald Smith, un alto ejecutivo de PepsiCo, se fue de McDonald's hace unos años para dirigir a Burger King, su archicompetidor. Es interesante resaltar que Smith estableció como su prioridad estratégica número uno hacer a Burger King «más consistente [en apariencia y servicio] en todo el país». Y en los cinco años que estuvo al mando hizo una mella en este asunto. Sin embargo, hacerle frente a McDonald's es cosa seria. Jerome Ruenheck, el sucesor de Smith en Burger King, todavía está martillando sobre el mismo tema. «El problema es la consistencia. Ellos son más consistentes que nosotros en todo el país».

En la investigación original sobre las empresas excelentes y en nuestra búsqueda continua, encontramos muchos ejemplos de quienes persiguen la calidad con un celo quijotesco. Digital entra claramente en esa categoría. La filosofía corporativa afirma que «el crecimiento no es nuestro objetivo principal. Nuestro objetivo es ser una organización de calidad y hacer un trabajo de calidad, lo que significa que estaremos orgullosos de nuestro trabajo y de nuestros productos en los próximos años. A medida que logremos una mayor calidad, el resultado será el crecimiento». Para citar otro ejemplo, el objetivo primordial en *Maytag* es la «operación libre de problemas durante diez años» con cualquier máquina. En este punto, al final del ciclo de vida del producto, las lavadoras deberían ser casi productos básicos como el trigo o las papas fritas. Sin embargo, la devoción de Maytag por la confiabilidad le genera un suplemento de precio del quince por ciento, mientras que mantiene una alta cuota en el mercado frente a competidores incansables como GE. La calidad y la fiabilidad son, de hecho, un salvavidas para todos los aspectos del ciclo económico. Aunque GE sufrió graves problemas de recesión en su negocio de lavadoras domésticas en Louisville y todos los fabricantes de electrodomésticos se esforzaban por sobrevivir, las ganancias de Maytag crecieron de nuevo, aunque no con el vigor exhibido en los tiempos de bonanza. La calidad de Maytag no proviene de una tecnología exótica, sino de productos que funcionan. Un analista comenta: «Maytag forjó su reputación basada en la fiabilidad sólida, y no por ser llamativa [...] Maytag hace las cosas bien y de manera sencilla».

Los ejemplos continúan. En los *Holiday Inn*, la fiabilidad es una meta institucional básica y el tema fundamental de «cero sorpresas» permea la institución, incluyendo su publicidad. *Procter & Gamble* cree profundamente en la calidad de los productos que elabora, tanto así que un analista dice que «algunas veces es el talón de Aquiles» de P&G. Por ejemplo, esta empresa generalmente no está a la altura de sus competidores en características que estén de moda. «P&G es más débil cuando se trata de responder a los competidores que ofrecen ventajas superficiales y cosméticas tales como sabor, en lugar de un desempeño superior como en la prevención de caries», sostiene un observador. «Los cosméticos no son bien vistos por los calvinistas de la Calle sexta con Sycamore», la dirección de la sede corporativa de P&G en Cincinnati.

La historia de un joven exgerente que manejaba la marca Charmin de papel higiénico ilustra el aspecto abrumadoramente positivo de la reverencia de P&G por la calidad. Él contaba que las quejas del cliente son enviadas de vuelta directamente al gerente de marca para tomar medidas, y recordó un incidente intrigante. Hay, al parecer, tres tipos de dispensadores de papel higiénico: el tipo que se encuentra en los baños públicos, otros que se colocan normalmente en la pared de los hogares, y un tercer tipo anticuado que está semiconstruido en la pared y se adapta a una cavidad semicilíndrica. Resulta que un rollo Charmin es casi un octavo de pulgada más grueso que el dispensador anticuado. La solución de P&G no fue reducir el número de hojas de papel, lo que comprometía la calidad. En lugar de eso, el departamento de ingeniería, de investigación y desarrollo, y el gerente de marca se reunieron, y se les ocurrió una idea para diseñar una máquina que enrollara el papel higiénico con mayor rapidez, reduciendo así el diámetro del rollo lo suficiente para encajar en el dispensador.

La división de sistemas informáticos de *Hewlett-Packard* fabrica la HP 3000. El sistema, vendido por primera vez en 1968, se instaló en cinco mil lugares en todo el mundo en 1980, y actualmente se encuentra en más de ocho mil. El sistema generalmente está en la cúspide en términos de calidad, según lo evaluado por una variedad de estudios externos e independientes. Parece extraño, entonces, que, a pesar de tener éxito en ventas y calidad, la división de sistemas informáticos hubiera implementado un importante y nuevo programa de calidad para la HP 3000 el año pasado. Sin embargo, eso fue exactamente lo que hicieron. Su actitud, demasiado rara, es: «Si no mantenemos nuestro impulso en la calidad, los japoneses nos dejarán atrás».

Lo que nos sorprende de inmediato de este programa de calidad es el celo y el alcance con que permea a toda la operación. Aunque casi no hay que decirlo a estas alturas, la actitud comienza en las altas

esferas. Richard Anderson, gerente de la división, pasa la cuarta semana de cada mes visitando las instalaciones, hablando con los clientes,
y asistiendo a reuniones de ventas. En el proceso, recibe una avalancha de datos de primera mano sobre las necesidades del cliente y los
movimientos competitivos. Como parte de este esfuerzo, él solicita
específicamente información sobre la calidad.

Anderson presentó hace un año su última campaña de calidad.
Hizo el anuncio, como es típico con los principales programas nuevos
de HP, durante «el café matinal» en la cafetería, donde cada semana
se reúne la mayor parte de los 1.400 empleados de la división para
hablar de negocios. Le pidió a su personal que comenzara a definir y
a evaluar la calidad. Utilizó la intrusión japonesa en la industria como
un ejemplo y una razón para la urgencia. Y a medida que transcurría
el año, una variedad de programas de calidad impregnó la división.

A finales del primer año, según lo medido por estándares tan vitales como el tiempo medio entre fracasos, la ya excelente calidad
había mejorado en un cien por ciento. Anderson está apuntando a otra
mejora del cien por ciento este año a partir de una base que ya supera
a la industria por un amplio margen.

La administración de la división hizo señas temprano y de manera
dramática de que el impulso por la calidad era real. Durante un notable «café matinal», cinco paletas con placas de circuitos defectuosos
fueron llevadas y arrojadas al piso. La administración explicó a los
espectadores asombrados que aquellas placas, y algunos errores de
software menos visibles, equivalían a $250.000 en el reparto de bene-
ficios perdidos (la mayoría de los empleados de HP son propietarios
de acciones y parte del programa de reparto de beneficios). Este acto
tenía por objeto caracterizar la manera en que la división castiga y
recompensa el desempeño. Todos comparten la culpa por fallas en la
calidad. Y cuando hay logros, los individuos son señalados.

El programa de calidad es rico en recompensas formales e informales, empezando por la más sencilla de todas: los gerentes
deambulan y elogian a los individuos. La ceremonia marca el reconocimiento a la calidad en las reuniones con café, las cenas de equipo
y las reuniones con cerveza. En su nivel más formal, el vicepresidente ejecutivo del grupo llevó a cabo una ceremonia de premiación
en 1981, de nuevo durante un café matinal. Los ganadores fueron
aquellos que cumplieron mejor con los objetivos de calidad en sus

áreas de trabajo. Recibieron placas especiales, juegos de bolígrafos y cenas gratuitas. Sus nombres fueron publicados en el vestíbulo de la división, y recibieron viajes gratuitos a cualquier seminario u oficina de ventas de HP en Estados Unidos. «Sí, eso incluye Hawái», señaló un gerente de HP.

Los sistemas de rutina de HP tienen el propósito de reforzar el objetivo de la calidad. Los objetivos en materia de calidad se desarrollan directamente en el programa de adquisiciones comerciales, que todos en la empresa se toman en serio. La retroalimentación es frecuente. Por ejemplo, cada semana, el gerente de división les da a todos las cifras más recientes sobre la calidad, junto con los últimos datos sobre envíos, ventas y ganancias.

Cada departamento dentro de la división es parte de una red de calidad. En HP, LACE significa Conciencia del Laboratorio por el Entorno del Cliente (por sus siglas en inglés). En este programa, los clientes de HP hacen presentaciones a los ingenieros sobre sus necesidades y reacciones a los productos y servicios de HP. De acuerdo con un observador: «Todo el mundo se mantiene de pie durante estas reuniones». En otro programa, los ingenieros de *software* atienden por un tiempo los teléfonos utilizados por los representantes de ventas y también visitan a los usuarios para brindarles asesoramiento directo. Y lo más importante es que el departamento de garantía de calidad es parte del equipo de desarrollo. Esto es muy diferente de la mayoría de las empresas en las que los empleados de control de calidad son los tipos malos —los policías—, y están típicamente en conflicto con el resto de la división.

Patrulleros hostigadores, Oficiales de calidad, Vendimia de calidad y Escuadrón de soluciones son algunos de los nombres de los equipos de calidad; la versión de HP de los círculos de calidad, y que actualmente trabajan en el programa de calidad de la empresa. Hoy día, los sistemas administrativos de HP están llenos de objetivos y medidas de calidad, y ningún departamento está exento del programa. Un observador señaló acertadamente: «El enfoque de calidad es ubicuo en HP porque los empleados no parecen poder separarlo de cualquier otra cosa que estén haciendo. Si les preguntas por el personal, hablan de calidad. Si les preguntas por las ventas de campo, hablan de calidad. Si les preguntas por la administración por objetivos, hablan de la calidad por objetivos».

La calidad y la fiabilidad *no* son sinónimos de una tecnología exótica. Nos pareció especialmente interesante y sorprendente descubrir que incluso en las empresas de mayor tecnología, la fiabilidad siempre se prefiere por encima de la magia técnica pura. Quienes tienen un desempeño estelar sacrifican conscientemente una tecnología no probada por algo que funcione. Llamamos a este fenómeno «segundo con respecto al mercado y orgulloso de ello». Los siguientes son algunos ejemplos característicos:

Hewlett-Packard (otra vez): «La compañía rara vez es la primera en el mercado con sus nuevos productos; IBM y Xerox, por ejemplo, fueron las primeras en lanzar las costosas impresoras láser. La estrategia de mercadeo de la empresa es normalmente la de un contragolpeador. El nuevo producto de un competidor llega al mercado, y los ingenieros de HP, al hacer llamadas de servicio para los equipos HP, les preguntan a sus clientes lo que les gusta o disgusta del nuevo producto, cuáles son las características que al cliente le gustaría que tuviera [...] y muy pronto, los vendedores de HP están llamando otra vez a los clientes con un nuevo producto que responde a sus necesidades y deseos. El resultado: clientes felices y leales». (*Forbes*)

Digital: «Debemos proveer fiabilidad. Retrasamos deliberadamente dos o tres años nuestra tecnología punta. Dejamos que nuestros usuarios principales —por ejemplo, los laboratorios de investigación del gobierno— nos presionen. Entonces desarrollamos un producto confiable para nuestro OEM [fabricante original de equipos, por sus siglas en inglés], clientes y otros usuarios finales». (*Interview*)

Schlumberger: «Aunque a veces un competidor será el primero con un artículo determinado, cuando Schlumberger introduce el producto será más completo y de mejor calidad». (*Dun's Review*)

IBM: Remitiéndose a sus orígenes, IBM rara vez saca productos al mercado que estén a la vanguardia de las nuevas tecnologías. UNIVAC y otras han mostrado el camino; IBM ha aprendido de los errores ajenos. «Rara vez ha sido la primera en dar un nuevo paso tecnológico, pero tampoco se queda atrás. Y una vez tras otra, sus nuevas líneas fueron mejor diseñadas, vendidas de manera más efectiva y con un mejor servicio que las de los competidores». (*Financial World*)

Caterpillar: Incluso en el mundo de la tecnología menos misteriosa encontramos el mismo fenómeno. «Caterpillar rara vez es la primera en presentar una nueva oferta en sus mercados. No obstante, estar a la vanguardia nunca ha sido una de sus metas. Ha forjado su reputación permitiendo que otras empresas pasen por el proceso de ensayo y error al introducir nuevos productos. Caterpillar luego lanza el producto más libre de problemas del mercado. De hecho, los productos Caterpillar por lo general no llevan la etiqueta con el precio más bajo. La empresa recurre, en cambio, a la calidad y al servicio confiable para atraer clientes». *(Business Week)*

Deere: Deere es claramente la empresa de mejor desempeño en maquinaria agrícola. Es a la maquinaria agrícola lo que Caterpillar a la maquinaria de construcción. «Deere no está diciendo si va a lanzar una segadora. "Mi conjetura", señala un analista de garantía, "es que Deere lanzará su segadora rotativa en los próximos dos años [...] y tratará de beneficiarse de los errores iniciales de los competidores"». *(Wall Street Journal)*

Ahora bien, la aparente satisfacción de las empresas excelentes en ocupar el segundo lugar no debe engañar a nadie acerca de su capacidad técnica. Muchas de las empresas excelentes, como HP, IBM y P&G, se encuentran entre los líderes de la industria en presupuestos para investigación y desarrollo. Lo que las distingue es su tendencia a la fabricación de una tecnología que funcione para el público consumidor. Los nuevos productos que pasan *sus* filtros están, sobre todo, dirigidos a las necesidades del consumidor.

Un ejecutivo de periféricos para computadoras nos describió una contraestrategia de ventas demasiado común: «Nos apresuramos al mercado con un nuevo producto, porque era un dispositivo técnico claramente superior. Queríamos ganar una cuota de mercado rápidamente, pero la fiabilidad era horrible. Nuestra participación alcanzó el catorce por ciento y ahora está por debajo del ocho por ciento, aunque deberíamos haber tenido el treinta o el treinta y cinco por ciento del mercado. Lo hubiéramos logrado con un retraso de seis meses para resolver los problemas. Maldita sea».

Algunas personas que nos han escuchado insistir en el servicio, la calidad y la fiabilidad se preguntan si no es posible exagerar la exageración. Obviamente, la respuesta es sí. Como señala Freddy Heineken: «Tengo que seguir diciéndole a mi gente de mercadeo que no hagan la botella [de cerveza] demasiado elaborada con papel dorado o etiquetas de lujo. De lo contrario, el ama de casa se sentirá demasiado intimidada para sacarla del estante del supermercado». Un individuo

que ha estudiado el sector de las aerolíneas desde hace mucho tiempo
expresa el mismo punto de esta manera: «Braniff pensó que calidad
significaba obras artísticas de Alexander Calder y azafatas más atractivas. Sin embargo, Delta sabe que de lo que se trata es de aviones que
llegan a tiempo». La respuesta a la cantidad de servicio que sea apropiada, o a la clase de calidad que sea la adecuada, se encuentra en el
mercado. Un amigo comenta el caso en palabras comprensibles para
todos: «El cliente que está buscando una ensalada de setenta y cinco
centavos no espera que tenga aguacate, pero sí espera que la lechuga
sea crujiente. El productor de ensaladas de setenta y cinco centavos
debería concentrarse en servir lechuga fresca, y olvidarse de encontrar
aguacates baratos».

Quizás debido a la buena suerte, o tal vez incluso al buen sentido
común, las compañías que hacen hincapié en la calidad, la fiabilidad
y el servicio han optado por la *única* área en la que es posible generar
entusiasmo en el típico empleado que está en un nivel inferior de la
empresa. Ellos le infunden orgullo a la gente por lo que hacen. Ellos
hacen posible amar el producto. En *The Decline and Fall of the British Manager*, Alistair Mant (otro exfuncionario de IBM) ofrece una
ilustración buena y concreta sobre los mecanismos para inculcar amor
y preocupación por los productos:

En apariencia, Platt Clothiers Ltd. no tiene nada particularmente interesante, salvo su éxito. Debajo de la superficie hay una colmena
eficiente y firmemente controlada de actividad, donde cada uno vive
y piensa en *abrigos*. Si le preguntas a Monty Platt por su organización de ventas y mercadeo, él responderá: «Mis abrigos venden mis
abrigos». Todos los días suena una campana a las 11:00 a.m., y cualquier persona que quiera puede ir a la oficina de diseño para echar un
vistazo a la producción del día anterior. Allí, encontrará una muestra
aleatoria de abrigos para tocar, probarse, separar y reflexionar sobre
ellos; y el jefe está hablando de abrigos con su gerente de despa-
cho, sus ayudantes de producción y sus diseñadores. *Monty Platt
ha logrado inculcar su entusiasmo por los abrigos a todos los que
trabajan para él* [las cursivas son nuestras]. Obviamente, él tiene
que hablar de «mercadeo», «personal», «producción» y otros conceptos extraños, pero no hay nadie allí que tenga alguna duda acerca
de su contexto esencial: los abrigos. Su relación con los empleados

se basa en el *trabajo,* y para ellos se basa en trabajar para un equipo que sabe lo que hace, que se preocupa por *eso* y lo hace bien. ¿Cuál es la moraleja? Que no todas las empresas se dan el lujo de tener una orientación a un solo producto ni la comodidad de una organización integrada y compacta. Sin embargo, todas las empresas hacen *algo* y difieren enormemente en la cantidad de atención implícita en *eso.* Si tan solo fueran tan organizadas de modo que las personas que tuvieran talento para fabricar algo, hacer cosas y hacerlas bien, terminaran en cargos claves de autoridad, lo más probable es que toda la situación *parecería* diferente. Estas personas tienen *integridad* en el sentido preciso de esta palabra en un sistema de fabricación, y generan una sensación de integridad en un sentido más amplio a todo su alrededor.

Lo imposible se hace casi posible en las empresas excelentes. ¿Es plausible un programa de calidad o de servicio del cien por ciento? La mayoría de las personas se reiría a carcajadas ante la idea. Sin embargo, la respuesta es sí y no. Estadísticamente, es no. En una empresa grande, la ley de los números grandes garantiza que habrá defectos y que los estándares de servicio serán infringidos una y otra vez. Por otro lado, un amigo de American Express nos recuerda: «Si no apuntas al cien por ciento, estarás tolerando los errores. Recibirás aquello que pidas». De este modo, es posible resultar perjudicado realmente por el fracaso, por *cualquier* fracaso, a pesar del volumen. Freddy Heineken dice sin rodeos: «Considero una mala botella de Heineken como un insulto personal». Mars, Inc. (la compañía gigante de caramelos), es una compañía muy exitosa en un mercado altamente competitivo, florece en la calidad. Un ejecutivo de Mars ofrece la siguiente descripción de Forrest Mars: «A él le dan ataques de ira desenfrenada, como una vez que descubrió un lote de barras de caramelo que no estaban bien envueltas y arrojó todo el inventario, uno por uno, a un panel de cristal en una sala de juntas mientras los asistentes miraban asustados». A sus ochenta y dos años, a J. Willard Marriott, Sr., todavía le indigna cualquier señal de falta de cuidado en un hotel Marriott; hasta hace poco leía todas las quejas de los clientes.

Las empresas orientadas a la calidad y a un verdadero servicio pueden y deben esperar hacer las cosas bien. Se puede decir mucho sobre la fe ciega (acompañada de trabajo arduo y esforzado), pues

solo con una certeza como esa es probable que la organización salga
adelante. Cuando una computadora IBM se bloquea, cuando un cliente de Caterpillar necesita un repuesto, cuando un gerente de ventas de
Frito necesita más surtido, o cuando HP se siente amenazada por los
japoneses, no hay ningún problema. La organización aporta todos los
recursos que pueda reunir para lidiar con el problema. No obstante,
incluso con altos estándares, las empresas pueden relajarse si una simple falla ocasional en la calidad y el servicio se considera tolerable.
Un ejecutivo de Digital lo resume así: «Es la diferencia entre el día
y la noche. Una de ellas es la mentalidad que dice: "El único camino
es hacer las cosas bien". La otra trata al cliente como una estadística.
¿Quiere *usted* ser parte de la población afectada por un "fallo dentro
de la tolerancia"?».

Los economistas hablan de las «barreras para entrar»; de lo que
se necesita para competir en una industria. Como suele ser el caso, el
modelo racional también nos hace ser «duros» y «blandos» frente a
esto. Por lo general, pensamos en las principales barreras para entrar
como si fueran de concreto y metal; es decir, el costo de la inversión
para construir la adición clave en la capacidad de la planta. Sin embargo, hemos llegado a pensar, basados en los datos de las empresas
excelentes, que, en términos generales, eso está totalmente equivocado. *Las verdaderas barreras para entrar son la inversión de setenta y
cinco años con el fin de conseguir cientos de miles de personas para
vivir el servicio, la calidad y la resolución de problemas del cliente
de IBM, o la inversión de 150 años en la calidad de P&G*. Estas son
las «barreras para entrar» verdaderamente insuperables, basadas en el
capital de personas inmersas en tradiciones fuertemente arraigadas de
servicio, fiabilidad y calidad.

LA NATURALEZA DEL NICHO

La orientación al cliente es, por definición, una forma de «hacer
a la medida»; una manera de encontrar un nicho particular donde
usted es mejor en algo que cualquiera. Gran parte de las empresas
que observamos son muy diestras para dividir su base de clientes en
numerosos segmentos de modo que puedan proporcionar productos y servicios a la medida. Obviamente, al hacer esto sacan sus
productos de la categoría de los productos básicos, y luego cobran

más por ellos. Veamos por ejemplo a Bloomingdale's. La esencia de
su éxito son sus boutiques, y cada una está adaptada a un servicio
único o a un conjunto de clientes relativamente pequeño. Federated
Stores —la matriz de Bloomingdale's— sigue la misma estrategia
con Bullock's, I. Magnin, Rich's y Filene's. «Cada departamento es
un lugar de exhibición por separado», señala un ejecutivo. Chesebrough-Pond's ofrece un ejemplo eficaz de llegar a la cima a través
de la adaptación. *Forbes* describió recientemente la estrategia del
presidente Ralph Ward de esta manera: «Aunque él puede jugar el
juego de la promoción de megadólares, también atraparía pronto a
un competidor que se duerma [en un pequeño mercado]». En 1978,
por ejemplo, Ward lanzó Rave, dirigido al que era entonces un mercado permanente de productos para el hogar, de $40 millones al año,
que estaba dominado por Toni de Gillette. Ward señala: «La categoría había estado dormida por varios años. Introdujimos un producto
sin amoníaco y sin olor, y ahora es un mercado de $100 millones al
año». Por otra parte, en una estrategia inusual para una compañía de
bienes de consumo, él hace que las divisiones de productos sean un
tanto independientes con el fin de acelerar su posterior búsqueda de
nichos adicionales.

3M es el clásico participante en este juego. Su presidente Lew
Lehr dice: «Nuestra organización no cree solo en hacer unas pocas
apuestas. Nuestra gente hace centenares de pequeñas apuestas en
forma de nuevos productos para mercados especializados». Este es
solo un ejemplo. Recientemente hablamos con el director ejecutivo
de una empresa de impresión con sede en Richmond, Virginia, que
factura $50 millones. Es líder en grandes volúmenes de impresión
offset, un nicho de tamaño modesto servido por una variedad de productos de 3M. Esta empresa decidió que quería aprender realmente a
hacer negocios con el segmento que representaba a la compañía. Atacaron con todas sus fuerzas. Los equipos de ventas llegaron desde St.
Paul, atiborrados de ingenieros y técnicos, para tratar de resolver sus
problemas. Luego invitaron al director ejecutivo y a algunos de sus
funcionarios principales a St. Paul para dar una conferencia en varias
divisiones sobre la manera en que 3M podría servirles mejor. Lo que
nos pareció especialmente atractivo sobre el incidente no fue solo la
intensidad del enfoque de 3M, sino también la flexibilidad. Todos los
equipos de diversas áreas de productos de esta empresa respondieron

a la oportunidad. No hubo batallas territoriales ni retrasos burocráticos. Aunque la magia de 3M es mucho más profunda, como veremos más adelante, la actitud con la que ataca en cualquier nicho, sin importar el tamaño, es asombrosa.

Estos ejemplos nos llevan a preguntarnos si es posible sobresegmentar. En términos teóricos —como es el caso del servicio y la calidad—, la respuesta es sí. Sin embargo, en términos prácticos, tal vez sea no. Nos parece que 3M, Digital, HP y muchas otras empresas excelentes han permitido de manera deliberada mucho más que una proliferación normal. Ellas cortan excesivamente el pastel según las convenciones normales del mercadeo; sin embargo, su desempeño se destaca entre los gigantes corporativos. La naturaleza de los nichos no siempre es ordenada, pero funciona.

Encontramos cinco atributos fundamentales de las empresas que se acercan al cliente por medio de estrategias de nichos: (1) manipulación astuta de la tecnología, (2) habilidad en los precios, (3) una mejor segmentación, (4) una orientación a la resolución de problemas, y (5) una disposición a gastar con el fin de discriminar.

James Utterback, de MIT, y quien durante mucho tiempo ha estudiado el proceso de difusión, argumenta de manera convincente que «la nueva tecnología entra a través de un nicho especializado de mercado, de un uso de alto desempeño donde se pueden soportar esos costos altos». Esa es la forma en que empresas como Digital e incluso IBM parecen ver la vida. ¿Recuerda el ejemplo de usuarios ejemplares que presionaron a Digital para incursionar en nuevas etapas tecnológicas? ¿Dónde pone Digital a sus mejores ingenieros de ventas? En las cuentas de grandes laboratorios académicos y gubernamentales. Al desarrollar soluciones para los clientes, Digital evoluciona con frecuencia a la próxima generación para un usuario más corriente. Las personas de nichos son maestros en el aprendizaje sobre la tecnología sofisticada en un nicho, probándola con usuarios más recientes, resolviendo problemas, y transmitiendo esa tecnología a otros.

Las personas de nicho también son excelentes para fijar precios especialmente sobre una base de valor. Ellos llegan temprano, cobran mucho por ofrecer un producto adaptado a una población discreta, y se retiran cuando entran otros competidores. Un ejecutivo de 3M lo explicó de esta manera:

Nuestro objetivo es, ante todo, tener un flujo constante de nuevos productos. Luego, una vez que damos el golpe, esperamos dominar el nicho, a veces por solo tres o cuatro años. Durante ese período, determinamos el precio según el valor total al cliente. Estamos proporcionando una nueva herramienta que de alguna manera ahorra mano de obra y esperamos que el mercado pague lo que vale. Obviamente, nosotros creamos un mecanismo de protección. Sin embargo, cuando otros llegan con aproximaciones, tal vez a un menor costo, en lugar de luchar contra ellos por la cuota, por lo general nos rendimos; es decir, nos retiramos. Porque para entonces estamos desarrollando las próximas generaciones de productos para ese mercado y otros.

David Packard les recordó en cierta ocasión a sus gerentes la causa de una falla inusual en HP durante la comercialización de una de las primeras calculadoras de mano: «En algún lugar, tuvimos la idea de que la cuota de mercado era un objetivo», señaló. «Espero que eso se resuelva. Cualquiera puede ganar cuota de mercado; si pones un precio lo suficientemente bajo, puedes acaparar todo el maldito mercado. Sin embargo, te diré que no llegarás a ninguna parte».

La mayoría de los bancos han descubierto que el alto valor neto (es decir, los individuos ricos) es un segmento muy deseable. No obstante, la mayoría de los bancos se siguen preguntando cómo poner en marcha sus programas de alto valor neto, porque en general se ven frenados por el gran inconveniente de no comprender el atractivo de los segmentos. Una buena excepción es el siguiente informe de un ejecutivo bancario:

Decidimos perseguir con ahínco a individuos de alto valor neto. Un buen punto de contacto parecía ser sus contadores. Así que fuimos e hicimos una presentación a los socios en cada una de las ocho grandes empresas de [un área metropolitana importante]. En siete de las ocho firmas, ¡fuimos el primer banco en hacer una presentación en sus oficinas! En *cada* caso, fuimos el primer banco en llevar a oficiales de alto nivel a la sesión. Esto comenzó a dar frutos de inmediato. En los ocho casos, conseguimos nuestro primer nuevo negocio menos de un día después de la presentación. En varios casos, lo hicimos en el acto.

La naturaleza del nicho está frecuentemente acompañada por una mentalidad de resolución de problemas. IBM capacita a sus vendedores no para ser vendedores, sino *solucionadores de problemas de los clientes*. 3M siempre ha hecho lo mismo. Un ejecutivo de ventas de General Instruments capta el espíritu del hecho de conocer al cliente lo suficiente como para resolver realmente sus problemas:

Recuerdo mi primer trabajo. Dediqué una gran cantidad de tiempo para conocer bien a un pequeño puñado de clientes. Obtuve unos resultados excelentes gracias a esto. Llegué al 195 por ciento de la cuota, y fui el mejor en mi división. Un compañero me llamó y me dijo: «Buen trabajo, sin duda alguna, pero tu promedio es de 1,2 llamadas de ventas al día y la compañía tiene un promedio de 4,6. Piensa simplemente en lo que podrías vender si pudieras nivelar tu promedio». Ya pueden adivinar mi respuesta, después de bajar del techo; le dije: «Solo piensa lo que podría vender el resto si *redujeran* sus llamadas a 1,2».

Las personas de nicho están dispuestas a gastar para discriminar. Edward Finkelstein, de Macy's, señala: «Siempre y cuando gastes lo que sea necesario para hacer atractiva a una tienda, podrás progresar». Para Finkelstein, esto ha significado gastar de manera extravagante en boutiques para estar a la par con el esfuerzo de Bloomingdale's en Nueva York. Esto le ha dado muchos éxitos. Una exitosa casa de catálogos como Fingerhut gasta demasiado en la acumulación de datos. «Si utilizamos mejor nuestros datos, podremos abrir una tienda personal para cada cliente», afirma un ejecutivo. La historia es la misma en Ore-Ida. Son miserables cuando se trata de gastos generales. Sin embargo, cuando se trata de pruebas de mercado, el presupuesto es muy generoso. Ore-Ida ha sido invencible en productos de papas congeladas durante varios años.

¿QUÉ TAN ORIENTADAS ESTÁN A LOS COSTOS?

Cuando iniciamos nuestra encuesta, esperábamos encontrar que las empresas excelentes hacían hincapié en el precio, en la tecnología, en los mercados o en los nichos. En otras palabras, nos pareció que algunas tendrían estrategias orientadas a una cosa, y otras a otra, pero no estábamos esperando ninguna tendencia en particular. Sin embargo, no fue eso lo que encontramos. Aunque existen diferencias entre las industrias, hemos encontrado un sorprendente factor común: las empresas excelentes tienden a estar más impulsadas por los atributos de estar cerca del cliente, que por la tecnología o por los costos.

Con el fin de ilustrar esto, tomamos cincuenta empresas con un desempeño superior y las organizamos por industrias, y por lo que parecía ser su tendencia dominante. Algunos observadores objetarán una que otra evaluación. Por otra parte, ninguna empresa ignora del todo el costo o la tecnología. Sin embargo, un fuerte énfasis en una variable parece ir en detrimento de la atención a las demás. Como lo muestra la gráfica que aparece a continuación, nos encontramos con empresas de alto desempeño en diferentes industrias que estaban orientadas principalmente al aspecto del valor, y no a los costos, en la ecuación de la rentabilidad. Dividimos a las empresas en segmentos separados de la industria: alta tecnología, bienes de consumo, servicios, fabricantes de misceláneas, administración de proyectos y materias primas. Un breve análisis de cada categoría parece ser útil.

Costo	Servicio/calidad/ confiabilidad	Naturaleza del nicho con alto valor agregado
ALTA TECNOLOGÍA (14)		
Data General	Allen-Bradley	Digital Equipment Corporation
Emerson	International Business Machines	Hewlett-Packard
National Semiconductor	Lanier	Raychem
Texas Instruments		ROLM
		Schlumberger
		Tandem
		Wang
BIENES DE CONSUMO (11)		
Blue Bell	Frito-Lay	Avon
	Mars	Chesebrough-Pond's
	Maytag	Fingerhut
	Procter & Gamble	Johnson & Johnson
		Levi Strauss
		Tupperware

SERVICIO (12)			
	Kmart	American Airlines	Delta
			Ogilvy & Mather
		Disney Productions	Wal-Mart
		Marriott	Bloomingdale's
			Citibank
			Morgan Bank
		McDonald's	Nieman-Marcus

FABRICANTES DE MISCELÁNEAS (4)			
Dana		Caterpillar	Minnesota Mining and Manufacturing (3M)
		Deere	

ADMINISTRACIÓN DE PROYECTOS (3)		
	Bechtel	
	Boeing	
	Fluor	

MATERIAS PRIMAS (6)			
Amoco	Dow		Du Pont
Arco			Nucor Steel
Exxon			

En la categoría de alta tecnología, solo cuatro de catorce empresas nos parecieron que estaban orientadas en gran parte o principalmente a los costos. Estas son: TI, Data General, National Semiconductor y Emerson. De estas, todas —con la excepción de Emerson— parecen haber tenido problemas en los últimos años y están reevaluando sus estrategias. Data General y National Semiconductor han acordado que la estrategia para el futuro probablemente esté en la búsqueda de nichos. El caso de Data General es especialmente instructivo. La compañía intentó superar en su campo a Digital, una compañía pionera. Data General se enfocó en el mercado de equipos originales y desarrolló una estrategia basada en un pequeño número de productos de bajo costo. A lo largo del camino, desarrolló, e incluso fomentó, una imagen de ser «bastardos rudos». Un artículo central de *Fortune* en 1979 cuestionó la proliferación de productos de Digital (que estaba destinado a originar altos costos) y su personal de ventas sin comisión, y los contrastó con el personal de ventas de Data General, que percibía altas comisiones.

Sin embargo, Digital reaccionó; se alejó de la dependencia del mercado de productos originales, y junto con Wang, HP y Prime, lideró el
camino en el suministro de productos flexibles y fáciles de usar. Las
políticas responsables por la superposición de productos y la solución
de problemas en el personal de ventas de Digital bien valieron la pena.
Por otro lado, la imagen de «bastardo» de Data General le hizo daño,
retrasando por un tiempo al menos su notable desempeño.

En comparación con su desempeño verdaderamente excepcional en
el último par de décadas, TI ha tenido algunas dificultades en los últimos años y ha mirado de nuevo hacia afuera, en dirección al mercadeo.
Su anterior obsesión absoluta por los costos y la cuota de mercado nos
parece una razón importante por la que la empresa ha fallado en las
últimas generaciones de liderazgo en semiconductores, ha tenido problemas con las computadoras para hogares, y nunca ha logrado enca-
rrilarse plenamente en la senda de los bienes electrónicos. En los chips,
por ejemplo, aunque gran parte de la capacidad intelectual de la organización se centró en el problema de disminuir la curva de costos para
establecer el estándar en la industria con el RAM de 8K, su atención se
apartó de manera casi inadvertida de los futuros chips de memoria RAM
de mayor tamaño. Ese es el quid del asunto. El exceso de atención a los
costos hace que un cambio interno en la atención se filtre lentamente,
casi sin ser visto. En los bienes de consumo, tales como relojes y calculadoras, el enfoque de TI fue de nuevo en los bajos costos. Parecían
estar pensando: «Elaboremos materias primas y que las nuestras sean la
más baratas». Los proyectos para consumidores de TI no solo han sido
superados por los japoneses, sino que también parecen haber extraído
directamente recursos clave en la innovación fundamental de los chips.

Como hemos mencionado, tanto Lanier como IBM tipifican a las
empresas que sobresalen en términos de servicio en el sector de alta
tecnología. Es cierto que los laboratorios de IBM pueden adelantarse
en varias generaciones en su trabajo con el acoplamiento Josephson
—por ejemplo—, pero sus productos cotidianos están retrasados por
lo general con respecto a lo que es técnicamente posible. Allen-Bradley,
la empresa conservadora, privada y multimillonaria de Milwaukee
que fabrica controles, también entra en la parte del espectro relacionada con el servicio, la calidad y la confiabilidad. Toda la compañía
vibra al son de una tonada de calidad y fiabilidad; eso es lo que cuenta
en los sistemas de control.

Se podrían aducir argumentos para la inclusión de otras empresas, especialmente HP y Digital, por estar inclinadas al servicio y a la calidad, pero ellas y el resto de nuestras principales empresas de alta tecnología con un desempeño superior parecen ser nichos de personas por encima de todo. Todas son un crisol de pequeñas actividades empresariales, encaminadas a sacar una gran cantidad de nuevos productos al mercado. Wang, por ejemplo, sacó más de un producto nuevo por semana al mercado en 1980. La tasa de éxito del departamento de investigación y desarrollo de Wang, debido en gran parte a la intensidad de las conexiones de usuario, se dice que es de más del setenta y cinco por ciento; un desempeño verdaderamente notable.

ROLM es un paralelo cercano. Está muy orientada al usuario y no es líder en tecnología. ROLM ha afectado fuertemente a Western Electric, de AT&T, en el negocio de PBX, simplemente por ser mejor en la resolución de problemas personalizados. La «PC sin límites» de Tandem está dirigida clásicamente a los nichos. «Cada cliente es un segmento separado», es la consigna en esta empresa. Raychem vende conectores eléctricos complejos e «inteligentes». Durante mucho tiempo ha invertido cuantiosamente en la capacitación y desarrollo de sus vendedores, y la razón es simple. Sus vendedores son ingenieros pragmáticos en las aplicaciones cotidianas. Ellos venden sus conectores en función del alto valor económico del producto al cliente. La instalación de un conector es un trabajo intensivo, y los dispositivos hechos a la medida pueden reducir considerablemente los gastos de mano de obra. Los conectores son una fracción microscópica del valor del producto final; por ejemplo, en las aeronaves de gran tamaño; por lo tanto, el cliente puede realmente pagar una suma considerable. La historia de Schlumberger es prácticamente la misma. Su grupo de dos mil ingenieros de campo ofrece perforar pozos de petróleo (medición) y otros servicios a los perforadores. Ellos son como Raychem. Su producto de servicio es una pequeña fracción en el costo total de las operaciones en un campo petrolero, pero el valor de que Schlumberger haga las cosas bien es enorme para el usuario.

El grado en el que nuestra historia sobre líderes de alta tecnología representa un patrón debe sorprendernos a todos. Las así llamadas empresas de alta tecnología no son, en primer lugar, líderes en tecnología. Son negocios de alta tecnología, pero su principal atributo son los productos y servicios confiables y de alto valor agregado para sus clientes.

En los bienes de consumo, y para los propósitos de este análisis, hemos seleccionado once empresas. Ninguna, en nuestra opinión, es básicamente una productora de bajo costo. Lo que ofrecen, en cambio, es servicio, calidad y fiabilidad. El observador casual de P&G dirá que la empresa tiene éxito gracias a la publicidad y la administración de la marca. Las personas afiliadas a la empresa le dirán que es por su calidad y su fijación con las pruebas; si tienen un problema poco frecuente, como les ocurrió con los tampones Rely y el síndrome del *shock* tóxico, actuarán con rapidez, y con una gran cantidad de dólares, para hacer todo lo posible por reinstaurar su reputación por la calidad. Frito-Lay es un claro ganador en el servicio. Maytag lo hace con la fiabilidad. Su anuncio de larga duración del «Viejo solitario», el reparador de Maytag con cara triste porque no tiene nada que hacer, lo dice todo. Mars también entra perfectamente en esta categoría.

Muchas empresas venden de puerta en puerta, pero nadie lo hace con la misma intensidad que Avon o Tupperware. Incluimos a estas empresas de desempeño superior en la categoría de nicho de alto valor agregado, simplemente porque salen y crean sus propios mercados.

Dos líderes indiscutibles en la industria textil son Levi-Strauss y Blue Bell; sin embargo, interesantemente, tienen enfoques distintos. Levi's fue fundada sobre el principio de la calidad y aún lo mantiene, mientras que gran parte de su crecimiento reciente ha provenido de su notable perspicacia en el mercadeo, sugiriendo así que se ha movido hacia el extremo del espectro del nicho. Blue Bell, la número dos en la industria, ha obtenido grandes resultados con una orientación muy fuerte a los costos, que complementa su obsesión por la calidad.

Mientras tanto, creemos que J&J es exclusivamente una empresa de nicho. La firma se compone de alrededor de 150 empresas casi independientes, cada una de las cuales tiene la responsabilidad primaria de lanzar nuevos productos. J&J *vive* según el credo de que los clientes son primero, los empleados segundo, la comunidad tercero, y los accionistas cuarto y últimos. Chesebrough-Pond's participa de este mismo juego.

Fingerhut, una importante empresa de ventas al detal por catálogo, es un miembro aparentemente extraño del grupo, aunque podría ser la empresa de nicho por excelencia. Debido a un sistema notable para rastrear a sus clientes y la rentabilidad de estos, prácticamente cada cliente individual es un mercado de segmento separado. Por ejemplo, como señala *Fortune*: «Un mes antes de que su hijo cumpla ocho años, usted recibirá un paquete con una carta personalizada que promete que si usted accede a probar cualquiera de los productos ofrecidos, Fingerhut le enviará un regalo de cumpleaños gratuito y apto para un niño de esa edad. Mientras más pedidos haga usted, más paquetes recibirá en el correo [...] Fingerhut se concentra en sus clientes principales, incluyendo servicios como crédito "preaprobado" en medio de una recesión cuando J. C. Penney y Sears estaban haciendo recortes». Si miramos debajo de la superficie, no encontramos ninguna magia en Fingerhut. No es muy sofisticada; es solo que no hay otro importante vendedor de mercancías por catálogo que se haya tomado la molestia de hacerlo.

Luego tenemos una docena de *empresas de servicios*. En Ogilvy & Mather, por ejemplo, David Ogilvy insiste en que la agencia se mantenga fiel a su consigna de que el objetivo número uno sea el servicio sin igual al cliente, y no la rentabilidad. En Marriott Hotels, J. William Marriott, Sr., a sus ochenta y dos años, es el mismo demonio con respecto a la calidad de lo que era hace cuarenta años. Su hijo, que ahora dirige la compañía, ha retomado este mismo aspecto, e incluso la publicidad de Marriott se centra en las visitas personales que Bill Marriott, Jr., hace a todos sus hoteles. En el sector de las aerolíneas, Delta y American se encuentran en el tope de cualquier lista de grandes compañías con mejor desempeño. También encabezan la lista de servicios. American ocupa indefectiblemente el primer lugar en las encuestas de servicio al consumidor. Delta haría lo mismo si el análisis se centrara en el nicho que elige la empresa para servir: principalmente a los clientes comerciales.

Hemos enumerado dos ejemplos típicos en el sector bancario: Morgan y Citibank. Hoy día la industria bancaria habla sin cesar de desarrollar destrezas administrativas para servir a los grandes clientes corporativos. Morgan escribió un libro sobre esto hace varias décadas. Citibank fue el primer banco importante en realinear toda su estructura organizacional en torno a los segmentos del mercado. Lo hicieron en 1970, y otros bancos apenas están comenzando a hacerlo.

Las estrellas en el negocio de manejar una gran cantidad de personas son McDonald's y Disney. Ya hemos hablado de ambas. Nos resulta casi imposible encontrar alguna falta en su capacidad para servir a sus clientes con una distinción y calidad consistentes.

¿Cuáles son las estrellas del comercio minorista? Ciertamente Neiman-Marcus y Bloomingdale's se destacan entre el resto. Cuando Neiman-Marcus abrió en 1907, su primer anuncio decía: «La tienda de la calidad y de los valores superiores». Bloomingdale's, como se mencionó anteriormente, ejemplifica el enfoque de nicho.

Wal-Mart es la exitosa historia de ventas masivas al por menor de finales de los años setenta y comienzos de los ochenta. Y volvemos de nuevo al nicho y al servicio. Desde 1972, ha pasado de dieciocho a 330 tiendas, y de $45 millones a $1,6 miles de millones en ventas. Es la clásica cadena de nicho entre los minoristas masivos. Le hizo a Kmart lo que Lanier le hizo a competidores más grandes con los procesadores de palabras independientes. Wal-Mart abre «demasiadas» tiendas en cualquier parte de su territorio del Medio Oeste y del sudoeste. La razón es simple. De este modo, desalienta a Kmart para incursionar allí.

Kmart merece un reconocimiento por ser una empresa de desempeño superior; sin embargo, al igual que Emerson, la compañía es una especie de anomalía. Ha tenido éxito principalmente al centrarse en los costos bajos. De hecho, es la única entre las doce empresas de servicios cuya principal característica distintiva son los costos. Sin embargo, no ha ignorado la calidad en el proceso. Incluso se podría argumentar que ha comenzado a tomar el lugar tradicional de Sears. «Valor a un precio decente» ha sido durante mucho tiempo la filosofía de Sears, y se está convirtiendo rápidamente en la de Kmart.

En la *categoría de fabricantes de misceláneas*, 3M es el nicho ejemplar: encuentra un mercado pequeño, lo penetra, obtiene todo lo que puede de él y continúa con el siguiente. Caterpillar y Deere, que hemos incluido también en esta categoría general, son fanáticas de la calidad y la fiabilidad. También tienen relaciones extraordinarias con sus distribuidores. Por último, Dana se destaca en esta categoría de comodín. Al igual que Emerson, ha sido exitosa principalmente gracias a su capacidad para mantener costos bajos y aumentos constantes en la productividad.

Las estrellas indudables en la *administración de proyectos* son Fluor, Bechtel y Boeing. Fluor y Bechtel son líderes en el negocio de la construcción de grandes proyectos. Ambas se enorgullecen de la calidad y fiabilidad de sus servicios, y cobran mucho por esto. Boeing se preocupa por los costos, pero habla básicamente acerca de la importancia de la calidad y la fiabilidad. Mientras hacíamos la investigación, encontramos una y otra vez que la principal forma de entender la orientación de una empresa es escuchar con atención la manera en que su gente habla de sí misma.

Por último, y en aras de la exhaustividad, observamos algunas de las estrellas en el *sector de las materias primas*. Aquí, por encima de todo, es importante estar en una posición de bajo costo. Por definición, en las empresas de productos básicos, especialmente cuando usted le está vendiendo a otras empresas y no a un usuario final, su posición con respecto a los costos es crucial. (Por ejemplo, una empresa como Utah International Incorporated —subsidiaria de GE— obtiene enormes ganancias vendiendo carbón metalúrgico a los japoneses. No obtienen una gran ventaja de su capacidad de comercialización. Simplemente son los productores con un menor costo total que suministran coque y carbón de calidad a los productores de acero japoneses). Amoco, Arco y Exxon son simplemente exploradores y operadores excelentes. Pueden extraer petróleo a un costo menor que el resto.

Sin embargo, incluso en las empresas de materias primas hay algunas diferencias interesantes. Dow y DuPont son una división clásica, aunque ambas son triunfadoras. Dow, el productor básico y distribuidor de materias primas, ha sido claramente el líder en los últimos años porque tenía la estrategia adecuada en materia de recursos —la estrategia de bajos costos—, cuando quedamos paralizados por la OPEP. No obstante, por lo menos hasta un pasado muy reciente, Du Pont tenía el historial de nuevos productos más envidiable. Du Pont prospera con las innovaciones enfocadas en los nichos de mercado que resultaron de estos nuevos productos.

El sector del acero no es muy rentable en general, pero tiene excepciones en sus últimas etapas de producción. Nucor, una empresa altamente rentable, se nutre de nichos especiales de acero con un mayor valor agregado.

El análisis anterior es escasamente válido en términos estadísticos. Tampoco llegamos a la conclusión de que los costos no cuentan, o que, por ejemplo, el ochenta o el noventa por ciento de las empresas mejor administradas estén abrumadoramente orientadas a la calidad, a los servicios o a los nichos. Sin embargo, creemos que la muestra general es sólida, y que los datos bastan para establecer que, para las empresas con mejor desempeño, por lo general, lo más importante es algo que está más allá que el costo. Y ese algo es una manera especial de estar cerca del cliente.

ESCUCHAR A LOS USUARIOS

Las empresas excelentes son mejores oyentes. Obtienen beneficios gracias a una cercanía de mercado que para nosotros fue realmente inesperada; es decir, inesperada hasta que uno piensa en ello. La mayor parte de su verdadera innovación proviene del mercado.

Procter & Gamble fue la primera empresa de bienes de consumo en habilitar el número telefónico gratuito 800 que aparece en todos sus empaques. En su informe anual de 1979, P&G dice que recibió doscientas mil llamadas a ese número con ideas o quejas de los clientes. P&G respondió a cada una de ellas, y fueron resumidas mensualmente para las reuniones de la junta. Los expertos señalan que el número 800 es una fuente importante de ideas para mejorar los productos.

Existe un sorprendente y poderoso respaldo teórico a lo que están haciendo P&G y otras empresas. Eric von Hippel y James Utterback, de MIT, han estudiado por mucho tiempo los procesos de innovación. Hace poco tiempo, Von Hippel observó cuidadosamente la fuente de la innovación en el sector de los instrumentos científicos. Sus conclusiones: de los once grandes inventos de «primer tipo» que consultó, *todos* procedían de los usuarios; de las sesenta y seis «mejoras importantes», el ochenta y cinco por ciento provino de los usuarios; de las ochenta y tres «pequeñas mejoras», cerca de dos tercios provinieron de los usuarios.

Von Hippel dice que no solo las ideas provienen de los usuarios; en la gran mayoría de los inventos que estudió —incluyendo todos los del primer tipo*—, la idea fue probada por primera vez, se le hizo un prototipo, fue demostrada y utilizada por los usuarios, y no por los fabricantes de instrumentos. Por otra parte, la difusión extensa y adicional de ideas antes de la comercialización fue realizada por otros usuarios. Es decir, que el usuario ejemplar inventó un instrumento, construyó un prototipo y lo puso en servicio. Otros usuarios conocedores lo prueban. Solo

---

* Instrumentos sofisticados como el cromatógrafo de gases, el espectrómetro de resonancia nuclear y el microscopio electrónico de transmisión.

entonces un productor entra en acción, «y lleva a cabo los procesos laborales de ingeniería y de mejora en la fiabilidad, mientras deja intactos el diseño básico y los principios operativos».

Un grupo de ejecutivos de Boeing proporciona soporte direccional. Ellos afirman que, a juzgar por su propia experiencia, los hallazgos de von Hippel son extremos; ellos pueden pensar en una serie de ejemplos en los que las ideas y los prototipos principales procedían de sus propios esfuerzos de desarrollo. Sin embargo, se apresuran a añadir que, si el producto no está inmediatamente a la altura de las necesidades del cliente y no se ha desarrollado en plena colaboración con este, lo abandonan. Un ejecutivo comenta: «Si no podemos encontrar un cliente interesado en trabajar con nosotros desde el principio, es seguro que la idea no prosperará».

Las mejores empresas son presionadas por sus clientes, y a estas les encanta. ¿Quién en Levi Strauss inventó el *jean* Levi's original? Nadie. En 1873, por $68 (el precio de la presentación de la solicitud de patente), Levi's obtuvo el derecho para mercadear *jeans* con remaches de acero de uno de sus usuarios, Jacob Youphes, un cliente de Nevada que compraba *jeans* Levi's. Y, como ya dijimos, Bloomingdale's inventó los *jeans* desteñidos para Levi's. Casi todas las primeras innovaciones de IBM, incluyendo la primera computadora de la compañía, fueron desarrolladas en colaboración con su cliente principal: la Oficina del censo. ¿Cuándo despegó el negocio del Scotch Tape de 3M? Cuando un vendedor, y no los técnicos, inventó un dispensador de escritorio adaptado para lo que había sido previamente un producto de uso básicamente industrial.

Y así, sucesivamente. ¿Cuál es la ventaja de Digital? «Recurren a sus clientes con el fin de encontrar usos para las minicomputadoras, en lugar de sobrecargar a la empresa con los enormes costos de desarrollar y comercializar aplicaciones por sus propios medios. Los vendedores de Digital, ingenieros que les venden a otros ingenieros, fomentan relaciones fuertes y duraderas con los clientes». El analista que escribió esto señala: «Es sorprendente lo poco que han generado su propio crecimiento. Por años, han cargado con las aplicaciones interesantes que se les ocurrieron a sus clientes». La historia de Wang Labs es la misma: «Estarán más influenciados por lo que quiere el cliente. Entre otras cosas, están planeando establecer un programa conjunto de investigación y desarrollo en el que la compañía trabajará al lado de sus clientes para determinar nuevas formas de utilizar sistemas integrados». Su fundador An Wang comenta: «Trabajar con los usuarios nos ayudará a responder a sus necesidades». Un alto ejecutivo de Allen-Bradley afirma: «No vamos a intentar nada a menos que encontremos un usuario que colabore con nosotros en un experimento». Y añade que Allen-Bradley se había rezagado en el control numérico y en los dispositivos de control programables. La empresa fue catapultada posteriormente a la vanguardia no por sus propios investigadores o ingenieros, sino por sus usuarios ejemplares y sofisticados. «Boeing, Caterpillar y GM estaban construyendo sus propios equipos», comentó un ejecutivo. «Y de hecho, dijeron: "Sigan adelante con eso o se olvidan de nosotros"».

En una exitosa compañía de alta tecnología con la que hablamos, el director de I+D se ha tomado «vacaciones de verano» de dos meses, como las llama él, cada uno de los últimos doce años. En julio y agosto, él viaja exclusivamente a los lugares donde están los usuarios, y sondea cuidadosamente lo que hacen los clientes con los productos de su compañía, y cuáles pueden ser sus necesidades futuras. Hace poco oímos una conversación en un bar de Palo Alto. Un ingeniero de una división de circuitos integrados de HP estaba hablando con sus amigos. Uno de ellos le preguntó en dónde trabajaba. Él ingeniero mencionó un sitio de HP en Palo Alto, pero rápidamente agregó que pasaba casi todo su tiempo trabajando en aplicaciones en otra ciudad, en establecimientos de usuarios.

Estas historias serían de poco interés si no estuvieran en un contraste tan marcado con la mayor parte de las prácticas administrativas. Con demasiada frecuencia, el producto está diseñado en el vacío, es la quimera de unos ingenieros que aman la tecnología, pero que tal vez nunca hayan visto a clientes en carne y hueso utilizar los productos de sus empresas.

De modo que las empresas excelentes no solo son mejores en términos de servicio, calidad, fiabilidad y en la búsqueda de un nicho. También son mejores oyentes. Esa es la otra mitad de la ecuación sobre la cercanía con el cliente. El hecho de que estas compañías sean tan buenas en su calidad, servicio y en todo lo demás, proviene en gran medida de prestar atención a lo que quieren los clientes. De escucharlos. De invitar al cliente a la empresa. El cliente está realmente en una asociación con las empresas eficaces, y viceversa.

Uno de los estudios más extensos sobre la innovación es el análisis SAPPHO*, dirigido por el destacado economista Christopher Freeman, quien analizó treinta y nueve innovaciones en el sector químico, y treinta y tres en el de instrumentos científicos. Se utilizaron más de 200 indicativos de aspectos de innovación; solamente quince resultaron ser significativos en términos estadísticos. El factor número uno fue el mismo en ambos sectores: «Las empresas exitosas entienden mejor las necesidades del usuario» (la probabilidad de que los encuestados mencionen que el factor ocurre al azar y no de forma sistemática: productos químicos: −,000061 (alrededor de seis milésimas del uno por ciento); instrumentos: −,00195; combinados −,00000019; es decir, que parece claramente válida). El factor número dos también fue el mismo para ambos; la fiabilidad: «Las innovaciones exitosas tienen menos problemas». Su análisis de casos específicos que han fracasado también fue revelador. Las principales razones mencionadas por los encuestados fueron:

	Siete innovaciones químicas que fracasaron	Dieciséis innovaciones de instrumentos que fracasaron
«Ninguna consulta a los usuarios»	1	3
«Muy pocas consultas o usuarios atípicos»	2	4
Se ignoraron las respuestas (de los usuarios), o se malinterpretaron	0	4
«Falta de investigaciones de campo de las técnicas del usuario»	0	3
«Comprometido con el diseño preconcebido»	4	2

En resumen, Freeman y sus colegas observaron: «Las empresas exitosas prestan más atención al mercado que a los fracasos. Los innovadores exitosos innovan en respuesta a las necesidades del mercado,

---

* Indicador de Actividad Científica Derivada de Patrones de Origen Heurístico (por sus siglas en inglés).

involucran a usuarios potenciales en el desarrollo de la innovación, y comprenden mejor las necesidades del usuario».

No deberíamos concluir este capítulo sin mencionar brevemente un importante debate que ha tenido lugar dentro de nuestras propias filas. Creemos, luego de examinar a las empresas excelentes, que el usuario es insuperable como generador y probador de ideas. Varios de nuestros colegas, por el contrario, sostienen que las empresas son impulsadas de manera más efectiva cuando prestan atención a la tecnología y a los competidores. En adición, Robert Hayes y William Abernathy, en un artículo ampliamente citado en *Harvard Business Review*, han criticado a las compañías estadounidenses por estar demasiado «orientadas al mercado», en lugar de estar «orientadas a la tecnología». Argumentaron que nuestro enfoque a corto plazo nos ha llevado a ser cautivos de las últimas encuestas sobre las preferencias de los consumidores.

No estamos de acuerdo con esto. En primer lugar, desconfiamos de cualquier respuesta simple y no tratamos de insistir en ninguna. Los tres factores —los usuarios, los competidores y la tecnología— son esenciales. Sin embargo, la cuestión del competidor se puede disipar fácilmente. Está claro que las empresas excelentes hacen más y mejores análisis de los competidores que el resto. Es solo que el trabajo no lo hacen los miembros del personal de la torre de marfil, quienes leen o redactan informes abstractos. Los representantes de servicio de HP, el vendedor de IBM o el vendedor o líder del equipo de emprendimientos de 3M, los franquiciados de McDonald's, y los cientos o miles de compradores de Bloomingdale's son observadores excelentes e intensos de la competencia. Hacen prácticamente todo esto en el lugar de los hechos. Y su sensor de densidad es poco menos que abrumador.

El aspecto más controvertido que plantean nuestros críticos tiene que ver con la cuestión de la tecnología; por ejemplo: «Los usuarios normalmente te dicen más de lo mismo, en lugar de sugerir una verdadera innovación». Eso puede ser cierto en algunos lugares (por ejemplo, sustancias químicas en grandes cantidades), pero no en muchos. Los líderes en el sofisticado sector de controles, como Allen-Bradley, no fueron conducidos a probar la robótica por sus laboratorios centrales, sino por sus clientes gigantes. IBM fue realmente impulsada al procesamiento distributivo por sus usuarios ejemplares, especialmente por Citibank. NCR perdió el mercado de la electrónica en los años sesenta

al ignorar a sus usuarios principales —Sears, J. C. Penney, y otros—, y
solo se recuperó después de permanecer fiel a su obstinación.

Así, los «mejores oyentes» prestan especial atención a sus *usuarios
ejemplares*. Esta es realmente la ventaja definitiva, que difiere enormemente del constructo de Hayes y Abernathy. El usuario de vanguardia (es decir, el inventor, y no el consumidor promedio), incluso en la
mayoría de las áreas de bienes de consumo, está años por delante de
los consumidores modales, y tal vez más de una década en los sectores
de mayor tecnología. (GM fue un clásico «usuario ejemplar» y estuvo
diez años adelante de los demás en la capacidad de diseño asistida por
computadoras, lo que ayudó inmensamente a la empresa para superar
a Ford y a Chrysler en el diseño mundial de automóviles). Del mismo
modo, se pueden encontrar pequeños inventores que están muy por
delante de las grandes corporaciones en las aplicaciones de nuevas
tecnologías. Y ellos, a su vez, están trabajando con otros. Como era
de esperarse, una gran cantidad de estas combinaciones se presentan
en un momento dado. Y nuestra evidencia sugiere fuertemente que las
grandes empresas triunfadoras son aquellas cuyas fuerzas de ventas,
mercadeo, manufactura, ingeniería y desarrollo de productos están lo
suficientemente cerca de sus clientes ejemplares, y en contacto con
suficiente regularidad, para observar y seguir rápidamente estas combinaciones del usuario innovador.

Escuchar o investigar de este modo, en o cerca del borde de algo
a la vanguardia, difiere mucho de comisionar encuestas o de convo-
car paneles para discutir los gustos del pasado. Está muy lejos del
puro juego tecnológico de Hayes/Abernathy basado en el laboratorio.
Obviamente, uno debe invertir en la investigación y en el desarrollo
básico. Sin embargo, el papel principal es especificar sin duda ideas
que los empresarios internos y pragmáticos, tales como los campeones, los vendedores que resuelven problemas, los clientes ejemplares
y los vendedores orientados al cliente, puedan «robar», juguetear con,
y aplicar hoy.

7

Autonomía y espíritu empresarial

La nueva idea encuentra un campeón o muere [...] Ninguna partici-
pación ordinaria con una idea nueva proporciona la energía nece-
saria para hacer frente a la indiferencia y resistencia que generan
los importantes cambios tecnológicos [...] Los campeones de nuevos
inventos muestran una persistencia y un coraje de calidad heroica.

—Edward Schon, MIT

El hecho más desalentador de las grandes corporaciones es la pérdida
de aquello que las hizo grandes en primer lugar: la innovación. Si las
grandes empresas no dejan de innovar totalmente, es casi seguro que
la tasa disminuirá muchísimo. De acuerdo con *Inc.*, un estudio de la
National Science Foundation, considera que «las pequeñas empresas
hicieron casi cuatro veces más innovaciones por cada dólar invertido
en investigación y desarrollo que las medianas empresas, y alrededor de veinte y cuatro veces más que las grandes empresas». Luego
de estudiar el mismo tema, el economista Burton Klein encontró que
las grandes empresas rara vez o nunca son responsables por grandes avances en sus industrias. Veronica Stolte-Heiskanen concluyó
recientemente un importante estudio sobre cincuenta laboratorios de
investigación en los sectores público y privado; su hallazgo fue más
o menos el mismo: «La relación de los recursos materiales objetivos
[fiscales y personales] con la eficacia de la investigación [...] es mínima por lo general, y a veces negativa».

Por otro lado, tenemos a las empresas excelentes. Y son grandes.
Tienen registros envidiables de crecimiento, de innovación y de la
riqueza consiguiente. Claramente, las probabilidades están en contra
de ellas; sin embargo, obtienen resultados. Tal vez el elemento más
importante de su envidiable historial es la capacidad de ser grandes

y al mismo tiempo actuar como si fueran pequeñas. Al parecer, un concomitante esencial es que estimulan el espíritu empresarial entre su gente, porque propagan la autonomía en todos los niveles de la empresa: Dana con sus «gerentes de tiendas», 3M con sus equipos de emprendimiento, TI con más de noventa centros de productos para el cliente. En Emerson Electric y J&J encontramos «demasiadas» divisiones, y, en consecuencia, un tamaño típico de división que en un principio parecía poco menos que óptimo. Muchas de estas empresas estaban orgullosas de sus «operaciones secretas», tropas de ocho o diez fanáticos en un rincón, con una producción que a menudo era más alta que la de grupos de desarrollo con cientos de integrantes.

Con el tiempo, se hizo evidente que todas estas empresas estaban haciendo concesiones intencionales. Estaban creando casi una descentralización y una autonomía radical, con superposición de asistentes, desorden en los bordes, falta de coordinación, de competencia interna, y condiciones un tanto caóticas, con el fin de crear un espíritu empresarial. Habían renunciado a una medida de orden con el fin de lograr una innovación habitual.

Sin embargo, mientras más observábamos, en cierto sentido, todo era más desconcertante. La gente hablaba de duelos de desempeño (IBM), eliminación de programas al menos una vez (3M), programas de socios y contribuyentes individuales (IBM y TI), gerentes de estaciones (United Airlines), respaldo a los fracasos (3M, J&J y Emerson), ofrecerse como voluntarios para proyectos fundamentales, separar nuevas divisiones, buscar oyentes, producir de manera clandestina (GE), perforar más pozos (Amoco), atacar simultáneamente en muchos frentes (Bristol-Myers) y fomentar insumisos e inconformistas (IBM). Si no estuviéramos convencidos ya de que la metáfora militar era completamente inadecuada para describir la vida gerencial en las empresas excelentes, sin duda lo supimos después de analizar los exitosos esquemas en materia de innovación.

Sin embargo, nos pareció que debía de haber algo más que el simple hecho de descentralizar radicalmente y luego instar a las tropas a ser «condenadamente creativas», tal como un colega describe el típico enfoque para tratar de alcanzar la innovación. Y resultó que, efectivamente, había algo más.

EL CAMPEÓN

Toda la actividad y la aparente confusión que observamos gira en torno a «campeones» entusiasmados, y al hecho de asegurarse de que el innovador potencial, o el campeón, se adelante, crezca y progrese, incluso hasta el punto de permitirse un poco de locura. Porque, como nos dijo enfáticamente Tait Elder, que en aquel entonces era jefe de la división de nuevos proyectos comerciales de 3M: «Esperamos que nuestros campeones sean un poco irracionales».

Howard Head es un campeón por excelencia. James Brian Quinn dice sobre él y de su esquí revolucionario: «Estaba poseído por su idea, era un fanático del tema». Para entender cómo son realmente los campeones, simplemente lea la historia sobre Head y su invento del esquí metálico publicada en *Sports Illustrated*:

En 1946, Head viajó a Stowe, Vt., para tratar de esquiar por primera vez. «Me sentí humillado y disgustado por lo mal que esquiaba», recuerda, «y, típicamente, tendía a echarle la culpa a los equipos, a esos largos y aparatosos esquís de nogal. De camino a casa me oí a mí mismo jactarme ante un oficial del Ejército de que yo podía hacer un mejor esquí con materiales aeronáuticos que con madera».

Cuando regresó a Martin, los garabatos crípticos que comenzaron a aparecer en su tablero de dibujo inspiraron a Head para recoger pequeñas cantidades de aluminio en una fábrica. En su tiempo libre, improvisó un taller en un establo que tenía en la segunda planta de un callejón cerca de su apartamento con una habitación en un sótano. Su idea era hacer un esquí «sándwich de metal» que consistía en dos capas de aluminio con paredes laterales de madera contrachapada, y la parte central rellenada con plástico en forma de panal.

Como necesitaba presión y calor para fundir los materiales, Head inventó un proceso que habría enorgullecido a Rube Goldberg. Para lograr la presión necesaria de quince libras por pulgada cuadrada, introdujo el molde del esquí en una enorme bolsa de caucho y luego bombeó aire a través de un tubo conectado a un antiguo compresor de refrigerador enganchado hacia atrás para generar succión. Para obtener calor, soldó un tanque de hierro semejante a un ataúd, lo llenó con aceite de motor que sacó de cárteres de automóviles y, utilizando dos

quemadores para campamento de Sears, cocinó una infusión nausea-
bunda a 350°. Luego sumergió la bolsa de caucho y el molde del esquí
en el aceite hirviendo y esperó, así como Julia Child esperaba a que
sus hojaldres de papa se doraran.

Seis semanas después, y luego de mucho humo y hedor, Head produjo sus primeros seis pares de esquís y se apresuró a Stowe para que
los profesionales los examinaran. A fin de medir el peralte del esquí, un
instructor introdujo un extremo en la nieve y lo flexionó. El esquí se
rompió. Lo mismo sucedió con todos los seis pares. «Cada vez que uno
de ellos se rompía», dice Head, «algo en mi interior se partía con él».

En lugar de colgar su bolsa de caucho, Head renunció a Martin
el día después de Año Nuevo de 1948, sacó los $6.000 ganados en el
póquer que había guardado debajo de su cama, y comenzó a trabajar
en serio. Cada semana enviaba un par de esquís nuevos y mejorados a
Neil Robinson, un instructor de esquí en Bromley, Vt., para probarlos,
y cada semana Robinson se los devolvía partidos. «Si hubiera sabido
que necesitaría hacer cuarenta versiones para producir esquís que fueran buenos, tal vez habría renunciado», afirma Head. «Pero, afortunadamente, sigues pensando que el próximo diseño funcionará».

Head luchó con su obsesión por espacio de tres inviernos agoni-
zantes. Los refinamientos fueron varios: bordes de acero para la adhe-
rencia necesaria, un núcleo de madera contrachapada para una mayor
resistencia, y una superficie de plástico para pistas más suaves y libres
de hielo. Durante un día fresco de 1950, Head permaneció en el Estadio Tuckerman's en Nueva Hampshire y vio al instructor de esquí Clif
Taylor deslizarse sobre el borde de una pared, hacer una cola de pez en
la línea más pendiente, y arrastrarse por una curva larga y grácil para
luego frenar en seco delante del inventor radiante.

«Son geniales, señor; realmente son geniales», exclamó Taylor. En
ese momento, dice Head: «Supe en lo más profundo de mí que lo
había logrado».

Recientemente, TI realizó un estudio fascinante, en el cual examinó sus casi cincuenta lanzamientos exitosos y fallidos de nuevos
productos, y encontró un factor que marcaba *cada* fracaso: «Sin excepción, nos pareció que no teníamos un campeón *voluntario*. Había
alguien a quien habíamos engatusado para asumir la tarea». El ejecutivo que nos dijo esto añadió: «En estos días, cuando le echamos un

vistazo a un producto para decidir si lo desarrollaremos o no, tenemos un nuevo conjunto de criterios. El número uno es la presencia de un campeón voluntario y entusiasta. Luego están el mercado potencial y la economía del proyecto en un lejano segundo y tercer lugar».

En un esfuerzo paralelo, recientemente concluimos un análisis sobre el desempeño de casi una docena de grandes empresas japonesas y estadounidenses en los últimos veinte años. Una parte consistió en un estudio detallado de las veinticuatro principales iniciativas de negocios, tales como la incursión sin éxito de GE en las computadoras y su éxito en los plásticos de elaboración y los motores de aeronaves. Una vez más, el papel del campeón demostró ser crucial. En quince de los veinticuatro casos que fueron exitosos, catorce tenían un campeón inobjetable, mientras que, de los nueve fracasos, solo tres estuvieron liderados por un campeón. (Seis no tenían un campeón, o este se había retirado temprano y el proyecto había fracasado en consecuencia). Adicionalmente, y para nuestra sorpresa, los datos japoneses y estadounidenses coincidían. Habíamos esperado unos pocos campeones en el entorno japonés, que supuestamente era más colectivista. Sin embargo, el cien por ciento (seis de cada seis) de los éxitos japoneses tenía un campeón, y tres de los cuatro fracasos japoneses no tenían ninguno.

Tenemos que reconocer que Head es la idea central del inventor prototípico, que trabaja en un garaje húmedo y apestoso. ¿Pero hombres de compañía en Hitachi y en GE? Sí, y en IBM también. James Brian Quinn, tras estudiar la historia de IBM durante un cuarto de siglo, comenta: «Se animaba a campeones comprometidos para que llevaran adelante proyectos importantes. Su presidente Vicent Learson creó este estilo en IBM durante el período más innovador de la empresa. Alentó a los diferentes grupos a que presentaran diseños para "duelos de desempeño" frente a las propuestas de la competencia. Era, de hecho, difícil de encontrar alguna innovación importante y exitosa de IBM que resultara directamente de la planificación de un producto formal en lugar de este proceso de campeonato».

Un antiguo empleado de IBM que estaba por allí durante los años de Watson, señala también: «La 650 [una de las primeras y más importantes computadoras de IBM] fue típica. Los [laboratorios centrales] de Poughkeepsie se movían lentamente. Un grupo en Endicott [la sede de manufactura e ingeniería] estaba desarrollando un proyecto simple, pequeño y de producción clandestina. Armonk [la sede] se

enteró de él. Era muchísimo mejor —más simple y más barato— que
el producto de laboratorio. Ese proyecto se convirtió en la 650». Luego
de hablar con un gerente de IBM en San José, este añadió una confirmación adicional: los proyectos paralelos son cruciales. No hay duda de
ello. Cuando miro en términos retrospectivos los últimos doce productos que hemos introducido, encuentro en más de la mitad de los casos
que el gran proyecto de desarrollo al que le «apostamos» por medio del
sistema terminó fracasando en algún lugar del camino. En todos los
casos, y hemos retrocedido y echado un vistazo —y me refiero a *todos*—, había dos o tres (casi cinco en una ocasión) pequeños proyectos,
ya sabes, grupos de cuatro a seis personas, dos en un caso, que habían
estado trabajando en una tecnología paralela o en esfuerzos paralelos de
desarrollo. Esto se hizo con tiempo e individuos rebuscados. Sin embargo, esto es algo que tiene una larga tradición. Nos hacemos de la vista
gorda. Cuando miramos los proyectos en los que la apuesta inicial fa-
lló, el proyecto desarrollado posteriormente se terminó antes de la programación original en tres casos. Es increíble lo que pueden hacer un
puñado de personas dedicadas cuando están realmente entusiasmadas.
Por supuesto, ellos tenían una ventaja. Dado que tenían recursos muy
limitados, tuvieron que diseñar un producto más simple en primer lugar.

La historia de GE es igual. Una mirada debajo de la superficie de-
vela una anécdota tras otra. Uno de los mayores éxitos comerciales de
GE en épocas recientes, aparte de las adquisiciones; por ejemplo, ha
sido los plásticos de elaboración (de nada en 1970 a $1.000 millones
en 1980). La idea de los plásticos de elaboración provino de actividades desconectadas, afirma un comentarista de *Dun's Review*:

Al igual que la mayoría de las empresas, GE considera que algunas de
las ideas de sus investigadores no tienen suficiente promesa evidente
ni siquiera para que el laboratorio de Schenectady [laboratorio central
de I+D] las financie. Por lo tanto, la empresa deja suficiente margen de
maniobra para que un investigador ambicioso lleve a cabo un trabajo
clandestino que es financiado subrepticiamente por fondos asignados
a otro proyecto. Comúnmente conocido en GE como «producción
clandestina», este tipo de investigación no autorizada a veces puede pagar grandes dividendos. En los años cincuenta, un investigador
llamado Daniel W. Fox, que estaba trabajando en un nuevo material

aislante para cables eléctricos, entró a la oficina de Beuche [el director de tecnología] con un gran pegote plástico de color marrón pegado al extremo de una varilla de vidrio. Fox lo puso en el suelo, lo golpeó con un martillo y el martillo se rompió. Trató de cortarlo con un cuchillo, pero no pudo. Le presentaron el material a la nueva unidad de desarrollo y ellos lo refinaron hasta convertirlo en una sustancia llamada plástico policarbonatado Lexan, y así crearon lo que actualmente es el negocio de mayor crecimiento de GE.

Sin embargo, no fue tan sencillo. Fox, el campeón tecnológico, no era suficiente. Se necesitaron otros actores importantes para pasar el proyecto por todo el proceso burocrático y lanzarlo con éxito en el mercado. El joven Jack Welch (ahora presidente) fue el clásico campeón. Él siempre estaba produciendo de manera clandestina, encontró nichos en los cuales experimentar con los clientes y se salió del sistema para reclutar a jóvenes ingenieros químicos que pudieran desarrollar aún más a Lexan. Por otra parte, el propio Welch estaba protegido por un puñado de «campeones ejecutivos» fuertes e iconoclastas.

Alguien puede preguntarse, si tantas voces coinciden en que los campeones son fundamentales para el proceso innovador, ¿por qué las empresas no salen simplemente y contratan o capacitan a un mayor número de ellos? Parte de la respuesta parece ser que el estilo de trabajo del campeón está en desacuerdo con la modalidad gerencial de la mayoría de las empresas. Citamos de nuevo a James Brian Quinn:

La mayoría de las corporaciones no pueden tolerar al fanático creativo que ha sido la fuerza impulsora detrás de la mayoría de las innovaciones importantes. Estas innovaciones, que están muy alejadas de la corriente predominante de la empresa, son poco prometedoras en las primeras etapas de desarrollo. Por otra parte, el campeón es desagradable, impaciente, egoísta y quizás un poco irracional en términos organizacionales. Debido a esto, no es contratado. Y en caso de serlo, no es promovido o recompensado. Se le considera que «no es una persona seria», que es «molestoso» o «perturbador».

Otro factor parece obedecer a una cierta confusión entre la creatividad y la innovación. Theodore Levitt, de Harvard, expone el caso con acierto:

El problema con la mayoría de los consejos que hoy día reciben las empresas sobre la necesidad de ser más vigorosamente creativos es que sus partidarios con frecuencia no distinguen entre la creatividad y la innovación. La creatividad es pensar en cosas nuevas. La innovación es hacer cosas nuevas [...] Una idea nueva y de gran alcance puede permanecer en una empresa sin ser utilizada durante años, no porque sus méritos no sean reconocidos, sino porque nadie ha asumido la responsabilidad de pasar de las palabras a los hechos. Las ideas son inútiles a menos que se utilicen. La prueba de su valor descansa solo en su aplicación. Hasta entonces, estarán en el limbo.

Si habla con las personas que trabajan para usted, descubrirá que no hay escasez de creatividad o de personas creativas en los negocios estadounidenses. Lo que escasea es gente innovadora. Con demasiada frecuencia, las personas creen que la creatividad conduce automáticamente a la innovación. No es así. Las personas creativas tienden a asignarles a otros la responsabilidad de seguir con el plan. Son el cuello de botella. No hacen ningún tipo de esfuerzo adecuado para que sus ideas obtengan una audiencia y una oportunidad [...]

El hecho de que puedas reunir a una docena de personas inexpertas en una habitación y conducir una reunión creativa que produzca ideas nuevas y emocionantes muestra la poca importancia relativa que tienen las ideas en sí mismas [...] Los hombres de ideas acribillan constantemente a todo el mundo con propuestas y memorandos que son lo suficientemente breves como para llamar la atención, producir curiosidad y mantener el interés, pero que son demasiado cortos para incluir cualquier sugerencia responsable para su implementación. Las personas poco comunes son las que saben cómo hacerlo, y tienen la energía, audacia y resistencia para implementar ideas [...] Como los negocios son instituciones donde «hay que hacer las cosas», la creatividad sin un seguimiento orientado a la acción es una forma estéril de conducta. En un sentido, es irresponsable.

Un oficial de alto rango de una exitosa empresa de consumo masivo confirma el punto de Levitt con un ejemplo muy práctico:

Los productos ganadores siempre son defendidos por un gerente de marca que se ha aventurado más allá de las normas. Ha trabajado con

I+D sobre una base intensa y personal (la mayoría de sus compañeros menos exitosos trabajaron solo de manera formal con investigadores); como resultado, él obtiene una cuota «injusta» de tiempo y de atención por parte de I+D. De modo similar, como se aleja mucho de su directriz oficial, se involucra de una manera práctica con la fabricación piloto. Resumiendo, su intensidad lo lleva a probar más cosas, a aprender más rápido, a obtener mucho más tiempo y atención por parte de otras funciones y, finalmente, a tener éxito. No hay magia. Puedo reunir a cinco tipos de I+D cualquier tarde y conseguir entre setenta y cinco y cien ideas nuevas de productos plausibles. La idea es seguir adelante con las pruebas y seguir avanzando. No hay genios en este negocio. Solo tienes que ser constante.

El campeón no sueña con cielos azules ni es un gigante intelectual. El campeón podría ser incluso un ladrón de ideas. Sin embargo, por encima de todo, es el pragmático que toma la construcción teórica de otra persona si es necesario y la lleva tercamente a buen término.

Sistemas de respaldo

En el capítulo 5 contamos la historia de Sam Neaman. Fue un verdadero campeón en McCrory, pero no el único. ¿Y qué de los compañeros en Indianápolis que crearon para él la primera tienda lista para demostración? En el caso de la incursión de GE en los plásticos de elaboración, descubrimos varios héroes: el inventor, el empresario dentro de la empresa, y los campeones ejecutivos que protegían a los demás de la burocracia.

Un autor de *Research Management* concluyó recientemente: «Una iniciativa unipersonal casi nunca es eficaz [...] Los empresarios necesitan con frecuencia un patrocinador». Los numerosos esquemas que describen los sistemas de respaldo se reducen a una misma cosa: algún tipo de campeón primario y algún tipo de protector. A medida que pasamos de la consideración del individuo a la organización, encontramos que se necesita un buen número de actores para adelantar la innovación.

Nuestras observaciones nos han permitido identificar tres funciones principales: el campeón de productos, el campeón ejecutivo, y el padrino.* (Hemos excluido al innovador técnico, o inventor, porque no consideramos el trabajo técnico inicial, la idea del trabajo, como una variable principal en la innovación. Creemos que la limitación de la innovación casi siempre es la ausencia de un campeón de productos, de un campeón ejecutivo, o de un padrino. Sobre todo, estamos convencidos de la importancia del campeón ejecutivo y del padrino).

El campeón de productos es el entusiasta o fanático en las filas que hemos descrito como alguien que no pertenece a la típica clase administrativa. Por el contrario, tiende a ser solitario, egoísta y malhumorado. Sin embargo, *cree* en el producto específico que tiene en mente.

El *campeón ejecutivo* exitoso es invariablemente un excampeón de producto. Ha estado allí, pasado por el largo proceso de gestionar de manera consciente, ha visto lo que debe hacer para proteger una nueva idea práctica y posible de la tendencia formal a la negación que tiene la organización.

El *padrino* es típicamente un líder entrado en años que proporciona el modelo para abogar por algo. La mitología en 3M, HP, IBM, Digital, TI, McDonald's y GE es crucial para el proceso largo y práctico en la innovación de productos. Los mitos de Lewis Lehr y Raymond Herzog, y otros (3M); Edison, Welch y otros (GE); Hewlett (HP), Olsen (Digital), Wang (Wang), y Learson (IBM), son esenciales para fomentar la plausibilidad que anima al sistema de respaldo en general. Ni un joven ingeniero ni un comerciante simplemente salen y corren riesgos gracias a una «buena corazonada». Ellos salen y corren riesgos porque la historia de la institución los apoya a hacerlo como una forma de vida que conduce al éxito. Y lo hacen a pesar de la certeza del fracaso repetido.

Jugando a los números. No es sorprendente que la mayoría de los campeones fracasen casi todo el tiempo. Si decimos entonces que los campeones y los sistemas de estos son la clave más importante para el éxito sostenido e innovador en las empresas excelentes, ¿cómo reconciliamos el fracaso repetido y el éxito general? Solo de una manera: el éxito en la innovación es un juego de números.

---

* No somos los primeros en proponer un esquema de este tipo. Edward Roberts, de MIT; James Brian Quinn, de Dartmouth; y Modesto Maidique, de Stanford, entre otros, han propuesto algún tipo de jerarquía de campeones.

Supongamos que se pone en marcha una nueva iniciativa y que sus probabilidades de éxito son solamente del diez por ciento. Si se ponen en marcha diez iniciativas de este tipo, las leyes de probabilidad dicen que las posibilidades de que al menos una cosa funcione aumentan hasta un sesenta y cinco por ciento. Si se ponen en marcha veinticinco de estas iniciativas, las probabilidades de que al menos una tenga éxito suben a más del noventa por ciento (las probabilidades de al menos dos éxitos son casi del setenta y cinco por ciento). El mensaje claro es que sin importar lo pequeñas que sean las probabilidades de que algo funcione, la posibilidad de que algo tenga éxito es muy alta si se intentan un montón de cosas. Según James Brian Quinn: «La administración debe permitir un número suficiente de proyectos con un tiempo suficiente para completarlos para que la relación de éxito característica de 1:20 tenga efecto. Inicialmente, los gerentes empresariales podrían necesitar llevar a cabo proyectos en relaciones de riesgo un poco más bajas con el fin de generar confianza por parte de la dirección».

La única manera de garantizar más «sencillos» es aumentar el número de «turnos al bate». De este modo, Digital, HP, 3M, TI, Bloomingdale's, IBM, McDonald's, 3M, GE, Wang, J&J y otros simplemente tienen más aspirantes a campeones que sus competidores. De hecho, Digital trata a cada cliente, para todos los propósitos prácticos, como un nuevo sitio de prueba del producto.

Un análisis reciente del éxito de Bristol-Myers proporciona un ejemplo muy claro de éxito en términos de números. Richard Gelb ha logrado un historial excelente como presidente de Bristol. *Forbes* dice que Gelb está regularmente dispuesto a ocupar el segundo puesto: «Dick Gelb comenta: "Mientras podamos anotarnos dos segundos mejores lugares, de alguna manera nos irá mejor. Los subcampeones ganan más dinero"». Y *Forbes* señala que: «Gelb ataca simultáneamente en muchos frentes, de modo que si cualquier producto no funciona con el tiempo, él puede reducir sus pérdidas rápidamente». Las cifras de Bristol apoyan la validez de la estrategia de Gelb. Durante los últimos cinco años, treinta y tres productos de salud y cuidado de la belleza en el mercado general han sido calificados como éxitos comerciales (ventas anuales en tiendas de alimentos por $5 millones o más). Según *Forbes*: «Bristol Myers tuvo ocho. El siguiente mejor resultado tuvo tres». Gelb comenta: «Los grandes éxitos son geniales, pero hay otras maneras de avanzar en el negocio de los medicamentos éticos. No estamos poniendo todos nuestros huevos en la misma canasta con respecto a un medicamento milagroso para el futuro. Si vendo mil millones de dólares en productos farmacéuticos, me sentiría mucho más feliz con diez negocios de $100 millones que con dos de $500». *Forbes* resume: «Así que Bristol golpea rápido, saca muchos productos al mercado, y gana dinero ahora. La mayor fortaleza de Bristol es precisamente que *no* derrocha $250 millones de dólares en trámites de investigación, y luego se sienta y reza para que uno de estos días alguien invente una cura para el cáncer».

El juego de números es más evidente en una industria como la del petróleo. Por ejemplo, bajo la presidencia de John Swearingen, Amoco ha logrado un récord exitoso en la exploración doméstica de petróleo que está en el tope de la industria, y que es mejor que el de Exxon, Arco o Shell. La razón principal son los números simples. «A Standard le gusta perforar tantos pozos como sea posible», señala un comentarista de *Fortune*. «La pasión por la exploración por cualquier medio que esté disponible sitúa a Amoco completamente aparte de las otras empresas importantes. Exxon, por ejemplo, casi nunca perfora un pozo a menos que sea dueña de todo el negocio. Y George Galloway [director de producción] de Amoco se sorprendió al enterarse en una reciente sesión informativa en Houston que Mobil estaba operando con solo 500.000 acres arrendados en una región en la que Amoco tenía veinte veces más». (Galloway añade: «Mobil debe estar bastante segura para determinar su exploración de una manera tan minuciosa. No creo que seamos así de inteligentes»).

La historia de los números apenas sería digna de contarse si no fuera por la mentalidad de «solo jonrones» que distingue a la mayoría de las empresas, incluso a las petroleras. La mentalidad de los jonrones procede de una creencia errónea en planear, una mala comprensión del desordenado proceso innovador, una confianza equivocada a gran escala, y una incapacidad para comprender la gestión del caos organizado y un montón de toques de base.

El apoyo a los campeones. Los campeones son pioneros, y los pioneros reciben oportunidades. Por lo tanto, las empresas que sacan el mayor provecho de los campeones son las que tienen grandes redes de apoyo para que los pioneros prosperen. Este punto es tan importante que es difícil destacarlo en exceso. Sin sistemas de apoyo, no hay campeones. Sin campeones, no hay innovaciones.

Lo que más nos llama la atención sobre las empresas excelentes es la integridad de sus sistemas de apoyo a los campeones. De hecho, las empresas excelentes están estructuradas para crear campeones. En particular, sus sistemas están diseñados para «filtraciones», de modo que los campeones garroneros puedan hacer algo.

Ellos hacen esto con frecuencia en «operaciones secretas». En una encuesta a una empresa de $5 mil millones, por ejemplo, tres de las últimas cinco introducciones de nuevos productos provienen de operaciones secretas clásicas. Están integradas por ocho a diez personas, y operan en un apartamento lúgubre en un segundo piso a seis millas de la sede corporativa. El genio técnico es un tipo cuyo mayor título es un diploma de equivalencia de escuela secundaria obtenido en el Ejército en Corea (aunque la empresa tiene, literalmente, miles de científicos e ingenieros con doctorados en su nómina). Uno de los otros miembros del grupo fue detenido por colarse en una planta de fabricación a la que no tenía autorización para entrar, y por sacar un poco de material necesario para seguir adelante con un experimento.

El primer producto del grupo, que ahora es un artículo que vende $300 millones al año, fue desarrollado completamente (se hizo un prototipo de él) en veintiocho días. El año pasado, un importante producto corporativo fue un gran fracaso. Un miembro de la operación secreta pidió y obtuvo permiso para llevar dos muestras a su casa, y las instaló en el sótano. Utilizó una como punto de referencia. Jugueteó con la otra durante unas tres semanas y corrigió prácticamente todos los defectos (con artículos que costaban cinco y diez centavos), mejorando el desempeño con respecto a las especificaciones de diseño originales por un factor de tres. El presidente fue a su sótano y aprobó de inmediato los cambios en el diseño. El último de los éxitos del grupo fue diseñado en una competencia (encubierta) con un «equipo» de ingeniería corporativa de casi 700 personas.

Las operaciones secretas son notoriamente pragmáticas, tal como se desprende de otra descripción sobre este grupo. Una pieza de una máquina nueva e importante se estaba recalentando. Numerosos equipos de ingenieros lucharon con el problema durante meses. Finalmente se decidió instalar un acondicionador de aire con capacidad de una tonelada en la máquina. Uno de los integrantes de la operación secreta pasó por allí. Examinó el problema, y luego compró un ventilador doméstico por $8,95 en la farmacia de la esquina. Cumplió con el objetivo y bajó la temperatura lo suficiente para solucionar el problema.

Los lugares donde escuchamos sobre operaciones secretas tendían a ser aquellos en los que no existían estructuras más elaboradas para respaldar o fomentar campeones. En las empresas con mejor desempeño, oímos más acerca de algo para lo que nuestro colega David Anderson ideó el término «posición de autonomía limitada»; que significa una posición que tiene cualidades sustanciales, empresariales y propias de campeones, pero que es en realidad bastante limitada y existe en un entorno mucho más amplio de lo que cabría esperar.

Nos topamos por primera vez con este concepto en un análisis de United Airlines, cuando estaba prosperando bajo la dirección de Ed Carlson. Carlson habló del «espíritu empresarial simulado». Les dio a unos 1.900 «gerentes de estación» en United cierto control sobre sus destinos. Por primera vez, no fueron evaluados o clasificados según su desempeño general, si no por aquellas variables sobre las que tenían algún tipo de control. Dice Carlson: «Estábamos tratando de ofrecer un desafío real a cada gerente de estación, de modo que al cabo de seis meses pudiera decirle a su jefe o a su esposa, "obtuve una ganancia"».

Luego encontramos el fenómeno en Dana, donde el presidente Rene McPherson inventó el concepto «gerente de tienda», como ya mencionamos. En términos prácticos, significaba dar una buena dosis de autoridad a sus casi noventa gerentes. Ellos tenían un control inusual sobre las contrataciones y despidos; tenían sus propios sistemas de control financiero; hacían sus propias compras; todas estas eran tareas que normalmente están centralizadas. La opinión de McPherson es que estos son los hombres que están en el frente; es probable que, a largo plazo, tomen mejores decisiones que cualquier empleado en el nivel central.

El mismo concepto se conoce con el nombre de «gerente de marca» en Procter & Gamble y Frito-Lay. El gerente de marca, en realidad, no es otra cosa sino un empresario de capa y espada. Por otra parte, todo el proceso de socialización de, por ejemplo, el sistema de P&G, está dirigido a hacerle creer que es exactamente eso: un héroe. Una y otra vez, el sistema de mitos y leyendas alaba al valeroso gerente de marca que ha desafiado a colegas mucho mayores que él y reposicionado su marca contra todo pronóstico (y en competencia con el resto de los gerentes de marca).

En Schlumberger, una compañía de equipos de petróleo, los empresarios simulados son los dos mil jóvenes ingenieros de campos petroleros enviados a lugares aislados, de quienes D. Euan Baird, jefe de registro de operaciones (de perforación), ha dicho: «Para mí, Schlumberger es el tipo que va al pozo un poco ansioso, le ofrece buenas respuestas al cliente y se marcha creyendo que es King Kong». La tasa de deserción es alta. No obstante, ellos *son* Schlumberger, y están allí donde cuenta: en el fin del mundo. La responsabilidad, según algunas mediciones, es bastante limitada. Sin embargo, de hecho, cada uno ha sido capacitado para creer que está realmente facultado.

En IBM, Digital y Raychem, la posición de autonomía limitada es la del vendedor como solucionador de problemas. Tom Watson lanzó el concepto en IBM alrededor de 1920. Digital lo aplica hoy en día y llama al proceso de estar cerca del cliente «mercadeo de axila cálida». 3M es conocida por los extraños como «la compañía del vendedor». Surgió cuando sus vendedores evitaban a los agentes de compras y acudían directamente a los operadores en la planta de producción. El personal de ventas de 3M sigue practicando este método en la actualidad. Raychem contrata prácticamente a todos sus vendedores de la Escuela de administración de empresas de Harvard. Comienzan como vendedores y actúan como solucionadores de problemas complejos.

En nuestra opinión, solo hay un truco para hacer que posiciones como esta funcionen; pero es difícil. Implica *socializar* con los gerentes para que crean que son algunos de los posibles campeones, pero, al mismo tiempo, mantener un control muy importante allí donde sea necesario. La mayoría de las empresas que no pueden pensar más allá de dichos como «la autoridad debe coincidir con la responsabilidad» no pueden afrontar esta doble y difícil tarea. Muchas compañías introducen estrategias de administración de productos o de marca. ¡Dios sabe cuántas han tratado de imitar a P&G! Sin embargo, para lo que rara vez sacan el tiempo es para crear la mitología, los modelos de conducta y la estructura de los héroes que transfieran la carga (el compromiso, el fuego) a los gerentes de marca. Y si transfieren la carga a sus gerentes de marca, como lo hacen algunas, no juegan bien la otra mitad del juego: proporcionar los sistemas de apoyo increíblemente rígidos y regulares que apoyan silenciosamente al gerente de marca de P&G y le ayudan a hacer su trabajo. El caso de P&G es *el* clásico. Al gerente de marca, por una parte, se le enseña que, si actúa como

King Kong en el mercado, puede terminar como presidente algún día. Sin embargo, con la disciplina instigada por la estructura vertical de gestión de marca y el pequeño número de sistemas «profundamente acanalados», su autonomía es en realidad extraordinariamente limitada. Es un acto de malabarismo.

Divisiones «subóptimas». Una organización de $6 mil millones que encontramos hace unos años había organizado grupos técnicos en «centros de competencia»: física, química, etcétera. Estos centros se habían convertido en los elementos principales de la organización. Los proyectos y productos estaban en un distante segundo lugar. El resultado práctico del desequilibrio fue que el tiempo de un individuo estaba irremediablemente fragmentado. Cualquier persona puede trabajar hasta en media docena de proyectos asociados a su especialidad limitada. A su vez, los proyectos podrían abarcar tres o cuatro divisiones, y dos o tres grupos. La organización fue un desastre. Muy pocas cosas se entregaron a tiempo; principalmente, en nuestra opinión, debido a la falta de compromiso y a un enfoque equivocado con respecto a las cosas: en las disciplinas técnicas y no en los productos, los proyectos ni los clientes. Cuando la organización devolvió, después de cinco años, una modalidad de proyecto (con la competencia técnica relegada a un distante segundo lugar), las actividades de desarrollo aumentaron notablemente, y casi de inmediato.

Comparemos esto con HP. La compañía de $3,5 mil millones tiene cincuenta divisiones pequeñas (con un promedio de $70 millones). Cada división se limita a aproximadamente 1.200 empleados. Uno de nosotros visitó recientemente una división que tenía casi dos mil personas. Su solución natural: reorganizarse en tres unidades, cada una, como de costumbre, con capacidad para desarrollar productos. Al igual que 3M, el nombre del juego no es tener divisiones más grandes, sino desovar, o «desincorporar» las nuevas. Un comentarista añade: «En el desempeño de su misión básica, una división de HP se comporta igual que un negocio independiente. Como tal, es responsable por su propia contabilidad, actividades de personal, control de calidad y el respaldo de su producto en el terreno».

Cada división, al igual que en 3M, tiene su propio grupo para desarrollar productos. Sin embargo, va más allá de esto. Un gerente general señala: «Se supone que debemos centralizar el *software*. Sin

embargo, cada una de mis unidades almacena su propia capacidad.
No se sienten bien sin hacerlo. Y francamente, miro hacia otro lado.
Tampoco me siento bien. Y cada uno hace sus propios chips». («¿Empiezan de cero?», le preguntamos). «Sí, cada uno comienza con silicio
en bruto [...] me preocupan las series de producción cortas y la falta de
automatización del encargado. Sin embargo, prefiero los nuevos productos, incluso los duplicados. Gran parte de lo que estamos haciendo
"debería" estar en otras divisiones».

El mensaje de las empresas excelentes que examinamos era invariablemente el mismo. Equipos pequeños e independientes de nuevos
proyectos en 3M (por centenares); divisiones pequeñas en J&J (más
de 150 en una empresa de $5 mil millones); noventa Centros de control de producción (CCP) en TI; equipos liderados por campeones de
productos en IBM; equipos de «producción clandestina» en GE; segmentos pequeños y siempre cambiantes en Digital; nuevas boutiques
mensuales en Bloomingdale's. Esta, en pocas palabras, es la definición de fragmentos. Lo pequeño *es* hermoso.

Competencia interna. Existen fundamentalmente dos maneras
de ordenar las cosas en las organizaciones. La primera es «según las
reglas» o por algoritmos, algo que los racionalistas quieren que hagamos. Está en la naturaleza de la burocracia, que se define como
el comportamiento impulsado por regla general, proceder en cierta
manera. Por lo tanto, encontramos una estructura de 223 comités involucrados en el lanzamiento de nuevos productos. En el otro extremo
del espectro, el «mercado» es llevado hacia adentro. La organización
se ve impulsada por los mercados internos y la competencia interna.
Los mercados existen para las personas que buscan ser asignadas a
equipos de proyectos, como en 3M, Fluor, TI y Bechtel. Se da la competencia directa de proyectos, como en los «duelos de desempeño»
de IBM. La producción clandestina no solo se pasa por alto, sino que
también es apoyada de manera subrepticia, como en GE o IBM. Las
marcas compiten en Procter & Gamble. La superposición y la duplicación deliberadas entre las divisiones y líneas de productos son
fomentadas en P&G, Digital, HP, JM, J&J y Wang.

Un hallazgo importante de las empresas excelentes es el grado
en que se omiten los dispositivos racionales y formales de clasificación. Por ejemplo, en 3M, las divisiones, e incluso los grupos, compiten entre sí de manera deliberada. Al interior de cualquier grupo,

los estatutos de las divisiones se superponen. («Preferiríamos que el
segundo producto en el mercado viniera de otra de nuestras divisiones»). Los gerentes son recompensados específicamente por asumir
las actividades de desarrollo de nuevos productos desde *afuera* de su
propia división o grupo.

La idea no es nueva. En GM, Alfred Sloan tomó una mezcolanza
inusual de conglomerados de pequeñas empresas de automóviles y las
colocó en la estructura compartimentada de GM. Diseñó intencional-
mente la superposición generalizada: Pontiac con Buick en un extremo,
Pontiac con Chevrolet en el otro, y así sucesivamente. A través de los
años, GM se alejó de los principios de Sloan y se hizo más monolítica.
Una de las prioridades afirmadas por Roger Smith como el recientemente nombrado presidente es restaurar el antiguo espíritu de la competencia; él planifica dar «luz verde para forjar imágenes divisionales».

Puede haber una competencia aún más intensa entre los gerentes
que están por debajo del nivel de división. En Bloomingdale's, los
vicepresidentes de mercancías, los compradores y coordinadores de
moda participan en un forcejeo interminable por el poco espacio físico disponible. La empresa se reorganiza regularmente a medida que
surgen ganadores y perdedores.

El principal ejemplo de la competencia interna es la gestión de
marcas de P&G. La compañía comenzó con su política formal de
competencia entre gerentes de marca en 1931, fomentando como política oficial una «batalla campal y sin trabas entre las marcas». La
administración decidió, incluso en aquel entonces, que la competencia
interna era «la única manera de evitar ser demasiado torpes». Hoy día,
a los gerentes de marca no se les ofrece información (salvo la que está
disponible públicamente) sobre lo que está pasando con otras marcas
de P&G. Son alentados a competir. Hay incluso un lenguaje especial
para describir su competencia: «contrapartidismo», «conflicto creativo», «abrasión de ideas». P&G viola las reglas racionales. Uno de
nosotros le comentó a un antiguo empleado de P&G que los gerentes
de marca preferirían casi canibalizar el producto de otro gerente de
marca que vencer a la competencia. Él estuvo de acuerdo y añadió:
«Recuerdo que yo era gerente de control de calidad cuando Crest
fue certificada por la American Dental Association hace unos años.
A la semana siguiente me encontré con un gerente de marca de otra
de nuestras cremas dentales. Él me dijo, bromeando a medias: "¿No

puedes poner algunos insectos en el producto ese?"». La gran mayoría de los nuevos productos de P&G pueden atribuirse al deseo intenso de los gerentes de marca de que se les reconozca como ganadores. Cada año, los gerentes de marca se convierten en una «clase», y la competencia entre clases es despiadada.

IBM es el maestro reconocido en fomentar la competencia entre las ideas aspirantes a productos. La compañía alienta formalmente la producción clandestina y los múltiples enfoques para un mismo problema. Luego, en cierto punto, organiza «duelos» de desempeño entre los grupos que compiten: comparaciones *reales* de desempeño entre el *hardware* y el *software* que funcionan (no la «competencia» más típica entre los planes en papel).

HP tiene una rutina competitiva: «Véndelo al personal de ventas». A menos que quieran hacerlo, el personal de ventas no tiene que aceptar un producto desarrollado por una división. La compañía cita numerosos casos en que varios millones de dólares en fondos de desarrollo fueron gastados por una división y el personal de ventas dijo: «No, gracias». TI tiene una rutina similar. Su personal de ventas también está generalmente separado del CCP orientado al mercadeo. TI pone presión competitiva obligando a los vendedores e ingenieros de productos a ir directamente al cliente, con un auto y un kit de ventas, para hacer las primeras presentaciones de venta de los nuevos prototipos. Es una prueba de fuego.

Una variación sobre el tema es la disposición de Digital a dejar que sus gerentes y vendedores de segmentos lleven la superposición de productos a la lista de productos. Digital vive por una intensa orientación hacia el usuario. Por lo tanto, se desvía para adaptar los nuevos productos a las necesidades del usuario. No exige un carácter discreto de sus productos. Un analista de *Fortune* señala: «La estrategia idiosincrásica de crecimiento de Digital impone algunas sanciones. Por un lado, muchos de los diez mil artículos en la lista de precios se superponen. En ciertas aplicaciones, cualquiera de los dos sistemas de Digital se puede utilizar para obtener más o menos el mismo resultado». Así, Digital, al igual que P&G, vive el precio de la duplicación, que es mensurable, y asume (con un éxito impresionantemente habitual) que los beneficios desproporcionados seguirán en la línea de ingresos.

La competencia interna como sustituto de la conducta formal, impulsada por las reglas y los comités, permea las compañías excelentes.

Esto supone unos costos elevados de duplicación: canibalización, superposición de productos y divisiones, múltiples proyectos en desarrollo y dólares perdidos en el desarrollo cuando el personal de ventas no cree en las fantasías del que vende. Sin embargo, los beneficios, aunque menos cuantificables, son múltiples, sobre todo en términos de compromiso, innovación y de un enfoque en la línea de ingresos.

Comunicación intensa. Un alto directivo de HP afirmó: «En realidad, no estamos exactamente muy seguros de cómo funciona el proceso innovador, pero hay una cosa que sí sabemos: las comunicaciones fluidas y la ausencia de barreras para hablar el uno con otro son esenciales. Hagamos lo que hagamos, sea cual sea la estructura que adoptemos o los sistemas que ensayemos, esa es la piedra angular: no haremos nada para ponerla en peligro».

En las empresas excelentes, hay cinco atributos de los sistemas de comunicación que parecen favorecer la innovación:

1. *Los sistemas de comunicación son informales*. En 3M hay un sinfín de reuniones, aunque pocas están programadas. La mayoría se caracterizan por personas que se reúnen de manera casual —y de disciplinas diferentes— para discutir los problemas. El entorno tipo campus universitario en St. Paul también es útil, al igual que la atmósfera de camisas sin mangas, los sensatos trasfondos de ingeniería del Medio Oeste, y la naturaleza endogámica de la organización, que asegura que la gente llegará a conocerse mutuamente con el paso del tiempo. Esto resulta en un grupo de personas adecuadas que están en contacto mutuo con mucha frecuencia.

En McDonald's, el equipo directivo convive de manera informal, estableciendo un tono que permea el negocio. En Digital, el director ejecutivo Ken Olsen «se reúne regularmente con un comité de ingeniería [que consiste en] una veintena de ingenieros de todos los niveles de [Digital]. Olsen establece la agenda y periódicamente la disuelve, y reconstituye el comité para mantener un flujo refrescante de ideas. Él ve su papel como el de un catalizador o "abogado del diablo"». El investigador Ed Schon señala la importancia de este tipo de interacción al resumir un importante estudio del proceso de respaldo a los campeones: «Los proponentes de ideas exitosas trabajan principalmente a través de una organización *informal*, antes que formal».

Un sistema de respaldo a los campeones en el seno de la organización significa, en efecto, una cultura informal.

2. *La intensidad de la comunicación es extraordinaria*. Dos empresas conocidas por sus comunicaciones sin obstáculos en industrias característicamente poco comunicativas son Exxon y Citibank. Hemos tenido la oportunidad de observar a sus altos directivos en acción. La diferencia entre su comportamiento y el de sus competidores es poco menos que sorprendente. Ellos hacen una presentación, y luego empiezan a gritar y a vociferar. Las preguntas son flagrantes, el flujo es libre, todo el mundo se involucra. Nadie duda en interrumpir al director, al presidente o a un miembro de la junta directiva.

¡Y cómo contrasta esto con el comportamiento de la mayoría de las empresas que observamos! Las personas más veteranas, que a veces han trabajado juntas durante veinte años o más, no asisten a reuniones a menos que existan agendas oficiales. No parecen hacer otra cosa que ver presentaciones y luego comentar con educación sobre el contenido. En un caso extremo, personas con oficinas en la misma planta se comunican solo por escrito. Este comportamiento contrasta dramáticamente con la práctica de las reuniones «sin agenda ni minutas» celebradas diariamente entre los diez funcionarios más importantes de Caterpillar, con las «tertulias con café» que hacen todos los días los diez o quince funcionarios más importantes de Fluor y Delta, y con las reuniones informales y de carácter diario de McDonald's entre sus más altos directivos.

Los ejecutivos de Intel llaman al proceso «toma de decisiones por pares», un estilo gerencial abierto y orientado a la confrontación donde la gente aborda los problemas sin rodeos y de manera directa. La razón principal por la que la gente no tiene por qué ocultar nada es que hablan todo el tiempo. Una reunión no es un evento extraño y formal, y por ende, político.

3. *La comunicación recibe soportes físicos*. Un alto ejecutivo de IBM cambió recientemente de empleo, y asumió una importante tarea de investigación en otra empresa de alta tecnología. Varias semanas después entró a la oficina de un ejecutivo, cerró la puerta y dijo: «Tengo un problema». El ejecutivo palideció; el tipo era crítico de sus planes. «No entiendo por qué no tienes pizarras aquí», dijo el exfuncionario de IBM. «¿Cómo las personas hablan e intercambian ideas sin pizarras en todas partes?». Su idea fue bien recibida. Tom

Watson, Sr., dio comienzo a su iniciativa en IBM con su uso ubicuo
de papel de estraza sobre un soporte. Este tipo de parafernalia física
ayuda a estimular la comunicación intensa e informal que sustenta la
innovación regular.

El presidente de una empresa de nuestra lista nos describió lo que él
considera como una actividad reciente e importante: «Me deshice de las
pequeñas mesas redondas para cuatro personas en el comedor de la empresa, y las reemplacé con mesas largas y rectangulares, tipo ejército.
Esto es importante. En una pequeña mesa redonda, cuatro personas que
ya se conocen entre sí se sientan y almuerzan juntas día tras día. Con
mesas largas, gente que no se conoce establece contacto. Los científicos
entablan conversación con algún vendedor o fabricante de otra división.
Es un juego de probabilidades. Cada cosa, por pequeña que sea, aumenta las probabilidades de un intercambio de ideas significativo».

Los nuevos edificios de Intel en Silicon Valley fueron diseñados
con una gran cantidad de pequeñas salas de conferencias. La administración quiere que la gente almuerce y resuelva problemas allí. Las
salas están llenas de pizarras. (Tal vez deberíamos llamar a todo este
conjunto de hallazgos «el factor pizarra»).

Thomas Allen, de MIT, ha estado estudiando las configuraciones
físicas durante años. Sus resultados, a partir de las instalaciones de
investigación e ingeniería, son sorprendentes. Si las personas están
a más de diez metros de distancia, la probabilidad de comunicarse al
menos una vez por semana es solo del ocho o nueve por ciento aproximadamente (en comparación con el veinticinco por ciento si están
a cinco metros). La gráfica en la página siguiente ilustra este proceso
verdaderamente dramático.

En el nivel más macro hay cantidades desproporcionadamente grandes de «campus» en las compañías excelentes. No es una coincidencia,
sospechamos, que tan pocas de nuestras empresas con mejor desempeño provengan de Nueva York, Chicago y Los Ángeles. En lugar de
esto, tenemos el complejo de Deere en Moline, las instalaciones de Caterpillar en Peoria, el campus de 3M en St. Paul, el entorno de P&G en
Cincinnati, el centro de Dana en Toledo, la sede de Dow en Midlands,
Michigan, la colmena de HP en Palo Alto, el complejo principal de TI
en Dallas, o el «Kodak Park» de Kodak en Rochester. Comparativamente hablando, en la mayoría de estas empresas muchas de las disciplinas importantes se reúnen en un solo lugar que no es cosmopolita.

EFECTO DEL LUGAR EN LA COMUNICACIÓN
I+D y laboratorios de ingeniería

PROBABILIDAD DE
COMUNICARSE AL MENOS
UNA VEZ POR SEMANA

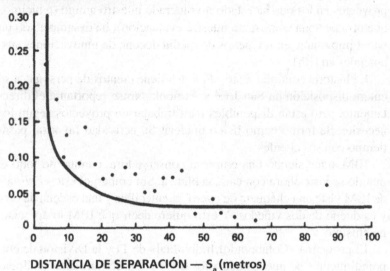

DISTANCIA DE SEPARACIÓN — S_a (metros)

4. *Herramientas para forzar la innovación.* Este es otro aspecto del sistema de comunicación que genera innovación; programas que prácticamente institucionalizan la innovación. El programa «*Fellow*» de IBM es el clásico. Los «*Fellows*» de IBM son una manifestación del deseo de Watson, Sr., de dar alas a los «patos silvestres» (Watson obtuvo la metáfora de Ibsen). Hay alrededor de cuarenta y cinco de ellos, y se les describe como «soñadores, herejes, instigadores, disidentes y genios» en un anuncio reciente de *Newsweek*. «Hay menos de nosotros que vicepresidentes corporativos», señaló uno de ellos. Un «*Fellow*» recibe prácticamente carta blanca durante cinco años. Su papel es muy simple: sacudir el sistema.

Y eso es precisamente lo que hacen. Uno de nosotros conoció a uno de ellos durante un vuelo nocturno de San José a Nueva York. Acababa de gastar varios millones de dólares en la compra de microprocesadores —esencialmente mirando catálogos— a empresas de

Silicon Valley. «Debemos tener seis laboratorios diferentes [de IBM] trabajando en microprocesadores. Sin embargo, nadie se ha molestado realmente en averiguar qué se ha hecho ya. Simplemente envié a algunos de los miembros de mi equipo a comprar algunos, de modo que puedan experimentar y jugar con ellos». ¡Es increíble lo que puede hacer un tipo que esté loco y altamente apasionado! Evaluamos algunos proyectos en los que ha estado involucrado nuestro amigo (e hicimos que otra persona confirmara nuestra evaluación); ha desempeñado un papel importante en no menos de media docena de innovaciones sustanciales en IBM.

La historia continúa. Este «*Fellow*» tiene cientos de personas a su entera disposición en San José y Armonk. No se reportan a él directamente, pero están disponibles para trabajar en proyectos según los necesite. Se formó como físico nuclear. Su actividad favorita: pasar tiempo con sus clientes.

IBM sigue siendo una empresa conservadora, aunque no todo el mundo se viste ahora con camisa blanca. Sin embargo, este «*Fellow*» de IBM viste una chaqueta de cuero, cuentecillas y una cadena de oro; y es dueño de dos viñedos. Y esto quiere decir que IBM lo aprecia... muchísimo.

El programa «Colaborador Individual» de TI y la División de emprendimientos de nuevos negocios de 3M son herramientas análogas para forzar la innovación. Hemos encontrado también otros ejemplos. Harris y United Technologies conceden numerosos premios a la excelencia cuando se transfiere tecnología entre las divisiones. Bechtel insta a que cada gerente de proyecto dedique el veinte por ciento de su tiempo a experimentar con nuevas tecnologías. GE lanzó una «tienda de juguetes» (¡una instalación en la que los empleados podían ver/ alquilar robots!) para estimular su incursión en la «fábrica del futuro». Datapoint ha instalado «Centros de Tecnología» con el mismo fin; son lugares donde las personas de diferentes disciplinas se reúnen en nombre de la innovación. Todos estos son grandes esfuerzos para forzar la innovación en la organización.

5. *El intenso sistema de comunicación informal actúa como un sistema de control muy rígido,* aun cuando genera innovación en lugar de limitarla. 3M es un ejemplo destacado: «Por supuesto, estamos bajo control. Ningún equipo puede gastar más de unos pocos miles de dólares sin que un montón de gente los mire por encima del hombro,

los patee de un lado para otro; sin embargo, también interesados genuinamente en cómo les va». Creemos que los «controles» similares en las empresas excelentes son verdaderamente rígidos. No puedes pasar mucho tiempo en una de estas empresas sin una gran cantidad de personas que acudan de manera *informal* para ver cómo van las cosas. En otras compañías que conocemos, donde los controles son más «rígidos y formales», puedes gastar $5 millones sin haber doblado la primera pieza de estaño y nadie lo sabrá; siempre y cuando llenes los formularios correctamente y a tiempo.

TOLERANCIA AL FRACASO

Un atributo especial del ambiente positivo, innovador y orientado al éxito es la tolerancia considerable al fracaso. James Burke, CEO de J&J, dice que uno de los principios de esta empresa es que «tienes que estar dispuesto a fracasar». Añade que el general Johnson, fundador de J&J, le dijo a él: «Si no estuviera cometiendo errores, no estuviera tomando decisiones». Charles Knight, de Emerson, argumenta: «Necesitas tener la capacidad para fracasar. No puedes innovar a menos que estés dispuesto a aceptar los errores». La tolerancia al fracaso es una parte muy específica de la cultura de las empresas excelentes, y esa lección proviene directamente de las altas directivas. Los campeones tienen que hacer muchos intentos y, en consecuencia, sufrir algunos fracasos o la organización no aprenderá.

Una observación fundamental sobre el fracaso: es mucho menos severo cuando existe un diálogo frecuente. Los grandes fracasos, los que realmente dejan cicatrices, por lo general son aquellos en los que se dejó que un proyecto durara muchos años sin dirección exhaustiva. Dichos casos rara vez se producen en el entorno de una comunicación sin límites en las empresas excelentes. El intercambio es franco y honesto. No puedes ocultar las noticias realmente malas, y no quieres ni necesitas hacerlo.

Por lo tanto, los respaldos al campeón son numerosos. Los dispositivos específicos que encontramos se cuentan por centenares; las pruebas presentadas escasamente tocan la superficie de nuestro banco de datos. Nada de esto es una panacea. Cada uno es meramente ilustrativo. La madeja de respaldos entrelazados —y siempre cambiantes— es, en sí, el mensaje.

En concreto, los campeones no descuellan automáticamente. Pueden hacerlo porque la historia y la gran cantidad de apoyo que reciben los animan, los protegen durante los tiempos difíciles, celebran sus éxitos y los cuidan durante los fracasos ocasionales. Sin embargo, cuando reciben esos apoyos, la población aspirante a campeona resulta ser enorme, y ciertamente no se limita a un puñado de maravillas creativas.

El mejor refuerzo imaginable para todos los puntos principales que hemos tocado en este capítulo —campeones, sistemas de respaldo, números de experimentos, respaldos numerosos e interconectados— se encuentra en St. Paul, Minnesota. Allí, 3M ha creado ciertamente un registro envidiable de desempeño financiero, pero más aún en su lanzamiento constante de nuevos productos. Por otra parte, el historial de 3M no fue fácil de alcanzar. Esta empresa no es la beneficiaria de una industria que crece naturalmente o de tecnología exótica; sino que participa al menos en tantos negocios de crecimiento lento como en negocios de crecimiento rápido.

3M: UN EJEMPLO IMPORTANTE

Nuestro estudio era principalmente sobre los gigantes: las grandes corporaciones, que rara vez parecen tan innovadoras como «deberían» serlo. 3M califica como un gigante: número cincuenta y uno en la lista *Fortune* 500, y ventas por $6,1 miles de millones en 1980. Sin embargo, 3M *ha* innovado: más de cincuenta mil productos en total, más de cien ofertas importantes de nuevos productos al año, más de cuarenta divisiones, con otras nuevas que se forman anualmente. Y *ha* sido exitosa. Una ganancia neta de $678 millones después de impuestos en esos poco más de $6 mil millones en ventas, la coloca en quinto lugar en rendimiento de ventas entre las empresas principales (*Fortune* 100), solo detrás de Sohio, Kodak, IBM y American Home Products.

3M está involucrada en muchísimos negocios. El más grande, con casi el diecisiete por ciento de las ventas, es la cinta adhesiva y productos relacionados, incluyendo el Scotch Tape. Otros son los sistemas gráficos, los abrasivos, los adhesivos, los materiales de construcción, los productos químicos, de protección, fotográficos, de imprenta y de control estático, los materiales de grabación, los productos eléctricos y de cuidado de la salud. Sin embargo, a pesar de la diversidad, un tema común prevalece en 3M. La empresa está dominada por ingenieros químicos que practican la mayor parte de su magia con una tecnología de recubrimiento y de adhesión. Ser fiel a esa disciplina central no significa simplemente extensiones mundanas de líneas de productos. Entre los nuevos productos de los últimos dos años, señala *Fortune*, están «un bronceador que no desaparece cuando el usuario se sumerge en el agua; una grapadora que un cirujano puede utilizar para cerrar incisiones rápidamente con grapas metálicas, una película para impresión *offset* que no requiere costosa plata; y una poción que hace que la hierba tarde más en crecer».

Peter Drucker comenta: «Siempre que se logra algo, he descubierto que ha sido hecho por un monomaniaco con una misión», y 3M fomenta la idea de que el compromiso es el *sine qua non*, el prerrequisito, para el desarrollo adecuado de productos. *Fortune* comenta acerca de una dimensión de ese compromiso: «Lo que los mantiene satisfechos en St. Paul es la certeza de que cualquier persona que inventa un nuevo producto, lo promueve cuando los demás pierden la fe, o se da cuenta de cómo producir en masa de manera económica, tiene la oportunidad de manejar ese producto como si fuera su propio negocio, y hacerlo con un mínimo de interferencia desde arriba».

Una parte del sistema de respaldo al campeón que observamos anteriormente como un factor tan crítico es un protector o amortiguador de algún tipo. En 3M, uno de los protectores es el *campeón ejecutivo*. Invariablemente en esta empresa, y debido a su historial de innovación, el campeón ejecutivo es un excampeón del producto en sí, que se ha comportado «irracionalmente», que lo ha intentado, que se ha comprometido con algo, y que probablemente ha permanecido ahí durante diez o más años en alguno de sus proyectos favoritos. Sin embargo, ahora, como campeón ejecutivo, está allí para proteger a los jóvenes de intrusiones prematuras por parte del personal corporativo, y para empujarlos fuera del nido cuando llegue el momento adecuado. Como suele ser el caso, 3M tiene una homilía o dos para describir el proceso de respaldo al campeón; por ejemplo: «El capitán se muerde la lengua hasta sangrar». Esta es una expresión naval y se refiere a un oficial subalterno que lleva por primera vez un barco de gran calado al muelle. En 3M, esto se refiere al agonizante proceso de delegar a los jóvenes la importantísima actividad de cultivar nuevos productos. El campeón ejecutivo de 3M no es un «jefe». Es un entrenador, un mentor. Se le paga por su paciencia y por su habilidad en el desarrollo de otros campeones; es un constructor de las cercas de nieve de James March.

La unidad de apoyo fundamental para el campeón en 3M es el *equipo de nuevos emprendimientos*. Es un grupo operativo con unas características muy especiales. Las tres más importantes: asignación indefinida de tiempo completo por parte de varias disciplinas, voluntarios, y poder de permanencia.

Después que se forma un equipo de emprendimiento en 3M, rápidamente añade miembros de tiempo completo al menos en el área técnica, de fabricación, de mercadeo, de ventas, y tal vez de finanzas. El equipo recibe miembros de tiempo completo, ya sea que los necesite o no en un principio. La empresa sabe que este ritual es apto para ser duplicado, especialmente al comienzo, cuando, por ejemplo, solo se necesita la tercera parte del personal en el área de fabricación. No obstante, ellos parecen dispuestos a pagar el precio de la duplicación para adquirir un compromiso. Y solo la asignación de tiempo completo, señala el argumento sensato de 3M, conduce a un compromiso con celo.

Otro notable incentivo al compromiso es que todos los miembros del equipo son voluntarios. Un ejecutivo de 3M señala: «Los miembros del equipo son reclutados, no asignados. Hay una diferencia muy grande. Si soy la persona de mercadeo asignada para evaluar la idea de un individuo del área técnica, en la mayoría de las empresas con los incentivos habituales puedo salir de apuros diciendo que la idea es defectuosa, y señalar todas las deficiencias... Eso simplemente no sucede si soy un miembro voluntario del equipo».

Por último, 3M apoya la autonomía y el poder de permanencia del equipo de emprendimiento. Insiste en que el equipo se mantenga unido desde el comienzo de la fase inicial hasta el lanzamiento final. Edward Roberts, de MIT, quien ha estudiado a 3M durante veinte años, comenta: «Ellos te aseguran que se comprometen contigo como grupo. Seguirás adelante con el producto en el mercado y te beneficiarás de su crecimiento, siempre y cuando cumplas con nuestros parámetros y estándares convencionales de desempeño a nivel corporativo. En caso de fracasar, te ofreceremos un compromiso de seguridad laboral al nivel del cargo del cual te retiraste antes de entrar a esta empresa». (Esta última afirmación representa otra parte del sistema de respaldo: apoyar los buenos intentos, por más que fracasen).

El sistema de recompensas apoya tanto al equipo como al individuo. Todo el mundo es promovido como grupo a medida que su proyecto supera un obstáculo tras otro. El campeón se beneficia a medida que el grupo prospera, y viceversa. Roberts comenta de nuevo sobre el tema del desarrollo profesional de alguien que hace parte de un exitoso equipo de emprendimiento:

La persona involucrada en un nuevo proyecto tendrá cambios automáticos en su empleo y en sus categorías de compensación en función del crecimiento de las ventas de su producto. Empieza, por ejemplo, como un ingeniero de primera línea en la parte superior o inferior del rango salarial para ese cargo. A medida que su producto entra al mercado, se convierte en un «ingeniero de producto». Cuando el volumen de ventas anuales llega a $1 millón, entonces se convierte automáticamente en un producto de pleno derecho, y el título de su cargo cambia. Lo mismo sucede con su rango salarial, porque ahora tiene algo que vende $1 millón al año. Cuando un producto alcanza la marca de $5 millones, la persona pasa al siguiente umbral. Ahora es un «gerente de ingeniería de la línea de productos». Si el producto llega a los $20 millones, se convierte de repente en un departamento independiente de producto, y si él es la persona técnica clave asociada con este, entonces se convierte en «gerente de ingeniería o de I+D» de ese departamento.

Si usted desea entender la cultura que fomenta la actividad empresarial en 3M, un buen punto de partida es su *sistema de valores*, y en particular, su «undécimo mandamiento»: «No matarás la idea de un nuevo producto». La empresa puede reducirle la velocidad. O es posible que no asigne un equipo de emprendimiento. Sin embargo, no elimina a sus pioneros. Como señala un observador de 3M, el undécimo mandamiento está en desacuerdo con la mayoría de las actividades en las grandes corporaciones. Por otra parte, añade: «Si quieres detener un proyecto destinado a desarrollar un nuevo producto, la carga de la prueba recae en la persona que quiere detener el proyecto, no en la que lo propone. Cuando cambias la carga de la prueba de que la idea es buena a que no lo es, haces muchísimo para cambiar el entorno dentro de la empresa con respecto al patrocinio de las personas emprendedoras».

Con el fin de reforzar los valores comunes agrupados en torno a la autonomía, la innovación, la iniciativa individual y el espíritu empresarial, el liderazgo de la compañía aclama a sus héroes pasados y presentes. En nuestra investigación, uno de nosotros se sentó con un ejecutivo de 3M y habló acerca de los últimos presidentes y ejecutivos clave. Prácticamente sin excepción, cada uno tuvo un éxito bien publicitado en materia de respaldo a los campeones. Así, la totalidad del equipo de los altos directivos, y muchos de sus predecesores, actúan como modelos para los jóvenes en la organización. El aspirante a campeón recibe estímulos de la panoplia de narraciones de héroes: no matar ideas, gorrear, el fracaso está bien, se espera que pasen años y años antes de que una idea en bruto llegue al mercado, y así sucesivamente. Por ejemplo, las historias del legendario Richard Drew y de su cohorte John Borden son instructivas para los jóvenes. El presidente Lewis Lehr relata: «El vendedor que visitó las fábricas de automóviles se dio cuenta de que los trabajadores que pintaban los autos nuevos con dos tonos estaban teniendo problemas para evitar que los colores se mezclaran. A Richard G. Drew, un joven técnico de laboratorio en 3M, se le ocurrió la solución; cinta adhesiva, la primera de la compañía. En 1930, seis años después de que DuPont introdujera el celofán, Drew descubrió la manera de ponerle adhesivo, y así nació la cinta adhesiva Scotch, desarrollada inicialmente para empaques industriales. Realmente no comenzó a despegar hasta que otro héroe imaginativo de 3M, John Borden, quien era gerente de ventas, creó un dispensador con una cuchilla incorporada».

Esta es una anécdota típica y sorprendentemente importante por varias razones. En primer lugar, refuerza la interacción estrecha entre la empresa y el cliente. En segundo lugar, muestra que el técnico no tiene que ser el que inventa. En tercer lugar, demuestra que 3M no limita los proyectos sobre la base del tamaño potencial del mercado, precisamente porque el uso inicial (por ejemplo, la primera encarnación de la cinta Scotch era un sujetador de uso casi exclusivamente industrial) muchas veces no está relacionado con el potencial del producto final. Los estudiantes serios de la innovación observan este fenómeno una y otra vez, con prácticamente todo tipo de nuevos productos.

Cuando los campeones triunfan en 3M, son agasajados con estilo. Lehr señala: «Entre quince y veinte o más veces al año, algún proyecto nuevo y prometedor alcanza un nivel de un millón de dólares en ventas rentables. Podrías pensar que esto no recibe mucha atención... Sin embargo, lo hace. Las luces destellan, suenan las campanas y las cámaras de video llegan para agradecer al equipo empresarial responsable de este logro». Por lo tanto, la empresa estimula al ingeniero de veintiocho años que tiene ideas brillantes para entrar en acción y correr riesgos.

El sistema de valores de 3M también es específico en señalar que prácticamente cualquier idea está bien. «Debido a la diversidad de 3M, se propaga fácilmente la convicción de que alguien en 3M podrá utilizar casi cualquier cosa», señala un analista. La historia venerable que ilustra este punto es la de un material fallido para una cinta, el cual se convirtió en una copa imperfecta de plástico para sostenes, que se transformó a su vez en *la* máscara de seguridad estándar de los trabajadores estadounidenses después del advenimiento de la Administración para la Seguridad y Salud Ocupacional (OSHA, por sus siglas en inglés). Y aunque la compañía se mantiene fiel a su base tecnológica de revestimiento y adhesión, no impone ninguna restricción sobre el tipo de productos que aceptará. Roberts señala: «Si la idea del producto puede cumplir con las medidas financieras de crecimiento, rentabilidad y similares, 3M estará feliz de tenerla, independientemente de que sea dominante o no en su campo de negocios». Una idea diferente del mismo tipo fue expresada por otro ejecutivo de 3M: «No nos gusta la idea de la vaca lechera. Las personas con tradiciones de éxito en las divisiones exitosas son las que mejor comprenden el potencial de la innovación continua». 3M entiende esa verdad tan humana de que el éxito genera éxito.

Y también respaldan el fracaso. La leyenda muestra una vez más el camino. El presidente Lehr predica:

Incursionamos en el negocio de hacer gránulos para tejas de asfalto porque un trabajador perseveró en tratar de encontrar la manera de utilizar los minerales sobrantes del papel de lija. De hecho, él fue despedido [al parecer, a veces los campeones son crucificados, incluso en 3M], debido al tiempo y al esfuerzo que dedicó a esto. Sin embargo, él continuó presentándose a trabajar. Nuestra división de gránulos obtiene actualmente ingresos sustanciales. El hombre responsable se retiró hace diez años como vicepresidente de la división [...] Poco después

de la Segunda Guerra Mundial, tuvimos un programa para desarrollar
una barrera bacteriana para la piel, llamada paño quirúrgico, para que
los cirujanos la utilizaran durante las cirugías. La alta gerencia eliminó el programa en dos ocasiones.* No obstante, la persistencia continua produjo en última instancia un paño quirúrgico exitoso y allanó
el camino hacia nuestro actual negocio del cuidado de la salud de
$400 millones al año [...] Mantenemos vivas estas historias, y con fre-
cuencia las repetimos de manera que cualquier empleado con espíritu
empresarial que se sienta desanimado, frustrado e ineficaz en una gran
organización sepa que no es el primero en afrontar dificultades con-
siderables [...] la libertad de persistir, sin embargo, implica la libertad
de hacer las cosas mal y de fracasar.

Aquellos que siguieron intentándolo fueron celebrados. Otro ejecutivo comenta: «No matamos ideas, pero sí las desviamos. Apostamos
por la gente». Y agrega: «Siempre tienes que eliminar un programa al
menos una vez antes de que tenga éxito. Así es como consigues fanáticos, aquellos que realmente están comprometidos emocionalmente
con encontrar una forma, cualquier forma, de hacer que funcione».

¿Qué significa todo esto? Entre otras cosas, se trata de vivir con
(manejar) una paradoja: el apoyo persistente a una idea posible que
sea buena, pero no un gasto excesivo y absurdo porque 3M, por encima de todo, es una empresa muy pragmática. Normalmente funciona
de esta manera: el campeón, a medida que su idea sale de la fase muy
conceptual y pasa a la creación de prototipos, comienza a reunir un
equipo a su alrededor. Llega a tener, digamos, cinco o seis personas.
Supongamos entonces que (como es el caso estadísticamente probable) el programa se encuentra con una dificultad. 3M probablemente lo recortará de nuevo con rapidez y sacará a algunas personas del
equipo. Sin embargo, tal como sugiere la mitología, el campeón —si
está comprometido— es animado a persistir, por sus propios medios
o tal vez con un compañero de trabajo, en, digamos, un treinta por
ciento más o menos del nivel de esfuerzo. En la mayoría de los casos,
3M ha observado que la trayectoria de cualquier producto es de una

---

* Al líder del proyecto, que estaba utilizando cintas de sostenes para desarrollar
una máscara facial, también se le dijo que lo abandonara. En este caso, él terminó
haciendo la mayoría del trabajo en el desarrollo del producto desde su *casa*.

década o más antes de que el mercado esté realmente preparado. (Una década parece mucho tiempo, pero un estudio formal tras otro revela que el lapso promedio entre la idea y el despliegue comercial en prácticamente cualquier campo, ya se trate de alta o baja tecnología, es de diez a veinte años). Así, el campeón sobrevive a los altibajos. Eventualmente, con frecuencia, el mercado madura. Su equipo reconstruye.

«Tenemos la creencia de contar con la capacidad para resolver problemas prácticos», comenta un ejecutivo de 3M, que es precisamente una empresa de solucionadores de problemas prácticos, ya sean vendedores o campeones técnicos. Comenzó de esa manera. Un analista observa: «La obsesión por la invención se remonta al origen de la compañía. Varios inversores locales compraron una mina, pues creían que contenía corindón, un mineral muy duro y valioso utilizado en abrasivos de alto grado. Resultó ser de bajo grado. Los inversores llegaron a la conclusión de que la única manera de sobrevivir era producir ramificaciones que tuvieran un alto valor agregado». Lehr afirma: «Los vendedores iban de chimenea en chimenea tocando puertas. Sin embargo, no se detuvieron en la oficina del agente de compras. Entraron de nuevo a la planta para hablar con los chicos y ver qué se necesitaba que nadie estuviera haciendo». Los vendedores se convirtieron en solucionadores de problemas; y el vendedor, con su amigo técnico a cuestas, sigue siendo la piedra angular de la estrategia de 3M en la actualidad.

3M es el primero en reconocer la innovación como un *juego de números*. «Nuestro enfoque es hacer un poco, vender un poco, y luego hacer un poco más», señala Robert M. Adams, vicepresidente de I+D. Uno de sus colegas habla de «grandes fines a partir de pequeños comienzos [...] Gastar el dinero justo con el fin de conseguir lo que se necesita para reducir gradualmente la ignorancia [...] Un montón de pequeñas pruebas en un lapso corto de tiempo [...] El desarrollo consiste en una serie de pequeñas excursiones [...] Las probabilidades de que una sola idea dé frutos comerciales son aproximadamente de cero [...] No hay límite a las ideas en bruto». Así, los campeones están experimentando por todas partes, y gastando un poco. En la mayoría de los casos, fracasan. Sin embargo, algunos superan un obstáculo tras otro, y unos cuantos recorren todo el camino.

3M ofrece fondos para las personas que quieran formar un grupo de cualquier tipo, desde tejido de canastas (literalmente) hasta la física del estado sólido o la microelectrónica. Por otra parte, el «campus» físico de St. Paul es un hervidero de instalaciones de pruebas piloto. La capacidad de convertir una idea en lata y luego rápidamente convertirla en un prototipo es notable. Los usuarios también están fuertemente involucrados en el proceso de desarrollo de productos desde su creación hasta su lanzamiento.

En las primeras entrevistas en 3M, oímos que la extensión promedio de un plan de nuevos productos tenía alrededor de cinco páginas, y semejante brevedad nos sorprendió. Uno de nosotros comentó sobre ese hallazgo en un discurso. Un vicepresidente de 3M también era orador. Se levantó y, aunque respaldó en términos generales nuestro análisis de 3M, dijo: «Están completamente equivocados en eso». Nos quedamos esperando a que tirara el otro zapato: ¿acaso 3M tuvo propuestas de 200 páginas para nuevos productos igual que la mayoría de las empresas con las que hemos trabajado? Él prosiguió: «Consideramos que una oración coherente es un primer borrador aceptable para el plan de un nuevo producto».

Todo funciona —los campeones, los equipos de emprendimiento, las comunicaciones informales, la asignación voluntaria de los miembros de equipo, el apoyo al fracaso, y otros similares— debido al enfoque incesante para mantener una burocracia limitada. El mismo vicepresidente añadió: «No nos limitamos a nosotros mismos con los planes en un comienzo, cuando la ignorancia es más alta. Claro que planeamos. Tuvimos que crear planes de implementación meticulosos. No obstante, eso es después de que sabemos algo. Para comenzar, ¿por qué deberíamos dedicar tiempo a escribir un plan de doscientas cincuenta páginas que trate de eliminar la ignorancia antes de haber hecho algunas pruebas sencillas en las instalaciones del cliente o en una instalación piloto en algún lugar?».

De manera similar, 3M evita la idea de un «tamaño mínimo» para un producto. «Nuestra experiencia», señala un ejecutivo, «nos dice que antes de entrar al mercado no sabemos cómo anticipar adecuadamente el crecimiento en las ventas de un nuevo producto. En consecuencia, tendemos a hacer predicciones del mercado después de que hemos entrado a él, y no antes». Y el jefe de la División de nuevos emprendimientos de negocios (DNEN) declaró: «Un producto DNEN *nunca* está justificado en el caso analítico; se debe basar en las creencias».

Vista de una forma, la *estructura de la organización* en 3M no es importante. Roberts observa: «La estructura de 3M, solo si se mira en el papel, no parece tener nada que sea terriblemente único». Y un ejecutivo de 3M afirma con un lenguaje aún más contundente: «La forma estructural es irrelevante para nosotros».

Sin embargo, hay un número de rasgos, más o menos estructurales, que son esenciales. En primer lugar, a pesar de un conjunto en común de disciplinas técnicas que podrían conducir a otros a una organización funcional o de matriz, 3M sigue siendo un negocio radicalmente descentralizado. Tiene cuarenta divisiones o más. Por otra parte, el nombre del juego es la creación de nuevas divisiones; se ha llegado a cuarenta a partir de casi veinticinco en tan solo una década. Darles vuelta a las cosas en vez de buscar un mayor volumen de ventas para una división es el camino al éxito de larga tradición (aunque no convencional).

Ese tipo de flexibilidad va mucho más allá, especialmente en relación con la implementación. Supongamos que a alguien que trabaje en el grupo de desarrollo de productos de una división de 3M se le ocurre una idea. Hace lo normal en primera instancia: habla con su jefe para conseguir los fondos. Supongamos que él le dice que no. Entonces comienza la magia de 3M. Esta persona acude a otra división de su grupo. Si es rechazado una vez más, va a otra división de su grupo. Puede que él esté en el grupo de adhesivos, pero no es habitual que vaya a la oficina de productos. Ahora bien, si ese grupo u otro no tienen tiempo para él, acude entonces al tribunal de última instancia: la DNEN. Es allí donde terminan las cosas que son realmente poco convencionales.

¿Cómo hace 3M para que un enfoque como este funcione? Sencillo: los gerentes reciben todos los incentivos para hacerlo. El compañero que dirija cualquier grupo es recompensado parcialmente con la cantidad equivalente en dólares a la actividad de emprendimiento que haya establecido por fuera de su grupo. La misma regla se aplica para los jefes de división. Los incentivos directos están ahí, empujándole a mirar en cualquier lugar para vender una idea, y, si es un comprador, para buscar cualquier lugar que crea en una. Al mismo tiempo, la organización es flexible para trasladar a su gente. Por ejemplo, después de que un compañero en el Grupo A le vende una idea a un gerente de la división en el Grupo B, pasa a otro lugar.

Hay algunas reglas asociadas. Por ejemplo, cada división tiene un requisito férreo de que al menos el veinticinco por ciento de sus ventas

debe provenir de productos que no existían cinco años atrás. Es verdaderamente notable, según la teoría convencional, que el objetivo se
plasme en cada una de las más de cuarenta divisiones (ya sea en negocios de alto o bajo crecimiento).* Estos objetivos son aplicados con
mayor frecuencia a nivel corporativo o de grupo en otras compañías;
el compromiso se ve afectado donde más se necesita, en la división
en la que se puede hacer algo al respecto. En 3M, donde el objetivo
siempre se exige a nivel de división, cuarenta directores generales, y
no cinco o diez, están afuera rebuscando nuevos productos.

Sin embargo, la idea más importante, como hemos señalado una
y otra vez, es que no hay ni una ni dos cosas que hagan que todo funcione. Obviamente, el campeón, el campeón ejecutivo, y el equipo de
emprendimiento están en el centro del proceso. Sin embargo, tienen
éxito solo porque abundan los héroes; el sistema de valores se centra
en el gorroneo; está bien fracasar; no hay una orientación a la condición de nicho y contacto cercano con el cliente; hay un proceso bien
entendido de dar pasos pequeños y manejables; las comunicaciones
intensas e informales son la norma; el entorno físico proporciona muchísimos sitios para la experimentación; la estructura organizacional
no solo es complaciente, sino también muy propicia para la innovación al estilo de 3M; y la ausencia de un exceso de planificación y de
papeleo es visible, al igual que la presencia de la competencia interna.
Estamos hablando de casi una docena de factores. Y todos ellos están
funcionando de manera concertada —durante un período de varias
décadas—, haciendo que la innovación funcione en 3M.

---

* Este es también un truco de P&G. Un exgerente de marca señala: «¡Lo primero
que te dicen es: "Olvídate de los ciclos de vida de los productos y de las vacas
lecheras! Uno de los jabones ha sido reformulado más de ochenta veces y sigue
rindiendo frutos"».

8

Productividad por medio de las personas

La Marina de guerra, dijo el exjefe de operaciones navales Elmo (Bud) Zumwalt, asume «que todos los que están por debajo del rango de comandante son inmaduros». Un amigo que dirige varias plantas de General Motors nos pasó un poema escrito clandestinamente por los trabajadores automovilísticos. Su mensaje es conmovedoramente similar:

> ¿Son estos hombres y mujeres
> trabajadores del mundo?
> o se trata de una guardería descuidada
> con niños empujando, abofeteando;
> niños risueños, niñas mocosas?
>
> ¿Qué pasa en ese camino de entrada,
> en esas puertas de la planta?
> ¿Son los guardias, el mostrar su insignia, el olor?
> ¿Hay algún ojo invisible que te atraviesa
> y transforme tu ser? Algún aura
> o éter, ese cerebro y espíritu te lava
> y te ordena: «por ocho horas serás diferente».
> ¿Qué es lo que instantáneamente convierte
> a un hombre en un niño?
> Momentos antes él era un padre, un esposo,
> un dueño de propiedad,
> un votante, un amante, un adulto.
> Cuando hablaba por lo menos alguien escuchaba.
> Los vendedores buscaban su favor.
> Los hombres de seguros apelaban a su responsabilidad familiar
> y por pura casualidad la iglesia buscaba su ayuda [...]
>
> Pero eso fue antes de que él arrastrara sus pies
>   y pasara el guardia,

subiera los escalones,
colgara su abrigo y
ocupara su lugar en la línea.

El hombre que nos dio este poema nos dijo que solo había una clave para orientar a las personas: confianza. Algunos abusarán de ella. «Del tres al ocho por ciento», afirma él, con una sonrisa tras la exactitud de su estimación. Los no creyentes te darán «un número infinito de razones por las cuales no se puede confiar en los trabajadores. La mayoría de las organizaciones se rigen por reglas que asumen que el trabajador *promedio* es un incompetente, un bueno para nada, que solo tiene ganas de meter la pata». Él ofrece una ilustración simbólica: «¿Alguna vez va a los parques? La mayoría están llenos de carteles que dicen: "No pise el césped", "Prohibido estacionar aquí", "No esto", "No esto otro". Otros pocos dicen: "Los campistas son bienvenidos" o "Mesas de picnic para su comodidad". Uno te dice que *no deberías* hacer. El otro te dice lo que *deberías*; te insta a participar, a sacar provecho de las instalaciones». Esa diferencia en las suposiciones tiene un impacto monumental en las personas, argumenta él de manera persuasiva.

Zumwalt revolucionó las prácticas de la Marina en tan solo unos pocos años en el cargo. Todo se debió a su simple creencia de que la gente responde bien cuando son tratados como adultos. Él remite sus creencias a una orden proferida al comienzo:

Lo que intentaba con más ahínco era asegurarme de que todos los oficiales y tripulantes del barco no solo supieran cuáles eran nuestros planes y el porqué estábamos llevando a cabo cada evolución táctica, por más onerosa que fuera, sino también que pudieran entender lo suficiente sobre cómo todo encajaba para que también pudiera comenzar a experimentar un poco de la diversión y el desafío que sentíamos los que estábamos en los rangos más altos. Nuestras técnicas no eran inusuales. Hacíamos anuncios frecuentes por el altavoz sobre el evento específico que se estaba llevando a cabo. Al principio y al final del día, conversaba con los oficiales, quienes a su vez comentaban con sus hombres lo que estaba a punto de suceder y lo que había sucedido, lo que estaba haciendo la competencia y lo que debíamos hacer para estar a la par. Publicábamos notas escritas en el plan del día que le añadieran al equipo algo de color o interés humano sobre lo que hacía el barco. Charlaba con los primeros contramaestres en sus cuarteles, adonde iba a menudo a tomarme una taza de café. Más importante que cualquiera de estos detalles, por supuesto, era el esfuerzo básico de comunicar un sentido de emoción, diversión y entusiasmo en todo lo que estábamos haciendo.

Zumwalt añade que, en apenas dieciocho meses, estas prácticas llevaron a su nave de ser la última a la primera en términos de eficiencia dentro de su escuadra. «Sabía por experiencia», comentó, «el impacto que tenía el tratar a los marineros como los hombres adultos que eran». James Treybig, presidente de Tandem, afirma lo mismo: «Asumimos que las personas son adultas». Ken Ohmae, nuestro colega en Tokio, sostiene: «La administración japonesa se mantiene diciendo a los trabajadores que los que están en la frontera [en la primera línea] conocen mejor el negocio, y que la innovación y la mejora deben provenir del *genba* (donde está la acción)». Peter Smith, quien obtuvo recientemente una maestría en administración en Wharton, evitó la ruta analista y fue nombrado gerente de fábrica en General Signal, concuerda: «La gente te inundará con ideas si se lo permites».

Una experiencia laboral relatada por un estudiante de maestría destaca estos puntos (incluyendo el final típicamente infeliz):

Yo era gerente de operaciones en las instalaciones de San Francisco de una importante empresa de transporte terrestre. Esta terminal no era líder en ninguna categoría de distrito, excepto en su falta de rentabilidad. Expresé mi preocupación a algunos camioneros. Ellos respondieron que les encantaba su oficio y que se sentían competentes en sus funciones, pero que ningún supervisor les había pedido *nunca* que ayudaran a solucionar problemas de la terminal con sus rutas, ni que los habían hecho sentir que fueran cruciales para la operación. Mi primera medida con los camioneros era asegurarme de que cuando llegaran a trabajar por la mañana, sus camiones tuvieran gasolina, los motores calientes, y estuvieran lavados y listos para salir a trabajar. Esperaba que estas acciones impartieran un sentido de urgencia a su trabajo. En segundo lugar, les di a cada uno de ellos gorras y folletos de la empresa para que distribuyeran entre los clientes a su antojo. (Esto estaba estrictamente prohibido. Solo los vendedores podían hacerlo. Una mañana tuve que sacar a escondidas las gorras del auto de un vendedor).

Lo más importante, tradicionalmente los supervisores habían establecido todas las rutas locales de entrega (y por lo general, sin éxito); les ordené que dejaran sin incluir en la ruta cada tercera o cuarta entrega, de manera que cuando el encargado del muelle les pidiera instrucciones de ruta, pudieran pedirles sugerencias cortésemente. Les oculté la mayoría de estas ideas a mis jefes y a los líderes del sindicato. Para mi sorpresa, la operación se hizo rentable. Exhibí las cifras financieras en el tablón de anuncios del *sindicato* (de nuevo, algo que estaba totalmente en contra de las reglas) y nunca recibí una queja. Las cosas llegaron al punto en que los vendedores se dieron cuenta de que los choferes estaban atrayendo a más clientes nuevos que ellos mismos, por lo que varios decidieron acompañar a los choferes para enterarse de sus «secretos».

La rentabilidad duró durante varios períodos, hasta que mi jefe vio lo que estaba sucediendo y se puso nervioso por la libertad de acción concedida a los camioneros. Por esa época, la compañía implementó un sistema de control que requería que cada camionero diera cuenta por cada quince minutos de su jornada laboral. La rentabilidad desapareció y las quejas de los clientes aumentaron. Decidí irme a estudiar.

Trata a las personas como adultos. Trátalos como socios, trátalos con dignidad, trátalos con respeto. Trátalos —sin gasto de capital y de automatización— como la principal fuente de aumento en la productividad. Estas son las lecciones fundamentales de la investigación sobre las empresas excelentes. En otras palabras, si quieres productividad y la recompensa económica derivada de ella, debes tratar a tus trabajadores como tu activo más importante. En *A Business and Its Beliefs*, Thomas J. Watson, Jr., lo expresa acertadamente: «La filosofía de IBM está contenida en gran parte en tres creencias simples. Quiero empezar con la que creo que es la más importante: *nuestro respeto por el individuo*. Este es un concepto simple, pero en IBM ocupa una parte importante del tiempo de la administración. Dedicamos más esfuerzo a esto que a cualquier otra cosa. Esta creencia estaba profundamente arraigada en mi padre».

Prácticamente no había un tema más generalizado en las empresas excelentes que el *respeto por el individuo*. Esa creencia y su posición básica eran omnipresentes. Sin embargo, como tantas otras cosas de las que hemos hablado, no se trata de una sola cosa —una suposición, creencia, declaración, objetivo, valor, sistema o programa—, lo que hace que el tema cobre vida. Lo que hace que tenga vida en estas empresas es la enorme cantidad de herramientas, sistemas, estilos y valores estructurales, en los que todos se refuerzan mutuamente de modo que las empresas sean verdaderamente inusuales en su capacidad para lograr resultados extraordinarios a través de personas comunes y corrientes. El mensaje se remonta a nuestro capítulo sobre el hombre y la motivación. Estas empresas le dan a la gente el control de sus destinos; construyen significado para la gente. Transforman en ganadores al Juan y a la María comunes y corrientes. Permiten, e insisten incluso, en que la gente sobresalga. Acentúan lo positivo.

Vamos a dejar claro un último punto preliminar. No estamos hablando de sobreproteger. Estamos hablando del respeto inflexible por el individuo y de la voluntad para capacitarlo, para establecer expectativas razonables y claras para él, y concederle autonomía práctica para contribuir directamente a su trabajo.

La genuina orientación de las personas está en marcado contraste con las dos alternativas principales que se observan con demasiada frecuencia en las empresas: el desastre de hablar de labios para afuera y el desastre de los trucos.

El desastre de hablar de labios para afuera es posiblemente el peor de los dos. Casi cada administración que hemos conocido afirma que las personas son importantes; de hecho, que son fundamentales. Sin embargo, una vez dicho esto, no le prestan mucha atención a su gente. En realidad, es probable que no se den cuenta de sus omisiones. «Los problemas de las personas ocupan todo mi tiempo», es la respuesta típica. Lo que a menudo quieren decir realmente es: «Este negocio sería muy fácil si no fuera por la gente».

Solo cuando nos fijamos en las empresas excelentes vemos el contraste. La orientación a las personas en estas empresas había comenzado con frecuencia varias décadas antes: políticas de empleo a tiempo completo en tiempos de recesión, cantidades extraordinarias de capacitación cuando la norma era no ofrecer capacitaciones, todo el mundo tratándose por su primer nombre en tiempos mucho más formales que los nuestros, y así por el estilo. Preocuparse por los demás es algo que corre por las venas de los gerentes de estas instituciones. Las personas son la razón por la que esos directivos están ahí, y ellos lo saben y lo viven.

La orientación está profundamente arraigada e incrustada en el lenguaje en sí. En Delta, es la «sensación de familia». En Hewlett-Packard, es «la manera HP» y el «administrar deambulando». En Dana, es simplemente el uso constante de la palabra «gente»: en los informes anuales, en los discursos de los altos ejecutivos, en las declaraciones de políticas. (Rene McPherson, su expresidente, insiste muchísimo en esto. En una conversación informal, él menciona una nueva y exitosa campaña de publicidad de Ford y dice: «Rayos, ellos hablan sobre "trabajadores". ¿Por qué no sobre "personas"?»). Los empleados son llamados «miembros de cuadrilla» en McDonald's, «anfitriones» en Disney Productions, y «asociados» en JC Penney.

Aunque esto puede parecer cursi, se trata de un alboroto decidido y la gente responde a esto. La primera vez que observamos el fenómeno, pensamos que las grandes dosis de alboroto y de celebración podrían limitarse a empresas como Tupperware, donde se dice que el presidente y su personal directivo participan durante treinta días al año en los Jubileos, dirigidos a festejar el éxito de sus *quince mil* vendedores y gerentes principales. Sin embargo, vimos que el alboroto también se llevaba a cabo así en las empresas de alta tecnología (por ejemplo, la canción de HP, «Agarra un Oso», en celebración de su serie de computadoras 3000). Y en Caterpillar nos dijeron acerca de un evento para introducir nuevos equipos en el que a enormes máquinas para remover tierra les ponían disfraces.

Quizás de manera sorprendente, la orientación a las personas también tiene un lado *duro*. Las empresas excelentes tienen buenos indicadores y están orientadas al desempeño, pero esta dureza nace a partir de expectativas altas y mutuas, así como de la revisión por pares, en lugar de provenir de gerentes que golpean mesas o de sistemas complicados de control. El lado duro es, de hecho, probablemente más duro que el que se encuentra en las compañías típicamente impulsadas por sistemas más formales, pues nada es más atractivo que la sensación de ser necesario, que es la magia que genera altas expectativas. Adicionalmente, si tus compañeros son los que tienen esas altas expectativas de ti, entonces hay aún más incentivos para un buen desempeño. A las personas les gusta compararse a sí mismas con los demás, como señalamos en el capítulo 3, y también les gusta desempeñarse frente a los estándares, si es que el estándar es alcanzable, y especialmente si ellos han contribuido a establecerlo.

El punto, entonces, es la *plenitud* de la orientación a las personas en las empresas excelentes. En las instituciones que hablan de labios para afuera, sin importar lo que digan, casi la totalidad de lo que acabamos de describir está ausente. Los despidos ciertamente no se toman a la ligera, pero encontramos algunas historias que reflejan los esfuerzos verdaderamente inusuales de IBM, Delta, Levi's o de HP para evitar altibajos en materia de empleo. Y el lenguaje *es* diferente. Las historias de guerra en las instituciones con un desempeño que no es muy alto no se refieren tanto al cuidado, al manejo y al apoyo de los empleados como lo hacen en empresas como Dana, Digital o IBM. La palabra «gerente» en las instituciones de labios para afuera ha llegado a significar con frecuencia alguien que no se enrolla las mangas para trabajar al lado de un trabajador, sino alguien que contrata asistentes para hacerlo. Estas empresas nunca mencionan la revisión por pares. Son reservadas y ocultan deliberadamente la información a sus empleados. El mensaje aquí es claro: los empleados supuestamente no han madurado lo suficiente como para manejar la verdad. ¿Y el alboroto, los trucos relumbrantes, y el menú constantemente cambiante de premios, galardones y otros incentivos? También están ausentes. Claro, a veces un nuevo programa como el de adquisiciones comerciales, los círculos de calidad, o el Plan Scanlon son ensayados cuando se ponen de moda. No obstante, cada uno de ellos no tarda en ser rechazado o burocratizado. El fracaso se atribuye a menudo a «los sindicatos», o a la «falta de buena voluntad de los empleados». Pocas veces se atribuye a la falta de persistencia y a una preocupación verdadera por parte de la gerencia.

Esto nos lleva directamente al segundo problema: la trampa de los trucos. El truco hoy día es el círculo de calidad. No hay absolutamente nada de malo con esta idea, tal como han insistido en recordarnos enérgicamente los japoneses. Sin embargo, los círculos de calidad son apenas la última de una larga serie de herramientas que pueden ser muy útiles, o que pueden servir simplemente como una pantalla de humo mientras que la dirección se sale con la suya y no cumple con su labor de involucrar realmente a las personas. Hace diez años, era la expansión del trabajo. Antes de eso, se trataba del movimiento de desarrollo de una organización aparentemente ubicua, repleta de conformación de equipos, grupos T, resolución de conflictos, y redes gerenciales. Los residuos de estos programas se encuentran dispersos en el desierto de la baja productividad estadounidense. Muy poco ha cambiado. Los consultores y otros profesionales venden sus programas a los niveles inferiores de la administración, como por ejemplo, a los responsables de la capacitación, mientras la alta dirección permite que sigan adelante con esto, y evitar ensuciarse las manos con cualquier otra cosa. Sin embargo, estas supuestas panaceas no podían ser aplicadas con éxito de una forma completamente de abajo hacia arriba; es decir, aplicadas sin un genuino interés de la alta dirección. Eso simplemente no va a funcionar. Los cambios implícitos requeridos son poco menos que monumentales. No hay manera de que este tipo de programas se afiancen alguna vez sin el apoyo incondicional de todo el equipo de la alta dirección.

Igual que no hay manera de que solo unos pocos programas se afiancen y logren un cambio fundamental, tampoco hay razón para esperar que alguna técnica particular tenga una vida útil de más de unos pocos años. La mayoría de las empresas excelentes *sí* tienen sistemas de adquisiciones comerciales y *sí* tienen círculos de calidad, y probablemente *han* intentado conformar equipos, y tal vez todavía utilizan todo esto. Sin embargo, tienen mucho más. Nos asombró, mientras hacíamos nuestra investigación, el gran número de programas de personas que encontramos y la frecuencia con la que se reponen o reforman. Y estos programas no son de labios para afuera ni con trucos. Encontramos abundantes sistemas de incentivos monetarios; no obstante, esto era algo que esperábamos. También descubrimos una increíble variedad de incentivos que no eran monetarios, y una increíble variedad de programas experimentales o de introducción reciente. Ninguna herramienta —incluso en las mejores instituciones— tiene probabilidades de ser eficaz de forma indefinida. El punto consiste en tratar el problema como uno lo haría con el desafío de nuevos productos. La tubería siempre debe estar llena con la siguiente veintena de programas de candidatos, la mayoría de los cuales resultarán ser ineficaces, igual que ocurre con las ideas de nuevos productos. Si el enriquecimiento del trabajo no funciona en la planta de Milwaukee, intente con otros siete programas que estén funcionando en otras plantas, o que hayan funcionado en otras empresas.

HISTORIAS DE ÉXITO

Aunque la mayoría de las altas esferas gerenciales afirma que sus empresas se preocupan por su gente, las empresas excelentes se distinguen por la intensidad y la generalización de esta preocupación. La única manera de describir esto adecuadamente es por medio de ejemplos.

RMI

RMI es un buen ejemplo para empezar. Esta filial de U.S. Steel y de National Distillers es un fabricante integrado de productos de titanio. Su desempeño fue deficiente durante varios años. Baja productividad, bajas ganancias. Sin embargo, en los últimos cinco años, RMI ha tenido un éxito notable, debido casi en su totalidad a la adopción de un programa de productividad intensamente orientado a las personas.

El programa se inició cuando «Big Jim» Daniell, exfutbolista profesional y excapitán del equipo Cleveland's Browns, fue nombrado como director ejecutivo. El programa que implantó fue descrito por el *Wall Street Journal* como «sentimentalismo puro; una mezcla de consignas sensibleras, comunicación, y una sonrisa en cada esquina». Sus plantas de producción están llenas de letreros que dicen: «Si ves a un hombre sin una sonrisa, dale una de las tuyas», o «La gente rara vez tiene éxito en algo a menos que lo disfrute». Todos están firmados «Big Jim».

La historia no es mucho más complicada que eso. El logotipo de la empresa es una cara sonriente que está en la papelería, en la fachada, en los letreros de la fábrica y en los cascos de los trabajadores. La sede de RMI está en Niles, Ohio, y ahora todo el mundo llama a la ciudad «Smiles, Ohio». «Big Jim» pasa gran parte de su tiempo recorriendo la fábrica en un carrito de golf, saludando y bromeando con sus dos mil trabajadores, escuchándolos y llamándolos a todos por su nombre. Además, pasa mucho tiempo con los miembros del sindicato. El presidente local del sindicato hizo el siguiente elogio: «Él nos llama a sus reuniones y nos hace saber lo que está pasando, algo que es incomprensible en otras industrias».

¿Cuál es el resultado de todo esto? Pues bien, en los últimos tres años, con casi ningún gasto de inversión, Jim ha logrado un aumento de productividad de casi el ochenta por ciento. Y en el último informe, el promedio de quejas del sindicato había disminuido de aproximadamente trescientas a cerca de veinte. «Big Jim», dicen sus clientes con los que hemos hablado (por ejemplo, en Northrop), simplemente exuda preocupación por sus clientes y su gente.

Hewlett-Packard

En un estudio, dieciocho de los veinte ejecutivos de HP entrevistados de manera espontánea afirmaron que el éxito de su empresa depende de la filosofía orientada a las personas. Se le llama «la manera HP». Su fundador Bill Hewlett la describe así:

Me parece que, en términos generales, son las políticas y las acciones las que se derivan de la creencia de que los hombres y las mujeres quieren hacer un trabajo bueno y creativo, y que si se les facilita el ambiente apropiado, lo harán. Es la tradición de tratar a cada persona con consideración y respeto, y reconocer los logros personales. Esto suena casi trillado, pero Dave [cofundador de Packard] y yo creemos sinceramente en esta filosofía [...] La dignidad y el valor del individuo son aspectos muy importantes, entonces, de la manera HP. Con esto en mente, hace muchos años nos deshicimos de los relojes, y más recientemente introdujimos el programa de horarios flexibles de trabajo. Una vez más, esto está destinado a ser una expresión de la confianza en las personas, así como a brindarles la oportunidad de adaptar sus horarios de trabajo a su vida personal [...] Muchos nuevos empleados de HP, así como los visitantes, observan y nos comentan a menudo sobre otra manera HP; es decir, nuestra informalidad y nuestra costumbre de llamarnos todos por nuestros nombres de pila. Podría citar otros ejemplos, pero el problema es que ninguno de ellos realmente capta la esencia de la manera HP. No se puede describir con números ni estadísticas. En resumen, es un espíritu; un punto de vista. Es la sensación de que todo el mundo es parte de un equipo, y ese equipo es HP. Como dije al principio, es una idea que se basa en el individuo. Existe porque la gente ha visto que funciona, y ellos creen que este sentimiento hace que HP sea lo que es.

La orientación a las personas comenzó temprano en HP. En los años cuarenta, Hewlett y Packard decidieron «no ser una empresa que contrataba y luego despedía». Fue una decisión valiente en aquellos tiempos, cuando el sector de la electrónica era respaldado casi en su totalidad por el gobierno. Posteriormente, todo el temple de HP fue puesto a prueba cuando el negocio se vio severamente afectado durante la recesión de 1970. En lugar de despedir personal, Hewlett,

Packard, y todos en la organización aceptaron un recorte del diez por ciento en sus sueldos. Todo el mundo trabajó un diez por ciento menos de horas. Y HP sobrevivió la recesión sin tener que sacrificar el ofrecimiento de trabajo a tiempo completo.

La filosofía de gente que tiene HP no solo comenzó desde el principio, sino que también se autorrenueva. Recientemente los objetivos de la empresa fueron reescritos y publicados otra vez para todos los empleados, incluyendo una reafirmación de la filosofía corporativa. La primera frase dice: «Los logros de una organización son el resultado de los esfuerzos combinados de cada individuo...». Y un par de oraciones más adelante, HP refuerza su compromiso con las personas innovadoras, una filosofía que ha sido una fuerza impulsora en el éxito de la organización. «PRIMERO, debe haber personas muy capaces e innovadoras en toda la organización [...] SEGUNDO, la organización debe tener objetivos y líderes que generen entusiasmo en todos los niveles. Las personas en cargos importantes a nivel directivo no solo deben ser entusiastas, sino que también deben ser seleccionadas por su capacidad para generar entusiasmo entre sus asociados». La introducción a la declaración del objetivo corporativo revisado concluye: «Hewlett-Packard [no debe] tener una organización rígida, tipo militar, sino más bien [...] que le dé a la gente la libertad de trabajar hacia [objetivos generales] de maneras que determinen lo mejor para sus propias áreas de responsabilidad».

La fe que HP tiene en su gente es visiblemente evidente en la política corporativa de «laboratorio de suministros abierto» que algunos de nuestros estudiantes encontraron en la división de Santa Rosa. El área del laboratorio de suministros es donde se guardan los componentes eléctricos y mecánicos. La política de laboratorio de suministros abierto significa que no solo los ingenieros tienen libre acceso a estos equipos, sino que en realidad se les anima a *¡llevarlos a casa para su uso personal!* La idea es que ya sea que lo que están haciendo o no los ingenieros con los equipos se relacione directamente con el proyecto en el que están trabajando; el estar jugando con los equipos en el trabajo o en sus casas, ellos aprenderán, y así reforzarán el compromiso de la empresa con la innovación. La leyenda cuenta que un sábado Bill [Hewlett]* visitó una planta y

---

* Todas las historias de Hewlett o de Packard, independientemente de la edad de quien las cuente, se refieren a «Bill» o a «Dave».

encontró que la zona del laboratorio de suministros estaba cerrada. De inmediato bajó a mantenimiento, agarró un cortador de pernos, y procedió a cortar el candado de la puerta del laboratorio. Dejó una nota que encontraron el lunes por la mañana: «No vuelvan a cerrar esta puerta. Gracias, Bill».

El mismo vocabulario se hizo notar en una conversación con un ingeniero de veinticuatro años, que llevaba poco más de un año en la empresa. Al comentar sobre algunos problemas con un nuevo procedimiento de personal, este dijo: «No estoy seguro de que Bill y Dave lo hubieran hecho de esa manera». Es verdaderamente notable encontrar el conjunto de valores estampado tan rápidamente y con tanta claridad. El joven pasó a describir la dedicación de HP con «seguir adelante», la necesidad de involucrarse con presentaciones exitosas de nuevos productos con el fin de salir adelante, la letanía de tener éxito luego de un historial de logros difíciles y no por tener habilidades para hacer trabajos rutinarios de escritorio, o la capacidad de hablar con cualquier persona y en cualquier lugar. Él se refiere al gerente general de su división y a los oficiales superiores como si fueran amigos cercanos y él fuera su único empleado. Él divaga sobre el AD. La discusión se desplaza a dispositivos de comunicaciones tan promocionados públicamente como la «tertulia con café», donde la solución informal de problemas (a la que todos asisten) se lleva a cabo semanalmente. El alboroto de relaciones públicas parece estar justificado.

En resumen, el rasgo más extraordinario de HP es la uniformidad en el compromiso; la consistencia de enfoque y la actitud. Adondequiera que vayas en el imperio de HP, encontrarás personas que hablan sobre la calidad del producto, sintiéndose orgullosas de los logros de su división en esa zona. Las personas en todos los niveles de HP muestran una energía y un entusiasmo inagotables, tanto así que muchos de nuestros colegas, después de un encuentro casual con un ejecutivo, ingeniero o trabajador de línea de HP, se preguntan: «¿Será este tipo sincero?». Y luego se reúnen con mayor frecuencia, e invariablemente su escepticismo, sin importar lo mucho que traten de mantenerlo, comienza a desvanecerse. Nosotros mismos tratamos de permanecer sobrios, de no convertirnos en seguidores. Sin embargo, nos fue imposible.

Wal-Mart

Wal-Mart, con más de veintiséis mil empleados, es ahora el minorista número cuatro en Estados Unidos. Durante los años setenta, el crecimiento llevó a esta compañía con ventas por $45 millones a $1,6 mil millones; de dieciocho tiendas a trescientas treinta. Sam Walton, o «el señor Sam», como le dicen en la empresa, es la fuerza impulsora detrás de este éxito, y realmente se preocupa por sus empleados. De hecho, casi todos sus directivos, debido a su insistencia, llevan botones que dicen: «Nos preocupamos por nuestra gente».

Walton aprendió la importancia de la gente en J. C. Penney. Al igual que Penney, a su gente se le conoce como «asociados», y no como empleados. Y él los oye. «La clave es ir a la tienda y escuchar lo que los asociados tienen que decir», señala él. «Es sumamente importante que todo el mundo participe. Nuestras mejores ideas provienen de los asociados y de los muchachos que trabajan en el almacén». Las historias de Walton se han convertido en leyendas. Según el *Wall Street Journal*: «El señor Walton no podía dormir unas pocas semanas atrás. Se levantó y compró cuatro docenas de *donuts* en una panadería que abría las veinticuatro horas. A las 2:30 a.m., se dirigió a un centro de distribución y charló un rato con los trabajadores de los muelles de embarque. Y como resultado de la visita descubrió que se necesitaban dos duchas adicionales en aquella instalación». De nuevo, lo más sorprendente no es la historia en sí: cualquier persona involucrada en un negocio pequeño podría contar historias similares. La noticia sorprendente es que un alto ejecutivo siga mostrando una preocupación tan profunda por su gente en una empresa de *dos mil millones* de dólares.

El mensaje que transmiten las personas que están en los niveles inferiores de la empresa se refleja en cada actividad. Las oficinas ejecutivas están prácticamente vacías. Las sedes se asemejan a una bodega. La razón es que los gerentes de Walton pasan la mayor parte de su tiempo en las once áreas estatales de servicios de Wal-Mart. ¿Y qué hacen? «Liderar los escuadrones locales de porristas en la apertura de nuevas tiendas, explorando las tiendas de la competencia (Kmart) y haciendo sesiones de examen de conciencia con los empleados». Walton visita personalmente cada una de las tiendas todos los años (y no olvide que ahora son 330), como lo ha hecho desde 1962.

Todo el mundo en Wal-Mart se siente como un ganador. Las reuniones habituales de la gerencia comienzan los sábados a las 7:30 a.m. El comprador del mes recibe una placa. Hay tiendas con un «cuadro de honor» cada *semana*. Y cada semana, el equipo «SWAT», que se dedica a remodelar tiendas, es testigo de trabajos bien hechos. El señor Sam se levanta y grita: «¿Quién es el número uno?». Y todo el mundo responde por supuesto con un grito: «¡Wal-Mart!».

Es un ra-ra intenso, y, sí, también es una tontería, pero al igual que muchas otras situaciones, es divertido. Como informa el *Wall Street Journal*: «El señor Walton parece ser el que más se divierte. No hace mucho, piloteó su avión a Mt. Pleasant, Texas, y le dio instrucciones al copiloto para que se reuniera con él a unas cien millas en la carretera. Luego, paró un camión de Wal-Mart y recorrió con él el resto del camino para "charlar con el conductor"; le pareció una experiencia muy divertida».

El tema de la diversión en los negocios está presente en gran parte de nuestra investigación sobre las empresas excelentes. A los líderes y a los gerentes les gusta lo que hacen, y se entusiasman por ello. O, como dijo Howard Head en un discurso reciente: «Me parece que usted tiene que estar personalmente asociado con lo que hace. A mí simplemente me encanta el diseño. Si no fuera divertido, no lo haría».

Dana

Una de las historias más impresionantes de éxito con respecto a las personas y la productividad es la de Dana Corporation bajo la dirección de Rene McPherson. Dana es una corporación de $3 mil millones que fabrica productos tan prosaicos como palas de hélice en bronce y cajas de engranajes, principalmente respaldando al mercado secundario y poco interesante de la industria automotriz y de camiones. Si hubieras mirado a Dana como una propuesta en materia de administración estratégica, la habrías catalogado sin duda como un perdedor. Sin embargo, en la década de 1970, este antiguo negocio del Medio Oeste se convirtió en la compañía número dos de *Fortune* 500 en rentabilidad total para los inversionistas. A principios de la década de 1970, las ventas por empleado de Dana eran las mismas que el promedio de todas las industrias. Sin embargo, a finales de esa década, y sin un gasto enorme de capital, las ventas por empleado de Dana se habían triplicado, mientras que el promedio de todas las industrias ni siquiera se había duplicado (la productividad apenas había aumentado en el segmento de la industria de Dana), un registro de productividad fenomenal para un negocio enorme en una industria que de otra manera es muy poco interesante. Por otra parte, Dana está sindicalizada en gran medida con los Trabajadores automotrices unidos (UAW, por sus siglas en inglés) en la mayoría de sus plantas. Sin embargo, durante la misma década, su tasa de quejas se redujo a una pequeña fracción de la media global de los UAW.

El ingrediente clave es la productividad a través de la gente, simple y llanamente. Como hemos mencionado, cuando McPherson asumió la dirección en 1973, una de sus primeras medidas fue destruir 22½ pulgadas de manuales de políticas y sustituirlos por una sencilla declaración de una página acerca de su filosofía. Su mensaje principal es:

• Nada involucra más eficazmente a las personas, mantiene la credibilidad o genera más entusiasmo que una comunicación cara a cara. Es fundamental suministrar y discutir todas las cifras de desempeño de la organización con toda nuestra gente.
• Tenemos la obligación de proporcionar la capacitación y la oportunidad para el desarrollo de nuestras personas productivas que quieran mejorar sus habilidades, ampliar sus oportunidades profesionales, o simplemente continuar con su educación general.
• Es esencial proporcionar seguridad laboral para nuestra gente.
• Crear programas de incentivos que se basen en ideas y sugerencias, así como en el trabajo duro, para establecer un fondo de recompensas.

McPherson afirma: «La filosofía es lo primero. Casi todos los ejecutivos están de acuerdo en que las personas son el activo más importante. Sin embargo, casi ninguno realmente lo vive».

McPherson redujo rápidamente su personal corporativo de quinientos a cien y el número de capas en su organización de once a cinco. Todos sus gerentes de plantas —alrededor de noventa— se convirtieron en «gerentes de tienda». En una letanía repetida en Delta y en Disney, se les asignó la responsabilidad de aprender *todos* los puestos de trabajo en las plantas. Y se les dio autonomía para que hicieran su trabajo en general. Su éxito llevó a McPherson a decir, en una

declaración que podría valerle a cualquier otra persona la expulsión de
la mayoría de las salas de juntas en Estados Unidos: «Me opongo a la
idea de que menos gobierno, menos regulaciones, incentivos de formación de capital, y renovación de las investigaciones en la actividad
de desarrollo son lo que más necesitamos para mejorar la productividad. Mi sugerencia es dejar que nuestra gente haga el trabajo».

En Dana, la filosofía es lo primero; pero se trata en gran medida
de una difusión voluntaria de ideas. Todo el mundo es responsable de
asegurarse de que se materialicen los aumentos en la productividad.
McPherson sugiere el punto de partida apropiado: «La productividad
personal de los altos directivos es un símbolo vital». No obstante, a
nadie se le dice cómo hacerlo. Si existe un cómo, simplemente se cree
en la voluntad inherente de la eficiencia del hombre en la parte inferior
de la organización. Como señala McPherson:

Hasta que creamos que el experto en cualquier puesto de trabajo es
con mayor frecuencia la persona que lo realiza, limitaremos para
siempre el potencial de esa persona, tanto en términos de sus propias
contribuciones a la organización como de su propio desarrollo personal. Consideremos un entorno de fabricación: dentro de su área de
veinticinco pies cuadrados, nadie sabe más acerca de cómo operar una
máquina, maximizar su producción, mejorar su calidad, optimizar el
flujo de material y mantenerlo funcionando con eficiencia que los operadores de máquinas, los manipuladores de materiales y el personal de
mantenimiento responsables por esto. Nadie.

Y luego añade:

No perdimos el tiempo en tonterías. No teníamos procedimientos ni
un montón de personal. Dejamos que todo el mundo hiciera su trabajo
según lo que necesitaban, lo que dijeron que harían, y según sus resultados. Y les dimos tiempo suficiente para hacerlo [...] Tuvimos un
mejor comienzo admitiendo que las personas más importantes de una
organización son las que realmente ofrecen un servicio o hacen y le
añaden valor a los productos, y no las que administran la actividad [...]
Es decir, cuando estoy en tus veinticinco pies cuadrados de espacio,
¡lo mejor que puedo hacer es escucharte!

El enfoque de McPherson siempre es el mismo. Nunca deja de hacer hincapié en las personas durante una conversación informal o una presentación formal. Como nos comentó uno de sus antiguos socios de Dana: «Nunca le oí hacer una declaración en la que no dijera algo acerca de las personas». McPherson señala: «Mira las fotos de los informes anuales. No te preocupes por el presidente; él siempre sale con su nombre debajo de la foto, y además, está correctamente escrito. Busca fotos de personas [de trabajadores que estén en los niveles inferiores]. ¿A cuántos de ellos identifican por su nombre?».

Al igual que HP, Dana se deshizo de los relojes de control de horas. «Todo el mundo se quejó», comenta McPherson. «"¿Qué vamos a hacer sin los relojes de control de horas?", pregunté. "¿Cómo se supervisa a diez personas? Si los ve llegar tarde con frecuencia, habla con ellos. ¿Para qué necesita relojes de control de horas para saber si las personas que trabajan para usted están llegando tarde?"». Él refuerza también el enfoque de partir de supuestos positivos sobre el comportamiento de las personas mientras profundiza en la historia: «Mi equipo dijo: "No podemos deshacernos de los relojes de control de horas. El gobierno exige un registro de asistencia y el tiempo que ha trabajado cada persona". Les dije entonces: "Perfecto. A partir de este momento, todo el mundo llega y sale a tiempo del trabajo. Eso es lo que dirá el historial. Cuando haya excepciones individuales marcadas, las abordaremos según cada caso"».

McPherson insiste en la comunicación cara a cara y en compartir *todos* los resultados con *todas* las personas. Exigía que se celebrara mensualmente una reunión entre la gerencia de la división y *todos* sus miembros para discutir de manera directa y específica todos los resultados detallados individuales y corporativos. (Vemos eso una y otra vez en las empresas excelentes. Están obsesionadas por compartir ampliamente la información y evitar los secretos. Intercambian de buena gana cualquier pérdida marginal de información competitiva por el compromiso añadido). McPherson hacía hincapié en el contacto cara a cara hasta en los anuncios institucionales. Pautó anuncios que, como él dice: «Al principio pusieron *muy* nerviosos a mis gerentes de mediano rango». Uno decía: «Contéstale al jefe», y otro: «Haz preguntas tontas». McPherson lamenta la falta de voluntad de la gerencia para escuchar: «Quería una foto de un trabajador hablando con su capataz para una presentación de diapositivas. Teníamos catorce mil fotos en archivo, pero no teníamos ni una de un supervisor *escuchando* a un trabajador».

McPherson pasaba entre el cuarenta y el cincuenta por ciento de su tiempo haciendo campaña, transmitiendo el mensaje directamente a su gente. Insistía en lo que llamaba «reuniones municipales», a las que todos asistían. Él recuerda una experiencia en Reading, Pensilvania: «Quería hablar con todo el mundo. El jefe dijo que no había un lugar para hacerlo. Y esto continuó durante tres años. Finalmente, le dije: "Despeja el departamento de envíos". Asistieron 1.600 personas. En todos mis años de viajes, nunca recibí ni una sola pregunta irrespetuosa de un empleado. Sin embargo, mis gerentes de planta y de división, cuando insistía en que fueran conmigo, nunca querían ir [...] Miren estas fotos», añade, pasándonos un buen grupo de ellas. «Son de las reuniones. Los que hacen preguntas son siempre los operadores de maquinarias, pero nunca los gerentes. ¿Saben por qué? Porque los gerentes no hacen preguntas. Les asusta».

Otra obsesión de McPherson es la capacitación y la superación personal continua. El orgullo y la alegría de McPherson es Dana University. Varios miles de empleados de la empresa asistieron a esta universidad el año pasado. Las clases son prácticas, pero refuerzan al mismo tiempo la filosofía sobre las personas. Muchas clases son impartidas por funcionarios de alto rango: vicepresidentes corporativos (encontramos un fenómeno similar en Disney U y en Hamburguer U de McDonald's). De acuerdo con McPherson, no existe una posición de más prestigio para un miembro de la gerencia que ser nombrado regente de Dana University. La Junta de Regentes se compone usualmente de nueve directores generales de división.

En Dana nada es obligado. El Scanlon Profit Plan, por el que Dana ha recibido mucha publicidad, es un buen ejemplo. Para nuestra sorpresa, resulta que el plan se ofrece solo en siete de las cuarenta divisiones de la empresa. McPherson afirma: «Ellos van donde funciona. Eso es todo. A ningún gerente de división se le presiona para aceptar uno».

La mayor presión en Dana —y es una muy real, como en la mayoría de las otras empresas excelentes— es la presión de grupo. La cumbre del esfuerzo de Dana con el fin de animar se materializa con la Semana del infierno. Dos veces al año, alrededor de un centenar de gerentes se reúnen durante cinco días para intercambiar resultados e historias de mejora en la productividad. McPherson alentó el proceso, porque cree que la presión de grupo es lo que hace que todo funcione. Él dice: «Siempre podrás engañar al jefe. Yo lo hice. Sin embargo, no puedes ocultárselo a tus compañeros. Ellos saben lo que está pasando realmente». Y, por supuesto, hay una comunicación libre y abierta que raya en una libertad para todos durante la Semana del infierno. Él también publicó anuncios para respaldar esto: «Los hicimos atravesar el infierno».

La filosofía de McPherson sobre la seguridad laboral ha sido puesta a prueba durante los últimos tiempos difíciles de la industria automotriz estadounidense. Por mucho que a la empresa le hubiera gustado evitarlo, tuvo que despedir gente. Por otro lado, incluso esas acciones estuvieron acompañadas por comunicaciones continuas e intensas. A todo el mundo se le dijo lo que estaba pasando a medida que sucedía. McPherson comenta acerca de los resultados prácticos: «Tuvimos una participación del ochenta por ciento en el plan de acciones en 1979. Luego hubo nueve mil despidos. ¿Cuál es nuestra tasa actual de participación, incluyendo esos despedidos? Todavía es del ochenta por ciento». Por otra parte, la reacción en los resultados de Dana de 1981, contra viento y marea, es realmente fenomenal.

La filosofía de McPherson se reduce al valor de que todo el mundo contribuya con ideas, y no solo con mantener el ritmo en la línea. «La forma de mantenerse actualizado», subraya McPherson, «es nunca dejar de viajar, nunca dejar de escuchar. Nunca dejar de preguntarle a la gente lo que piensa». Esto contrasta con el siguiente comentario de un trabajador de General Motors, recientemente despedido después de dieciséis años en la división de Pontiac: «Creo que me despidieron porque hago autos de mala calidad. Sin embargo, en dieciséis años, ni una sola vez me pidieron una sugerencia sobre cómo hacer mejor mi trabajo. Ni una sola vez».

Delta Airlines

Delta Airlines es una de las pocas empresas en la industria de aviación en pasar por la desregulación y salir con pocas cicatrices en su intachable historial de sólidos resultados financieros. La última huelga de Delta fue en 1942. La última votación del sindicato fue en 1955. Francis O'Connell, miembro de los Transport Workers of America dice acerca de Delta: «[Tienen] una relación con sus empleados que es muy difícil de penetrar».

Delta es una empresa de gente. Se promociona con frases como «la sensación de familia en Delta», y vive esa filosofía. La compañía promueve desde adentro, paga mejor que la mayoría de las aerolíneas, y hace todo lo posible para no despedir trabajadores en una industria tradicionalmente cíclica.

Tal como lo hacen muchas de las empresas excelentes para garantizar una adaptación a la cultura, Delta comienza con un proceso de selección cuidadoso y prolongado para todos los solicitantes de empleo. El *Wall Street Journal* señala: «Las azafatas, por ejemplo, son elegidas entre miles de solicitantes, entrevistadas dos veces y luego las envían al doctor Sidney Janus, el psicólogo de Delta. "Trato de determinar su sentido del cooperativismo o del trabajo en equipo. En Delta, usted no se une a una empresa, se une a un objetivo"».

El éxito en Delta se deriva de una colección de muchos detalles. La política de puertas abiertas establece el tono. El expresidente Tom Beebe explica: «Mi alfombra tiene que limpiarse una vez al mes. Mecánicos, pilotos, auxiliares de vuelo, todos vienen a verme. Si realmente quieren decirnos algo, les daremos el tiempo. No tienen que recurrir a ningún intermediario. El director, el presidente, el vicepresidente, ninguno de nosotros tiene un "asistente administrativo" para filtrar a la gente, no hay intermediarios». Y por supuesto, lo que hace que esto funcione es que algo *sucede* cuando la puerta abierta se utiliza. Delta dedica mucho tiempo y dinero (algo completamente inconcebible para aquellos que no practican estas cosas) a echarle un vistazo a la versión de la historia que tienen los empleados. A menudo, el resultado es un cambio sustancial en materia de políticas; por ejemplo, en los procedimientos contables o de pagos. Todo esto es «provocado por la disposición de larga tradición de los empleados para utilizar la puerta abierta, y la disposición de larga tradición de la alta dirección para mantenerla abierta», indica un analista.

El siguiente es un ejemplo muy típico de las políticas en curso, según lo reportó el *Wall Street Journal*:

En febrero de 1979, el cheque de nómina de James Burnett estaba corto por treinta y ocho dólares. Delta Airlines no le había pagado suficiente tiempo extra por el día que había venido a las 2:00 a.m. para reparar un motor L-1011. Al ver que su supervisor no le ayudó, este mecánico de cuarenta y un años le escribió a David C. Garrett, Jr., el presidente de Delta. Se quejó de que «el problema con los pagos que hemos experimentado es serio y ha provocado que muchos hombres buenos se molesten con la empresa». Tres días después, el señor Burnett recibió su dinero y una disculpa de la alta dirección. Delta hasta cambió la política de pagos, aumentando los honorarios por horas extras para los mecánicos que eran llamados después de las horas laborales normales.

Uno de los conceptos más interesantes en Delta es el de la intercambiabilidad de los puestos en la administración. El presidente insiste, por ejemplo, en que todos sus vicepresidentes reciban capacitación para realizar cualquier tipo de trabajos en la empresa (aunque presumiblemente no para pilotar aviones). Incluso se supone que todos los vicepresidentes superiores conozcan sus áreas lo suficientemente bien como para reemplazarse mutuamente en caso de necesidad. Y, dicho sea de paso, es una tradición de la alta dirección unirse y ayudar a los maleteros en Navidad.

Al igual que Dana, la gerencia de Delta dedica una cantidad extraordinaria de tiempo simplemente a hablar con su gente. La alta dirección se reúne con todos los empleados al menos una vez al año en un «foro abierto», donde las comunicaciones directas tienen lugar entre los niveles más altos y bajos de la organización. La cantidad de tiempo gerencial necesaria para todas estas comunicaciones es asombrosa y, de nuevo, es difícil de imaginar para aquellos que no trabajan en este tipo de entornos: por ejemplo, los directivos de mayor jerarquía tienen cuatro días completos de reuniones al año, simplemente para hablar con los asistentes de vuelo radicados en Atlanta. Los vicepresidentes senior suelen pasar más de cien días al año viajando; no son días fáciles, e incluyen tiempo en las filas para abordar vuelos a la 1:00 o 2:00 a.m., y echar un vistazo al turno de noche. Las comunicaciones intensas comienzan en la parte superior. El personal celebra una reunión ritual los lunes por la mañana, en las que todos los programas, problemas y finanzas de la aerolínea son examinados a fondo. Posteriormente, los vicepresidentes senior invitan a sus jefes de departamento a un almuerzo tardío para actualizarlos. Así las cosas, las noticias son transmitidas de manera rápida y frecuente a través de la empresa.

Escuchar a los empleados es algo que se toma en serio. Por ejemplo, un comité de asistentes de vuelo elige uniformes para seis mil asistentes de vuelo de Delta. «Eso es importante, tienes que vivir en ellos», comentó una asistente de vuelo. Los mecánicos eligen incluso a su supervisor inmediato.

McDonald's

Parece apropiado que Fred Turner, actual presidente de McDonald, comenzara como vendedor de zapatos. Fue así como los líderes de muchas organizaciones con una gran cantidad de personas aprendieron a conocer bien los fundamentos de la atención al cliente, a ofrecer un servicio en tiempo real, y a sentir orgullo y responsabilidad por un trabajo rutinario. Ante todo, McDonald's es mejor en lo básico. Turner señala: «La historia demuestra que la participación de la gerencia [de la competencia] no dura. Ellos simplemente no tienen la profundidad de atención a los detalles».

McDonald's cree que los altos directivos deben estar afuera, prestando atención a los empleados, capacitando y ejecutando. Su fundador, Ray Kroc, señala: «Creo que *menos es más* en el caso de la gestión empresarial; por su tamaño, McDonald's es actualmente la corporación más estructurada que conozco, y no creo que puedas encontrar un grupo de ejecutivos más felices, seguros y trabajadores en ningún otro lugar».

McDonald's habla interminablemente acerca de la contribución del individuo. Kroc argumenta: «Un restaurante bien administrado es como un equipo de béisbol triunfador: se beneficia al máximo del talento de cada miembro del equipo y aprovecha hasta la más mínima oportunidad para acelerar el servicio». Kroc se centra en las cosas pequeñas: «Hago hincapié en la importancia de los detalles. Debes perfeccionar cada fundamento de tu negocio si quieres un buen desempeño». Entender bien los detalles —la estrategia de McDonald's— requiere una cantidad asombrosa de aprendizaje y de intensidad. Un antiguo empleado comenta: «Cuando empecé, me pusieron un sombrero blanco que decía "aprendiz". Me asignaron al más fácil de los puestos de trabajo: hacer papas fritas. Luego pasé a las frituras y batidos. Y seguí así, escalando posiciones y encargándome de los panes y las hamburguesas. Teníamos apenas una pequeña habitación donde podíamos tomar los descansos. Había un televisor y un casete sonando todo el tiempo, haciendo hincapié en algún aspecto u otro

sobre la forma en que McDonald's hace las cosas; cómo preparar una
mejor hamburguesa, cómo mantener las papas fritas crujientes, todo
el rollo».

«El libro» de McDonald's detalla los procedimientos y detalles.
Por ejemplo: «Los cocineros deben girar las hamburguesas; nunca
darles vuelta». O, «los Big Mac que no se hayan vendido deben des-
echarse diez minutos después de prepararse, y las papas fritas en siete.
Las cajeras tienen que hacer contacto visual con cada cliente y son-
reír». Y así, sucesivamente.

A pesar de la rigidez de los procedimientos en relación con muchas
de estas áreas, a los gerentes de tienda se les invita a ejercer la autonomía y a mantener un ambiente animado. *Fortune* informa que «Debbie
Thompson, que comenzó en McDonald's como cajera hace ocho años
y ahora tiene veinticuatro, es la gerente de una tienda de propiedad
de la empresa en Elk Grove Village. A veces anima las horas pico del
almuerzo, ofreciendo bonos de $5 a los cajeros por recibir la mayor
cantidad de dólares y atender al mayor número de clientes. También le
da una placa al miembro de equipo del mes».* Otro empleado añade:
«Siempre nos pagan un dólar por hacer una cantidad récord de ventas
durante una hora. Además, si has hecho trescientos dólares en una
hora [en ventas de alimentos] recibes un dólar. Todos los que trabajen
en ese período reciben un dólar. En los días de récords, recibes dos.
Todos estábamos apuntando al dinero extra. Significaba algo».

Una parte fundamental del sistema es Hamburger U. El *New York
Times* señala:

Las banderas de Estados Unidos y de McDonald's ondean alto sobre la autopista que atraviesa el patio trasero de Hamburger University, en una ciudad suburbana de Chicago. En su interior, dueños de
franquicias y administradores corporativos de McDonald's estudian
destrezas para reforzar lo que los arcos dorados de los 614.000 edificios de ladrillo similares y localizados básicamente en comunidades

---

* Algunos consideran que este tipo de recompensas son triviales. Sin embargo, un
estudiante de maestría en Stanford recuerda haber obtenido una similar en Jack
In The Box. «Puede sonar tonto, pero la he llevado conmigo durante siete años».
Tenemos un amigo vendedor que ganó un asador como parte de un concurso de
ventas. El asador de su casa era mucho mejor que el modelo que había ganado. No
obstante, se deshizo del anterior y lo reemplazó por su premio.

suburbanas y rurales han llegado a simbolizar: la previsibilidad en
la atmósfera y el sabor, o, como lo expresó Ray Kroc, fundador de
McDonald's, «el evangelio de la calidad, servicio, limpieza y valor».
El señor Kroc, quien no se graduó de secundaria, ha donado millones
de dólares a obras de caridad e insta a los empleados a participar activamente en organizaciones benéficas de la comunidad para promover la imagen de McDonald's, aunque se niega a apoyar la educación
superior. En su libro *Grinding It Out*, Kroc escribe: «Algo que me he
negado rotundamente a hacer es dar dinero para patrocinar a cualquier
universidad. Algunas de las mejores instituciones del planeta me han
buscado, pero les digo que no recibirán un centavo de mí a menos que
abran escuelas vocacionales». [...] Dos mil estudiantes se «graduar-
on» de la escuela [Hamburger U.] el año pasado [...] Un estudiante
afortunado de cada curso recibe un gorro de chef dorado por hacer la
mayor contribución a la discusión en clase [...] Otro recibe una hamburguesa de cerámica por las más altas distinciones académicas [...]
McDonald's señala el hecho de que la American Council on Educa-
tion recomienda créditos universitarios de hasta seis horas semestrales
para los cursos de Hamburger U., que toman estudiantes que quieren
recibir un grado en universidades de dos o cuatro años [...] [hay] dieciocho cursos, desde seminarios de uno o dos días hasta sesiones de
una semana sobre «evaluación del mercado», «destrezas administrativas» y «supervisión de área» [...] El éxito de McDonald's se basa en la
comida rápida y un servicio amigable a un precio bajo. Los cursos se
ocupan del estilo McDonald's y enfatizan en la motivación...

McDonald's también recurre al alboroto y al alarde publicitario. Un
empleado recuerda:

Un muchacho en nuestra tienda era un «All-American Hamburger
Maker». Era el mejor cocinero de hamburguesas en los McDonald's
de todo el país. La competencia comienza en primavera. Tienen un
concurso para ver quién es, literalmente, el mejor cocinero de hamburguesas del país. Es decir, el más rápido, pero también el de mayor calidad y casi perfecto, que las cocina exactamente de la manera que se supone que deben ser cocinadas. Para hacerlo realmente
bien, necesitas un pequeño termómetro que colocas sobre la parrilla,
que está brillante, y es absolutamente impecable. Luego colocas las

hamburguesas en pilas de seis, perfectamente alineadas. Las doras con el dorso de una espátula, les echas sal en el momento oportuno, agregas la cebolla en el momento indicado. A continuación, las sacas de forma adecuada, las colocas en los panes [...] Primero está la competencia interna para encontrar al mejor cocinero de hamburguesas de la tienda. La persona que gane pasa a los campeonatos regionales, y luego al siguiente nivel. Por último, va al concurso «All-American»; creo que fue en Chicago. Esto incluye un enorme trofeo, y creo que dinero también, aunque no sé cuánto. Lo importante es que ganabas el derecho de llevar un parche «All-American» en tu camisa.

IBM

De McDonald's damos una vuelta completa hasta IBM, tal vez una de las empresas estadounidenses más grandes y antiguas que practican una intensa orientación a las personas. El único problema con IBM es cómo empezar a describirla. ¿Con la política de puertas abiertas de setenta años de antigüedad? ¿Con el club campestre de $1 al año del señor Watson, fundado en los años veinte para todos los empleados? ¿Con la filosofía que comienza con el «respeto por el individuo»? ¿Con el empleo de por vida? ¿Con la insistencia en la promoción desde adentro? ¿Con las guarderías, hoteles, pistas de atletismo y canchas de tenis de IBM? ¿Con las encuestas *mensuales* de opinión realizadas por el departamento de personal? ¿Con el alto índice de éxito entre los vendedores? ¿Con la capacitación intensa? Toda la historia de IBM es de una orientación intensa a las personas. Y al igual que en McDonald's, se refleja en los detalles más pequeños. Entremos a la división financiera de IBM en Nueva York. Lo primero que ves es un enorme tablón de anuncios del piso al techo con fotografías resplandecientes de *cada* persona que está en la división, colgado debajo el cartel: NEW YORK FINANCIAL... LA DIFERENCIA ES LA GENTE.

Watson comenzó una política de puertas abiertas en una fase temprana y que aún perdura. Algunos de sus gerentes solían quejarse de que él casi siempre estaba a favor de los empleados. Un antiguo compañero suyo afirma, de hecho, que escasamente puede recordar que el señor Watson tomara partido por los gerentes. Es el tipo de cosas que hacen que las políticas como esta funcionen. Son creíbles. Los gerentes se toman la molestia de comprobar las cosas a fondo, tal como en las situaciones similares de puertas abiertas en Levi's, HP, Tandem y Delta Airlines. Se usan. Suceden cosas.

Thomas Watson, Jr., relata cómo empezó su padre, presagiando muchas políticas de IBM aún vigentes, y que son piedras angulares de la empresa: «T. J. Watson no llegó para sacudir la organización. Más bien, se dispuso a entusiasmar y a pulir a las personas que ya estaban allá, y a alcanzar el éxito con lo que tenía. Esa decisión de 1914 condujo a la política de seguridad laboral de IBM, la cual ha significado mucho para nuestros empleados». Watson señala que su padre se mantuvo fiel a esta política incluso en medio de la Gran Depresión. «IBM producía partes para el inventario y las almacenaba. De ello se deriva nuestra política de construir desde adentro. Nos esforzamos mucho para desarrollar a nuestra gente, para volverlos a capacitar cuando cambian los requisitos de trabajo, así como para darles otra oportunidad si vemos que están teniendo dificultades en sus trabajos». Watson desarrolló sus esclarecedores puntos de vista bajo la tutela del legendario John Patterson, fundador de NCR. Según Watson, Jr., cuando los demás estaban luchando contra el sindicato, Patterson estaba allanando el camino al «colocar duchas en las instalaciones de la empresa y dejar que los empleados las usaran durante su jornada laboral, comedores que servían comidas calientes a precios bajos, entretenimiento, escuelas, clubes, bibliotecas y parques. Otros hombres de negocios quedaron conmocionados por las ideas de Patterson. Sin embargo, él dijo que eran inversiones que valdrían la pena, y así fue».

Watson siguió los pasos de Patterson de muchas otras maneras. En sus propias palabras: «Se intentaron casi todo tipo de actividades extravagantes para generar entusiasmo [...] Nuestro énfasis inicial en las relaciones humanas no estaba motivado por el altruismo, sino por la sencilla creencia de que si respetábamos a nuestra gente y les ayudábamos a respetarse a sí mismos, la compañía obtendría el mayor beneficio».

Un detalle tras otro refuerza el tema de las personas en IBM. Un artículo de 1940 publicado en *Fortune* sobre IBM, que en aquel entonces era una compañía de $35 millones, habla de fábricas completamente impecables, de la membresía al country club que costaba $1 al año para todos los empleados, del libro de canciones de IBM («Te conocemos y te queremos, y sabemos que tú tienes nuestro bienestar en el corazón», donde el «tú» de la canción significa por supuesto el señor Watson).

Sobre el señor Watson, *Fortune* señala que era un «predicador nato que empezó a esbozar desde muy temprano las reglas altruistas de oro que han guiado su vida y sus políticas. Viaja la mitad del tiempo, trabaja dieciséis horas al día, y pasa casi todas las noches en las funciones y celebraciones de sus innumerables clubes de empleados [...] Le gusta hablar con sus empleados, no como un supervisor curioso, sino como un viejo amigo».

No hay mucho que añadir a las primeras historias acerca de Watson, salvo por el hecho notable de que IBM ha permanecido más o menos igual. Las políticas de puertas abiertas, los clubes, la simplicidad, las homilías, el alboroto y la capacitación son tan intensos en relación con los estilos de hoy como lo eran cincuenta o sesenta años atrás. Un ejecutivo de IBM lo expresó de manera sucinta: «Puedes meter la pata en casi todo, y recibirás otra oportunidad. No obstante, si la embarras en la administración de personas, aunque sea un poco, te despedirán. Será el fin, independientemente de que tengas el mejor desempeño o no».

Por último, para completar la historia de las personas en IBM, así como en otras compañías, las políticas probablemente no funcionarían si la gente en los rangos inferiores de la organización no estuvieran orgullosas de lo que hace su organización. Buck Rodgers, responsable de mercadeo de IBM, sostiene: «Ante todo, buscamos una reputación de hacer bien las cosas pequeñas». Lo que IBM representa, la calidad que ofrecen un Hewlett-Packard o un McDonald's, la apropiación de ideas en materia de productividad en Dana; en todos los casos, el simple orgullo en lo que hace la empresa es la clave para una orientación general a las personas.

TEMAS COMUNES

A medida que nos alejamos del análisis de las personas y de la productividad, nos encontramos con una serie de temas muy similares que están presentes en los datos de las empresas excelentes. En primer lugar está el lenguaje. *El lenguaje en las instituciones orientadas a las personas tiene un sabor común*. En muchos aspectos, la forma precede a la sustancia. Hemos visto que esto sucede con algunos de nuestros clientes. Una vez que comienzan a hablar de la filosofía, pueden comenzar a vivirla, incluso si en un principio las palabras no tienen sentido. Por ejemplo, dudamos que «la manera HP» significara mucho para cualquier persona en Hewlett-Packard cuando este lenguaje se introdujo por primera vez. Con el paso del tiempo, sospechamos que la frase adquirió significados más ricos y profundos, de formas que nadie hubiera sospechado, ni siquiera Hewlett o Packard.

De hecho, dudamos que pueda existir una verdadera orientación a las personas a menos que haya un lenguaje especial que la acompañe. Las palabras y frases como «sensación de familia», «puertas abiertas», *«rally»*, «jubileo», «administrar deambulando», «en el escenario», y otras son términos especiales que les muestran a las personas en las instituciones que la orientación está profundamente arraigada. Los esquimales, a diferencia de los ingleses o los estadounidenses, tienen muchas palabras para designar los diversos tipos de nieve; una descripción precisa del estado de la nieve es vital para su vida cotidiana, supervivencia y cultura. Si una institución ha de estar realmente orientada a las personas, necesita muchas palabras para describir la manera en que las personas deben tratarse mutuamente.

Lo más impresionante de todas las características del lenguaje en las empresas excelentes son las frases que actualizan la condición del empleado individual. Una vez más, sabemos que suena cursi, pero expresiones como asociado (Wal-Mart), miembro de cuadrilla (McDonald's) y miembro del reparto (Disney) describen la importancia tan especial que tienen las personas en las empresas excelentes.

Muchas de las mejores empresas realmente se ven a sí mismas como una familia extendida. Encontramos el uso frecuente de los términos específicos «familia», «familia extendida», o «sensación de familia» en Wal-Mart, Tandem, HP, Disney, Dana, Tupperware, McDonald's, Delta, IBM, TI, Levi Strauss, Blue Bell, Kodak y P&G. Lew Lehr, presidente de 3M, afirma esto con mayor contundencia:

Si nos fijamos en el espíritu empresarial de la industria estadounidense, veremos que es maravillosa. Por otro lado, si nos fijamos en el paternalismo y en la disciplina de las empresas japonesas, es igualmente maravillosa. Hay algunas compañías que han evolucionado hasta convertirse en una mezcla de esas industrias, y 3M es una de ellas [...] Empresas como 3M se han convertido en una especie de centro comunitario para los empleados, en lugar de ser solamente un lugar de trabajo. Tenemos clubes de empleados, deportes internos, clubes de viajes y un grupo coral. Esto ha sucedido porque las comunidades en las que vive la gente se han vuelto tan móviles que ya no le ofrecen una vía de escape al individuo. Las escuelas ya no son centros sociales para la familia. Las iglesias han perdido su poder de atracción como centros sociales y familiares. Con la ruptura de estas estructuras tradicionales, algunas empresas han llenado el vacío. Se han convertido en una especie de instituciones madre, pero han mantenido al mismo tiempo su espíritu de iniciativa empresarial.

Y, como sugiere Lehr, hablar de familia implica más que el conjunto de los empleados de 3M. Incluye a las familias enteras de estos empleados. Uno de nuestros colegas estuvo en el programa de administración de marca en P&G durante tres meses como empleado de verano. Él recuerda que, todavía cinco años más tarde, P&G seguía enviándoles pavos el día de Acción de gracias.

Otra de las características más llamativas de las empresas excelentes es la *aparente ausencia de una cadena de mando seguida con rigidez*. Obviamente, la cadena de mando existe para las decisiones importantes, pero no se utiliza mucho para las comunicaciones cotidianas. La informalidad es la norma para el intercambio de información. La gente realmente deambula, la alta dirección está en contacto frecuente con los empleados de los niveles inferiores (y con los clientes), y todo el mundo *es* llamado generalmente por su nombre. Como ejemplo extremo, en la increíblemente exitosa Activision, un fabricante de videojuegos de $50 millones que crece un cien por ciento al año, ¡la guía telefónica está ordenada alfabéticamente según el nombre de pila!

Al tratar de explicar el fenómeno, un gerente de GM contrastó uno de los aspectos clave de la notable diferencia en el desempeño entre dos plantas gigantes: «Sé que esto suena como una caricatura, pero supongo que así es la vida. En la planta de bajo desempeño, el gerente probablemente iba allá una vez por semana, y siempre de traje. Sus comentarios eran distantes y superficiales. En South Gate, la mejor planta, su gerente estaba presente todo el tiempo. Vestía con una gorra de béisbol y una chaqueta del sindicato. Por cierto, ¿cuál planta crees que era impecable? ¿Cuál parecía un depósito de chatarra?».

Suponemos que deambular no es para todos. Para muchos gerentes, esta actividad no ocurre de manera natural; si se sienten incómodos en un papel tan informal, su merodear podría ser visto como condescendiente o controlador, y si utilizaran sus visitas para tomar decisiones sobre el terreno, estarían socavando la cadena de mando, en lugar de utilizar la práctica simplemente como una manera de intercambiar información. Deambular y ser informal, entonces, probablemente no son para todo el mundo. Por otro lado, sin un estilo de gerencia itinerante, nos preguntamos qué tan vital puede ser realmente una institución.

Vemos evidencias importantes de la informalidad en muchos otros rasgos. Por ejemplo, la configuración física de las instalaciones es diferente en las empresas excelentes. La informalidad es delineada en general por entornos espartanos, de puertas abiertas, con un menor número de paredes y oficinas. Es difícil imaginar un intercambio fluido de información que tenga lugar en suites palaciegas, formales y costosamente decoradas, propias de tantas oficinas corporativas o incluso divisionales.

Alboroto, celebración y entusiasmo

Piense en esta conversación:

Empleado de finanzas de General Motors: Mira, yo he estado en una fundición, es imposible que esos tipos vayan a cantar canciones como los japoneses o las damas de Tupperware.
Segunda persona (del Medio Oeste): Caterpillar fabrica equipos de primera línea. Esa gente son trabajadores sindicalizados. No pierden el tiempo con alborotos.
Tercera persona (también del Medio Oeste): Fui transferido a Peoria. No trabajaba para Caterpillar. Sin embargo, cada año organizan un «día de máquinas». Toda la gente de Cat y sus familias se reúnen en los terrenos de pruebas, y les dan cervezas y emparedados gratis. El tema del año pasado fue «indios y vaqueros». A todas las máquinas les pusieron disfraces y nombres. Luego las máquinas participaron en concursos, devorando colinas y cosas por el estilo. A todo el mundo le encantó.
Segundo empleado de GM: Deberían ver South Gate. Al gerente de la planta realmente le encanta festejar con entusiasmo. El lugar se transformaba en un popurrí de letreros: «Derrotemos a Japón», y otros por el estilo. Lograron incluso que algunos individuos del tipo Hell's Angels se animaran a cantar «God Bless America» en un *rally* reciente.

¿Así que a los estadounidenses no les gusta el alboroto? ¿Quieren más pruebas? Cuando Bud Zumwalt iba a bordo del destructor de la Marina donde aprendió el concepto de la orientación a las personas, dedicó una cantidad excesiva de tiempo a un elemento que parecía trivial: cambiar la señal de llamada de su barco. Expresó esto en una misiva a sus superiores:

Desde que asumió recientemente la dirección del *ISBELL*, a este comandante le había preocupado la connotación anémica de la señal de llamada que estábamos usando. Cuando se está en compañía de espíritus robustos como «*Fireball*», «*Viper*», y otros, es algo embarazoso y completamente incompatible con la calidad de los marineros a bordo el que te identifiquen con el título relativamente ignominioso de «*Sapworth*».

Seis meses después, y luego de un gran forcejeo, se aprobó un cambio en la señal de llamada, con un drástico efecto subsiguiente. Zumwalt concluye: «La señal de llamada *"Hellcat"* resultó inmensamente popular. Los oficiales y hombres al mando del Arnold J. Isbell llevaban con orgullo parches en sus mangas y gorras de béisbol mostrando un gato negro con una cola bifurcada saliendo de las llamas del infierno y destrozando un submarino con sus patas. El impacto en la moral fue notable».

Kyocera cuenta con dos mil empleados en y alrededor de San Diego. Es una subsidiaria de Kyoto Ceramic, recientemente nombrada la «empresa más importante de Japón». Los dos mil empleados de las seis plantas en Estados Unidos se reúnen todos los días a primera hora para escuchar una charla de la gerencia sobre el estado de la empresa. Hacen calistenia a un ritmo enérgico. El punto de vista de la gerencia es «que al hacer una cosa juntos cada día, se refuerza la unidad de la empresa. También es divertido. Estimula la circulación sanguínea». La alta dirección se turna para hacer presentaciones. Muchos de los discursos «son muy personales y emotivos, y no han sido aprobados de antemano ni revisados por nadie».

Mientras estábamos esperando en el vestíbulo durante nuestra segunda reunión con la gente de Hewlett-Packard, la voz de Young, el director ejecutivo, se escuchó por un parlante anunciando los resultados trimestrales a todas las personas de la organización. Young es un individuo de voz suave, pero si existe algo que se llame porrismo callado, eso es exactamente lo que estaba haciendo Young.

Peter Vaill es un estudiante de «sistemas de alto desempeño»: empresas, orquestas, equipos de fútbol. Estos sistemas se comportan, según Vaill, como profecías autocumplidas; algo funciona, por razones discernibles. A continuación, Vaill observa la aparición inevitable de un «lenguaje privado y un conjunto de símbolos»: la gente se siente «entusiasmada» porque algo ha funcionado, y, si se les permite, empiezan a actuar de una nueva forma. Y mientras actúan así, suceden más cosas buenas. Las experiencias cumbre [...] hacen que los miembros se entusiasmen, bullan y se comuniquen con alegría y júbilo [...] La gente come, duerme y respira la actividad [...] Surge un fenómeno de salón de la fama [...] y los miembros adquieren una motivación estética». Y, finalmente, un aire de invencibilidad conduce a la misma realidad.

No tenemos los datos sistemáticos, por lo que no podemos concluir con carácter definitivo que nuestras empresas excelentes están muy por encima de la norma en la cantidad de tiempo que dedican a las actividades de capacitación. Por otro lado, hay suficientes indicios de la *intensidad de la capacitación* como para sugerir que ese podría ser el caso. La evidencia más visible son las universidades: Disney U., Dana U. y Hamburger U., por ejemplo. Como vimos anteriormente, IBM invierte mucho dinero en capacitación. Del mismo modo, Caterpillar brinda a su gente una capacitación amplia; por ejemplo, todos los ingenieros de ventas pasan meses en el campo de pruebas para aprender cómo funcionan los equipos. Las fuertes y tempranas dosis de capacitación en los puestos de trabajo también son características de HP, P&G y Schlumberger.

Un elemento de la formación en el trabajo de Bechtel tal vez sea el más inusual. Esta empresa de $5 mil millones, constructora de ciudades en el desierto de Arabia, asume intencionalmente proyectos pequeños y poco rentables. «El único propósito es ofrecer oportunidades prácticas para que los jóvenes que gestionan pequeños proyectos y que obtienen resultados con rapidez comiencen a asumir sus trabajos desde muy temprano», señala un alto ejecutivo. (Esto, por cierto, es exactamente una tradición de Alfred Sloan en GM. Él asigna casi siempre a quienes obtienen resultados con rapidez a las divisiones pequeñas, para que puedan hacerse una idea de toda la operación y no se pierdan en las catacumbas de un Chevrolet).

Otro aspecto sorprendente de la orientación de las empresas excelentes es la forma en hacen que *los gerentes entrantes socialicen*. Obviamente, el primer elemento es el reclutamiento. Los filtros son intensos. Muchas de las firmas con las que hablamos son conocidas por hacerles siete u ocho entrevistas a empleados potenciales. Quieren estar seguras de las personas que contratan, y también les están diciendo a los empleados potenciales: «Conozcan nuestra empresa. Decidan por ustedes mismos si pueden adaptarse o no a nuestra cultura».

Luego viene el cargo inicial. Este puede ser el elemento más importante. A estas empresas les gusta que sus gerentes aspirantes comiencen ocupando posiciones de «manos sucias» que sean parte del flujo principal de la empresa. Según el director ejecutivo Young, en HP: «Los jóvenes con maestrías en administración e ingeniería eléctrica deben adquirir experiencia inmediata en la introducción de nuevos productos. Este es el típico trabajo inicial. Refuerza todo el concepto de sacar nuevos productos al mercado, lo cual es un importante valor comercial para nosotros». Del mismo modo, *Business Week* señala que «Caterpillar siempre ha iniciado a sus gerentes potenciales casi en los rangos más inferiores; por lo general, en la línea de producción. No hay estrellas instantáneas en la organización».

La idea de que los gerentes socialicen asignándolos primero a trabajos donde se ensucian las manos es notablemente diferente de lo que vemos en muchas empresas grandes. Como reciben salarios altos, los empleados con maestría en administración u otros aspirantes a gerentes comenzarán en puestos fijos y pasan años allí, sin llegar a conocer nunca la realidad de la empresa.

Un resultado importante es el realismo. Aquellos que empiezan en los trabajos de la línea principal de la compañía, fabricando o vendiendo partes, es poco probable que se dejen engañar posteriormente por las abstracciones de la planificación, la investigación de mercados, o por los sistemas de gestión a medida que son promovidos. Por otra parte, desarrollan su instinto para los negocios. Aprenden a gerenciar no solo con los números, sino también, y quizás más importante, por una sensación real del negocio. Ellos han estado allí. Sus instintos son buenos. El lema rector de Bechtel: «Una agradable sensación por lo factible», lo expresa bien.

La siguiente parte del proceso fundamental de socialización es el aprendizaje a través de los modelos: los héroes y los mitos. Los recién contratados aprenden a hacer el trabajo a partir de historias de guerra. En IBM, las historias de guerra rodean el servicio al cliente. En 3M, a veces las historias giran en torno al fracaso pero siempre persisten en la búsqueda de la innovación. En P&G son las historias sobre la calidad. HP asume el enfoque directo llenando su libro de adoctrinamiento básico, *The HP Way*, con viñetas sobre aquellos que empezaron desde abajo y llegaron a la cima. HP incluso colecciona de manera sistemática «historias a la manera de HP» por medio del buzón de sugerencias para agregar a las existencias y revitalizarlas.

Disponibilidad de información y comparación

Nos llama la atención la importancia de la información disponible como la base para la comparación por pares. Sorprendentemente, este es el mecanismo básico de control en las empresas excelentes. No se parece en nada al modelo militar. No es una cadena de mando en la que no pasa nada hasta que el jefe le dice a alguien que haga algo. Los objetivos y valores generales se ponen en marcha y la información se comparte tan ampliamente que la gente sabe rápidamente si el trabajo se está haciendo o no, y quién lo hace bien o mal.

Algunos creen realmente en el asunto de compartir la información. Un ejemplo notable proviene de Crompton Corduroy. *Fortune* señala que en una planta antigua, y simplemente apretando unos cuantos botones en una consola, los operadores de máquinas pueden comprobar su desempeño y compararlo con el de sus pares. Ellos se examinan a sí mismos, sin coacción alguna, interrumpiendo con frecuencia la hora del almuerzo para ver los resultados. De igual manera, *Fortune* informa sobre la reciente decisión de GM de difundir ampliamente la información:

Llevar la información financiera hasta la planta de producción es un paso importante para reducir la brecha entre la dirección y la mano de obra; *más que cualquier otro procedimiento, hace que los objetivos sean explícitos y la naturaleza de la asociación concreta* [cursivas añadidas]. En Gear [una planta vieja y enorme de Chevrolet], los gerentes les informan a los trabajadores sobre los costos de mano de obra directa de la planta, los costos de los desechos y las ganancias (o pérdidas), y cómo se compara esto con los objetivos. Ni siquiera los capataces habrían estado al tanto de esta información en el pasado. Los beneficios, según la manera de pensar de GM, pesan más que cualquier daño que pudiera provenir del hecho de revelar información competitiva.

Cuando Ed Carlson era presidente de United Airlines, comentó: «No hay nada peor para la moral que la falta de información en las filas. Lo llamo NNMDN —Nadie Nunca Me Dice Nada—, y me he esforzado mucho en minimizar ese problema». El analista Richard Pascale observa que Carlson «compartió con el personal de campo estadísticas operativas confidenciales y de carácter diario que anteriormente se consideraban como demasiado sensibles para que quienes estaban en el campo se enteraran».

Blue Bell es igualmente generosa con su información sobre la productividad comparativa. Los resultados individuales, de los equipos y unidades, están disponibles para todo el mundo. (Ya hemos destacado la cantidad de información disponible en empresas como Dana).

Tal vez el principal ingrediente en el proceso de intercambio de información, una conclusión apoyada por una amplia investigación psicológica, es la naturaleza no evaluativa del proceso. Estamos de acuerdo en que aquí hay una línea fina. Sin embargo, lo que queremos decir es no evaluativo en un sentido definido. La administración no intimidó a las personas con los números. Los «superiores» no les están diciendo a los «subordinados» lo que deben hacer. Por otra parte, la información es evaluativa en términos de que los lleva a lidiar con una fuerza más potente; es decir, con la presión de grupo. Por ejemplo, vimos que Dana no obliga a que el gerente de división se trague nada; simplemente trae a esa persona por diez días al año y celebra un par de «hell weeks» de cinco días para intercambiar resultados sobre la mejora de la productividad. Intel reveló que sus gerentes intercambian *semanalmente* los resultados de sus adquisiciones comerciales.

Hace mucho tiempo, Mason Haire, un teórico de organizaciones, señaló que «lo que se mide se hace». Sostuvo que el simple hecho de asignarle una medida a algo equivale a lograr que se haga, pues centra la atención de la gerencia en esa área. La información es simplemente puesta a disposición y la gente responde a ella. Nuestra historia favorita de los sistemas simples, la presión de grupo y la medición fácil, se relaciona con un problema de ausentismo persistente y pernicioso

en una de las plantas de Western Electric, una empresa de AT&T. La
gerencia lo intentó todo, pero el nivel de ausentismo no disminuyó.
Finalmente, pusieron un tablero enorme en un lugar visible con el
nombre de todo el mundo, y una estrella dorada al lado del nombre
de cada persona cuando acudía a trabajar. El ausentismo se redujo
dramáticamente de la noche a la mañana. Otro amigo habla acerca
de un capataz que comenzó a escribir con tiza los resultados de producción en el piso de la zona de máquinas después de un turno. La
competencia entre los turnos resurgió y no tardó en hacerse intensa.
La productividad se disparó.

Todos nosotros, sospechamos, somos como los operadores de máquinas de Crompton Corduroy. Nos asomamos al tablero que indica el
desempeño para averiguar cómo lo estamos haciendo. Respondemos
—más de lo que probablemente sabemos o nos damos cuenta— a la
información sobre el desempeño comparativo. La sorpresa para las
personas que no estamos al tanto es que respondemos mejor y con
más ahínco si la información no es abiertamente evaluativa, y nos la
repiten hasta el cansancio. Transmitir la información con discreción
parece estimularnos a hacer un mayor esfuerzo. Lamentablemente, la
política de las empresas excelentes de facilitar el acceso a la información está en fuerte contraste con la típica práctica de la gestión, en la
que tantos temen que «ellos» abusarán de la información, y que solo
se beneficiarán los competidores. Es otro costo grande que se paga al
no tratar a las personas como adultos, o de hecho, como ganadores.

«Un hombre no le vendería su vida, pero se la regalará por un trozo
de cinta colorida», afirma William Manchester al describir sus experiencias como soldado de infantería en la Segunda Guerra Mundial.
Él se hace eco de un tema que se remonta al menos a Napoleón, que
era un maestro para otorgar cintas de colores. Si quiere una prueba del
efecto que esto tiene, mire sus armarios y cajones así como nosotros
lo hicimos recientemente. Todavía tenemos insignias al mérito de los
Boy Scouts, trofeos acumulando polvo, y una o dos medallas de algunas carreras insignificantes de esquí celebradas décadas atrás.

Mientras hacíamos esta investigación, nos llamó la atención la
gran cantidad de incentivos no monetarios utilizados por las empresas
excelentes. Nada es más poderoso que el refuerzo positivo. Todo el
mundo lo utiliza. No obstante, de manera casi exclusiva, las empresas
que tienen un mejor desempeño lo utilizan ampliamente. El volumen

de oportunidades ideadas para dar una gran cantidad de broches, botones, insignias y medallas a la gente es asombroso en McDonald's, Tupperware, IBM, o en muchas de las empresas que tienen un desempeño superior. Estas buscan activamente y persiguen un sinfín de excusas para otorgar recompensas.

En Mars, Inc., la compañía sumamente exitosa de bienes de consumo, todos los empleados, incluyendo el presidente, reciben un bono semanal del diez por ciento si van a trabajar puntualmente cada día de la semana. Este es un ejemplo especialmente agradable de cómo crear un entorno en el que prácticamente todo el mundo gana con frecuencia. Como vimos en los primeros capítulos, a las personas les gusta pensar en sí mismas como ganadoras. A pesar de que IBM tiene un «círculo de oro» para el diez por ciento superior de sus vendedores, creemos que es sin duda más importante que se involucren en todo el alboroto que rodea al Club del cien por ciento, el cual cubre más de dos tercios del personal de ventas. Cuando el número de premios es alto, esto hace que la posibilidad que perciben de ganar algo también sea igualmente alta. Y entonces el hombre promedio se esforzará para obtener resultados. Muchas empresas creen en los premios especiales, pero los utilizan exclusivamente para honrar a las pocas personas que están en el tope (y que ya están tan altamente motivadas que de todos modos probablemente habrían obtenido resultados). Más importantes son las cintas por el buen espectáculo de un hombre común y corriente. Como señala McPherson, la verdadera clave del éxito está en ayudar a la media del sesenta por ciento para que suban algunos peldaños en la escalera.

Nuestro colega Ken Ohmae describió el bajo estado de la estructura formal en Japón en su libro *Chief Executive*: «La mayoría de las corporaciones japonesas no tienen siquiera una aproximación a un organigrama. Los directores de gestión que gozan de gran influencia en las operaciones rara vez figuran en el organigrama de la empresa [...] Muchos diputados tienen responsabilidades de línea, pero también están ausentes en estos organigramas. Honda, por ejemplo [...] no está claro cómo se organiza, excepto que utiliza equipos de proyectos con bastante frecuencia». Ohmae también sostiene que en Japón es inusual hablar de «organización» en cualquier sentido estructural, o como algo diferente de la entidad total en sí.

Encontramos *una estructuración menos evidente y ciertamente menos estratificación* en la mayoría de las compañías excelentes.

Recuerde a Delta, Dana y Disney, donde la intercambiabilidad de las personas y los empleos es un principio fundamental. Y Rene McPherson desafía a una clase de la Escuela de administración de empresas de Stanford cuando señala: «¿Cuántas capas creen ustedes que se necesitan para dirigir la Iglesia Católica?». Los estudiantes piensan en esto y el máximo que concluyen son cinco: los laicos, el sacerdote, el obispo, el cardenal y el Papa. El punto es que incluso en una organización enorme como la Iglesia, se necesitan muy pocas capas para hacer que esta funcione. La estratificación excesiva puede ser el mayor problema de una burocracia rígida y que se mueve lentamente. A veces parece que se hace principalmente para abrirles campo a más gerentes en una organización. Sin embargo, la evidencia de las empresas excelentes cuestiona la necesidad de todas esas capas. Si estas existen, una especie de ley de Parkinson para la estructura gerencial echará raíces: los niveles adicionales de gestión crean principalmente labores extractivas para los demás con el fin de justificar su propia existencia. Todo el mundo parece ocupado, pero en realidad se trata de simple sobrecontratación a nivel gerencial.

Más allá de una estructuración y una estratificación relativamente menores, hay un rasgo estructural más importante que caracteriza a las empresas excelentes. Lo hemos mencionado brevemente antes, pero creemos que es tan importante en el contexto de las personas y la productividad que necesita un gran reconocimiento aquí. Esta característica es: lo pequeño es productivo.

Pequeñez

Una conferencia sobre la «organización creativa» se llevó a cabo en la Universidad de Chicago hace más de una década. Durante su transcurso se produjo el siguiente intercambio:

Peter Peterson [entonces presidente de Bell & Howell]: En la industria estamos teniendo la tendencia a desarrollar un tipo de gerente profesional estéril que no tiene sentimientos emocionales acerca del producto, que no «ama» el producto. No crea nada, sino que administra algo de una manera bastante artificial. Oí a Ted Bensinger hablar de los bolos y de lo que ha hecho por eso; a él le gusta esta actividad, así como a Ogilvy le atrae la publicidad. Simplemente me preguntaba si hemos puesto suficiente énfasis en nuestro compromiso emocional con la cocina excelente, o una publicidad excelente, o cualquier «algo» excelente.

David Ogilvy [fundador de Ogilvy and Mather): Es lo contrario a sentirse desconectado.

Gary Steiner [Universidad de Chicago y director de la conferencia): La concepción de que el mejor chef sería el líder más eficaz en la cocina es sólida en términos creativos, pero ¿no está restringido esto a las empresas u organizaciones que tienen una habilidad profesional bien definida? ¿Qué dirías de General Motors o de la Universidad de Chicago, donde no hay ninguna habilidad profesional bien definida; no hay una sola dimensión?

Ogilvy: Es una mala institución, porque tiene una diversificación excesiva.

Steiner: ¿Cómo creas este tipo de institución creativa sin decir: «Vamos a dividirla»?

Ogilvy: Divídela.

Peterson: Divide las empresas.

El sector bancario está experimentando una revolución causada por la desregulación. Uno de los resultados es la necesidad de ofrecer servicios personalizados, tales como la gestión de caja de las empresas. Estas operaciones se han efectuado generalmente de manera indiferenciada en los denominados servicios auxiliares, con connotaciones no cualificadas y de explotación. Barry Sullivan, presidente ejecutivo de First Chicago, ofreció una solución en un discurso reciente ante la American Banking Association: «De lo que estoy hablando realmente es de dividir la fábrica en la oficina trasera en negocios separados». Tom Vanderslice, quien recientemente se fue de GE y asumió el cargo de presidente en GTE, describe su objetivo principal en su nueva empresa: «Soy un gran partidario de dividir este negocio —lo mejor que podamos— en una serie de empresas manejables». Un comentarista señaló recientemente acerca de uno de los ingredientes clave del éxito continuo de 3M: «A medida que las divisiones alcanzan un cierto tamaño, se separan de alguna manera, como una ameba, en divisiones más pequeñas y manejables». Y otro funcionario de 3M reiteró: «Solo hay un punto. Dividir. Al diablo con la dinámica de la competencia y la eficiencia. Solo se mantendrá con vida si es pequeña».

La clave de la pequeñez es que genera capacidad de administración y, sobre todo, compromiso. Un gerente puede entender realmente algo que es pequeño y en lo que prevalece una disciplina central. Más importante aún, incluso en las instituciones que emplean a cientos de miles de personas, si las divisiones son lo suficientemente pequeñas, o si hay otras formas de simular la autonomía, el individuo sigue contando y puede sobresalir. Anteriormente afirmamos que la necesidad de sobresalir, y de contar como individuo, es de vital importancia. Simplemente no conocemos otra forma en que los individuos puedan sobresalir a menos que el tamaño de las unidades —divisiones, plantas y equipos— tenga una escala humana. La pequeñez funciona. Lo pequeño *es* hermoso. Los teóricos de la economía pueden estar en desacuerdo, pero la evidencia de las empresas excelentes es tan clara como el agua.

Emerson Electric y Dana son empresas impulsadas por los costos, y sus estrategias funcionan. Sin embargo, al mismo tiempo, el tamaño de sus divisiones es de menos de $100 millones. HP y 3M, como ya hemos señalado, limitan estrictamente el tamaño de sus divisiones, a pesar de que esto comporte superposición y duplicación. TI tiene noventa centros de productos para los clientes, con un promedio de entre $40 y $50 millones en tamaño.

Johnson & Johnson utiliza la misma magia, incluso en los bienes de consumo, donde la gran escala es considerada esencial por la mayoría. Con $5 mil millones en ingresos totales, recuerde que J&J cuenta con casi 150 divisiones para un total aproximado de $30 a $40 millones por división en promedio. Digital emplea la misma estrategia. «En esencia, actuamos como un grupo de empresas más pequeñas», señala Ted Johnson, vicepresidente de ventas y servicios. En Digital, esto significa una reorganización constante, una proliferación de líneas de productos y una superposición, donde los vendedores crean «un nicho de clientes tras otro». La gente en Digital, y en muchas otras de las empresas excelentes, se lamentan con frecuencia de las series cortas de producción, la confusión de inventarios, y a veces, de la cobertura dual de los clientes. Nos gustaría añadir que se lamentan durante todo el camino hasta el banco.

El proceso de mantenerlo pequeño puede comenzar temprano. ROLM es una productora de equipos de telecomunicaciones altamente exitosa, de $200 millones. Le va bien contra gigantes como Western

Electric. La razón principal es que adapta su resolución de problemas a segmentos de clientes con números modestos. En palabras de uno de sus fundadores, la clave de su fórmula ganadora es «dividir continuamente, y construir incluso pequeños edificios para las nuevas unidades», y mientras tanto, la empresa crece y crece.

Una regla de oro comienza a surgir. Observamos que la mayor proporción de las empresas con mejor desempeño mantienen el tamaño de sus divisiones entre $50 y $100 millones, con un máximo de mil o más empleados en cada una. Por otra parte, les conceden a sus divisiones una independencia extraordinaria, y les dan las funciones y recursos para explotarla.

Para nosotros, la historia sobre el tamaño de la planta fue poco menos que sorprendente. En repetidas ocasiones, encontramos que las empresas que obtuvieron mejores resultados habían determinado que sus plantas pequeñas —y no las grandes— eran las más eficientes. Emerson es el mejor ejemplo de esto. Cuando fue nombrada por *Dun's Review* como una de las «empresas mejor administradas», un simple ingrediente exitoso fue destacado: «Emerson evita las fábricas gigantescas favorecidas por competidores como General Electric. Las pocas plantas de Emerson emplean a más de 600 trabajadores, un tamaño que [al presidente Charles] Knight le parece que le permite a la administración mantener el contacto personal con los empleados individuales. "No necesitamos una planta de cinco mil personas para bajar los costos", sostiene, "y esto nos da una gran flexibilidad". Emerson enfatiza muchísimo en el contacto personal con los empleados».

Blue Bell es la número dos detrás de Levi Strauss en la industria de la confección. Ese gigante de $1,5 miles de millones ha logrado mantenerse competitivo y rentable, principalmente sobre la base de unas excelentes habilidades de funcionamiento y producción de bajo costo. La pequeñez juega un papel predominante en el esquema de cosas de Blue Bell. Su presidente Kimsey Mann mantiene trescientas personas en las unidades de fabricación. Así explica lo que obtiene a cambio: «Una administración que responde rápidamente a los problemas [...] un personal que sirve a los trabajadores». Y añade: «Tenemos un mayor contacto cara a cara. Nuestros supervisores conocen las familias y las preocupaciones de toda su gente». Él cree que la creatividad y la variedad nacen de esa pequeñez. «¿Quién conoce mejor el trabajo que las personas cercanas a él?», pregunta, y agrega: «En las grandes unidades, en el momento en que se aprueba algo, la persona que presentó la idea no la recuerda o no la reconoce como suya». En resumen, Mann afirma: «Queremos una serie de instalaciones en las que un hombre sienta que "mi esposa y mi hija pueden trabajar aquí". Queremos que cada individuo sea responsable por la imagen de la empresa». Mann cree que estos rasgos pueden existir solo si el tamaño de las plantas se mantiene pequeño.

La historia es similar en Motorola. Su presidente John Mitchell dijo simplemente: «Cuando una planta comienza a acercarse a los 1.500 empleados, de alguna manera, como por arte de magia, las cosas empiezan a salir mal». Dana, con su extraordinario historial de productividad, intenta con determinación mantener menos de 500 empleados en sus plantas. En estos momentos, Westinghouse está llevando a cabo una iniciativa de productividad que es una prioridad destacada; un elemento principal del programa es una serie de treinta a cuarenta plantas pequeñas. De manera similar, parte de los nuevos esfuerzos de productividad de GM implica mantener el tamaño de una nueva instalación muy por debajo de mil empleados.

El argumento negativo parece ser igualmente convincente. Un expresidente de Consolidated Edison señaló: «En la última década, la industria [compañías de electricidad] ha sido convencida para comprar unidades generadoras individuales que son más grandes de lo que el estado actual de la construcción y la tecnología operativa pueden manejar de forma confiable». Estas palabras fueron repetidas por el director ejecutivo de Georgia Power en una de nuestras sesiones informativas. «Las plantas grandes son geniales», señaló, *cuando funcionan*. Todo el mundo se rio. A continuación, señaló que sus plantas grandes eran cerradas con demasiada frecuencia y habían perdido por lo tanto su potencial teórico por un amplio margen.

Wick Skinner, de la Universidad de Harvard y decano de los pensadores académicos sobre los procesos de producción, narra una historia típica citada en *Fortune*, revelando lo que sucede debajo de la superficie cuando la pequeñez rinde sus frutos:

Skinner cita un episodio que tuvo lugar en Honeywell, donde trabajó durante diez años antes de unirse a la facultad de Harvard. Una planta de Honeywell estaba dedicada a hacer giroscopios para un uso científico y técnico altamente especializado, y medidores de combustible para aviones. Las dos líneas de producción se entremezclaron en la planta de manufactura, y los problemas surgieron finalmente. «Los giroscopios eran diez veces más difícil de hacer», recuerda Skinner, «pero la gente de Honeywell estaba teniendo problemas en términos competitivos con los medidores de combustible. Hicieron todo lo posible para tratar de averiguar por qué no podían mantener los costos bajos. Analizaron la contabilidad y contrataron a alguien que tenía una maestría en administración. Nada funcionó, por lo que decidieron retirarse del negocio. Luego, uno de los gerentes le sugirió algo al jefe de la planta, quien le pidió $20.000 a la alta gerencia [...] Compraron paneles de madera, tablones dos por cuatro y crearon paredes en un rincón de la fábrica [...] y segregaron a los trabajadores. El problema se resolvió en un periodo de seis meses».

El caso teórico fue expresado de manera sucinta por el investigador británico John Child, quien examinó centenares de estudios sobre las economías de escala: «Los beneficios económicos de la industria a gran escala han sido considerablemente exagerados en su conjunto, especialmente durante la fiebre de fusiones y racionalizaciones que se apoderó de Europa en la década de los sesenta. La conclusión general que se puede sacar de los estudios de escala en la producción industrial es que, si bien pueden haber importantes umbrales económicos para las pequeñas organizaciones que buscan tener un tamaño mediano, estos no son muy evidentes para las unidades de mayor tamaño». A continuación, él enumera algunas razones. «Hay una alta correlación entre el tamaño de las plantas y la intensidad de la agitación laboral, los niveles de movimiento en el personal y otras manifestaciones costosas de la insatisfacción».

La conclusión que sacamos de todo esto se puede definir como una directriz aproximada. Independientemente de la industria, parece que alrededor de 500 personas en un mismo lugar generan problemas sustanciales e inesperados. Más importante aún, incluso para las empresas orientadas a los costos, lo pequeño no solo es más innovador, sino también más productivo.

La evidencia más importante de que lo pequeño es hermoso se encuentra en un nivel aún más bajo: el del equipo, sección o círculo de calidad. En la mayor parte de las empresas que no están en nuestra lista, la unidad de negocios estratégicos o alguna otra adición importante

de seres humanos son consideradas como el componente básico de la
organización. Entre nuestros ganadores, el equipo es el factor crítico,
independientemente del aspecto: servicio, innovación o productividad. La explicación de un ejecutivo de Bank of America (que dirige
una gran parte de las operaciones de la organización) es típica:

Parece que siempre sucede lo mismo. Siempre tratamos de hacerlo
perfectamente bien. Siempre tratamos de optimizar. Buscamos el sistema gigantesco perfecto. Recuerdo cuando estaba en Londres. Por
fin estaba lo suficientemente lejos del meollo de las cosas que podía
experimentar. Un problema a largo plazo [endémico para la industria]
consiste en reunir las operaciones, los sistemas y el personal de crédito [préstamos]. Tomamos un área de servicios pequeña. Me pareció
que era una excelente oportunidad para experimentar con una mini-
computadora. Podíamos formar un pequeño equipo para trabajar en el
problema. Lo hicimos, y los resultados fueron fabulosos. Simplemente no se pueden contar la cantidad de maneras en que superamos los
obstáculos. Una vez que el grupo de diez o doce personas empezaron
a trabajar juntas, no tuvieron problemas para ver las contribuciones
mutuas. El hombre a cargo de las operaciones era tímido y un poco
burocrático. Sin embargo, muy pronto se hizo obvio para sus colegas
en los sistemas de crédito que él realmente sabía lo que tenía entrema-
nos. Se convirtió en el líder *de facto* del grupo, aunque su rango era
sustancialmente inferior al de varios de sus asociados. En un período
de solo tres a cuatro meses, lograron implementar un sistema muy
eficaz, que servía a un grupo discreto de clientes. Ganaron dinero.
La moral del grupo estaba por las nubes. Terminamos utilizando esta
técnica con un éxito enorme en la oficina de Londres. Es increíble
la forma en que realmente puedes dividir las cosas en pedacitos más
pequeños —y hacer que la gente se sienta motivada—, simplemente
si lo intentas.

Ya hemos observado que una parte desproporcionada de los éxitos de innovación en los negocios parece provenir de «operaciones
secretas»; grupos pequeños que tienden a superar en desempeño a
laboratorios mucho más grandes que a menudo tienen cientos de
integrantes. Actualmente contamos con varios ejemplos de operaciones secretas que son efectivas. En Bloomingdale's, 3M, HP y

Digital, toda la institución está diseñada como un colectivo de operaciones secretas conformadas por diez personas. De hecho, el equipo es el pilar de la mejora continua en la productividad. TI insiste en que prácticamente toda su gente esté en un equipo de Programa de participación de personas al menos una vez al año. Un PPP (o equipo de productividad) es una forma de vida, posiblemente *la* forma de vida en TI.

¿Cuáles son las características de un típico equipo de TI? Por lo general se limita a ocho o diez miembros, e incluye a gente de la planta, así como a uno o dos ingenieros de afuera, a quienes el equipo invita por lo general como voluntarios. Se necesita tener un conjunto limitado de objetivos; lo importante es tener algo concreto que pueda dar frutos en un futuro probable. La duración está limitada a entre tres y seis meses. Más importante aún, los objetivos siempre son fijados por el equipo. Mark Shepherd, presidente de TI, señala: «Los equipos establecen sus propios objetivos de mejora y miden su propio progreso hacia estas metas. Una y otra vez, los miembros del equipo establecen lo que les parece que son objetivos difíciles pero realistas para ellos mismos, y una vez que el programa es puesto en marcha, descubren que no solo cumplen sus objetivos, sino que los superan. Esto es algo que raramente ocurre si las metas se establecen *para* el equipo, en lugar de *por* parte del equipo. Cuando hablamos de "mejorar la efectividad de las personas", nos referimos a darles estos tipos de oportunidades para que aprovechen sus propios recursos creativos». Por último, se aprovecha cualquier oportunidad para celebrar los logros del equipo; todas las modalidades de evaluaciones son frecuentes, incluyendo un par de grupos que cuentan con mucha frecuencia sus historias directamente a la junta directiva.

En TI, cada uno de los nueve mil equipos establece sus propios objetivos. En 3M, cada uno de los equipos de desarrollo de nuevos productos está conformado por voluntarios de tiempo completo, liderados por un campeón. La misma historia se aplica para el «gerente de tienda» de Dana o para el «gerente de estación» de United Airlines. El tamaño pequeño es *el* principal generador de compromiso. El modelo analítico no tendrá injerencia en un argumento tan débil, pero la evidencia empírica es tan clara como el agua. En palabras de E. F. Schumacher: «Las personas pueden ser ellas mismas únicamente en grupos pequeños y comprensibles».

Filosofía

Las empresas excelentes tienen una filosofía profundamente arraigada
que señala, en efecto, «el respeto al individuo», «hacer que las personas sean ganadoras», «dejar que se destaquen» y «tratar a las personas
como adultos».

Tal como comenta Anthony Jay, esta lección (tratar a las personas
como adultos) puede haber estado frente a nuestros ojos durante mucho tiempo:

Una de las razones por las que el Imperio romano se hizo tan grande y
sobrevivió tanto tiempo —una prodigiosa proeza de administración—
es que no había trenes, autos, aviones, radio, papel o teléfonos. Sobre
todo, no había teléfonos. Y por lo tanto, no se podía mantener ninguna
ilusión de control directo sobre un gobernador general o provincial,
no podías sentir en la parte posterior de tu mente que podías llamar-
lo, o que él te podía llamar si surgía una situación que se le salía de
las manos, o que podías volar y examinar la situación si empezaba a
convertirse en un lío. Lo nombrabas, observabas su carro y baúl de
equipaje desaparecer sobre la colina envueltos en una nube de polvo y
eso era todo [...] No era, por lo tanto, cuestión de nombrar a un hombre que no estuviera plenamente capacitado, o a la altura del trabajo:
sabías que todo dependía de que fuera el hombre más idóneo para el
trabajo antes de partir. Y, por lo tanto, hacías la selección con mucho
cuidado; pero más que eso, te asegurabas de que supiera todo sobre
Roma, sobre el gobierno y el ejército romano antes de partir.

Vivir de acuerdo con el principio de Anthony Jay es la única manera en que una empresa como Schlumberger puede aspirar a funcionar.
La única forma en que puede funcionar es depositando su fe en los dos
mil ingenieros jóvenes bien entrenados y perfectamente socializados,
que son enviados a los confines de la Tierra durante meses —como el
general romano—, y abandonados a su propia suerte, solo con la filosofía de Schlumberger y esta amplia capacitación para guiarlos. Dee
Hock, de Visa, resumió el problema cuando dijo: «Sustituir las reglas
por el juicio detona un ciclo contraproducente, ya que el juicio solo
puede desarrollarse usándolo».

9

Práctica, basada en valores

Supongamos que nos pidieran un consejo de uso múltiple en materia de gerencia; una verdad que pudiéramos extraer de la investigación sobre las empresas excelentes. Tal vez nos sintamos tentados a responder: «Determine cuál es su sistema de valores. Decida lo que su empresa *representa*. ¿Qué hace su empresa que produce el mayor orgullo en cada individuo? Imagínese diez o veinte años en el futuro: en retrospectiva, ¿qué miraría con la mayor satisfacción?».

Llamamos al quinto atributo de las empresas excelentes «práctica, basada en valores». Nos sorprende la atención explícita que le prestan a los valores, y la forma en que sus líderes han creado entornos emocionantes través de una atención personalizada, persistencia, e intervención directa a lo largo y ancho de toda la línea.

En *Morale*, John Gardner dice: «La mayoría de los escritores contemporáneos son reacios, o están avergonzados de escribir de forma explícita acerca de los valores». Nuestra experiencia es que la mayoría de los hombres de negocios son reacios a escribir, a hablar, e incluso a tomarse en serio los sistemas de valores. En la medida en que consideran todo esto, lo hacen solo como abstracciones vagas. Como señalan nuestros colegas Julien Phillips y Allan Kennedy: «Los gerentes y consultores inflexibles rara vez prestan mucha atención al sistema de valores de una organización. Los valores no son "duros" como las estructuras de una organización, las políticas y procedimientos, estrategias o presupuestos». Phillips y Kennedy tienen razón, por regla general, pero, afortunadamente, están equivocados —como son los primeros en admitir— acerca de las compañías excelentes. Thomas Watson, Jr., escribió todo un libro acerca de los valores. Basándose en sus experiencias en IBM, él señala en su libro *A Business and Its Beliefs*:

Uno puede especular en detalle sobre la causa de la decadencia y caída de una corporación. La tecnología, los cambios en los gustos, las

modas cambiantes, todo esto juega un papel [...] Nadie puede poner
en duda su importancia. Sin embargo, me cuestiono si son decisivas
en sí mismas. Creo que la verdadera diferencia entre el éxito y el
fracaso en una corporación se remonta con mucha frecuencia a la
pregunta de la eficacia con que una organización saca a relucir la
energía y los talentos excelentes de su gente. ¿Qué hace para ayudar
a estas personas a encontrar una causa común entre ellos? Y, ¿cómo
puede mantener esta causa común y el sentido de dirección a través
de los muchos cambios que ocurren de una generación a otra? Piense
en cualquier gran organización —una que se haya mantenido en pie
por muchos años—, y creo que encontrará que debe su capacidad de
recuperación, no a su forma de organización o habilidades administrativas, sino al poder de lo que llamamos *creencias,* y al atractivo
que estas tienen para su gente. Esta es, pues, mi tesis: creo firmemente que cualquier organización, a fin de sobrevivir y alcanzar el
éxito, debe tener un conjunto sólido de creencias en las que base
todas sus políticas y acciones. Luego, creo que el factor más importante del éxito corporativo es la fiel adhesión a esas creencias. Y, por
último, creo que si una organización quiere hacer frente al desafío
de un mundo cambiante, tiene que estar preparada para cambiar todo
acerca de sí misma, excepto esas creencias, a medida que se mueve
a través de la vida corporativa. En otras palabras, la filosofía básica,
el espíritu y el dinamismo de una organización tienen que ver mucho más con sus logros relativos que con los recursos tecnológicos
o económicos, la estructura organizativa, la innovación y la sincro-
nización en el tiempo. Todas estas cosas tienen un gran peso en el
éxito. Sin embargo, creo que son trascendidas por la intensidad con
que las personas de la organización crean en sus preceptos básicos y
la fidelidad con que los practiquen.

Cada empresa excelente que estudiamos está clara en lo que cree,
y se toma muy en serio el proceso de conformación de valores. De
hecho, nos preguntamos si es posible ser una compañía excelente sin
tener claridad sobre los valores y sin tener el tipo correcto de estos.

Liderados por nuestro colega Allan Kennedy, hicimos un análisis
sobre «objetivos superiores» hace unos tres años. (Los llamamos así
porque el modelo de las 7-S de McKinsey se conocía con este nombre
en esa época. Desde entonces hemos cambiado el término a «valores

compartidos», y aunque las palabras han cambiado, siempre hemos querido decir lo mismo: creencias básicas, valores primordiales). El estudio fue anterior a la encuesta de las empresas excelentes, pero el resultado fue coherente con lo que hemos observado posteriormente. Casi la totalidad de las compañías de mejor desempeño que analizamos en el primer estudio tenía un conjunto bien definido de creencias orientadoras. Por otro lado, las que tenían un desempeño más discreto estaban marcadas por una de las dos características. Muchas no tenían ningún conjunto de creencias coherentes. Las otras tenían objetivos distintivos y ampliamente discutidos, pero las únicas que se entusiasmaron con esto fueron las que podían ser cuantificadas; sus objetivos financieros, como las ganancias por acción y las medidas de crecimiento. Irónicamente, a las empresas que parecían ser las más centradas en las personas —aquellas con las declaraciones más cuantificadas de misión y con unos objetivos financieros más precisos—, les había ido *menos* bien económicamente que aquellas con declaraciones más amplias, menos precisas, y más cualitativas en términos de propósitos corporativos. (A las empresas sin valores tampoco les fue tan bien).

Así que parecía que no solo la articulación de valores, sino también el contenido de estos (y probablemente la forma en que son expresados), marcan la diferencia. Nuestra hipótesis es que aquellas empresas cuyos objetivos son predominantemente financieros pueden hacer un buen trabajo para motivar a los primeros quince, e incluso a los cincuenta siguientes. Sin embargo, esos objetivos rara vez aportan mucho sabor a la vida en otros rangos de la empresa, a las decenas de miles de personas (o más) que hacen, venden y prestan un servicio del producto.

Sorprendentemente, pero en consonancia con la observación de Gardner, solo unos pocos escritores de negocios valientes han dado el paso y escrito sobre los valores. Y ninguno de ellos es más articulado que Philip Selznick, a quien presentamos en el capítulo 4. En *Leadership and Administration*, este autor habla sobre los valores y esboza el papel práctico del líder:

La formación de una institución se caracteriza al hacer compromisos con los valores; es decir, decisiones que corrigen los supuestos de quienes elaboran las políticas relacionadas con la naturaleza de la

empresa, sus objetivos, métodos y funciones distintivas. Con frecuencia, estas decisiones que definen el carácter no se hacen verbalmente,
y es posible que ni siquiera se hagan de forma consciente [...] El líder
institucional es primordialmente un experto en la promoción y protección de valores [...] El liderazgo fracasa cuando se concentra en la
mera supervivencia. La supervivencia institucional, bien entendida, es
un asunto de mantener la identidad y los valores distintivos.

Henry Kissinger ha hecho hincapié en el mismo tema: «La tarea
del líder es hacer que su gente vaya desde donde está a donde no ha
estado. El público no entiende del todo el mundo en el que está. Los
líderes deben invocar una alquimia que tenga una visión maravillosa.
Aquellos líderes que no hagan esto terminarán siendo juzgados como
fracasados, por más que puedan ser populares en el momento».
De hecho, el caso teórico es más profundo. Los valores no se transmiten generalmente, como señala Selznick, a través de procedimientos formales por escrito. Son difundidos con mayor frecuencia por
medios más sutiles: específicamente por medio de historias, mitos,
leyendas y metáforas que ya hemos visto. Selznick es nuevamente
instructivo con respecto a la importancia del mito como una manera
de transmitir el sistema de valores:

Para crear una institución, usted depende de muchas técnicas para
infundir el comportamiento del día a día con significado y propósito
a largo plazo. Una de las más importantes de estas técnicas es la elaboración de mitos integradores a nivel social. Estos son los esfuerzos para expresar, en el lenguaje de la inspiración y el idealismo, lo
que es característico de los objetivos y métodos de la empresa. Los
mitos exitosos nunca son simplemente cínicos o manipuladores [...]
Para ser eficaz, el mito proyectado no debe limitarse a los discursos
de vacaciones o al testimonio ante comités legislativos. Requiere de
un poco de interpretación y de la realización de muchas y diversas
decisiones cotidianas. El mito ayuda a satisfacer la necesidad. No
menos importante, podemos esperar que el mito contribuya al sentido unificado de la misión, y de ese modo, a la armonía del conjunto.
En última instancia, e independientemente de la fuente, los mitos
son constructores de instituciones. El arte del liderazgo creativo es
el arte de crear instituciones, de reelaborar materiales humanos y

tecnológicos para diseñar un organismo que represente valores nuevos y duraderos.

Y así, en consecuencia, las empresas excelentes son coleccionistas
y narradoras francas de historias, leyendas y mitos que respaldan sus
creencias básicas. Frito-Lay relata historias de servicio. J&J cuenta
historias de calidad. 3M narra historias de innovación.

A John Stewart, otro de nuestros colegas, le gusta decir: «Si quieres conocer los valores compartidos de una buena empresa, simplemente mira su informe anual». Efectivamente, los informes anuales y
otras publicaciones de las empresas excelentes dejan en claro aquello
de lo que están orgullosas y valoran.

Delta Airlines: «Hay una relación especial entre Delta y su personal que raramente se encuentra en otra empresa, generando un espíritu
de equipo que es evidente en la actitud de cooperación del individuo
hacia los demás, la perspectiva alegre ante la vida, y el orgullo de un
trabajo bien hecho».

Dana: «El estilo gerencial de Dana consiste en involucrar a todos
y en trabajar duro para mantener las cosas simples. No hay manuales
de políticas o procedimientos, capas apiladas de gestión, montones de
informes de control, o computadoras que bloqueen modalidades de
información y comunicación [...] El estilo de Dana no es complicado
ni sofisticado. Prospera al tratar a las personas con respeto. Involucra
a toda la gente de Dana en la vida de la empresa».

Caterpillar: «La disponibilidad combinada de repuestos por parte
de los distribuidores de Caterpillar y de las instalaciones de distribución de la empresa se encontraba en un nivel récord en 1981». Y «los
distribuidores de Caterpillar son mencionados constantemente por los
clientes como la principal razón para comprar productos de esta marca. Muchos de estos concesionarios son afiliados a la compañía de
segunda y tercera generación».

Digital: «Digital cree que el grado más alto de interacción en cualquiera de sus actividades tiene que estar en el área de servicio y de
apoyo al cliente».

J&J: «Ya en 1890, Johnson & Johnson había lanzado el kit original de primeros auxilios en respuesta a una petición de los trabajadores ferroviarios que necesitaban atención en sus sitios de trabajo
mientras construían las vías ferroviarias en Estados Unidos. Noventa

años después, el nombre de Johnson & Johnson sigue siendo sinónimo del cuidado de heridas en los hogares».

Al observar los ejemplos anteriores, se puede entender por qué la gente que examina los materiales sobre las empresas excelentes dicen a veces: «Bueno, sus generalizaciones son agradables; sin embargo, todas las empresas lo hacen un poco diferente». El ambiente de la industria, como mínimo, *dicta* el que Dana insista en temas que difieren, por ejemplo, de los de J&J. Además, prácticamente en cada una de estas empresas, su sistema de creencias ha sido forjado por un individuo que es único. De acuerdo con esto, cada empresa es distinta; por eso, la mayoría estuvieron tan dispuestas a compartir información con nosotros. Nadie, en su opinión, puede copiarlas.

Por otra parte, encontramos algunos atributos comunes entre las empresas excelentes que las unifican a pesar de sus valores tan distintos. En primer lugar, como dio a entender nuestra encuesta original, estos valores se expresan casi siempre en términos cualitativos, antes que en cuantitativos. Cuando se mencionan los objetivos financieros, casi siempre son ambiciosos, aunque nunca precisos. Por otra parte, los objetivos financieros y estratégicos no se expresan por sí solos. Siempre se discuten en el contexto de las otras cosas que la compañía espera hacer bien. La idea de que el beneficio es un subproducto natural de hacer algo bien, y no un fin en sí mismo, también es casi universal.

Un segundo atributo de los sistemas eficaces de valores es el esfuerzo para inspirar a las personas en los rangos inferiores de la organización. Supongamos que los objetivos financieros fueran significativos para mil personas, o para cinco mil. Incluso ese impacto no tiene un gran alcance en las grandes empresas de la actualidad. IBM cuenta con más de 340.000 personas, y Digital con más de sesenta mil. El objetivo de una filosofía de negocios está mejor determinado, en palabras de Kazuo Inamori, presidente de Kyoto Ceramic, al «lograr lo mejor de un hombre con una capacidad del cincuenta por ciento».

Las mejores empresas orientadas a los servicios entienden esto claramente, y es por ello que pueden cumplir de una manera tan exhaustiva con el servicio. Sin embargo, incluso las empresas buenas e impulsadas por los costos parecen entender lo mismo. Blue Bell, que es especialmente consciente de los costos y las operaciones, no sacrifica la calidad, sobre todo en sus emblemáticos *jeans* Wrangler. Su presidente Kimsey Mann afirma de manera inequívoca: «Aquí nadie tratará de ahorrar un centavo eliminado una presilla para cinturón del *jean* Wrangler». Su razonamiento es que el ahorro de un centavo es un objetivo importante para un grupo de gerentes de división y de la fábrica. Sin embargo, la calidad y la imagen de esta afectan a todo el mundo —*deben* afectar a todo el mundo—, desde la costurera recién contratada que vive en los bosques de Carolina del Norte hasta el propio Mann.

La historia de Blue Bell nos lleva a un tercer punto sobre el contenido de las creencias. Como dijo James MacGregor Burns: «La responsabilidad cardinal del liderazgo consiste en identificar la contradicción dominante en cada momento de la historia». Cualquier negocio es *siempre* una amalgama de contradicciones importantes —costos frente al servicio, operaciones frente a la innovación, la formalidad frente a la informalidad, la orientación de «control» frente a la orientación a «las personas», y similares. Nos parece oportuno destacar que los sistemas de valores de las empresas excelentes se manifiestan con bastante claridad en un aspecto de estas contradicciones aparentes. Por lo tanto, la acusación de que los sistemas eficaces de creencias son meros «estándares» resulta ser bastante injustificada.

El contenido específico de las creencias dominantes de las empresas excelentes también es estrecho en su alcance e incluye solo unos pocos valores básicos:

1. La creencia en ser la «mejor»
2. La creencia en la importancia de los detalles de la ejecución; en los aspectos esenciales de hacer bien el trabajo
3. La creencia en la importancia de las personas como individuos
4. La apuesta por una calidad y un servicio superiores
5. La creencia de que la mayoría de los miembros de la organización deben ser innovadores; y su corolario, la voluntad de apoyar el fracaso
6. La creencia en la importancia de la informalidad para mejorar la comunicación
7. La creencia explícita en —y el reconocimiento de— la importancia del crecimiento económico y de las ganancias.

James Brian Quinn cree que los objetivos de orden superior de una compañía «deben ser generales. No obstante, también deben diferenciarnos claramente a "nosotros" de "ellos"». Nada es más eficaz

que «ser el mejor» en algo, tal como se muestra profusamente. David
Ogilvy señala: «Quiero que toda nuestra gente crea que están trabajando en la mejor agencia del mundo. Un sentido de orgullo hace maravillas». Charles Knight, de Emerson, agrega: «Implementa y exige
estándares de excelencia. Cualquier persona que acepte la mediocridad —en la escuela, en el trabajo, en la vida— es alguien que transige. Y cuando el líder transige, toda la organización también lo hace».
Al hablar de su objetivo en materia de servicios para IBM, Thomas
Watson, Jr., es muy claro y ambicioso: «Queremos prestar el mejor
servicio al cliente que cualquier otra empresa en el mundo».

Mientras que las creencias más viables se elevan de una manera u
otra, muchas otras solo se limitan a enfatizar los detalles de ejecución,
pero de un modo ferviente. Por ejemplo: «Creemos que una organización debe llevar a cabo todas sus tareas con la idea de que pueden
ejecutarse de una manera superior», dice Watson, de IBM. «IBM espera y exige un desempeño superior de su gente en todo lo que estén
haciendo. Supongo que una creencia de este tipo evoca una manía por
la perfección y todos los horrores psicológicos que acompañan esto.
Sin duda, un perfeccionista rara vez tiene una personalidad agradable. Un ambiente que pida perfección probablemente no sea fácil. Sin
embargo, apuntar a esto siempre será un estímulo para el progreso».

Andrall Pearson, presidente de PepsiCo, articula una creencia similar en la mejora de la ejecución en todos los niveles: «Por experiencia, hemos aprendido que las mejores ideas y estrategias competitivas
para los nuevos productos se pierden si no ejecutamos de una manera
efectiva. De hecho, en nuestro tipo de empresas, ejecutar extremadamente bien es a menudo más productivo —y práctico— que crear
nuevas ideas. La ejecución excelente está en el corazón de muchos
de nuestros éxitos más notables, tales como Frito-Lay en los *snacks* y
Pepsi-Cola en las tiendas de comestibles».

Uno de los temas en la estructura de creencias que afloró con una
regularidad sorprendente fue, en palabras de David Packard: «la gente
innovadora en todos los niveles de la organización». Las empresas
excelentes reconocen que encontrar oportunidades es un proceso un
tanto aleatorio e impredecible, y ciertamente no uno que se preste a la
precisión a veces implícita en la planificación central. Si ellos quieren
crecimiento mediante la innovación, dependen de una gran cantidad
de personas, no solo de unos pocos centenares en la I+D central.

Un corolario para tratar a todo el mundo como innovador es un apoyo explícito al fracaso. Charles Knight, de Emerson; James Burke, de J&J; y Lewis Lehr, de 3M, hablan explícitamente de la necesidad de cometer errores. Steven Jobs, creador de la exitosísima computadora Apple, que obtuvo casi $750 millones por concepto de ventas en 1981, comenta: «Todavía cometo errores, muchísimos. Hace dos semanas atrás estaba desayunando con algunas personas de mercadeo y empecé a hablar de todo lo que estaba mal de una manera que ninguno de ellos podía hacer nada para resolver. Terminé con quince personas bastante enojadas conmigo, así que les escribí una carta casi una semana después. En el último párrafo les dije que recién había regresado de un viaje a Washington y que la gente me preguntaba: "¿Cómo lo hace Apple?". Les respondí: "Bueno, contratamos personas realmente maravillosas y creamos un ambiente donde la gente puede cometer errores y crecer"».

El último tema en común, la informalidad para fomentar las comunicaciones, está en el corazón de la manera de HP, para citar solo un ejemplo, y la empresa enfatiza por lo tanto en el uso de nombres de pila, en administrar deambulando, y en su sensación de ser una gran familia. Estos tres aspectos equivalen a la dirección explícita por parte de las altas directivas de la organización de que la cadena de mando debe ser evitada con el fin de mantener la comunicación fluida y fomentar la máxima naturalidad y flexibilidad.

Es obvio para gerentes como Thomas Watson, Sr., que los valores son de suma importancia. Sin embargo, ¿cómo se establecen? También hemos encontrado aquí correlaciones sorprendentes. De la misma forma que las empresas excelentes son impulsadas por sistemas coherentes de valores, también prácticamente todas han estado marcadas por la personalidad de un líder que establece el conjunto de valores: Hewlett y Packard en HP, Olsen en Digital, Watson en IBM, Kroc en McDonald's, Disney en Disney Productions, Treybig en Tandem, Walton en Wal-Mart, Woolman en Delta, Strauss en Levi Strauss, Penney en J.C. Penney, Johnson en J&J, Marriott en Marriott, Wang en Wang, McPherson en Dana, y así sucesivamente.

Un líder eficaz debe ser un maestro en los dos extremos del espectro: ideas al nivel más alto de abstracción y acciones al nivel más mundano de los detalles. El líder que forja valores se preocupa, por un lado, con visiones elevadísimas y sublimes que generarán emoción y entusiasmo a decenas o cientos de miles de personas. Es ahí donde el papel del pionero es de una importancia crítica. Por otra parte, parece que la única manera de inculcar entusiasmo es por medio de una gran cantidad de acontecimientos diarios, con el gerente que forja valores convirtiéndose en un ejecutor por excelencia. En este papel, el líder es un fanático de los detalles, e inculca valores directamente a través de hechos en lugar de palabras: ninguna oportunidad es demasiado pequeña. Por lo tanto, se trata al mismo tiempo de atención a las ideas y de atención a los detalles.

La atención a las ideas —la búsqueda de caminos y visiones elevadas— parecería sugerir hombres imponentes y excepcionales que escriben en tablas de piedra. Sin embargo, nuestros colegas Phillips y Kennedy, que consultaron la manera como los líderes forjan valores, dan a entender que este no es el caso: «El éxito en inculcar valores parece haber tenido poco que ver con la personalidad carismática. Más bien, se deriva de un compromiso personal evidente, sincero y sostenido con los valores que los líderes trataron de implantar, junto con una persistencia extraordinaria para reforzar esos valores. Ninguno de los hombres que estudiamos recurrió al magnetismo personal. Todos se *convirtieron* a sí mismos en líderes eficaces».

La persistencia es vital. Sospechamos que es una de las razones por las que vemos a los padres fundadores en la cúpula durante períodos tan largos: los Watson, Hewlett Packard, Olsen, y así sucesivamente.

Los líderes implementan sus visiones y se comportan de manera persistente simplemente manteniéndose muy visibles. La mayoría de los líderes de las empresas excelentes tienen un trasfondo operativo. Han trabajado en el diseño, la fabricación o la venta del producto, y por lo tanto, se sienten cómodos con los aspectos prácticos de la empresa. Deambular es fácil para ellos porque se sienten cómodos en el piso. Estos líderes creen, como un evangelista, en la predicación constante de la «verdad», no desde su oficina, sino lejos de ella, en el piso. Viajan más y pasan más tiempo, especialmente, con los jóvenes que están en los niveles inferiores de la empresa.

Este rasgo también se reconoce explícitamente. Harry Gray, de United Technologies, redacta el texto para sus anuncios, según *Business Week*. Gray se formó como vendedor. Él dice que una de las razones por las que lo hace tan bien (para su división Pratt & Whitney Aircraft) en comparación con la división de motores de aviación de General

Electric es que «voy a los sitios de los clientes, donde nunca veo a la alta dirección de General Electric». Gene Milner, director ejecutivo de Lanier, y Wes Cantrell, su presidente, hacen lo mismo. Cantrell afirma: «Gene y yo fuimos los únicos presidentes o directores ejecutivos en asistir a la importante conferencia sobre procesamiento de textos el año pasado». O, tal como se les ha oído comentar a sus compañeros ejecutivos en referencia a T. Wilson, director ejecutivo de Boeing: «Él todavía está en la planta», y, cuando surge la oportunidad, «aún toma algunas decisiones cruciales en materia de diseño».

Deambular es una piedra angular oficial de algunas políticas. La gerencia pragmática de HP fue definida así por John Doyle, un ejecutivo de I+D:

Una vez que una división o un departamento han desarrollado un plan propio —un conjunto de objetivos de trabajo—, es importante que los gerentes y supervisores lo mantengan en condiciones de funcionamiento. Es aquí donde la observación, la medición, la retroalimentación y la orientación entran en juego. Es nuestro «administrar deambulando». Es así como sabes si estás encaminado y yendo a la velocidad y en la dirección correcta. Si no haces un seguimiento constante de cómo están operando las personas, no solo estas tenderán a desviarse del camino, sino que también empezarán a creer que no hablabas en serio sobre el plan en primer lugar. Por lo tanto, administrar deambulando consiste en mantenerse en contacto todo el tiempo con el territorio. Tiene el beneficio adicional de sacarte de tu silla y moverte alrededor de tu área. Por deambular, me refiero literalmente a moverte y hablar con la gente. Todo esto se hace de manera muy informal y espontánea, pero es importante cubrir todo el territorio en el curso del tiempo. Comenzarás siendo accesible y abordable, pero lo más importante es darte cuenta de que estás ahí para escuchar. Lo segundo es que es vital mantener informada a la gente acerca de lo que está pasando en la empresa, especialmente aquellas cosas que son importantes para ellos. La tercera razón para hacer esto es porque simplemente es divertido.

David Ogilvy enfatiza en lo mismo: «No llames a la gente a tu oficina; eso les asusta. Más bien, anda a verlos en *sus* oficinas. Esto te hace visible en la agencia. Un presidente que nunca se pasea por su agencia se convierte en un ermitaño que está fuera de contacto con su personal».

Un destacado exponente del arte de la gerencia pragmática fue Ed Carlson, de United Airlines. Él describe su enfoque después de asumir la dirección de esta aerolínea, aunque solo tenía experiencia en el sector hotelero. United estaba perdiendo $50 millones al año en ese momento. Carlson revirtió esta situación, al menos por un tiempo:

Viajé unas 200.000 millas al año para expresar mi preocupación por lo que llamo «la gerencia visible». Solía decir con frecuencia a la señora Carlson cuando volvía a casa a pasar un fin de semana que me sentía como un candidato a un cargo público. Le estrechaba la mano a cualquier empleado de United que pudiera encontrar. Quería que estas personas me identificaran y se sintieran lo suficientemente cómodas para hacer sugerencias, o incluso para discutir conmigo si querían hacerlo. Uno de los problemas con las empresas estadounidenses es la renuencia del CEO a viajar y a escuchar críticas. Tiene una tendencia a aislarse, a rodearse de personas que no discuten con él. Solo escucha las cosas que quiere oír dentro de la empresa. Cuando esto sucede, estás encaminado a desarrollar lo que llamo el cáncer corporativo [...] Seamos específicos. Robb Mangold es el vicepresidente senior de la división Eastern de United Airlines. Si le molestaban mis visitas a Boston, La Guardia o a Newark, entonces lo que yo hiciera usando la gerencia visible no funcionaría. Estas personas sabían que no estaba persiguiendo la gloria personal. No estaba tratando de desacreditarlos. Lo que estaba tratando de hacer era crear la sensación de que el director general de la compañía era un tipo accesible, alguien con quien se puede hablar [...] Si usted mantiene buenas relaciones laborales con las personas que están en la primera línea de trabajo, no debería tener ningún problema. Cada vez que obtenía un poco de información, llamaba al oficial superior de la división y le decía que acababa de regresar de Oakland, Reno y Las Vegas, y que esto fue lo que capté.

Hemos hablado del líder como un gerente práctico, un modelo a seguir y un héroe. Sin embargo, aparentemente, no basta con un individuo; lo que es crucial es el equipo que está en el tope. Los altos directivos deben establecer el tono. Al inculcar valores críticos de negocios, no tienen más remedio que hablar con una sola voz, tal como señala Philip Selznick: «Un principio importante es la creación de un personal homogéneo. El desarrollo de las políticas derivadas y las aplicaciones detalladas será custodiado por unas perspectivas comunes y generales». Carlson se tomó esto en serio. Cuando empezó a viajar 200.000 millas, insistió en que sus quince funcionarios principales hicieran lo mismo. Durante los primeros dieciocho meses del liderazgo de Carlson, esos quince funcionarios pasaron un sesenta y cinco por ciento o más de su tiempo fuera de la oficina.

Una forma práctica en que se refuerza la homogeneidad en el tope es por medio de reuniones frecuentes. En Delta Airlines y Fluor, todo el personal directivo se reúne de manera informal una vez al día en la tertulia con café. En Caterpillar, el equipo de alto nivel se reúne casi todos los días sin ningún tipo de programa, solo para evaluar las expectativas e intercambiar acuerdos sobre cómo van las cosas. Unos rituales informales similares tienen lugar en J&J y McDonald's.

Obviamente, el exceso de homogeneidad puede provocar el síndrome de «sí a todo». Sin embargo, recuerde el consejo de Dean Acheson a Richard Neustadt: los presidentes necesitan confianza, en lugar de advertencias. Cuando se trata de los valores críticos del negocio, el sí a todo y el refuerzo continuo realmente parecen ser esenciales.

Una correlación final entre las empresas excelentes es el grado en que sus líderes despiertan emoción. Recuerde que los gerentes de HP son evaluados en términos de su capacidad para crear entusiasmo. En PepsiCo, el presidente Andy Pearson señala: «Tal vez el reto más sutil que estamos enfrentando en la década de los ochenta es asegurar que PepsiCo siga siendo un lugar interesante para trabajar». En este sentido, Chuck Knight, de Emerson, afirma: «No puedes lograr nada a menos que tengas un poco de diversión». Y David Ogilvy instó a su organización a «tratar de hacer que trabajar en Ogilvy & Mather sea *divertido*. Cuando las personas no están teniendo ninguna diversión, rara vez producen una buena publicidad. Hay que matar la severidad con la risa. Hay que mantener un ambiente informal. Hay que fomentar la exuberancia, y deshacerse de los perros tristes que propagan el abatimiento».

Aclarar el sistema de valores y hacer que estos cobren vida son las mayores contribuciones que puede hacer un líder. Más aún, esta parece ser la preocupación principal de las personas en posiciones directivas en las empresas excelentes. Crear e inculcar un sistema de valores no es un asunto fácil. Por una parte, solo unos pocos entre todos los sistemas de valores posibles son realmente adecuados para una empresa determinada. Por otra, inculcar el sistema es una tarea muy agotadora. Se requiere persistencia, y muchísimos viajes y largas horas; sin embargo, parece que no se logra mucho sin el aspecto práctico.

10

Seguir con lo conocido

*Allá en los años sesenta, cuando los conglomerados eran el furor,
Jimmy Ling estaba en Washington compareciendo ante un comité an-
timonopolios, y explicó por qué los conglomerados no restringían el
comercio. Él mostró una gráfica que decía: «¿Cuántas personas en
LTV [en aquel entonces, Ling-Temco-Vought] conocen el negocio del
acero?». Él acababa de adquirir a Jones and Laughlin. ¿La respuesta? La siguiente gráfica de su presentación fue un gran cero rojo.
Apuesto que hoy día Jimmy Ling desearía que la respuesta no hubiera
sido cero, porque cuando Jones and Laughlin fracasó, Ling perdió el
control de LTV.*

—Lew Young, Editor en jefe de *Business Week*

Hoy día, Texas Instruments vende mil millones de dólares en artículos
electrónicos para el consumidor, pero no ha podido, después de una
década, obtener ganancia de estas ventas. Aún más, TI se retiró del
negocio de relojes para el consumidor. Un competidor importante era
Casio. Un observador de esta industria comenta: «Realmente es muy
simple. A ningún ingeniero eléctrico graduado de la Universidad de
Texas se le ocurrirá la idea de que una calculadora electrónica con
alarma que se venda por $18.95 debe reproducir música de Schubert
para despertarte por la mañana. Simplemente no es constitucional-
mente probable».

Un artículo de *Forbes* describe el fracaso inicial de Heublein para
controlar su adquisición de Coronel Sanders. Dice un ejecutivo de
Heublein: «En el negocio de los vinos y licores, el aspecto de la tienda
de licores no tiene importancia. Si el piso está sucio, la culpa no recae
en el vodka Smirnoff. Y puedes controlar tu producto en la fábrica.
Simplemente compramos una cadena con cinco mil pequeñas fábricas

en todo el mundo, y no teníamos la experiencia para manejar ese tipo de operación».

En esto hay una gran historia esperando para ser escrita; sin embargo, solo arañaremos la superficie aquí. Es un hecho elemental que la mayoría de las adquisiciones salen mal. No solo están las sinergias a las que tantos ejecutivos rara vez prestan su atención, sino que casi siempre el resultado es catastrófico. Con frecuencia, los ejecutivos de las empresas adquiridas se retiran. En su lugar solo queda una estructura y algunos bienes de capital devaluados. Más importante aún, las adquisiciones, incluso las más pequeñas, absorben una cantidad excesiva de tiempo de la alta dirección, un tiempo que se le quita a la línea principal de las empresas. A pesar de que Conoco es un pariente relativamente cercano, esperamos que los altos funcionarios de Du Pont pasen gran parte de los próximos años tratando de conocer el negocio del petróleo mientras intentan dominar su nueva adquisición. Y eso a pesar de que —nuevamente, una protesta típica— Conoco y Du Pont se deban «administrar por separado».

En primer lugar, tanto el valor cualitativo guía (con mucha frecuencia, una mezcla de calidad/servicio, orientación a las personas e innovación) como el enfoque práctico están en conflicto con las estrategias de diversificación. La típica estrategia de diversificación diluye la parte cualitativa del tema guía, debido en parte a que la entidad adquirida tiene sin duda diferentes valores compartidos, y también porque los temas, incluso los generales como la calidad, tienden a perder sentido cuando la organización se aleja demasiado. La gerencia pierde su «percepción». Simplemente no es creíble para un ejecutivo del sector electrónico hablar de calidad en una empresa de bienes de consumo. Los sistemas prácticos de liderazgo y de inculcar valores prosperan en la medida en que sean *totalmente* creíbles para aquellos que están en los niveles inferiores de una empresa. La credibilidad se afirma casi en su totalidad en «yo estaba allí». Sin un compromiso emocional ni una comprensión del producto, la incredulidad no dará ninguna tregua.

Nuestra conclusión principal es clara y sencilla. Las organizaciones que se ramifican (ya sea por adquisición o por diversificación interna), pero que siguen haciendo aquello que conocen, superan a las demás. Las más exitosas de todas son las que están diversificadas en torno a una sola habilidad; por ejemplo, a la tecnología de revestimiento y de adhesión en 3M.

El segundo grupo, en orden descendente, abarca aquellas empresas que se ramifican en campos relacionados: por ejemplo, el paso de las turbinas de generación de energía eléctrica a los motores a reacción (otra turbina) de GE.

Menos exitosas, como regla general, son aquellas empresas que diversifican en una amplia variedad de campos. Las adquisiciones en especial, entre este grupo, tienden a marchitarse en la vid.

Por lo tanto, aunque parecería que una cierta diversificación es una base para la estabilidad por medio de la adaptación, si esa diversificación se hace como sea, no vale la pena; se mire por donde se mire.

Esta es la evidencia que obtuvimos al comparar a las empresas excelentes en nuestra encuesta con las que no están en la lista. Más aún —y sorprendentemente en vista de la cantidad de fusiones que observamos—, prácticamente *todos* los estudios académicos han llegado a la conclusión de que la diversificación no canalizada es un caso perdido. Por ejemplo, el primer estudio sistemático sobre la diversificación en las empresas estadounidenses fue publicado en 1962 por Michael Gort, que trabajaba en la National Bureau of Economic Research. Gort mostró una correlación positiva y moderada entre el número de compañías de productos añadidos a su oferta desde 1939 hasta 1954, y su crecimiento en ventas durante el mismo período. Sin embargo, la diversificación *no* estaba relacionada positivamente con la rentabilidad en ningún sentido.

El estudio más exhaustivo sobre las empresas diversificadas fue realizado por Richard Rumelt, de UCLA, para su tesis doctoral en la Escuela de administración de empresas de Harvard, publicada en 1974 como *Estrategia, estructura y desempeño económico*. Utilizando una amplia muestra de las grandes empresas estadounidenses, Rumelt encontró que aquellas con estrategias de diversificación «dominantes-limitadas» y «relacionadas-limitadas»* (dos de cada ocho categorías)

---

* Las categorías «dominantes-limitadas» y «relacionadas-limitadas» se han diversificado «mediante la construcción de alguna fuerza, habilidad o recurso particular y asociadas a la actividad dominante original». La diferencia entre las dos es que la categoría «dominantes-limitadas» está estrechamente relacionada con una habilidad (por ejemplo, revestimiento y adhesión en 3M), mientras que el sector relacionado-limitado incluirá relaciones cercanas entre negocios, pero quizás con tecnologías diferentes (por ejemplo, una empresa de transportes que incursione en el sector ferroviario). El transporte terrestre sigue siendo el tema invariante; sin embargo, hay diferencias tecnológicas sustanciales en las dos áreas.

eran «sin duda las de mejor desempeño en general». Ambas estrategias se basan en el concepto de la diversidad controlada. En palabras de Rumelt: «Estas empresas tienen estrategias de involucrarse solo en negocios donde agregan algo, extraen fortalezas, y añaden un poco de fortaleza central o de competencias. Aunque estas empresas desarrollan con frecuencia nuevos productos e incursionan en nuevos negocios, son reacias a invertir en áreas que no son familiares para sus gerencias». Rumelt añade que estas empresas con mejor desempeño «cimentan sus estrategias de diversificación sobre alguna destreza o fortaleza central». El análisis de Rumelt se basa en el desempeño de una muestra válida de empresas de *Fortune* 500, durante un periodo de veinte años.

Rumelt sometió su muestra a diez análisis financieros, entre ellos la «tasa anual de crecimiento de las ventas netas», la «relación precio/beneficios de las acciones», y la «rentabilidad del capital invertido después de impuestos».

Para citar un par de ejemplos, durante los años cincuenta y sesenta, las dos categorías de mejor desempeño tuvieron un promedio del 14,6 por ciento de rentabilidad sobre los recursos propios; 12,4 por ciento de rentabilidad sobre el capital, y tenía una relación precio/ganancias de 17,5. Las dos peores categorías, incluyendo la «pasiva no relacionada», tuvieron un rendimiento del 10,2 por ciento sobre el capital (treinta y uno por ciento menos), un 8,6 por ciento de rendimiento del capital (treinta por ciento menos), y una relación del 14,7 por concepto de precio/ingresos (dieciséis por ciento menos). Todos los resultados fueron estadísticamente significativos. Nuestra propia extensión de los resultados de Rumelt, llevada a cabo por David Anderson, demuestra que, de hecho, esta brecha aumentó notablemente en los años setenta.

El hallazgo principal de Rumelt es claro. Las organizaciones que se ramifican un poco, pero que se mantienen algo cerca de su habilidad central, superan a todas las demás. Su análisis no sugiere que lo «simple es mejor». Un negocio demasiado simple —que dependa de una combinación única y verticalmente integrada— tiene de hecho, y de manera invariable, un mal rendimiento. Más bien, vemos que las empresas que buscan *un poco* de diversificación —una base para la estabilidad a través de la adaptación—, pero que siguen con lo conocido, tienden a tener un desempeño superior. El modelo de Rumelt puede incluir la necesidad de adaptar (los negocios relacionados superan a las empresas individuales integradas verticalmente) y el valor de gestionar la adaptación en torno a la habilidad básica.

Estudios posteriores han confirmado y fortalecido tanto los hallazgos de Gort como los de Rumelt. En un estudio publicado en el *Journal of Finance* en 1975, Robert Haugen y Terence Langetieg probaron la idea popular de que las fusiones crean sinergias operativas o estratégicas que no están presentes cuando las empresas son de propietarios diferentes. Su criterio para juzgar si las fusiones producían sinergias fue el rendimiento para los accionistas comunes. Después de evaluar los efectos sobre el precio de las acciones de cincuenta y nueve fusiones que no eran conglomerados, y que tuvieron lugar entre 1951 y 1968, Haugen y Langetieg concluyeron: «Detectamos poca evidencia de sinergismo en nuestra muestra [...] Cualquier accionista podría haber obtenido por sí mismo los mismos resultados al combinar en su portafolio las acciones de las dos empresas [fusionadas] en proporciones adecuadas».

Al final resultó que el único efecto claro que Haugen y Langetieg pudieron confirmar fue un aumento en la variación de los rendimientos de los accionistas en las empresas fusionadas. En otras palabras, invertir en las dos empresas que eligieron fusionar sus activos bajo una estructura única de propiedad del capital era una propuesta *más arriesgada* que invertir en un par de empresas que decidieron mantenerse en sus negocios base. Este hallazgo, que han confirmado otros investigadores, pone en duda uno de los argumentos principales para las fusiones: diversificar los riesgos empresariales.

Un estudio final fue publicado en el *Financial Times* de Londres, a finales de 1981. Su título sugiere una conclusión agradable: «Pioneros: los especialistas antifusión». El artículo, escrito por el destacado economista Christopher Lorenz, concluye que «las empresas europeas pioneras hicieron más énfasis en la especialización que en la diversificación, y prefieren la expansión interna a las fusiones o adquisiciones». El estudio incluyó a numerosas organizaciones exitosas, como Airbus Industries, Club Méditerranée, Daimler-Benz, y Nixdorf.

Sentimos que casi tenemos que pedir disculpas al lector por someterlo a esta avalancha de análisis que suele ser arcano. Sin embargo, con la emoción prevaleciente por las fusiones, nos parece que vale la pena ilustrar de manera más bien exhaustiva la casi total ausencia de *cualquier* evidencia rigurosa para combinaciones de negocios muy diversificados.

Un caso tras otro demuestra la dificultad de absorber lo que no es familiar. ITT es un ejemplo clásico de esto. Fue la favorita del mercado de valores durante muchos años; su trayectoria de crecimiento era envidiable. Harold Geneen pudo —gracias a su inteligencia y trabajo duro— dar seguimiento a este vasto imperio. Sin embargo, había comenzado a desmoronarse en muchos aspectos antes de que él se retirara. La empresa que Geneen heredó del coronel Sosthenes Behn, el fundador de ITT, era en esencia una compañía telefónica internacional. Como tal, su mentalidad, que se mantuvo sutilmente con Geneen, no encajó en muchas de las nuevas adquisiciones. Un comentarista señala: «Las herramientas que se necesitan para administrar una empresa de telefonía en Chile no contribuyen mucho a la gestión de Continental Baking o de los hoteles Sheraton». Con el tiempo, incluso la compañía telefónica se vio amenazada cuando el mercado dio un giro de uno que impulsaba tecnología estadounidense y europea en los países del tercer mundo (la magia original de ITT) y pasó al exotismo de los interruptores electrónicos y las comunicaciones satelitales. En otras palabras, una avalancha de innovación en el sector de las telecomunicaciones surgió a comienzos de los años setenta, y los sistemas de ITT, incluso en las empresas de telefonía, no estaban preparados para esto.

Podríamos continuar, pero el tipo de dificultades de ITT son casi caricaturas de los problemas que se encuentran, sobre todo, en las empresas no relacionadas. Por ejemplo, el conglomerado de Transamerica, aún con su buen desempeño, acumuló grandes pérdidas en sus operaciones cinematográficas de United Artists. La compañía, cuya base es la administración de instituciones financieras (por ejemplo, compañías de seguros), parecía incapaz de asimilar la volatilidad en la administración de la industria del cine.

El problema ciertamente no se limita a los que están a favor de los conglomerados. Hemos visto a empresas petroleras tropezar en los últimos años con todo tipo de diversificaciones. Mobil intentó la primera diversificación de una gran compañía con la adquisición de Marcor (antiguamente Montgomery Ward, además de otras minucias). Los petroleros no entendían el negocio al detal. El resultado fue un desastre. Según muchos comentaristas informados a finales de los años setenta, el esquivo y nuevo emprendimiento comercial de Exxon salió avante. Exxon Enterprises era considerada como un modelo para todos. Incluso *Business Week* publicó un artículo de portada sobre la supuesta función de Exxon como un futuro y gigantesco competidor de AT&T y de IBM en el sector de las comunicaciones. Sin embargo, Exxon Enterprises ha tenido tiempos difíciles, por decirlo de alguna manera.

El experimento de Exxon funcionó bien mientras se mantuvo pequeño. A los empresarios y a sus pequeñas empresas que adquirió Exxon, por lo general se les permitió hacer lo suyo. Tuvieron algunos éxitos singulares, tanto así que se hicieron, por desgracia, muy visibles para la gestión empresarial de Exxon. Entonces, Exxon, que ahora estaba pasando a la tradicional ruta que induce al fracaso de los nuevos emprendimientos en las grandes corporaciones, decidió «echar una mano». Racionalizó rápidamente las empresas, uniendo las partes empresariales en agrupaciones «lógicas» para ganar «sinergia de mercado», como es natural. También brindó «ayuda» financiera. Un funcionario de alto nivel de la sede corporativa acudió para ayudar a las pequeñas empresas con la contabilidad. La racionalización fue muy prematura para una empresa emprendedora. Los empresarios originales abandonaron el barco. Lo único que quedó fue una infraestructura de movimiento lento en un mercado que se movía con rapidez.

Sin embargo, aun otras incursiones menores muestran la dificultad de absorber lo inusual. Por ejemplo, General Electric tuvo un éxito formidable al entrar en el negocio de motores de aviación, y Westinghouse tuvo un fracaso estrepitoso. El fracaso de Westinghouse se debió a la creencia de que «una turbina es una turbina». Ellos trataron de administrar el negocio de motores de avión dentro de la organización de generación de energía. Resulta que las tolerancias y aspectos similares en las turbinas de aviones son radicalmente diferentes de las turbinas que se usan para generar energía eléctrica. Gerhard Neumann, en GE, y Jack Parker habían reconocido esto. Ellos mantuvieron el incipiente negocio de motores de aviación de GE fuera de la antigua red de generación de energía. La instalaron en un lugar diferente, en Lynn, Massachusetts. Contrataron ingenieros especializados que entendían las limitaciones de diseño y la producción de aviones con turbinas. El éxito superó hasta los sueños más febriles de GE; Westinghouse, fracasó.

Una historia análoga a la de GE/Westinghouse se puede observar fácilmente hoy día en la transformación de la electromecánica en la electrónica. El proceso de pensamiento involucrado en los negocios electromecánicos aparentemente solo tiene un leve parecido con el de la electrónica. Y descubrimos que ninguno de los principales productores de tubos de vacío en 1965 (los diez principales) estaba entre los productores más importantes de semiconductores en 1975, solo diez años después. Los gigantes que cayeron a un lado del camino, incapaces de dar el salto intelectual, incluían algunos modelos de administración de una época temprana; tales como: GE, RCA y Sylvania. Dos de esas tres estrellas electromecánicas, GE y RCA, tuvieron desastres similares cuando trataron de incursionar en las computadoras. En teoría, la brecha debería de haber sido de solo unos pocos pasos. Después de todo, un electrón es un electrón. Sin embargo, *en la práctica, unos pocos pasos casi siempre representan un gran salto para un gran negocio.*

Si la historia de la turbina de avión y la turbina para generar energía en GE/Westinghouse parece una historia con destrezas intelectuales estrechamente relacionadas, ¿qué tal la fusión de National y Pan Am? ¡Apenas un salto de fe! Exactamente la misma industria. Excepto, que no resultó de esa manera. Pan Am, el gigante en el negocio internacional de servicio de pasajeros aéreos, parece haber malentendido la estructura de las rutas domésticas de National, y sus capacidades como futuro alimentador de líneas aéreas para Pan Am. Al parecer, Pan Am le compró una gran cantidad de aviones DC 10 a National; sin embargo, el tamaño de estos aviones resultó ser completamente erróneo para la estructura de rutas combinadas. Es posible que Pan Am haya heredado un problema que amenazó la vida de una de las compañías históricamente importantes de Estados Unidos.

Entonces, la pregunta crucial es: ¿cómo han evitado esas trampas las empresas excelentes? La respuesta es sencilla. Las empresas excelentes no prueban aguas desconocidas metiendo los dos pies. Mejor aún, cuando metieron solo un dedo del pie en las aguas desconocidas y fracasaron, terminaron de inmediato con el experimento. Como regla general, las compañías de mejor desempeño se movieron principalmente a través de la diversificación generada internamente, dando un paso manejable a la vez.

Encontramos que las empresas excelentes actúan como si creyeran filosóficamente en lo que los académicos están diciendo acerca de la diversificación. Como hemos mencionado, Robert Wood Johnson, fundador de J&J, le dio a su primer sucesor electo el siguiente consejo de despedida: «Nunca compres empresas que no sepas cómo administrar». O como señaló Ed Harness, exdirector de P&G: «Esta empresa nunca ha abandonado su base. Buscamos ser cualquier cosa menos un conglomerado».

Sin embargo, las empresas excelentes están lejos de ser simples. 3M cuenta con más de cincuenta mil productos, e introduce más de cien nuevos cada año. La tecnología de revestimiento y adhesión es la única en actuar como un hilo en común. Los atributos comunes que mantienen unida a 3M superan a los de otras compañías en muchos sentidos, pero son muy típicos al mismo tiempo. La alta dirección se compone principalmente de ingenieros químicos, de los cuales casi todos los cuales han pasado un tiempo en el sector de ventas, y trabajado en aplicaciones prácticas. La habilidad esencial de la compañía —solución de problemas a los clientes para nichos industriales basados en la tecnología de 3M— se ratifica, por lo tanto, en la estructura de la alta dirección.

La letanía disciplinada y enfocada «al estilo ingeniería química» de 3M se encuentra en muchas de las compañías excelentes. Es casi obligatorio ser un ingeniero eléctrico para llegar a alguna parte en HP; o un ingeniero mecánico para tener éxito en Fluor o Bechtel; o un ingeniero aeronáutico para ascender en Boeing; o un exgerente de productos en Procter & Gamble, o un exvendedor en IBM. Estos son los únicos candidatos para las esferas superiores. Por lo tanto, la disciplina tecnológica específica o la educación extensa en la disciplina principal y funcional del negocio están considerablemente «sobrerrepresentadas» en la alta dirección en este tipo de organizaciones líderes.

Las historias abundan:

• *Boeing:* Según el *Wall Street Journal:* «Los observadores afirman que la fortaleza de Boeing proviene de su devoción casi singular al mercado de las aerolíneas comerciales, del que obtiene casi el noventa por ciento de sus ingresos. "Los otros tipos están demasiado ocupados persiguiendo dólares militares", afirma un funcionario de la aerolínea. "En Boeing, las aerolíneas son lo primero"».

- *Fluor:* El presidente Bob Fluor señala: «No podemos serlo todo para todas las personas».
- *Wal-Mart:* El extraordinario récord de crecimiento de Wal-Mart ha provenido de una estrategia de nicho abrumadora. Ha permanecido en una docena de estados. Haciendo lo que mejor sabe hacer, supera a organizaciones mejor financiadas y con más experiencia tales como Kmart en su área de elección.
- *Deere:* El presidente de Deere, Robert Hanson, afirma: «Nos quedamos con los clientes que conocemos». Forbes añade: «Durante años, Deere ha superado a International Harvester, su archirrival. La filiación de Harvester se dividió entre su negocio de camiones y de maquinaria agrícola. Deere, por el contrario, sabía cuál era su negocio, quiénes eran sus clientes, y lo que estos querían».
- *Amoco:* El *Wall Street Journal* contrasta la estrategia exitosa de Amoco con la de sus competidores: «"La sabiduría que guía las gigantescas adquisiciones petroleras de este año es que es más barato comprar las reservas de otra empresa que desarrollarlas internamente. Sin embargo, en Standard Oil Co. (Indiana), no creemos eso", comenta su presidente John Swearingen».

Prácticamente todo el crecimiento de las empresas excelentes se ha generado y desarrollado internamente. Las pocas adquisiciones siguieron una regla simple. Han sido pequeñas empresas que podían ser asimiladas fácilmente sin modificar el carácter de la organización que hacía la adquisición. Y lo suficientemente pequeñas que si fracasaban, la empresa podía desprenderse o descartar la cuenta sin un daño económico sustancial.

Algunas compañías *han* prosperado en su crecimiento por medio de la adquisición; sin embargo, han usado la estrategia de lo «pequeño es hermoso»; como el caso de Emerson and Beatrice Foods. Estos gigantes, de $4 y $10 mil millones respectivamente, han crecido principalmente mediante la adición de empresas de $20 a $50 millones. No creen, al parecer, en la sabiduría frecuentemente citada de que «una adquisición de $500 millones no es más difícil de asimilar que una de $50, así que mejor haga un negocio en lugar de diez». Emerson and Beatrice están buscando constantemente. Y añaden poco a poco. En aquellos casos en que las pequeñas adquisiciones tienen nuevas fortalezas (por ejemplo, habilidades disciplinarias) para añadir a los negocios principales, ellas permiten que esto suceda de forma natural a través del intercambio informal y la difusión natural. Así, las fortalezas pueden filtrarse en la corporación.

Del mismo modo, se encuentra una actividad *pequeña* y constante de adquisiciones en un HP o en un 3M. Las adquisiciones son por lo general negocios de $1 a 10 millones; a menudo son esfuerzos transparentes para obtener una ventana a una nueva destreza, pero con un tamaño que es lo bastante manejable para permitir una integración temprana y sin traumas. Puede equivaler a adquirir algunos contratos laborales. Por lo tanto, las pequeñas adquisiciones pueden funcionar, e incluso también los nuevos e importantes avances estratégicos basados en numerosas adquisiciones pequeñas.

Esta es, en resumen, la historia de las compañías excelentes. Estas adquieren, pero adquieren y diversifican de forma experimental. Compran una pequeña empresa o inician un nuevo negocio. Lo hacen en pasos manejables... y claramente, controlan los riesgos. Y están dispuestas a retirarse si el negocio no funciona.

Por lo tanto, esperaríamos encontrar —y lo hemos hecho— numerosas historias de fracasos de tamaño modesto entre las compañías excelentes. ¡Y algunos no tan modestos que digamos! Esto demuestra que incluso entre las empresas de mejor desempeño, las incursiones que son un poco más que moderadas conducen a problemas con bastante frecuencia.

De hecho, es posible que las empresas excelentes puedan incluso tener dificultades particulares para llegar lejos fuera de su especialidad. Y es así porque las culturas que las conducen a un desempeño superior lo hacen enfatizando en unas competencias de negocios razonablemente reducidas. No hay mejor definidor y penetrador de nichos industriales de tamaño modesto (hasta $100 millones aproximadamente) que 3M. Sin embargo, aparentemente hay algunas cosas que ni siquiera una empresa como 3M puede hacer.

He aquí algunos ejemplos de incursiones desacertadas entre nuestras empresas de mejor desempeño.

3M: 3M no ha podido explotar muy a menudo su músculo técnico en el negocio de bienes de consumo. Los analistas han sugerido que la atomización de 3M (y la disciplina industrial personalizada de ventas) inhibe los formidables esfuerzos de promoción, y apuestan a un pequeño número de productos que caracterizan a los esfuerzos en el mercadeo de bienes de consumo. Así, aunque 3M ha tenido algunos éxitos, por lo general sus negocios de bienes de consumo no son tan rentables como el resto de su cartera. En el otro extremo, 3M ha tenido algunas dificultades en los últimos tiempos para pasar al campo de la «oficina del futuro». El problema es el mismo que en los bienes de consumo. Los productos más sofisticados de la oficina del futuro son «productos de sistemas». Una vez más, la extraordinaria autonomía de las divisiones de 3M es incompatible con los estrechos vínculos divisionales que se requieren con frecuencia para los sistemas complejos de desarrollo de productos y esfuerzos de ventas.

Hewlett-Packard: Hemos señalado anteriormente que HP tuvo dificultades al comienzo para comercializar sus calculadoras de mano. La historia de HP es muy afín a la de 3M. HP sabe cómo servir al cliente profesional en el sector de instrumentos y artículos electrónicos, un nicho de tamaño modesto. La calculadora de $9,95 está más allá de la comprensión de HP. Del mismo modo, HP sufrió un desastre con un reloj electrónico de pulsera. Su error fue comprensible. HP creyó que la parte electrónica era tan exótica que el consumidor promedio la vería como algo muy especial. Se equivocaron, y los relojes de pulsera de TI que se vendían por $8,95 les propinaron una derrota. (Una compañía tras otra en la industria ha tenido dificultades para hacer la transición al sector de la electrónica de masas. National Semiconductor, un vendedor masivo de chips, también cayó de bruces cuando se aproximó al consumidor, de nuevo con relojes. Lo mismo le sucedió a Fairchild Semiconductor).

Texas Instruments: Hemos señalado anteriormente que TI tiene dificultades para soñar con calculadoras con reloj de alarma que puedan reproducir música de Schubert, algo que no es ningún problema para el ingeniero electrónico japonés, quien es consciente de los consumidores. De acuerdo con esto, TI ha tenido problemas en general con su negocio electrónico en las áreas de consumo. Una parte de los negocios restantes de artículos electrónicos de la empresa son rentables, como por ejemplo, las máquinas «Speak 'N Spell». Sin embargo, hay quien sospecha que son rentables debido a que la tecnología es aún «lo suficientemente exótica» como para proporcionar una ventaja comparativa. Cuando los circuitos de voz se vuelven moneda común, como lo son los chips que hacen funcionar los relojes y las calculadoras de mano, TI puede reaccionar una vez más en vista del desafío japonés.

Procter & Gamble: Un comentarista señala que P&G tiene problemas con los contratiempos y las vicisitudes puramente modernos y conscientes de la moda propios del sector de los bienes de consumo. P&G siempre se ha destacado, sobre todo, por la calidad. No introduce un nuevo producto o hace una reformulación de uno viejo a menos que sepa que tiene una ventaja distintiva. Por lo tanto, un antiguo observador afirma que P&G tenía dificultades en el sector de las cremas dentales, y específicamente para añadir las pequeñas rayas verdes que se han vendido tan bien en los últimos años. Además, ha gastado cientos de millones de dólares tratando de lanzar las papas Pringles, a pesar del fracaso continuo en esta empresa. Una vez más, la historia refleja la firme adhesión de la empresa a la calidad en lugar de trucos. Las papas Pringles son una idea clásica de P&G, señala uno de los competidores: una papita uniforme que viene en un empaque lindo y pulcro. Eso está en sintonía con el sentido de la calidad de P&G, aunque desde un punto de vista del gusto de los consumidores, es una bomba aparente.

Sears: Durante años y años, Sears, Roebuck prosperó bajo la bandera de «calidad a un precio decente». Percibió una necesidad de aumentar su nivel y fracasó por completo. El escritor de negocios Gordon Weil concluye: «Imagínense a McDonald's introduciendo un filete de solomillo, aumentando el precio de su Big Mac y retirando su hamburguesa sencilla. Esa fue la estrategia de crecimiento de Sears. En resumen, Sears estaba tratando de hacer dos cosas a la vez».

Nos parece que todos estos ejemplos destilan sospecha sobre la viabilidad de conglomerados de gran alcance como los que se emprendieron con tanto entusiasmo en los años sesenta. Y ahora creemos haber detectado el inicio de una posible contrarrevolución. Por ejemplo, el *Wall Street Journal* tituló un artículo a finales de 1981: «Colgate trabaja duro para ser la firma que fue una década atrás: se deshace de muchas adquisiciones y se mueve para consolidar sus productos tradicionales»:

David Foster, predecesor de Keith Crane como CEO, había intentado infructuosamente sacar a Colgate de la sombra del gigante de la industria, Procter & Gamble, por medio de adiciones como deportes, alimentos y compañías textiles. En medio de esas compras compulsivas, Colgate se las arregló para ganarse un montón de problemas. Se convirtió en una empresa que socavaba los beneficios de sus líneas tradicionales para adquirir otras empresas que ya estaban más allá de la cumbre de su rentabilidad [...] El señor Crane impuso un fuerte recorte. Eliminó la mayoría de las adquisiciones del señor Foster, que habían costado $935 millones, a un costo de al menos $96,5 millones en amortizaciones [...] También reorganizó la gerencia, revisó los presupuestos publicitarios y se dedicó a fortalecer las líneas de productos básicos con un nuevo énfasis en la producción y la rentabilidad.

El señor Foster había dicho: «Uno de los aspectos más interesantes y productivos de la nueva dirección de nuestra empresa es el énfasis creciente en desarrollar nuevas categorías de productos que sean distintas de nuestra línea de productos tradicionales, donde el crecimiento en el mercado se limita generalmente al crecimiento de la población».

«Todas fueron adquisiciones de vanidad», comenta un ejecutivo de publicidad. «Aparte de Kendall [una compañía de suministros médicos] y de Riviana [una productora de arroz], el resto era basura». Por otra parte, los esfuerzos de Colgate para introducir nuevos productos en general se fueron a pique durante el régimen de Foster. Con frecuencia, la compañía tomó un atajo en el despliegue de nuevos productos; actuó como un mero distribuidor en lugar de desarrollar sus propios productos [...] «Estos son errores que P&G nunca cometería», comenta un antiguo asesor de Colgate. «En este mercado aprendes a fabricar productos simples y funcionales. Colgate prefirió los aditivos».

Esta historia, exceptuando quizás el posible final feliz del cambio de dirección, es cada vez más familiar. La empresa decide que está en un negocio lento y decide dar un paso al costado. No sabe lo que está comprando. La empresa adquiere a otras que están en la cumbre o que han dejado de estarlo. Por otra parte, no las entiende (por ejemplo, las adquisiciones vanidosas). Por último, y lo más devastador de todo, el esfuerzo y la atención de incursionar en la administración de las nuevas adquisiciones debilitan la vitalidad del negocio principal, que ya era inestable. A los nuevos productos (extensiones de línea o reformulaciones de productos antiguos) se les da poca importancia o son sometidos a «atajos», como en el caso de Colgate. Y la caída en espiral está en marcha.

No obstante, el exitoso final de la «des-adquisición» se está convirtiendo al menos en una situación un poco más común. En un solo día a finales de 1980, el *New York Times* publicó historias de desinversiones realizadas por Litton, Textron y GAF. Hoy día, uno se encuentra con este tipo de noticias con bastante frecuencia. Por ejemplo, un artículo de *Business Week* de 1981 señaló que ITT se había desprendido de treinta y tres empresas desde 1979; una historia de *Fortune* de 1981 comentó que Consolidated Foods había vendido cincuenta empresas en los últimos cinco años; un artículo del *New York Times* se refirió a GEC, de Gran Bretaña, que actualmente se encuentra en un atracón de fusiones (y cita que el presidente comentó: «Se puede decir que las turbinas están relacionadas con aparatos eléctricos, los cuales están asociados con los transformadores, que están relacionados igualmente con los aparatos de mando, que a su vez están relacionados con las lámparas. Sin embargo, las lámparas no tienen vínculos directos con las turbinas»); *Forbes* señaló, de nuevo en 1981, que desde el año de 1972, John Hanley, el CEO de Monsanto, había cancelado más de $800 millones en ventas «para volver a lo básico», y la misma revista observó que la venta de Litton se estaba efectuando para que la empresa pudiera «volver al hilo común de la tecnología».

Esta evidencia sugiere tal vez menos que un sentimiento general, especialmente en un ambiente en el que Federal Trade Commission de Reagan está dando señales claras de que las fusiones de casi cualquier tipo son buenas. Sin embargo, cualquier movimiento para «volver a lo básico» es, de acuerdo con los estudios que hemos examinado y con el mensaje de las empresas excelentes, una buena noticia.

11

Forma simple, personal reducido

Por desgracia, la grandeza viene acompañada de complejidad. Y la mayoría de las grandes empresas responden a la complejidad del mismo modo: diseñando sistemas y estructuras complejas. Luego entonces, contratan más personal para dar seguimiento a toda esta complejidad, y es ahí donde comienza el error. La solución simplemente no se compagina bien con la naturaleza de las personas en una organización, en donde las cosas deben mantenerse razonablemente simples si de verdad se quiere lograr la unidad. La paradoja es clara. Por un lado, el tamaño genera una complejidad legítima, y unos sistemas complejos o una respuesta estructural son perfectamente razonables. Por otro lado, hacer que una organización funcione tiene mucho que ver con mantener las cosas comprensibles para las decenas o cientos de miles de personas que deben hacer que las cosas sucedan. Y eso significa mantener las cosas simples.

Nuestro candidato favorito como respuesta equivocada para la complejidad es, obviamente, la organización estructural de matriz. La idea de la matriz es perfectamente plausible. Tan pronto como una organización se dedica a negocios múltiples y se ve obligada a alejarse de la más simple de todas las formas, la estructura funcional —finanzas, fabricación y ventas—, entonces son muchas las dimensiones en las que podría descentralizarse. La compañía podría organizarse en torno a grupos de productos. Podría organizarse en torno a segmentos del mercado. Podría organizarse en torno a las zonas geográficas en las que tiene plantas u oficinas de ventas. Y, desde luego, las funciones básicas de las finanzas, las ventas, y la fabricación no desaparecen. Sin embargo, si uno trata de tener en cuenta todo esto en la estructura de una organización formal, tendrá al menos una matriz de cuatro dimensiones, y esto es un desastre en términos logísticos.

El dilema es que el mundo realmente es así de complejo. Por lo tanto, las condiciones de la matriz están presentes en el entorno de cada organización grande. El dilema se complica aún más cuando empieza a añadir otras formas sensibles de organizar; por ejemplo, dispositivos temporales como los centros de proyectos. ¿Qué debe hacer un gerente?

Algunas empresas han decidido que, aunque no podían tomar formalmente en cuenta todas las dimensiones posibles de la matriz, por lo menos podrían utilizar algunas, y elaborar una estructura formal que les concediera una igualdad de autoridad a los departamentos o divisiones, tanto a los gerentes de productos como a los gerentes funcionales; como por ejemplo, de ingeniería, mercadeo y producción. Sin embargo, nos parece que incluso eso es muy confuso. La gente no está segura de qué deben informar ni sobre qué. El problema más crítico, al parecer, es que todo está enganchado de alguna manera a lo demás en nombre del «equilibrio». La organización se paraliza debido a que la estructura no solo no establece claramente las prioridades, sino que *diluye automáticamente las prioridades*. En efecto, le dice a las personas que están en los niveles inferiores: «Todo es importante; presten la misma atención a todo». El mensaje es paralizante.

Prácticamente ninguna de las compañías excelentes dijo que tuviera estructuras matriciales formales, a excepción de las empresas de administración de proyectos como Boeing. Sin embargo, en una empresa como esta, donde se originaron muchas de las ideas matrices, algo muy diferente se entiende por gestión de la matriz. Las personas operan de forma binaria: *o bien* son parte de un equipo de proyectos y responsables ante este por realizar alguna tarea (casi todo el tiempo), *o* forman parte de una disciplina técnica, en la que pasan algún tiempo asegurándose de que su departamento técnico esté al día con el mundo tecnológico. Cuando están trabajando en un proyecto, no existe una confusión diaria acerca de si realmente son responsables ante el proyecto o no. Lo son.

Para ser claros, no estamos demasiado preocupados por la forma organizacional en que algunos de los primeros usuarios de la técnica —como Boeing y la NASA— llamaron a la gestión «matriz». La clave para hacer que estos sistemas funcionen es la misma que hace que las estructuras funcionen en el resto de las empresas excelentes. *Una dimensión —por ejemplo*, el producto *o* la geografía *o* la función— *tiene una primacía totalmente clara*. Estamos preocupados por la forma en que el concepto se ha degenerado, de modo que tratar de resolver quién es responsable de qué, y en qué circunstancias —y, de paso, «¿a cuál jefe debo informar esto?, ¿o debo mantener informados a todos?»—, y mantener todo bien se vuelve casi imposible. Esto da lugar a empleados que obtienen y conservan un poder sustancial, al asegurarse de que todo se mantenga complejo y poco claro (es decir, el personal se convierte en el árbitro en los puntos de «cruce» de la matriz, donde, por ejemplo, el producto y la función entran en conflicto).

¿Cómo han evitado esto las compañías excelentes? La respuesta es, de varias maneras, pero lo que subyace en todo esto es una simplicidad básica en la forma. Respaldando a la mayor parte de las empresas excelentes encontramos una forma estable e invariable —tal vez la división de ese producto—, que proporciona la norma esencial que todo el mundo entiende, y a partir de la cual se pueden abordar las complejidades de la vida cotidiana. La claridad en los valores es también una parte importante de la norma subyacente a la estabilidad y la sencillez.

Más allá de la simplicidad en torno a una forma subyacente, descubrimos que las compañías excelentes son bastante flexibles para responder a las condiciones rápidamente cambiantes del entorno, y para hacer frente a los problemas planteados por la presencia ubicua de unas condiciones similares a la matriz. Debido a su tema organizacional normalmente unificador, pueden hacer un mejor uso de las divisiones pequeñas y de cualesquier otras unidades de este tamaño. Pueden reorganizar de manera más flexible, con frecuencia, y de manera fluida. Y pueden hacer un mejor uso de las formas temporales, tales como fuerzas de tarea y centros de proyectos. Están reordenando la decoración, pero rara vez las sucursales. (Por supuesto, hay otros atributos que contribuyen a mantener la fluidez de una organización; por ejemplo, las políticas de personal que garantizan la seguridad y hacen que la gente de la compañía sea menos dependiente del cuadro organizacional en particular en el que están).

La forma simple más común que encontramos fue la división de productos. Varias compañías, sin embargo, han evitado la matriz simplemente al mantener algo parecido a la antigua modalidad funcional. Empresas como Frito-Lay y Kodak están cerca de eso. Por último, otras, incluyendo a McDonald's, simplemente están organizadas en torno a sus restaurantes, tiendas, comercios o fábricas como su elemento básico.

Un maravilloso ejemplo de simplicidad en la forma a pesar de su tamaño es Johnson & Johnson. Esta empresa representa un extremo con respecto a mantener una estructura simple, en divisiones y autónoma. Como hemos visto, J&J es una empresa de $5 mil millones, dividida en 150 divisiones independientes, con un tamaño promedio de poco más de $30 millones de dólares. Cada una de las divisiones es llamada «compañía», y cada una de ellas está dirigida por un «presidente de la junta». Las compañías se componen de ocho grupos que tienen hasta veinte compañías cada una, y las compañías en cada grupo tienen una similitud ya sea geográfica o de producto. A pesar de que ninguna de las empresas es verdaderamente independiente en el sentido de tener acciones propias, las «juntas directivas» están activas y amortiguan a las divisiones de la interferencia corporativa indeseable (y por lo general innecesaria). Un comentarista de la revista *Wharton Magazine* añade: «El personal central de [J&J] es pequeño; no hay especialistas que viajen continuamente entre las subsidiarias como en General Electric».

En cuanto a su negocio de consumo, que es la fuente de casi el cuarenta por ciento de las ventas y beneficios de J&J, la organización es clara: hay más de cincuenta y cinco divisiones de productos de consumo; cada una es responsable de su propio mercadeo, distribución e investigación. Esto se opone a la sabiduría convencional, que afirma que el dominio del mercado de los consumidores requiere de una actividad a gran escala. El número podría ser menor y el tamaño de cada unidad mayor, pero no lo son por una razón, señala el director ejecutivo James Burke, en un tema que tiene un parecido inquietante con el de muchas de las otras empresas excelentes que fragmentan:

Hemos estudiado periódicamente la economía de consolidación. Simplemente tomemos nuestro negocio de consumo y consolidemos la red de distribución. En papel, esto tendría algunas eficiencias en términos de dinero. Sin embargo, nos decimos a nosotros mismos que estas eficiencias tendrían que ser enormes antes de aceptarlas, porque creemos que si el gerente de una empresa puede controlar todos los aspectos de su negocio, lo administrará mucho mejor. Y creemos que una gran cantidad de las eficiencias que se supone que debes obtener de las economías de escala no son reales en absoluto. Son difíciles de alcanzar. Una vez que pongas en marcha tu gran monstruo, crearás ineficiencias que no sabes que están ahí. Y si la gerencia las ve, no las erradicará de forma agresiva, pues no tiene control de ellas.

La simplicidad de la forma impuesta por una filosofía como esa es muy afín a otros ejemplos provocadores de nuestra investigación. Entre los respaldos que hacen que estas divisiones de productos funcionen como estructuras esenciales, están:

1. Una extraordinaria integridad divisional. Todas las funciones principales, incluyendo el desarrollo de productos, finanzas y personal, están en cada división.

2. Segregación constante de las nuevas divisiones y recompensas por hacerlo. Las ciento cincuenta divisiones de J&J eran solo ochenta hace diez años. (Este aspecto nos parece fascinante debido a que muchas empresas recompensan lo contrario; son constructoras de imperios que crean monolitos grandes y en capas).

3. Un conjunto de directrices que describe el momento en que un nuevo producto o línea de productos se convierte automáticamente en una división independiente; por ejemplo, más o menos al nivel de $20 millones en 3M.

4. Movimiento de personas, e incluso de productos o líneas de productos entre las divisiones de manera regular y sin el resentimiento que esto crearía en la mayoría de las empresas.

Es interesante observar que la forma simple no se limita a las empresas especializadas en penetrar nichos discretos y de tamaño modesto, o en crear estos nichos por sí mismas —empresas como J&J, HP, Emerson, Digital, Dana y 3M—, aunque la sencillez de la pequeña división de productos puede ser más obvia allí. Independientemente del sector o de las necesidades aparentes en materia de escala, prácticamente todas las empresas con las que hablamos valoraban mucho el empujar hacia abajo la autoridad, y en preservar y maximizar la autonomía práctica para un gran número de personas. Esas cosas no pueden ocurrir sin una forma subyacente que sea muy sencilla. Desde luego, tampoco pueden lograrse dentro de una estructura de matriz formal.

Casi de manera divertida, la simplicidad del arreglo de estructura básica realmente facilita la flexibilidad de la organización. Parece que debido a que la forma básica es clara, la flexibilidad en torno a la estructura de base se efectúa con facilidad. Las empresas excelentes, como hemos visto, sí usan mejor los grupos operativos, centros de proyectos y otros dispositivos especiales para hacer que las cosas sucedan. Las empresas excelentes también *parecen* estar reorganizando todo el tiempo. Sí lo hacen, pero la mayoría de la reorganización tiene lugar alrededor de los bordes. La forma fundamental raramente cambia mucho. Boeing es un caso interesante. La estructura del proyecto, con cierta razón, se considera con frecuencia el precursor de la matriz formal, o un ejemplo principal de esta. Sin embargo, en realidad, cada jefe de proyecto en Boeing conserva una autonomía extraordinaria. Y Boeing se enorgullece de su capacidad para sacar a la gente de varias capas inferiores de la estructura técnica y ponerlas a cargo de grandes proyectos; muchas veces, funcionarios de mayor antigüedad y con salarios más altos les informan a ellos.

Nos parece que solo hay un concomitante crucial para la forma estructural simple de una empresa excelente: poco personal, especialmente a nivel corporativo. Como hemos demostrado antes, estos dos atributos parecen estar profundamente entrelazados y autocumplirse. Con una forma organizacional simple, se requiere menos personal para que las cosas salgan bien.

De hecho, parece que la mayoría de nuestras empresas excelentes tienen comparativamente poco personal a nivel corporativo, y ese personal reducido tiende a estar resolviendo problemas en el terreno, y no revisando papeles desde las oficinas en sus casas. El resultado final es menos administradores y más operadores. En consecuencia, hemos acuñado nuestra dura «regla de cien»: con raras excepciones, parece que pocas veces hay necesidad de más de cien personas en una sede corporativa.

- Emerson Electric cuenta con 54.000 empleados, y se las arregla con menos de cien en la sede corporativa.
- Dana emplea a 35.000 personas, y redujo su personal corporativo de casi quinientos en 1970 a casi cien en la actualidad.
- Schlumberger, la empresa diversificada de servicios petroleros de $6 mil millones, corre su imperio mundial con un personal corporativo de noventa personas.

Las cifras de McDonald son igualmente bajas, siguiendo la máxima de larga data de Ray Kroc que ya hemos mencionado: «Creo que "menos es más" en el caso de la gestión empresarial». En Intel, una empresa de $1.000 millones, prácticamente *no* hay personal. Todas las asignaciones en este sentido son temporales y se les conceden a los oficiales de línea. En Wal-Mart, una empresa de $2 mil millones, su fundador Sam Walton afirma creer en la regla de la sede vacía: «La clave está en ir a las tiendas y escuchar». Y en la exitosa Ore-Ida, de $1.000 millones y subsidiaria de Heinz, uno de los planes estratégicos más reflexivos que hemos visto es elaborado por el presidente, con la ayuda exclusiva de su secretaria, así como de su gerente de departamento y división, quien trabaja a tiempo parcial. Él no tiene personal, y mucho menos uno de planificación.

La misma regla extraordinaria se aplica para algunas de las pequeñas empresas con mejor desempeño. ROLM, por ejemplo, maneja un negocio de $200 millones con quince personas en la sede corporativa. Cuando Charles Ames asumió la dirección de Acme, una empresa de $400 millones con sede en Cleveland, quedó consternado por la cantidad de personal. En el transcurso de unos pocos meses, había reducido las oficinas centrales corporativas de 120 a cincuenta.

Los números absolutos son impresionantes en estos casos. Sin embargo, al menos igual de importantes son el tipo de individuos que conforman este personal. En primer lugar, ¿qué funciones se deben conservar en las empresas? La respuesta, en muchas de las empresas excelentes, es prácticamente ninguna. El desarrollo de productos, que es por lo general una actividad empresarial o de grupo, está totalmente descentralizado en las divisiones de J&J, 3M, HP y otras. Dana se enorgullece de la descentralización de funciones como compras, finanzas y de personal, algo que sucede incluso en la planta de producción. Los planificadores estratégicos tienen sin duda una función en la empresa. Sin embargo, Fluor ejecuta sus operaciones de $6 mil millones con tres planificadores corporativos. 3M, HP y J&J no han tenido planificadores a este nivel. Prácticamente cada función en las empresas excelentes se descentraliza radicalmente, por lo menos hasta el nivel de división.

Bechtel tiene una función activa de investigación y, sin embargo, insiste incluso en el área especializada de la investigación que prácticamente todo el mundo pase a una operación en línea. Muchos de los miembros del personal de investigación se suman una operación en línea y luego se marchan de nuevo. En IBM, la gerencia se adhiere estrictamente a la regla de la rotación del personal cada tres años. Pocos puestos de trabajo del personal están a cargo de «miembros del personal de carrera»; están a cargo de oficiales de línea. Más aún, los que llegan a la rotación en el personal corporativo saben que en un lapso de tres años regresarán nuevamente al final de la línea. Es una revisión maravillosa de la invención de sistemas complejos. Si sabe que va a ser un usuario dentro de treinta y seis meses, es probable que no invente una burocracia dominante durante su breve estancia al otro lado de la valla. Digital y 3M siguen prácticamente las mismas reglas. El personal de estas dos empresas, con excepción de unos pocos en la división legal y financiera, casi siempre proviene de la línea de producción, y regresarán de nuevo a esta.

Existe una correlación en los tipos de espacios —por ejemplo, número de niveles jerárquicos— que llenan los miembros del personal. Hace varias décadas, los estadounidenses estaban fascinados con la noción de los grados de control óptimos. Creemos convencionalmente que nadie puede controlar más de cinco a siete personas. Los japoneses piensan que es absurdo. En un banco, varios cientos de gerentes de sucursales se reportan a la misma persona. La organización plana *es* posible. De hecho, uno de los mayores contrastes entre las empresas japonesas y estadounidenses es el número de niveles en la gerencia intermedia. Como hemos visto, mientras que Toyota tiene cinco niveles entre el presidente y el supervisor de primera línea, Ford tiene más de quince.

Tomemos ahora la teoría del reloj de arena de Ed Carlson, expresidente de UAL. En la mayoría de las organizaciones, la gerencia intermedia realmente tiene poco margen más allá de las actividades para «hacer que las cosas funcionen», tales como detener las ideas que llegan desde arriba y frenar las que salen desde abajo. La gerencia intermedia, dice Carlson, es una esponja. La gerencia práctica se vuelve mucho más viable cuando hay menos gente en el medio.

Los números en muchas compañías —tanto en niveles como empleados— son impresionantes. Durante los últimos veinticuatro meses, y en un esfuerzo para ser más competitiva con los japoneses, Ford ha reducido en más de un veintiséis por ciento su personal directivo intermedio; su presidente Donald Petersen cree que esto es solo el comienzo. Las reducciones cercanas a un cincuenta por ciento, o incluso al setenta y cinco por ciento, en niveles y personas, no son objetivos poco comunes cuando los hombres de negocios discuten acerca de aquello de lo que podrían prescindir honestamente.

UNA «FORMA» PARA EL FUTURO

¿Cuál es precisamente el carácter organizacional que parece funcionar mejor? Cada una de las diversas formas organizacionales tiene grandes fortalezas y debilidades. Considerémoslas ahora de nuevo:

• La organización funcional, típica de empresas de la vieja guardia de productos de consumo, es eficiente y cumple bien con los conceptos básicos; no es especialmente creativa o empresarial, no se adapta rápidamente, y es especialmente propensa a perderse los grandes cambios.
• La organización divisional, de la cual GM de Sloan era prototípica, puede hacer lo básico de manera adecuada, y es por lo general más adaptable que la organización funcional. Sin embargo, las divisiones invariablemente se vuelven demasiado grandes, y las grandes divisiones padecen todos los problemas de las estructuras funcionales de gran tamaño. Por otra parte, las organizaciones divisionales derivan a menudo en una mezcolanza centralizada y descentralizada de actividad.
• La respuesta de la matriz a las presiones múltiples en varios frentes —de hecho, al exceso de complejidad de las estructuras divisionales— está en sintonía con las realidades actuales. Por otro lado, casi siempre deja de ser innovadora, a menudo después de solo un tiempo breve. Tiene una dificultad especial en la ejecución de los fundamentos (la estructura de autoridad es particularmente débil). También degenera regularmente en la anarquía, y rápidamente se vuelve burocrática y no creativa. La dirección a largo plazo de la organización matricial no suele ser clara.
• La adhocracia responde a múltiples presiones sin inducir a una burocracia nueva y permanente. Sin embargo, también, puede llegar a ser anárquica si todas las partes están abordando problemas temporales y los fundamentos son ignorados (por ejemplo, las viejas fortalezas funcionales se debilitan mientras todos juegan a las «Sillas musicales» en los equipos de proyectos temporales).

• La «forma» misionera, como la llama Henry Mintzberg, al igual
que la de McDonald's, proporciona estabilidad por medios no estructurales. Si coincide, como debería hacerlo en teoría, con una
gran cantidad de experimentación dentro del conjunto de valores
(y si el conjunto de valores es el apropiado), todo puede salir bien.
Sin embargo, como es el caso de todas las «estructuras» basadas en
dogmas, puede llegar a ser bastante rígida e intolerante, más incluso
que la forma funcional.

Teniendo en cuenta nuestros hallazgos, nos gustaría proponer una
alternativa híbrida a todas estas formas, para describir las propiedades
de una «estructura de los años ochenta» potencial, y que responda a
las tres necesidades principales mencionadas anteriormente: la necesidad de la eficiencia en los conceptos básicos, la necesidad de una innovación regular y la necesidad de evitar la calcificación asegurando
al menos una modesta capacidad de respuesta a las principales amena-
zas. En consecuencia, pensamos en la «forma» estructural resultante
como una que está basada en «tres pilares», cada uno de los cuales
responde a una de estas tres necesidades básicas. Para responder a la
necesidad de eficiencia en torno a los conceptos básicos, se encuentra
un pilar de estabilidad. Para responder a la necesidad de innovación
regular, se encuentra un pilar empresarial. Y para responder a la necesidad de evitar la calcificación, se encuentra un pilar para «romper
con los hábitos».

En la gráfica de la página siguiente, el *pilar de la estabilidad* se
basa en el mantenimiento de una forma simple, subyacente, constante, y en el desarrollo y mantenimiento de valores duraderos que sean
amplios, pero también flexibles. Creemos que la forma subyacente
simple debe ser generalmente la división basada en el producto, y
que la estructura organizacional compartimentada, antigua y simple,
es probablemente la mejor que hay, ahora y en el futuro. Esto traiciona
nuestra clara inclinación a favor del producto, y en contra de la matriz.
Todo aquello de lo que hemos estado hablando —el espíritu empresarial en torno a los productos y servicios, el amor por el producto, la
calidad, la concentración en las operaciones y la productividad por
medio de las personas— nos conduce típicamente a una inclinación
por el producto o el mercado. Es sencillo, más claro, más directo, más
tangible, más honesto.

La segunda característica del pilar de la estabilidad es el sistema de valores subyacente, que abarca la «forma» misionera. Puede parecer extraño hablar de valores bajo el epígrafe de la estructura organizacional, pero recuerde, la estructura, más ampliamente definida, *significa* patrones de comunicaciones. Cuando pensamos en las formas estables de IBM, HP o Dana, por ejemplo, apreciamos de inmediato la necesidad y conveniencia de un sistema de valores estables.

El corazón *del pilar empresarial* es «lo pequeño es hermoso». Y la manera de seguir siendo pequeño es segregando constantemente las actividades nuevas o ampliadas en las nuevas divisiones. En este esquema, lo pequeño se ve como un requisito para una continua capacidad de adaptación. El costo, a veces, es algo de eficiencia, pero como hemos visto una y otra vez, la ventaja de la eficiencia usualmente está muy sobrevalorada.

LOS TRES PILARES DE LA «ESTRUCTURA DE LOS OCHENTA»

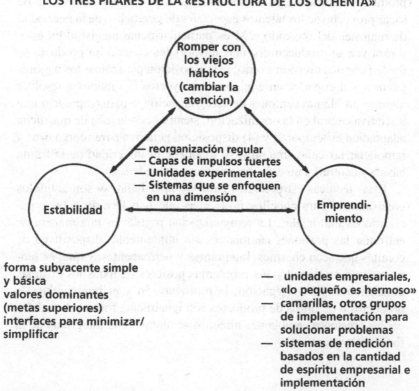

Romper con los viejos hábitos (cambiar la atención)

— reorganización regular
— Capas de impulsos fuertes
— Unidades experimentales
— Sistemas que se enfoquen en una dimensión

Estabilidad

Emprendi- miento

— forma subyacente simple y básica
— valores dominantes (metas superiores)
— interfaces para minimizar/ simplificar

— unidades empresariales, «lo pequeño es hermoso»
— camarillas, otros grupos de implementación para solucionar problemas
— sistemas de medición basados en la cantidad de espíritu empresarial e implementación

Otras características del pilar empresarial son los sistemas de medición y el uso de elementos del personal corporativo. Cuando la forma es simple y no depende de grandes sistemas que integran, se puede sobrevivir con sistemas más simples y con personal más reducido para dirigir la organización. (Las cantidades grandes y centralizadas de personal son principalmente útiles para grandes ejercicios de coordinación). Las divisiones tendrían dentro de sus paredes prácticamente a todo el personal de apoyo que necesitan; por ejemplo, compras, transportación, personal y finanzas.

El tercer pilar, el «*pilar para romper con los hábitos*», comprende en particular la voluntad de reorganizarse con frecuencia, y también de manera «temporal» para atacar los impulsos específicos (el Centro de proyectos de General Motors para generar iniciativas de recortes). Con reorganización frecuente nos referimos a: (1) disposición para «segregar» a menudo las nuevas divisiones, a medida que las viejas se hacen grandes y burocráticas; (2) disposición para cambiar los productos o líneas de productos entre las distintas divisiones a fin de sacar provecho de los talentos especiales de gerencia o de la necesidad de reajustes del mercado (3M es particularmente magistral en esto, y rara vez se producen disputas territoriales cuando un producto se traslada de una división a otra); (3) disposición para tomar los mejores talentos y agruparlos en equipos de proyectos destinados a resolver algunos problemas centrales de la organización, o para emprender una iniciativa central en la organización, siempre con la idea de que dicha adaptación es temporal; y (4) disposición genérica para reorganizar y remodelar las cajas (mientras se mantiene la integridad de la forma básica y central) a medida que surjan necesidades.

Estas técnicas estructurales para «romper hábitos» son antídotos precisamente para aquellos problemas que han llevado a las organizaciones matriciales. La reorganización regular es una manera de enfrentar las presiones cambiantes sin implementar dispositivos de comités que sean enormes, integrantes y permanentes, y que, en teoría, se ocupan de todos los problemas posibles de todas las distintas dimensiones. La segregación, la reproducción y el intercambio de productos o de líneas de productos son igualmente formas de satisfacer las presiones cambiantes mientras se mantiene la integridad de la forma subyacente.

Estos tres pilares representan entonces una respuesta «teórica» a los problemas que condujeron a la organización matriz en primer lugar, y a las patologías que surgieron en la estructura de la matriz a medida que respondió a esas condiciones. Tomados en conjunto, también corresponden estrechamente con los sistemas gerenciales de muchas de las empresas excelentes.

12

Propiedades simultáneamente flexibles-rígidas

Las propiedades simultáneamente flexibles-rígidas, el último de nuestros «ocho atributos» de las prácticas gerenciales excelentes, son mayormente un resumen. Abarcan gran parte de lo que ya hemos presentado y han surgido, para nuestra sorpresa, a través del proceso de síntesis. Es, en esencia, la coexistencia de una dirección central y firme, y una máxima autonomía individual; lo que hemos llamado «hornear tu propia torta, y cómetela también». Las organizaciones que viven según el principio flexible-rígido, por un lado, son controladas de forma rígida, pero al mismo tiempo permiten (de hecho, insisten en) la autonomía, el espíritu empresarial y la innovación desde las bases. Hacen esto, literalmente, por medio de la «fe»; a través de sistemas de valores, los que nuestros colegas Phillips y Kennedy han sugerido que la mayoría de los gerentes evita como a la peste. También lo hacen mediante la atención meticulosa a los detalles, a fin de hacer bien las «cosas pequeñas y diminutas», como subraya Bear Bryant, el inimitable entrenador de fútbol de Alabama.

¿Flexibles-rígidas? Los ojos de la mayoría de los empresarios se ponen vidriosos cuando la conversación se dirige a los sistemas de valores, la cultura y temas por el estilo. Sin embargo, los nuestros se iluminan: recordamos a Bill Blackie, expresidente de Caterpillar, hablar sobre el compromiso de esta empresa con el «servicio de repuestos en cuarenta y ocho horas, y en cualquier lugar del mundo». Somos transportados de nuevo a aquel día con un factor de enfriamiento de 60° bajo cero en Minneapolis-St. Paul, donde Elder Tait, de 3M, nos habló acerca de los «campeones irracionales» que deambulaban por la empresa. Y vemos a Rene McPherson hablar a una clase en Stanford. Él está animado. La clase le pregunta por las recetas mágicas con las que llegó a dominar los problemas de productividad en Dana. Extiende sus manos frente a él, con las palmas hacia arriba, y dice: «Tienes que seguir tratando. Tienes que seguir tratando. Cometí todos los errores posibles. Sin embargo, seguí tratando». Entonces usted sospecha que habla en serio: que realmente eso *es* todo lo que hace falta.

Piensas en Tom Watson, Sr., regresando después de un duro día de venta de pianos a los agricultores, y reportándose en su sede en Painted Post, Nueva York. Y piensas en lo que llegó a ser él y por qué. Imaginas a J. Willard Marriott, Sr., en ese primer puesto de comidas en Washington, D.C., y lo ves ahora, a sus ochenta y dos años, preocupándose todavía por la limpieza de un solo vestíbulo, aunque su puesto de comidas es ya una empresa de $2 mil millones. Te imaginas a Eddie Carlson trabajando como botones en el Western International Hotel, llamado Benjamin Franklin en 1929, y te maravillas con la leyenda en que se ha convertido.

Carlson no se sonroja cuando habla de valores. Watson tampoco: él afirma que los valores son realmente la esencia de todo. Estos hombres vivieron según sus valores: Marriott, Ray Kroc, Bill Hewlett y Dave Packard, Levi Strauss, James Cash Penney, Robert Wood Johnson. Y los aplicaron meticulosamente en sus organizaciones. Ellos *creían* en el cliente. Ellos *creían* en conceder autonomía, en un espacio para actuar. Ellos *creían* en las puertas abiertas, en la calidad. Sin embargo, eran tremendos partidarios de la disciplina. Ellos daban un montón de cuerda, pero aceptaban la posibilidad de que algunos de sus polizontes tal vez se ahorcarían. Lo flexible-rígido es un asunto de cuerda. Sin embargo, en última instancia, está relacionado con la cultura. Ahora bien, la cultura es lo más «blando» que existe. Después de todo, ¿quién confía en sus principales analistas; antropólogos y sociólogos? Ciertamente, los hombres de negocios no lo hacen. Sin embargo, la cultura es también lo más «duro» que existe. Si infringe la sublime frase «IBM significa servicio» se queda sin trabajo, a pesar del programa de seguridad laboral de la empresa. Digital es una locura (blando). Digital es anárquica (blando). «La gente en Digital no sabe para quién trabaja», afirma un colega. Sin embargo, conocen la calidad: sus productos funcionan (duro). Así que «lo suave es duro».

Patrick Haggerty afirma que la única razón por la que la Oficina de ciencia y tecnología (duro) funciona en Texas Instruments se debe a la «cultura innovadora» de TI (suave). Lew Lehr, presidente de 3M, narra historias de personas que han fracasado monumentalmente, pero que han seguido adelante, después de décadas de intentos, hasta convertirse en vicepresidentes de la compañía. Él está describiendo las propiedades flexibles-rígidas, y suaves-duras de la cultura de 3M.

Hemos hablado de muchísimos rasgos blandos, de muchísimos rasgos flexibles. Hemos mencionado entornos semejantes a clubes y campus universitarios; estructuras organizacionales flexibles (segregación de nuevas divisiones, dispositivos temporales para romper hábitos, reorganizaciones periódicas), voluntarios, campeones celosos, autonomía maximizada para las personas, equipos y divisiones, de una experimentación regular y extensa, de una retroalimentación que enfatiza en redes sociales positivas y fuertes. Todos estos rasgos se centran en lo positivo; en la emoción de probar cosas de manera ligeramente desordenada (flexible).

Sin embargo, al mismo tiempo, un conjunto de propiedades notablemente rígidas —impulsadas y controladas culturalmente— distingue a las empresas excelentes. La mayoría tienen valores rígidamente compartidos. El foco de acción, incluida la experimentación en sí, hace hincapié en la comunicación extremadamente regular y en una retroalimentación muy rápida; nada se sale muy lejos de la raya. El papeleo conciso (los memorandos de una página en P&G), y el foco en el realismo, son otras maneras no aversivas de ejercer un control extremadamente rígido. Si solo tiene tres números por los cuales vivir, debe asegurarse de que todos estén bien revisados. Una o dos disciplinas predominantes son en sí mismas otra medida crucial de rigidez. El hecho de que la gran mayoría del círculo gerencial en 3M esté conformado por ingenieros químicos, y por ingenieros mecánicos en Fluor, es otra declaración vital de realismo; una forma de control rígido.

Curiosamente, el enfoque en lo exterior, en la perspectiva externa, en la atención al cliente, es una de las propiedades más rígidas de todas. En las empresas excelentes, es quizás el medio más exigente de autodisciplina. Si alguien está realmente prestando atención a lo que dice el cliente, y las exigencias del cliente son el viento que mueve las velas, lo mejor es asegurarse de que esté navegando en un barco eficiente. Y luego está la presión de los compañeros: los «rallies» semanales en Tupperware, los «Hell Weeks» celebrados dos veces al año en Dana. Aunque este no es control por medio de formas masivas y un número incalculable de variables, es el más rígido de todos los controles. Como dijo McPherson, es fácil engañar al jefe, pero usted no puede engañar a sus compañeros. Estas son las contradicciones aparentes que, en la práctica, resultan no ser contradicciones en absoluto.

Veamos por ejemplo el dilema entre la calidad frente a los costos, o en lo pequeño frente a lo grande (es decir, la efectividad frente a la eficiencia). En las empresas excelentes, estas cosas no son dilemas en absoluto. Hay una historia sobre un gerente de fundición en GM que lideró una notable recuperación económica; pintó de blanco su mugriento taller de fundición, insistiendo en que prestaría atención a la calidad (así como al servicio de limpieza y a la seguridad), y que el costo seguiría. Y luego señaló: «Para empezar, si lo estás haciendo con buena calidad, no tienes que hacerlo todo dos veces». No hay nada como la calidad. Es la palabra más importante que utilizan en estas empresas. La calidad conduce a un enfoque en la innovación, a fin de hacer lo mejor posible con cada cliente y con cada producto; por lo tanto, es un estímulo a la productividad, la excitación automática, y a un enfoque externo. El empuje para hacer «lo mejor» afecta prácticamente todas las funciones de la organización.

Del mismo modo, la contradicción eficacia/efectividad se disuelve en el aire. Los artículos de calidad son producidos por artesanos, y nos han dicho que requieren generalmente de una empresa a pequeña escala. Por el contrario, las actividades que logran eficiencia en los costos tienen la reputación de hacerse mejor en las grandes instalaciones, a fin de lograr economías de escala. Excepto que así no es como funciona en las empresas excelentes. En estas, lo pequeño es hermoso *en casi todos los casos*. Una instalación pequeña resulta ser la más eficiente; su trabajador emocionado, motivado, altamente productivo, en la comunicación (y en la competencia) con sus compañeros, es más productivo que el trabajador de las grandes instalaciones. Esto se aplica a las plantas, los equipos de proyectos, las divisiones, y para toda la empresa. Encontramos entonces que en realidad no hay conflicto en este campo tan vital. Lo pequeño, la calidad, la emoción, la autonomía —y la eficiencia— son todas palabras que pertenecen a la misma cara de la moneda. El costo y la eficiencia, a la larga, se *derivan* del énfasis en la calidad, el servicio, la innovación, el intercambio de resultados, la participación, el entusiasmo, y en un enfoque de resolución de problemas externos que se adapta al cliente. La línea de ingresos no es lo primero. Sin embargo, una vez que la pelota empieza a rodar, el control de costos y la eficacia en la innovación se vuelven objetivos totalmente alcanzables y paralelos.

Sorprendentemente, la contradicción de la ejecución frente a la autonomía también se convierte en una paradoja. De hecho, esta paradoja se puede percibir casi en cualquier lugar. Los estudios realizados en el aula, por ejemplo, sugieren que las clases efectivas son aquellas en las que la disciplina está garantizada: se espera que los estudiantes vayan a clase a tiempo, las tareas se entreguen de manera regular y sean calificadas. Por otra parte, esas mismas aulas, por regla general, hacen hincapié en la retroalimentación positiva, en la publicación de buenos informes, en elogiar y en recibir capacitación por parte del profesor. Del mismo modo, cuando nos fijamos en McDonald's, o prácticamente en cualquiera de las empresas excelentes, encontramos que la *autonomía es un producto de la disciplina. La disciplina (unos pocos valores compartidos) proporciona el marco. Le da confianza a la gente (para experimentar, por ejemplo) derivada de expectativas estables acerca de lo que de verdad es importante.*

De esta forma, un conjunto de valores y normas compartidas acerca de la disciplina, los detalles y la ejecución pueden proporcionar el marco donde la autonomía práctica se lleve a cabo de forma rutinaria. La experimentación regular se efectúa en gran medida en 3M debido a todas las cosas que la rodean: una comunicación regular (nada se aleja de la línea), los valores compartidos que resultan del denominador común de un grado de ingeniería, el consenso en la resolución de problemas del cliente, que proviene de una alta dirección en la que prácticamente todos comenzaron como vendedores en los niveles inferiores.

De hecho, 3M es la organización más rígida que hemos visto; mucho más, en nuestra opinión, que ITT bajo la dirección de Geneen. En ITT, había innumerables reglas y variables que se debían medir y archivar. Sin embargo, el tema predominante era el uso de prácticas poco ortodoxas: derrotar al sistema, maniobras para superar obstáculos, unirse con otros oficiales de línea para evitar las infames «brigadas móviles» de personal. El exceso de una disciplina dominante y del tipo equivocado matará la autonomía. Sin embargo, una disciplina más rígida, basada en un pequeño número de valores compartidos que caracteriza a 3M, HP, J&J o a McDonald's, en realidad induce a la autonomía práctica y a la experimentación en toda la organización y más allá.

La naturaleza de las reglas es crucial aquí. Las «reglas» en las empresas excelentes tienen un marco positivo. Se refieren a la calidad, el servicio, la innovación y la experimentación. Su atención se centra en construir y expandir, que es lo contrario de restringir; mientras que la mayoría de las empresas se concentran en controlar, limitar e imponer. No nos parece que las reglas puedan reforzar los rasgos positivos, así como desalentar los negativos, y que las primeras sean mucho más efectivas.

Incluso la contradicción externa/interna se resuelve en las empresas excelentes. En pocas palabras, estas empresas están enfocadas simultáneamente en lo externo y lo interno; en lo externo, porque están verdaderamente impulsadas por su deseo de ofrecer servicio, calidad y resolución innovadora de problemas en apoyo a sus clientes; en lo interno, porque el control de calidad, por ejemplo, está sobre los hombros del trabajador individual de línea, y no en el regazo del departamento de control de calidad. Del mismo modo, los estándares de servicio son sustancialmente automonitoreados. La organización progresa a partir de la competencia interna. Y progresa con la comunicación intensa, con la sensación de la familia, con las políticas de puertas abiertas, con la informalidad, con la fluidez y la flexibilidad, con los cambios no políticos de recursos. Esto constituye el enfoque interno crucial: el enfoque en las personas.

La habilidad con que las empresas excelentes cultivan a su gente nos recuerda el conflicto sombrío que mencionamos inicialmente en el capítulo 3: nuestra necesidad básica de seguridad frente a la necesidad de sobresalir, la «tensión esencial» que describió el psicoanalista Ernest Becker. Una vez más, la paradoja, tal como es tratada en las empresas excelentes, se mantiene vigente. Al ofrecer significado, así como dinero, les da a sus empleados una misión, así como una sensación de un gran bienestar. Cada hombre se convierte en un pionero, en un experimentador, en un líder. La institución ofrece una creencia orientadora y genera una sensación de emoción, una sensación de ser parte de los mejores, un sentido de producir algo de calidad que generalmente se valora. Y de esta manera extrae lo mejor —del «trabajador en la frontera» de Ken Ohmae, como del «hombre del cincuenta por ciento» de Kazuo Inamori, presidente de Kyoto Ceramic. Se espera que el trabajador *promedio* en estas empresas contribuya, suministre ideas, innove en el servicio al cliente y elabore productos de calidad.

En resumen, se espera que cada individuo —como los nueve mil líderes de los equipos de PIP en Texas Instruments— se destaque, contribuya y sea inconfundible. Al mismo tiempo, ellos forman parte de algo extraordinario: Caterpillar, IBM, 3M, Disney Productions.

Finalmente, la última de nuestras paradojas implica el «dilema» corto plazo frente a largo plazo. Y una vez más, descubrimos que no había conflicto alguno. Encontramos que las empresas excelentes no son realmente «pensadoras a largo plazo». No tienen mejores planes para un plazo de cinco años. De hecho, los planes formales en las empresas excelentes están marcados con frecuencia por pocos detalles, o simplemente no existen (recuerde la ausencia completa de planificadores a nivel corporativo en muchas de ellas).

Sin embargo, existe un conjunto de valores, y es un conjunto de valores para todas las estaciones. (Recuerde las áreas del contenido: calidad, innovación, informalidad, servicio al cliente, gente). Sin embargo, este conjunto de valores es ejecutado mediante la atención a los detalles ordinarios y esenciales. Cada minuto, cada hora y cada día son una oportunidad para actuar en apoyo a los temas dominantes.

Concluiremos con una extraña contradicción que tal vez tenga algo de validez. La llamamos la regla del inteligente-tonto. Muchos de los gerentes de hoy —con maestrías y así por el estilo— pueden ser un poco demasiado inteligentes para su beneficio. Los inteligentes son los que cambian de dirección todo el tiempo, basándose en la última señal de la ecuación de valor esperado. Los que hacen malabares con modelos de cien variables con facilidad, los que diseñan sistemas complejos de incentivos, los que conectan las estructuras matriciales. Los que tienen planes estratéticos de 200 páginas y documentos de 500 páginas con los requisitos de mercado, que son simplemente el primer paso para ejercicios de desarrollo de productos.

Nuestros amigos «más tontos» son diferentes. Simplemente no entienden por qué cada producto no puede ser de la más alta calidad. Simplemente no entienden por qué cada cliente no puede obtener un servicio personalizado, incluso en el negocio de las papas fritas. Se sienten personalmente ofendidos (recuerde la historia de Heineken) cuando una botella de cerveza se echa a perder. No pueden entender por qué no es posible un flujo regular de nuevos productos, o por qué un trabajador no puede contribuir con una sugerencia cada par de semanas. Son tipos ingenuos, de verdad; tal vez demasiado simplistas. Y sí, la palabra «simplista» tiene una connotación negativa. Sin embargo, las personas que dirigen las empresas excelentes *son* un poco simplistas. Aparentemente no tienen justificación para lo que ellos creen que puede hacer el trabajador. Aparentemente no tienen justificación para creer que cada producto puede ser de la más alta calidad. Aparentemente no tienen justificación para creer que se puede mantener un alto estándar de servicios para prácticamente todos los clientes, ya sea en Missoula, Montana o en Manhattan. Aparentemente no tienen justificación para creer que prácticamente todos los trabajadores pueden hacer sugerencias con regularidad. Esto es simplista. Sin embargo, esto puede ser la verdadera clave para motivar contribuciones extraordinarias por parte de decenas de miles de personas.

Por supuesto, eso que alguien define como simplista tiene una importancia fundamental. Es un enfoque en lo exterior, en el servicio, en la calidad, en las personas, en la informalidad, en esas palabras con contenido de valor que resaltamos. Y esas pueden ser muy bien las cosas —las únicas cosas— por las que vale la pena ser simplistas. Recuerde la entrevista que le hicimos al ejecutivo James Brian Quinn. Él dijo que era importante que su gente quiera «ser el mejor» en algo. A él realmente no le importa mucho en qué.

Sin embargo, muchos no pueden verlo. Siempre hay razones prácticas, justificables, inevitables, sensibles y saludables para negociar cualquiera de estas variables. Solo aquellas personas simplistas —como Watson, Hewlett, Packard, Kroc, Mars, Olsen, McPherson, Marriott, Procter, Gamble, Johnson— se mantuvieron simplistas. Y sus empresas han seguido siendo extraordinariamente exitosas.

NOTAS

INTRODUCCIÓN

Página

xxix «La sociedad [...] es un vehículo»: Ernest Becker, *Escape from Evi* (Nueva York: Free Press, 1975), pp. 3-6, 51 [*La lucha contra el mal* (México: FCE, 1977)]; y *The Denial of Death* (Nueva York: Free Press, 1973), pp. 3-4 [*El eclipse de la muerte* (México: FCE, 1977)].

xxx Un experimento en psicología: Herbert M. Lefcourt, *Locus of Control: Current Trends in Theory and Research* (Hillsdale, N.J.: Lawrence Erlbaum Associates, 1976), pp. 3-6.

CAPÍTULO 1: EMPRESAS ESTADOUNIDENSES EXITOSAS

Página

4 En 1962: Alfred D. Chandler, Jr., *Strategy and Structure: Chapters in the History of the American Industrial Enterprise* (Cambridge, MA: MIT Press, 1962).

5 En las plantas de producción: F. J. Roethlisberger y William J. Dickson, *Management and the Worker* (Cambridge, MA: Harvard University Press, 1939).

6 Describió a los buenos gerentes: Chester I. Barnard, *The Functions of the Executive* (Cambridge, MA: Harvard University Press, 1968), cap. 5.

7 March va incluso más lejos: James G. March y Johan P. Olsen, *Ambiguity and Choice in Organizations* (Bergen, Norway: Universitetsforlaget, 1976), p. 26.

7 «Él se sentará aquí»: Richard E. Neustadt, *Presidential Power: The Politics of Leadership* (Nueva York: Wiley, 1960), p. 9.

7 El investigador Henry Mintzberg: Henry Mintzberg, *The Nature of Managerial Work* (Nueva York: Harper & Row, 1973), pp. 31-35 [*La naturaleza del trabajo directivo* (Barcelona: Ariel, 1983)].

8 Pettigrew, un investigador británico: Andrew M. Pettigrew, *The Politics of Organizational Decision Making* (Londres: Tavistock, 1973).

9 «Creo que un organigrama empresarial inflexible»: William F. Dowling y Fletcher Byrom, «Conversation with Fletcher Byrom», *Organizational Dynamics* (verano 1978): p. 44.

10 *El secreto de la técnica empresarial japonesa*: Richard Tanner Pascale y Anthony G. Athos (Barcelona: Grijalbo, 1983).

10   Nota a pie de página: «Leavitt's Diamond»: Harold J. Leavitt, *Managerial Psychology*, 4ª ed. (Chicago: University of Chicago Press, 1978), pp. 282ss. [*Psicología gerencial* (Buenos Aires: Contabilidad Moderna, 1970)].

15   «Es una lástima»: Robert L. Shook, *Ten Greatest Salespersons: What They Say About Selling* (Nueva York: Harper & Row, 1980), p. 68 [*Los 10 más grandes vendedores* (México: Lasser Press Mexicana, 1979)].

15   «tan concentrada en la innovación»: Lee Smith, «The Lures and Limits of Innovation: 3M», *Fortune* (20 octubre 1980): p. 84.

15   «Asegúrese de generar»: Dowling y Byrom, p. 43.

15   «La filosofía de IBM»: Thomas J. Watson, Jr., *A Business and Its Beliefs: The Ideas That Helped Build IBM* (Nueva York: McGrawHill, 1963), p. 13 [*Una empresa y sus credos: las ideas que contribuyeron a formar IBM* (Madrid: McGraw-Hill Interamericana, 1992)].

15   «visto como una fuente de ideas»: Mark Shepherd, Jr., y J. Fred Bucy, «Innovation at Texas Instruments», *Computer* (septiembre 1979): p. 84.

15   «La filosofía básica»: Watson, p. 5.

16   «Nunca compres un negocio»: «The Ten Best-Managed Companies», *Dun's Review* (diciembre 1970): p. 30.

16   «Esta compañía nunca ha abandonado»: «P&G's New New-Product Onslaught», *Business Week* (1 octubre 1979): p. 79.

16   «Los miembros con el cerebro lavado»: C. Barron, «British 3M's Multiple Management», *Management Today* (marzo 1977): p. 56.

CAPÍTULO 2: EL MODELO RACIONAL

Página

33   «aquellos que implementan los planes»: Mariann Jelinek, *Institutionalizing Innovation: A Study of Organizational Learning Systems* (Nueva York: Praeger), p. 124.

34   Sin embargo, como señala el investigador John Child: John Child, *Organization: A Guide to Problems and Practices* (Nueva York: Harper & Row, 1977), pp. 222-23 [*Organización: guía para problemas y práctica* (México: CESCA, 1991)].

34   Un investigador concluyó recientemente: Stuart S. Blume, «A Managerial View of Research» (review of *Scientific Productivity*, ed. Frank M. Andrews), *Science* (4 enero 1980): pp. 48-49.

35   «la mitología racionalista secular»: George Gilder, *Wealth and Poverty* (Nueva York: Basic Books, 1981), p. 264 [*Riqueza y pobreza* (Buenos Aires: Editorial Sudamericana, 1982)].

35   «Estos invasores estadounidenses»: Steve Lohr, «Overhauling America's Business Management», *New York Times Magazine* (4 enero 1981): p. 15.

36   «Tampoco tienen los competidores [de Estados Unidos]»: Lester C. Thurow, *The Zero-Sum Society: Distribution and the Possibilities for Economic Change* (Nueva York: Basic Books, 1980), pp. 7-8 [*La sociedad de suma cero* (Barcelona: Orbis, 1988)].

36   «Con qué rapidez cambian las cosas»: Lohr, p. 15.
37   «La cantidad de dinero»: Louis Kraar, «Japan's Automakers Shift Strategies», *Fortune* (11 agosto 1980): p. 109.
37   Solo unas semanas después: Robert Ball, «Europe Outgrows Management American Style», *Fortune* (20 octubre 1980): pp. 147-48.
37   «Hemos creado un monstruo»: «Don't Blame the System, Blame the Managers», *Dun's Review*, septiembre 1980, p. 88.
38   «una opinión muy extendida»: Lohr, p. 58.
38   «[Ellos] carecen de alfabetismo en artes liberales»: Michael M. Thomas, «Businessmen's Shortcomings», *New York Times* (21 agosto 1980): p. D2.
38   «Las personas con títulos»: Bro Uttal, «The Animals of Silicon Valley», *Fortune* (12 enero 1981): p. 94.
39   «El sistema está produciendo»: *Dun's Review* (septiembre 1980): p. 82.
39   «carece de un instinto»: «Revitalizing the U.S. Economy», *Business Week* (30 junio 1980): p. 78.
39   «La típica carrera ya no»: Robert H. Hayes y William J. Abernathy, «Managing Our Way to Economic Decline», *Harvard Business Review* (julio-agosto 1980): p. 74.
39   «Ya no existe mucho del espíritu»: Lohr, p. 43.
39   «Los gerentes no aman el producto»: Charles R. Day, Jr., y Perry Pascarella, «Righting the Productivity Balance», *Industry Week* (29 septiembre 1980): p. 55.
40   «Los japoneses merecen crédito»: Charles G. Burck, «A Comeback Decade for the American Car», *Fortune* (2 junio 1980): p. 63.
40   «Mientras trabajaba»: Robert M. Pirsig, *Zen and the Art of Motorcycle Maintenance: An Inquiry into Values* (Nueva York: Morrow, 1974), pp. 34-35 [*Zen y el arte del mantenimiento de la motocicleta* (Madrid: Editorial Sexto Piso, 2015)].
41   «Los japoneses parecen tener»: Norman Gall, «It's Later Than We Think» (entrevista con William J. Abernathy), *Forbes* (2 febrero 1981): p. 65.
41   «Los gerentes estadounidenses»: Lohr, p. 23.
42   «La administración japonesa»: Kenichi Ohmae, «Myths and Realities of Japanese Corporations» (borrador), p. 11. Publicado como «The Myth and Reality of the Japanese Corporation», *Chief Executive* (verano 1981).
43   «Una gran cantidad de empresas se exceden»: *Dun's Review* (septiembre 1980): p. 84.
43   «Como régimen»: Dowling y Byrom, p. 40.
43   «De manera significativa, ni...»: *Business Week* (30 junio 1980): p. 93.
43   «La mayoría de los hombres de negocios»: David Ogilvy, «The Creative Chef», en *The Creative Organization*, ed. Gary A. Steiner (Chicago: University of Chicago Press, 1965), p. 206.
43   «Los modeladores desarrollan»: Theodore Levitt, «A Heretical View of Management Science», *Fortune* (18 diciembre 1978): p. 50.
44   «Los chicos eran brillantes»: «When a New Product Strategy Wasn't Enough», *Business Week*, 18 febrero 1980, p. 143.

45 *La estructura de las revoluciones científicas,* Thomas Kuhn, 4ª ed. (México: Fondo de Cultura Económica, 2013).

48 «Si se exige una precisión cuantitativa»: John D. Steinbruner, *The Cybernetic Theory of Decision: New Dimensions of Political Analysis* (Princeton, N.J.: Princeton University Press, 1974), p. 328.

49 «Totalmente abstracto en su visión»: Thomas O'Hanlon, «A Rejuvenated Litton Is Once Again Off to the Races», *Fortune* (8 octubre 1979): p. 160.

49 «Los magos hablan inevitablemente»: Lewis H. Lapham, «Gifts of the Magi», *Harper's* (febrero 1981), p. 11.

49 «El pez Sierra del Pacífico»: John Steinbeck, *Por el mar de Cortés* (Barcelona: Ediciones Península, 2005). Citado en Karl Weick, *Social Psychology of Organizing,* 2ª ed. (Reading, Mass., Addison-Wesley, 1979), p. 29.

50 «Actualmente, la gerencia profesional»: Peter F. Drucker, *The Age of Discontinuity: Guidelines to Our Changing Society* (Nueva York: Harper & Row, 1969), pp. 56-57.

50 «Es inherentemente más fácil»: Steinbruner, p. 333.

50 «Usted cree que a los presidentes»: Ibíd., p. 332.

51 «La gente de finanzas»: «Mobil's Successful Exploration», *Business Week* (13 octubre 1980): p. 114.

51 «Creemos que durante las dos últimas décadas»: Hayes y Abernathy, pp. 70-71.

51 «El pensamiento creativo»: Gilder, p. 262.

51 «cuando se construyeron»: Ibíd., p. 252.

52 «[Hay una] gran diferencia» Robert K. Merton, *Social Theory and Social Structure,* edición ampliada (Nueva York: Free Press, 1968), p. 4 [*Teoría y estructura sociales* (México: Fondo de Cultura Económica, 1964)].

52 «De nada sirve mirar»: Horace F. Judson, *Search for Solutions* (Nueva York: Holt, Rinehart y Winston, 1980), p. 3 [*La búsqueda de respuestas* (México: Fondo Educativo Interamericano, 1984)].

52 «La manera más rápida de entender»: Alexander Cockburn, James Ridgeway y Andrew Cockburn, «The Pentagon Spends Its Way to Impotence», *Village Voice* (18 febrero 1981): p. 11.

53 «Por qué están teniendo problemas estas nuevas estructuras y estrategias administrativas»: Chris Argyris, «Today's Problems with Tomorrow's Organizations», *Journal of Management Studies* (febrero 1967): pp. 34-40.

54 «Entre todas las cosas»: Fletcher Byrom, discurso pronunciado en Carnegie-Mellon GSIA, 1976.

54 «Tienes que evitar»: «Lessons of Leadership: David Packard», *Nation's Business* (enero 1974): p. 42.

54 «La mayoría de las empresas japonesas»: Ohmae, pp. 5, 20.

54 Un producto tras otro: Jelinek, p. 54.

CAPÍTULO 3: EL HOMBRE EN ESPERA DE MOTIVACIÓN

Página

60   En un reciente estudio psicológico: David G. Meyers, *The Inflated Self*, mencionado en «How Do I Love Me? Let Me Count the Ways», *Psychology Today*, mayo 1980, p. 16.

62   «teoría de la atribución»: Lee Ross, «The Intuitive Psychologist and His Shortcomings», en *Advances in Experimental Social Psychology*, vol. 10, ed. Leonard Berkowitz (Nueva York: Academic Press, 1977), pp. 173-220.

62   «En un experimento, a unos adultos»: Russell A. Jones, *Self-Fulfilling Prophecies: Social, Psychological and Physiological Effects of Expectancies* (Hillsdale, N.J.: Lawrence Erlbaum Associates, 1977), p. 167.

63   «En un estudio realizado con maestros escolares»: Warren Bennis, *The Unconscious Conspiracy: Why Leaders Can't Lead* (Nueva York: AMACOM, 1976), p. 174.

63   «[nuestra] conducta sigue»: Arthur Koestler, *The Ghost in the Machine* (Nueva York: Macmillan, 1967), p. 274.

63   «el énfasis psicoanalítico»: Ernest Becker, *The Denial of Death* (Nueva York: Free Press, 1973), p. 94.

64   «Hay un hecho»: Henry Mintzberg, «Planning on the Left Side and Managing on the Right», *Harvard Business Review* (julio-agosto 1976): p. 53.

65   «es muy hermoso»: «How to Get a Bright Idea», *The Economist*, 27 diciembre 1980, p. 61.

65   «Cuando se tiene algo simple»: Horace F. Judson, *Search for Solutions* (Nueva York: Holt, Rinehart and Winston, 1980), p. 22 [*La búsqueda de respuestas* (México: Fondo Educativo Interamericano, 1984)].

65   Dos psicólogos experimentales: Amos Tversky y Daniel Kahneman, «Judgment Under Uncertainty: Heuristics and Biases», *Science* (27 septiembre 1974): p. 1124.

66   «Hay una historia»: Gregory Bateson, *Mind and Nature: A Necessary Unity* (Nueva York: Bantam Books, 1980), p. 14 [*Espíritu y naturaleza* (Buenos Aires: Amorrortu, 2011)].

71   Ese algo más, cree Simon: H. A. Simon, «Information Processing Models of Cognition», *Annual Review of Psychology*, vol. 30 (Palo Alto, CA: Annual Reviews, 1979), p. 363.

72   «tecnología de conducta»: B. F. Skinner, *Beyond Freedom and Dignity* (Nueva York: Knopf, 1971), p. 5 [*Más allá de la libertad y la dignidad* (Barcelona: Martínez Roca, 1998)].

73   «La persona que ha sido castigada»: Ibíd., p. 81.

75   Como señala Skinner: Ibíd., pp. 34ss.

75   En Foxboro se necesitaba a toda costa un avance técnico: Allan A. Kennedy, comunicación personal.

76   «teoría de la comparación social»: Leon Festinger, «A Theory of Social Comparison Processes», *Human Relations* 7 (1954), pp. 117-40.

77 Edward Deci, de la Universidad de Rochester: Edward L. Deci, «The Effects of Contingent and Non-Contingent Rewards and Controls on Intrinsic Motivations», *Organizational Behavior and Human Performance* 8 (1972): pp. 217-29.

78 «Es más probable que hagas»: Jerome S. Bruner, *On Knowing: Essays for the Left Hand* (Nueva York: Atheneum, 1973), p. 24

78 «LaPiere, un professor blanco»: Jonathan L. Freedman, David O. Sears y J. Merrill Carlsmith, *Social Psychology*, 3ª ed. (Englewood Cliffs, N.J.: Prentice-Hall, 1978), p. 299.

79 «investigación con un pie en la puerta»: Jonathan L. Freedman y Scott C. Fraser, «Compliance Without Pressure: The Foot-in-the-Door Techni que», *Journal of Personality and Social Psychology* 4 (1966): pp. 195-202.

79 Él enumera las principales tareas del liderazgo: James Brian Quinn, «Formulating Strategy One Step at a Time», *Journal of Business Strategy* (invierno 1981): pp. 57-59.

80 «El mundo es una ilusión»: Robert L. Forward, «Spinning New Realities», *Science 80* (diciembre 1980): p. 40.

80 «Si esperamos vivir»: Bruno Bettelheim, *On the Uses of Enchantment: The Meaning and Importance of Fairy Tales* (Nueva York: Knopf, 1976), p. 3 [*Psicoanálisis de los cuentos de hadas* (Barcelona: Crítica, 1986)].

81 «Ellos hablan de cosas»: Oscar Shisgall, *Eyes on Tomorrow: The Evolution of Procter & Gamble* (Chicago: J. G. Ferguson, 1981), p. xi.

81 «quien tiene un *porqué* por el cual vivir»: Viktor E. Frankl, *Man's Search for Meaning* (Nueva York: Pocket Books, 1963), p. 164 [*El sentido de la vida* (Barcelona: Plataforma, 2010)].

82 «El hombre es un buscador obstinado»: John W. Gardner, *Morale* (Nueva York: Norton, 1978), p. 15.

83 los experimentos de Stanley Milgram: Stanley Milgram, *Obedience to Authority: An Experimental View* (Nueva York: Harper & Row, 1974).

84 experimento de «carcelario»: Philip Zimbardo y Greg White, «The Stanford Prison Experiment: A Simulation of the Study of the Psychology of Imprisonment Conducted August 1971 at Stanford University» (guion para una presentación con diapositivas), s.f.

85 «Por lo tanto, el hombre tiene la tensión absoluta»: Becker, *Denial of Death*, pp. 153-54.

85 El experimento típico en este campo: Jones, p. 133.

86 Un sujeto al que se le permita introducir: Gerald R. Salancik, «Commitment and the Control of Organizational Behavior and Belief», en *New Directions in Organizational Behavior*, ed. Barry M. Shaw y Gerald R. Salancik (Chicago: St. Clair Press, 1977), pp. 20ss.

88 Sin embargo, Burns ha postulado: James MacGregor Burns, *Leadership* (Nueva York: Harper & Row, 1978).

88 «Este valor absolutamente central»: Ibíd., pp. 13, 18-19.

89 «El [liderazgo transformador] se produce»: Ibíd., p. 20.

89 «El proceso fundamental»: Ibíd., p. 40.

89 «Su verdadera genialidad»: Ibíd., p. 254.

89 «Los gerentes prefieren trabajar»: Abraham Zaleznick, «Managers and Leaders: Are They Different?» *Harvard Business Review* (mayo-junio 1977): p. 72.

89 «[Nosotros] nos disposimos a descubrir»: David C. McClelland, *Power: The Inner Experience* (Nueva York: Irvington, 1975), pp. 259-60.

90 «Tienes que creer»: Ray Kennedy, «Howard Head Says, "I'm Giving Up the Thing World"», *Sports Illustrated* (29 septiembre 1980): p. 72.

90 «Hemos descubierto lentamente»: James B. Quinn, «Strategic Goals: Process and Politics», *Solan Management Review* (otoño 1977): p. 26.

90 el líder como «arquitecto social»: Bennis, p. 165.

91 «La construcción de propósito»: Philip Selznick, *Leadership in Administration: A Sociological Interpretation* (Nueva York: Harper & Row, 1957), pp. 17, 28, 149-50, 152-53.

91 «ser fieles a nuestra propia estética»: Jill Gerston, «Tiffany's Unabashed Guardian of Good Taste Relinquishes Helm», *San Franciso Examiner* (5 enero 1981): p. C2.

91 «belleza en un pan de hamburguesa»: Ray Kroc, *Grinding It Out: The Making of McDonald's* (Nueva York: Berkley, 1977), p. 98.

CAPÍTULO 4: MANEJANDO LA AMBIGÜEDAD Y LA PARADOJA

Página

95 «*La prueba de una inteligencia de primera*»: F. Scott Fitzgerald, «The Crack-up», en *American Literary Masters*, vol. 2, ed. Charles R. Anderson (Nueva York: Holt, Rinehart y Winston, 1965), p. 1007.

96 William Manchester, en *Good-bye, Darkness:* William Manchester, *Good-bye, Darkness: A memoir of the Pacific War* (Boston: Little, Brown, 1980), pp. 233-37.

97 Richard Scott, de Stanford: W. Richard Scott, «Theoretical Perspective» en *Environments and Organizations*, de Marshall W. Meyer and Associates (San Francisco: Jossey-Bass, 1978).

100 «Este volumen es un intento»: Douglas McGregor, *The Human Side of Enterprise* (Nueva York: McGraw-Hill, 1969), pp. vi, vii [*El lado humano de las empresas* (México: McGraw-Hill, 2007)].

100 «Si hay una sola suposición»: Ibíd., p. 18.

100 «la suposición de la mediocridad»: Ibíd., p. 34.

100 «(1) que el ser humano promedio»: Ibíd., pp. 49-50.

100 «sino en realidad una teoría»: Ibíd., p. 35.

101 «(1) que el esfuerzo»: Ibíd., pp. 47-48.

102 «Los supuestos de la Teoría Y»: Ibíd., p. 56.

102 «El objetivo de Barnard»: Kenneth R. Andrews, «Introduction to the Anniversary Edition», en *The Functions of the Executive*, de Chester I. Barnard (Cambridge, MA: Harvard University Press, 1968), p. vii.

103 «Las funciones esenciales»: Chester I. Barnard, *The Functions of the Executive* (Cambridge, MA: Harvard University Press, 1968), p. 217 [*Las funciones de los elementos dirigentes* (Madrid: Instituto de Estudios Políticos, 1959)].

103 «Ya se ha puesto de manifiesto»: Ibíd., p. 231.

103 «El sentido común del conjunto»: Ibíd., pp. 238-39.

104 « El término "organización"»: Selznick, pp. 5ss., 40, 135-36.

106 *Organization and Environment:* Paul R. Lawrence y Jay W. Lorsch, *Organization and Environment: Managing Differentiation and Integration* (Homewood, IL: Richard D. Irwin, 1967) [*La empresa y su entorno* (Barcelona: Plaza & Janes, 1987)].

107 «Las organizaciones tienen personal»: Karl E. Weick, *The Social Psychology of Organizaing,* 2ª ed. (Reading, MA: Addison-Wesley 1979), p. 49 [*Psicología social del proceso de organización* (México: Fondo Educativo Interamericano, 1982)].

107 «Obliga a las personas»: Ibíd., p. 50.

107 Las nuevas metáforas: Ibíd., p. 47.

107 «Aunque son diversas»: Ibíd.

107 escrito por March y Simon: James G. March y Herbert A. Simon, *Organizations* (Nueva York: Wiley, 1958).

107 *Ambigüedad y elección en las organizaciones:* March y Olsen, *Ambiguity and Choice in Organizations.*

108 «Este libro trata acerca de»: Weick, p. 1.

109 «Lo que Delta tiene a su favor»: «The Five Best-Managed Companies», *Dun's Review* (diciembre 1977): p. 60.

109 «El OET sería estéril»: Mark Shepherd, Jr., y J. Fred Bucy, «Innovation at Texas Instruments», *Computer* (septiembre 1979): p. 89.

109 «La fiabilidad de Maytag»: Edmund Faltermayer, «The Man Who Keeps Those Maytag Repairmen Lonely», *Fortune* (noviembre 1977): p. 192.

109 «Las empresas que operan en Rochester»: Stanley M. Davis, «Establishing a New Context for Strategy, Organization and Executive Pay», en *Executive Compensation in the 1980s*, ed. David J. McLaughlin (San Francisco: Pentacle Press, 1980), p. 29.

110 «la idea predominante del negocio»: Richard Normann, *Management and Statesmanship* (Stockholm: Scandinavian Institutes for Administrative Research, 1976), p. 275.

110 «La configuración misionera»: Henry Mintzberg, *The Structuring of Organizations: A Synthesis of the Research* (Englewood Cliffs, N.J.: Prentice-Hall, 1979), p. 480 [*La estructuración de las organizaciones* (Barcelona: Ariel, 1988)].

110 «El [líder] no solo crea»: Andrew M. Pettigrew, «The Creation of Organisational Cultures»: (documento presentado al Joint EIASM-Dansk Management Center Research Seminar, Copenhagen, 18 mayo 1976), p. 11.

110 «sistemas compuestos de ideas»: Joanne Martin, «Stories and Scripts in Organizational Sellings», Research Report, núm. 543, rev. (Escuela de Posgrado de Administración de Empresas, Universidad de Stanford, julio 1980), p. 3.

111 «No es tanto la articulación»: Bennis, p. 93.

111 *Business Week* legitimó: «Corporate Culture»: The Hard-to-Change Values That Spell Success or Failure», *Business Week* (27 octubre 1980): pp. 148-60.

111 *El hombre organización:* William H. Whyte, Jr., *The Organization Man* (Nueva York: Simon & Schuster, 1956).

111 «La empresa me da»: Steven Rothman, «More than Money», *D & B Reports*, marzo-abril, p. 12.

113 «[nosotros] necesitamos complementar»: James G. March, «The Technology of Foolishness», en *Readings in Managerial Psychology*, 3ª ed., ed. Harold J. Leavitt, Louis R. Pondy y David M. Boje (Chicago: University of Chicago Press, 1980), p. 576.

113 «En lugar de un analista»: James G. March, «Footnotes to Organizational Change» (manuscrito no publicado, s.f)., p. 20.

113 «esta visión»: Ibíd., p. 35.

113 «diseño organizacional» Ibíd., p. 22.

113 «sistemas ligeramente acoplados»: Karl E. Weick, «Educational Organizations as Loosely Coupled Systems», *Administrative Science Quarterly* 21 (1976): pp. 1-19.

113 «Cuanto más se profundiza»: Weick, p. 120.

114 «La variación injustificada»: Ibíd., p. 193.

114 «el sentido retrospectivo»: Ibíd., p. 202.

114 «entornos empobrecidos y poco profundos»: Ibíd., p. 193.

114 «Nadie es libre»: Ibíd.

114 « Si colocas [...] en una botella»: Karl E. Weick, «The Management of Organizational Change Among Loosely Coupled Elements» (manuscrito no publicado, diciembre de 1981), pp. 3-4.

115 «Este episodio habla»: Ibíd., p. 4.

116 «La miopía del mercadeo»: Theodore Levitt, «Marketing Myopia», *Harvard Business Review* (julio-agosto de 1960).

116 «Suponiendo que una industria»: Burton H. Klein, *Dynamic Economics* (Cambridge, MA: Harvard University Press, 1977), p. 17.

116 «El mismo proceso»: Gilder, p. 79.

117 la verdadera magia gerencial de IBM: Robert Sobel, *IBM: Colossus in Transition* (Nueva York: Times Books, 1981), p. 346 [*IBM, un coloso en transición* (Bogotá: Norma, 1983)].

117 «Los empresarios van a tener que aprender»: Drucker, p. 54.

117 «reorganización constante»: Norman Macrae, «The Coming Entrepreneurial Revolution: A Survey», *The Economist* (25 diciembre 1976): pp. 41, 43.

117 «... podemos predecir»: H. Igor Ansoff, «Corporate Structure Present and Future», Universidad de Vanderbilt, documento de trabajo 74-4 (febrero 1974), p. 17.

118 «Hace diez años»: «It Seemed Like a Good Idea at the Time», *Science 82* (enero-febrero 1982): p. 86.

120 *Mercados y jerarquías:* Oliver E. Williamson, *Markets and Hierarchies: Analysis and Antitrust Implications* (Nueva York: Free Press, 1975).

122 Stephen Jay Gould: Stephen Jay Gould, *The Panda's Thumb: More Reflections in Natural History* (Nueva York: Norton, 1980), p. 51 [*El pulgar del panda* (Barcelona: Planeta, 2012)].

122 introducciones de productos de IBM: James Brian Quinn, «Technological Innovation, Entrepreneurship, and Strategy», *Sloan Management Review* (primavera 1979): p. 25.

122 se pensaba que las computadoras: James M. Utterback, «Patterns of Industrial Innovation», en *Technology, Innovation, and Corporate Strategy: A Special Executive Seminar Presented by the Massachusetts Institute of Technology,* 17 noviembre 1978 (Cambridge, MA: Industrial Liaison Program, MIT, 1978).

123 *The External Control of Organizations:* Jeffrey Pfeffer y Gerald R. Salancik, *The External Control of Organizations: A Resource Dependence Perspective* (Nueva York: Harper & Row, 1978).

123 «La tesis central»: Ibíd., p. xi.

124 «Implica conexiones especiales»: Utterback, pp. 37-38.

CAPÍTULO 5: TENDENCIA A LA ACCIÓN

Página

129 Tanto Warren Bennis: Warren Bennis, «The Temporary Society», en *The Temporary Society* de Warren G. Bennis y Philip E. Slater (Nueva York: Harper & Row, 1968).

129 como Alvin Toffler: Alvin Toffler, *La tercera ola* (Barcelona: Plaza y Janés, 1980).

130 «Administración visible»: Richard T. Pascale, «The Role of the Chief Executive in the Implementation of Corporate Policy: A Conceptual Framework», documento de investigación núm. 357 (Graduate School of Business, Stanford University, febrero de 1977), pp. 37, 39.

130 HP trata el GD: William R. Hewlett y David Packard, *The HP Way* (Palo Alto, CA: Hewlett-Packard, 1980), p. 10.

130 Corning Glass instaló: Edward Meadows, «How Three Companies Increased Their Productivity», *Fortune,* 10 marzo 1980, p. 95.

132 «del director ejecutivo de Chase»: Alena Wels, «How Citicorp Restructured for the Eighties», *Euromoney* (abril 1980): p. 13.

133 «Hay que seguir ideando»: Susan Benner, «He Gave Key People a Reason to Stay with the Company», *Inc.,* septiembre 1980, p. 46.

133 El ingrediente principal: Robert J. Flaherty, «Harris Corp.'s Remarkable Metamorphosis», *Forbes* (26 mayo 1980): p. 46.

135 «El componente esencial»: Ezra F. Vogel, *Japan as Number One: Lessons for America* (Cambridge, MA: Harvard University Press, 1979), pp. 143-45.

135 «un entorno fluido y orientado a los proyectos»: Shepherd y Bucy, «Innovation at Texas Instruments», p. 88.

139 La necesidad de unas comunicaciones abiertas: Frederick P. Brooks, Jr., *The Mythical Man-Month: Essays on Software Engineering* (Reading, MA: Addison-Wesley, 1978).

139 «Todo el mundo tenía la autoridad»: Ibíd., p. 67.

141 El vehículo principal: Charles G. Burck, «How GM Turned Itself Around», *Fortune*, 16 enero 1978.

144 «En lugar de probar»: R. Jeffrey Smith, «Shuttle Problems Compromise Space Program», *Science* (noviembre 1979): pp. 910-11.

145 «Se sorprendieron a sí mismos»: Mariann Jelinek, *Institutionalizing Innovation: A Study of Organizational Learning Systems* (Nueva York: Praeger, 1979), p. 78.

146 «Nuestro enfoque es hacer»: Smith, «3M», p. 94.

146 «fetiche por las pruebas»: *Business Week*, 1 octubre 1979, p. 80.

146 «"Bloomie" es la única»: Mark Stevens, *«Like No Other Store in the World»: The Inside Story of Bloomingdale's* (Nueva York: Crowell, 1979), p. 138.

146 «Me inclino más a ser»: William Shockley, «A Case: Observations on the Development of the Transistor», en *The Creative Organization*, ed. Gary A. Steiner (Chicago: University of Chicago Press, 1965), pp. 139-40.

147 «La palabra más importante»: David Ogilvy, *Confessions of an Advertising Man* (Nueva York: Ahtencum, 1980), p. 86 [*Confesiones de un publicitario* (Barcelona: Orbis, 1984)].

147 «¿Han oído hablar de los lentes zoom?»: Peter G. Peterson, «Some Approaches to Innovation in Industry-Discussion», en *The Creative Organization*, pp. 191-92.

148 En su clásico libro: S. I. Hayakawa, *El lenguaje en el pensamiento y en la acción* (México: Uteha, 1967).

150 «Los resultados más favorables»: Donald D. Holt, «How Amoco Finds All That Oil», *Fortune* (8 septiembre 1980): p. 51.

151 «He observado»: Harold Guetzkow, «The Creative Person in Organizations», en *The Creative Organization*, p. 49.

152 «Crear una unidad de disco»: Bro Uttal, «Storage Technology Goes for the Gold», *Fortune* (6 abril 1981): p. 58.

155 «Yo no tenía autoridad»: Isadore Barmash, *For the Good of the Company: Work and Interplay in a Major American Corporation* (Nueva York: Grosset & Dunlap, 1976), pp. 43-44, 52-54.

158 La idea esencial: Robert H. Schaffer, «Make Success the Building Block», *Management Review* (agosto 1981): pp. 47, 49-51.

158 «Selecciona *una* filial»: Ibíd., p. 51.

160 «A Deupree le disgustaba muchísimo»: Oscar Schisgall, *Eyes on Tomorrow: The Evolution of Procter & Gamble* (Chicago: J. G. Ferguson, 1981), p. 120.

160 «Una breve presentación escrita»: Thomas J. Peters, «The 1-Page Memo (and Other Draconian Measures» (manuscrito no publicado, abril 1980), p. 1.

161 «Son tan meticulosos»: «P&G's New New-Product Onslaught», *Business Week* (1 octubre 1979): p. 80.
161 «es una... muy deliberada»: Lee Smith, «A Superpower Enters the Soft-Drink Wars», *Fortune* (30 junio 1980): p. 77.
161 Jorge Díaz Serrano: Alan Riding, «Mexico's Oil Man Proved His Point», *New York Times* (16 julio 1978): p. F5.
162 «Me conocen»: «Paper Work Is Avoidable (If You Call the Shots)», *Wall Street Journal* (17 junio 1977): p. 24.
162 «Los presidentes de división»: Thomas J. Peters, «Management Systems: The Language of Organizational Character and Competence», *Organizational Dynamics* (verano 1980): p. 15.
162 «A pesar de que la oficina central»: Geoffrey Foster, «Dana's Strange Disciplines», *Management Today* (septiembre 1976): p. 61.
163 «tres a cinco objetivos»: John W. Hanley, «Monsanto: The Management Style» (comunicado interno, septiembre 1974), p. 10.

CAPÍTULO 6: CERCA DEL CLIENTE

Página

165 «Probablemente el [...] más importante»: Lewis H. Young, «Views on Management» (discurso pronunciado en Ward Howell international, Links Club, Nueva York (2 diciembre 1980), p. 5.
166 A pesar de que no se trata de una empresa: Las páginas 166 y 167 se apoyan en gran medida en «Joe Girard», en Shook, *Ten Greatest Salespersons*, pp. 7-24 [*Los 10 más grandes vendedores* (México: Passer Press Mexicana, 1979)].
167 «Los clientes de Joe»: Ibíd., p. 24.
168 «Con el tiempo, el buen servicio»: Watson, *A Business and Its Beliefs*, pp. 29, 32.
170 «recibir la orden»: Shook, pp. 55-73.
170 «Hay que recordar»: «No. 1's Awesome Strategy», *Business Week* (8 junio 1981): p. 86.
171 «mantiene a la persona involucrada»: Ibíd., p. 88.
174 El mejor análisis externo: Las páginas 174 y 175 se apoyan en gran medida en Dinah Nemeroff, *Service Delivery Practices and Issues in Leading Consumer Service Businesses: A Report to Participating Companies* (Nueva York: Citibank, abril 1980).
176 Uno de los mejores ejemplos del servicio: Las páginas 176 y 177 se apoyan en gran medida en N. W. Pope, «Mickey Mouse Marketing», *American Banker*, 25 julio 1979, y Pope, «More Mickey Mouse Marketing», *American Banker*, 12 septiembre 1979.
177 «Tradiciones I»: Pope, «Mickey Mouse Marketing», p. 14.
178 «Casi todos los operadores»: Victor F. Zonana, «Boeing's Sale to Delta Gives It Big Advantage Over U.S. Competitors», *Wall Street Journal* (13 noviembre 1980): pp. 1, 20.

179 «Hemos tratado de conformar»: Harold Mansfield, *Vision: The Story of Boeing* (Nueva York: Duell, Sloan & Pearce, 1966), pp. 361-62.

181 Caterpillar ofrece a los clientes: «Caterpillar: Sticking to Basics to Stay Competitive», *Business Week* (4 mayo 1981): p. 74.

181 «Los principios de funcionamiento de la empresa»: Gilbert Cross, «The Gentle Bulldozers of Peoria», *Fortune* (julio 1963): p. 167.

181 «La calidad del producto es algo»: «Caterpillar», *Business Week* (4 mayo 1981): p. 74.

182 «La compañía hasta ofrece»: Ibíd., p. 77.

182 «Adoptamos una política firme»: William L. Naumann, «The Story of Caterpillar Tractor Co.» (Discurso pronunciado en la Sociedad Newcomen de Norteamérica, Chicago (17 marzo 1977), p. 16.

182 «los usuarios pueden contar»: Ibíd.

182 «Una máquina fabricada»: Ibíd.

182 «Si tuviera un ladrillo»: Kroc, *Grinding It Out*, p. 91.

183 «La calidad es la primera palabra»: *McDonald's Corporation 1980 Annual Report* (Oak Brook, IL: 1980), p. 4.

184 «El problema es la consistencia»: «Burger King Looks for Consistency», *Sun*, julio 1980.

184 «el crecimiento no es nuestro objetivo principal»: *Digital Equipment Corporation 1979 Annual Report* (Maynard, MA: Digital Equipment Corporation, 1979), p. 3.

184 «La operación libre de problemas durante diez años»: Edmund Faltermayer, «The Man Who Keeps Those Maytag Repairmen Lonely», *Fortune* (noviembre 1977): p. 193.

184 «Maytag forjó su reputación»: Lawrence ingrassia, «Staid Maytag Puts Its Money on Stoves but May Need to Invest Expertise, Too», *Wall Street Journal* (23 julio 1980): p. 25.

185 «Los cosméticos no son bien vistos»: Bill Abrams, «P&G May Give Crest a New Look After Failing to Brush Off Rivals», *Wall Street Journal* (8 enero 1981): p. 21.

185 sistemas informáticos de *Hewlett-Packard*: las páginas 185-87 se apoyan en gran medida en Bill Hooper, Susan Konn, Robin Rakusin, Mike Sanders y Tom Shanon, «The Management of Quality in the Computer Services Division of Hewlett-Packard Company» (manuscrito no publicado, Escuela de Posgrado de Administración de Empresas, Universidad de Stanford, 25 febrero 1982).

188 «La compañía rara vez es la primera»: Kathleen K. Wiegner, «The One to Watch», *Forbes* (2 marzo 1981): p. 60.

188 «Aunque a veces un competidor...»: *Dun's Review* (diciembre 1978): p. 40.

188 «Rara vez ha sido la primera»: Catherine Harris, «What Ails IBM?», *Financial World* (15 mayo 1981): p. 17.

188   «Caterpillar rara vez es la primera»: *Business Week* (4 mayo 1981): p. 77.

189   «Deere no está diciendo»: Harlan S. Byrne, «Deere & Co. Farm-Machinery Leadership Helps Firm Weather the Industry's Slump», *Wall Street Journal* (20 febrero 1981): p. 48.

189   «Tengo que seguir diciéndole»: David B. Tinnin, «The Heady Success of Holland's Heineken», *Fortune* (16 diciembre 1981): p. 169.

190   «El cliente que está buscando»: Treadwell Davison, comunicado personal (Escuela de Posgrado de Administración de Empresas, Universidad de Stanford, febrero 1982).

190   «En apariencia [...] no tiene nada»: Alistair Mant, *The Rise and Fall of the British Manager*, ed. Rev. (Londres: Pan Books Ltd)., pp. 108-109.

193   «Cada departamento»: Walter McQuade, «Making a Drama Out of Shopping», *Fortune* (24 marzo 1980): p. 107.

193   «La categoría había estado dormida»: Howard Rudnitsky y Jay Gissen, «Winning Big by Thinking Small», *Forbes* (28 septiembre 1981): p. 106.

193   «Nuestra organización no cree»: Lewis W. Lehr, «How 3M Develops Entrepreneurial Spirit Throughout the Organization», *Management Review* (octubre 1980): p. 31.

194   «la nueva tecnología entra»: James M. Utterback, «Patterns of Industrial Innovations», en *Technology Innovation and Corporate Strategy: A Special Executive Seminar Presented by the Massachusetts Institute of Technology,* 17 noviembre 1978 (Cambridge, MA: Industrial Liaison Program, MIT, 1978), p. 3.

196   «Siempre y cuando gastes»: Howard Rudnitsky, «Will It Play in Toledo?» *Forbes* (10 noviembre 1980): p. 198.

196   «Si utilizamos mejor nuestros datos»: Herbert Meyer, «How Fingerhut Beat the Recession», *Fortune* (17 noviembre 1980): p. 103.

198   Un artículo central de *Fortune*: Bro Uttal, «The Gentlemen and the Upstarts Meet in a Great Mini Battle», *Fortune* (23 abril 1979): pp. 98-108.

202   «Un mes antes de que su hijo»: Meyer, pp. 103-104.

203   Cuando Neiman-Marcus abrió: Stanley Marcus, *Minding the Store* (Nueva York: New American Library, 1975), p. 3.

205   P&G dice que recibió doscientas mil llamadas: *The Procter & Gamble Company Annual Report* (Cincinnati: Procter & Gamble, 1979), p. 13.

205   Hace poco, Von Hippel: Eric A. Von Hippel, «Users as Innovators», *Technology Review* (enero 1978): pp. 31, 39.

205   Von Hippel: Ibíd., pp. 32-33.

206   En 1873, por $68: Ed Cray, *Levi's* (Boston: Houghton Mifflin, 1978), pp. 21-22.

206   «Recurren a sus clientes»: Uttal, p. 100.

206   «Estarán más influenciados»: «Wang Labs Challenges the Goliaths», *Business Week* (4 junio 1979): p. 100.

208   Uno de los estudios más extensos sobre la innovación: las páginas 208 y 209 se apoyan en gran medida en *Success and Failure in Industrial Innovation: Report on Project SAPPHO* (Science Policy Research Unit, University of Sussex, Londres: Centre for the Study of Industrial Innovation,

febrero de 1972), y Roy Rothwell, «SAPPHO Updated-Project SAPPHO, phase II», manuscrito no publicado (Unidad de políticas para investigaciones científicas, Universidad de Sussex, julio de 1973).

CAPÍTULO 7: AUTONOMÍA Y ESPÍRITU EMPRESARIAL

Página

211   «La nueva idea»: Modesto A. Maidique, «Entrepreneurs, Champions, and Technological Innovation», *Sloan Management Review*, invierno 1980, p. 60.

211   «las pequeñas empresas hicieron»: Lucien Rhodes and Cathryn Jakobson, «Small Companies: America's Hope for the 80s», *Inc.* (abril 1981): p. 44.

211   Luego de estudiar el mismo tema: Burton H. Klein, *Dynamic Economics* (Cambridge, MA: Harvard University Press, 1977).

211   Veronica Stolte-Heiskanen: Blume, «A Managerial View of Research», *Science* (4 enero 1980): p. 48.

213   «Estaba poseído»: Quinn, «Technological Innovation», p. 20.

213   «En 1946, Head viajó»: Kennedy, «Howard Head Says, "I'm Giving Up the Thing World"», pp. 68-70.

215   «Se animaba a campeones comprometidos»: Quinn, p. 25.

216   «Al igual que la mayoría de las empresas, GE»: Niles Howard y Susan Antilla, «Putting Innovation to Work», *Dun's Review*, p. 78.

218   «El problema con la mayoría de los consejos»: Theodore Levitt, «Ideas Are Useless Unless Used», *Inc.* (febrero 1981): p. 96.

219   «Una iniciativa unipersonal»: William E. Souder, «Encouraging Entrepreneurship in the Large Corporations», *Research Management* (mayo 1981): p. 19.

221   «Dick Gelb comenta»: Thomas Jaffe, «When opportunity Knocks», *Forbes* (13 octubre 1980): pp. 96-100.

222   «A Standard le gusta perforar»: Donald D. Holt, «How Amoco Finds All That Oil», *Fortune*, 8 septiembre 1980, p. 51.

224   «Estábamos tratando de ofrecer»: William Dowling y Edward Carlson, «Conversation with Edward Carlson», *Organizational Dynamcis*, primavera 1979, p. 58.

225   «Para mí, Schlumberger»: «Schlumberger: The Star of the Oil Fields Tackles Semiconductors», *Business Week* (16 febrero 1981): p. 60.

225   «la compañía del vendedor»: C. Barron, «British 3M's Multiple Management», *Management Today* (marzo 1977): p. 57.

228   Una de las prioridades afirmadas por Roger Smith: Amanda Bennett, «GM's Smith Wants Leaner Firm, More Rivalry Among Its Divisions», *Wall Street Journal* (21 mayo 1981): p. 43.

228   La administración decidió, incluso en aquel entonces: Oscar Schisgall, *Eyes on Tomorrow: The Evolution of Procter & Gamble* (Chicago: J. G. Ferguson, 1981), p. 162.

229   «La estrategia idiosincrásica de crecimiento de Digital»: Bro Uttal, «The Gentlemen and the Upstarts», p. 101.

230 el director ejecutivo Ken Olsen: Maidique, p. 67.
230 «Los proponentes de ideas exitosas»: Ibíd., p. 60.
232 Thomas Allen, de MIT: Thomas J. Allen, «Communications in the Research and Development Laboratory», *Technology Review*, octubre-noviembre 1967.
233 «soñadores, herejes, instigadores»: anuncio en *Newsweek*, 11 agosto d 1980, p. 6.
234 GE lanzó una «tienda de juguetes»: Gene Bylinsky, «Those Smart Young Robots on the Production Line», *Fortune*, 17 diciembre 1979, p. 93.
235 uno de los principios de J&J es: Lee Smith, «J&J Comes a Long Way from Baby», *Fortune* (1 junio 1981): p. 66.
235 «Necesitas tener la capacidad para fracasar»: Marshall Loeb, «A Guide to Taking Charge», *Time* (25 febrero 1980): p. 82.
237 Entre los nuevos productos: Lee Smith, «The Lures and Limits of Innovation: 3M», *Fortune* (20 octubre 1980): p. 84.
237 «Siempre que se logra algo»: *Adventures of a Bystander* (Nueva York: Harper & Row, 1979), p. 255 [*Mi vida y mi tiempo* (Barcelona: Deusto, 2009)].
237 «Lo que los mantiene satisfechos»: Smith, *Fortune* (20 octubre 1980): p. 86.
238 «Los miembros de equipo son reclutados»: Edward B. Roberts, «Managing New Technical Ventures», en *Technology, Innovation, and Corporate Strategy: A Special Executive Seminar* (Cambridge, MA: Industrial Liaison Program, MIT, 1978), pp. 121-22.
238 «Ellos te aseguran», señala Edward Roberts, de MIT: Ibíd., p. 122.
239 «La persona involucrada»: Ibíd., pp. 125-26.
239 «Si quieres detener un proyecto»: Ibíd., p. 120.
240 «El vendedor que visitó»: Smith, *Fortune* (20 octubre 1980): p. 90.
240 «Entre quince y veinte o más»: Lehr, p. 38.
241 «Debido a la diversidad de 3M»: Roberts, p. 123.
241 «Si la idea del producto puede cumplir con»: Ibíd.
241 «Incursionamos en el negocio»: Lehr, p. 31.
243 «La obsesión por la invención»: Smith, *Fortune* (20 octubre 1980): p. 90.
243 «Los vendedores originales»: Ibíd.
244 «Nuestra experiencia»: Roberts, p. 123.

CAPÍTULO 8: PRODUCTIVIDAD POR MEDIO DE LAS PERSONAS

Página

247 La Marina de guerra [...] asume: Elmo R. Zumwalt, Jr., *On Watch: A Memoir* (Nueva York: Times Books, 1976), p. 183.
247 «Son estos hombres y mujeres»: entregado a los autores por Gary D. Bello, Programa Sloan de Stanford, marzo 1982.
248 «Lo que intentaba hacer con más ahínco»: Zumwalt, p. 186.
249 «Sabía por mi experiencia»: Ibíd., p. 185.

249   «La administración japonesa se mantiene diciendo»: Kenichi Ohmae, «The
      Myth and Reality of the Japanese Corporation», p. 29.
249   «La gente te inundará»: Robert Lubar, «Rediscovering the Factory»: *For-
      tune* (13 julio 1981): p. 60.
249   «Yo era gerente de operaciones»: Sam T. Harper, comunicado personal,
      (Escuela de Posgrado de Administración de Empresas, Universidad de
      Stanford, enero 1982).
250   «La filosofía de IBM»: Watson, *A Business and Its Beliefs*, p. 13.
255   RMI: la página 255 se basa parcialmente en Cindy Ris, «Big Jim Is Watch-
      ing at RMI Co, and Its Workers Like It Just Fine», *Wall Street Journal* (4
      agosto 1980): p. 15.
256   «Me parece que, en términos generales»: Hewlett y Packard, *The HP Way*, p. 3.
259   Wal-Mart: las páginas 259 y 260 se apoyan en gran medida en Lynda
      Schuster, «Wal-Mart Chief's Enthusiastic Approach Infects Employees,
      Keeps Retailer Growing», *Wall Street Journal* (20 abril 1982): p. 21.
262   «Hasta que creamos»: Rene C. McPherson, «The People Principle», *Lead-
      ers* (enero-marzo 1980): p. 52.
262   «No perdimos el tiempo»: «Rene McPherson: GSB Deanship Is His Way to
      Reinvest in the System», *Stanford GSB* (otoño 1980—81): p. 15.
265   «La forma de mantenerte actualizado»: Ibíd.
265   «Creo que me despidieron»: George H. Labovitz, Speech to the Opening
      Assembly, Western Hospital Association, Anaheim, CA (27 abril 1981).
265   Delta Airlines: Las páginas 265-67 se basan parcialmente en Margaret R.
      Keefe Umanizio, «Delta Is Ready», manuscrito no publicado (San Francis-
      co: McKinsey & Co, julio 1981).
266   «Las azafatas, por ejemplo»: Janet Guyon, «"Family Feeling" at Delta Creates
      Loyal Workers, Enmity of Unions», *Wall Street Journal* (7 julio 1980): p. 13.
266   «Mi alfombra tiene que limpiarse»: «W. T. Beebe: The Gold Winner», *Fi-
      nancial World* (15 marzo 1978): p. 21.
266   «En febrero de 1979»: Guyon, p. 13.
268   «Eso es importante»: Ibíd.
268   «La historia demuestra»: «The Five Best-Managed Companies», *Dun's Re-
      view* (diciembre 1977): p. 50.
268   «Creo que *menos es más*»: Kroc, *Grinding It Out*, p. 143.
268   «Un restaurante bien administrado»: Ibíd., p. 99.
268   «Hago hincapié en la importancia»: Ibíd., p. 101.
269   «El libro» de McDonald's: Jeremy Main, «Toward Service Without a
      Snarl», *Fortune*, 23 marzo 1981, p. 66.
269   «Debbie Thompson»: Ibíd.
269   «Las banderas de Estados Unidos»: Susan Saiter Anderson, «Hamburger
      U. Offers a Break», *Survey of Continuing Education (New York Times)* (30
      agosto 1981): pp. 27-28.
271   Entremos a [...] IBM: Allan J. Mayer y Michael Ruby, «One Firm's Family»,
      Newsweek (21 noviembre 1977): p. 84.

272   «T. J. Watson no llegó»: Watson, *A Business and Its Beliefs*, p. 15.

272   «IBM producía partes»: Ibíd., pp. 15-16.

272   «instalar duchas en las instalaciones de la empresa»: Ibíd., p. 17.

272   «casi todo tipo de actividades extravagantes»: Ibíd., p. 18.

273   «predicador nato»: Gil Burck, «International Business Machines», *Fortune*, enero 1940, p. 41.

273   «Ante todo, buscamos»: Shook, *Ten Greatest Salespersons*, p. 73.

274   «Si nos fijamos en el espíritu empresarial»: Thomas L. Friedman, «Talking Business», *New York Times* (9 junio 1981): p. D2.

277   «Desde que asumió recientemente la dirección»: Zumwalt, p. 187.

277   «La señal de llamada "Hellcat"»: Ibíd., p. 189.

277   Kyocera cuenta con dos mil empleados: Lad Kuzela, «Putting Japanese-Style Management to Work», *Industry Week* (1 septiembre 1980): p. 61.

278   Peter Vaill es un estudiante: Peter B. Vaill, «Toward a Behavioral Description of High-Performing Systems», en *Leadership: Where Else Can We Go?*, ed. Morgan W. McCall, Jr., y Michael M. Lombardo (Durham, N.C.: Duke University Pres, 1978), pp. 109-11.

279   «Caterpillar siempre ha iniciado»: «Caterpillar: Sticking to Basics to Stay Competitive», *Business Week* (4 mayo 1981): p. 76.

280   en una planta antigua: Edward Meadows, «How Three Companies Increased Their Productivity», *Fortune*, 10 marzo 1980, p. 97.

280   «Llevar información financiera»: Charles G. Burck, «What Happens When Workers Manage Themselves», *Fortune* (27 julio 1981): p. 68.

281   «No hay nada peor para la moral»: Richard T. Pascale, «The Role of the Chief Executive in the Implementation of Corporate Policy: A Conceptual Framework», informe de investigación núm. 357 (Escuela de Posgrado de Administración de Empresas, Universidad de Stanford, febrero 1977), p. 39.

282   «Un hombre no le vendería su vida»: Manchester, *Good-bye, Darkness*, p. 200.

283   En Mars, Inc.: Robert Levy, «Legends of Business», *Dun's Review*, junio 1980, p. 92.

283   «La mayoría de las corporaciones japonesas»: Ohmae, p. 27.

284   *«Peter Peterson»*: Ogilvy, «The Creative Chef», p. 209.

285   «De lo que estoy hablando realmente»: Barry F. Sullivan, «International Service Products: The Opportunity of the 80s» (discurso presentado a la Asociación Estadounidense de Banqueros, Simposio Internacional de Banqueros, Washington, D.C., 29 marzo 1981), p. 13.

285   «Soy un gran partidario»: John S. McClenahen, «Moving GTE Off Hold», *Industry Week*, 12 enero 1981, p. 67.

285   «A medida que las divisiones alcanzan un cierto tamaño»: Barron, «British 3M's Multiple Management», p. 54.

286   «En esencia, actuamos»: Bro Uttal, «The Gentlemen and the Upstarts», p. 100.

287   «No necesitamos una planta de cinco mil personas»: *Dun's Review*, diciembre 1977, pp. 54-55.

288 «En la última década»: Roger L. Cason, «The Right Size: An Organizational Dilemma», *Management Review*, abril 1978, p. 27.
288 «Skinner cita un episodio»: Lubar, p. 55.
289 El caso teórico fue expresado: John Child, *Organization: A Guide to
Problems and Practice* (Nueva York: Harper & Row, 1977), pp. 222-23.
291 «Los equipos establecen sus propios»: Shepherd, «Innovation at Texas Instruments», p. 84.
291 «Las personas pueden ser ellas mismas»: E. F. Schumacher, *Small Is Beau-
tiful: Economics as if People Mattered* (Nueva York: Harper & Row, 1973),
p. 75.
292 «Una de las razones por las que el Imperio romano»: Anthony Jay, *Management and Machiavelli: An Inquiry into the Politics of Corporate Life*
(Nueva York: Holt, Rinehart y Winston, 1967), pp. 63-64.
292 «Sustituir las reglas por el juicio»: «The Iconoclast Who Made Visa No. 1»,
Business Week (22 diciembre 1980): p. 44.

CAPÍTULO 9: PRÁCTICA, BASADA EN VALORES

Página
293 «La mayoría de los escritores contemporáneos»: John W. Gardner, *Morale*
(Nueva York: Norton, 1978), p. 28.
293 «Los gerentes [...] inflexibles»: Julien R. Phillips y Allan A. Kennedy,
«Shaping and Managing Shared Values», *McKinsey Staff Paper* (diciembre
1980): p. 1.
293 «Uno puede especular»: Watson, *A Business and Its Beliefs*, pp. 4-6.
295 «La formación de una institución»: Selznick, *Leadership in Administration*, p. 28.
296 «La tarea del líder»: Hugh Sidey, «Majesty, Poetry and Power», *Time* (20
octubre 1980): p. 39.
296 «Para crear una institución»: Selznick, pp. 151-53.
297 «Hay una relación especial»: *This Is Delta* (Atlanta: Delta Air Lines, 1981),
p. 8.
297 «El estilo gerencial de Dana»: *Breaking with Tradition: Dana 1981 Annual
Report* (Toledo, OH: Dana Corporation, 1981), p. 6.
297 «La disponibilidad combinada»: *Caterpillar Annual Report 1981* (Peoria,
IL: Caterpillar Tractor Co., 1981), p. 14.
297 «Digital cree»: *Digital Equipment Corporation Annual Report 1981* (Maynard, MA: Digital Equipment Corporation, 1981), p. 12.
297 «Ya en 1890»: *Serving Customers Worldwide: Johnson & Johnson de 1980
Annual Report* (Nuevo Brunswick: N.J.: Johnson & Johnson, 1980), p. 20.
298 «lograr lo mejor de un hombre»: Kathleen K. Wiegner, «Corporate Samu-
rai», *Forbes*, 13 octubre de 1980, p. 172.
299 «La responsabilidad cardinal»: James MacGregor Burns, *Leadership* (Nueva York: Harper & Row, 1978), p. 237.

299 James Brian Quinn cree: James Brian Quinn, «Strategic Goals: Process and Politics», *Sloan Management Review* (otoño 1977): p. 26.

300 «Quiero que toda nuestra gente»: David Ogilvy, *Principles of Management* (Nueva York: Ogilvy & Mather, 1968), p. 2.

300 «Implementa y exige estándares»: Marshall Loeb, «A Guide to Taking Charge», *Time*, 25 febrero 1980, p. 82.

300 «Queremos prestar»: Watson, p. 29.

300 «Creemos que una organización»: Ibíd., p. 34.

300 «Por experiencia, hemos aprendido»: A. E. Pearson, *A Look at Pepsi-Co's Future* (Purchase, N.Y.: PepsiCo, diciembre 1980), p. 10.

302 «El éxito en inculcar valores»: Phillips y Kennedy, p. 8.

302 Harry Gray, de United Technologies: «What Makes Harry Gray Run?» *Business Week*, 10 diciembre 1979, p. 77.

303 «Voy a los sitios»: Ibíd., p. 80.

303 «Una vez que una división»: Hewlett y Packard, *The HP Way*, p. 10.

303 «No llames a la gente»: Ogilvy, *Principles of Management*, p. 2.

304 «Viajé unas 200.000 millas»: Dowling «Conversation with Edward Carlson», pp. 52-54.

305 «Un principio importante»: Selznick, p. 110.

305 Cuando empezó a viajar 200.000 millas: Pascale, «The Role of the Chief Executive», pp. 37ss.

305 «Tal vez el desafío más sutil»: Pearson, p. 3.

305 «No puedes lograr nada»: Loeb, p. 82.

305 «Tratar de hacer que trabajar»: Ogilvy, *Principles*, p. 2.

CAPÍTULO 10: SEGUIR CON LO CONOCIDO

Página

307 «Allá en los años sesenta»: Young, «Views on Management», p. 3.

307 «En el negocio de los vinos y licores»: Thomas J. Peters, «Structure as a Reorganizing Device: Shifting Attention and Altering the Flow of Biases», manuscrito no publicado (septiembre 1979), p. 34.

309 el primer estudio sistemático: Michael Gort, *Diversification and Integration in American Industry: A Study by the National Bureau of Economic Research* (Princeton, N.J.: Princeton University Press, 1962).

309 El estudio más exhaustivo: Richard P. Rumelt, *Strategy, Structure and Economic Performance* (Escuela de Posgrado de Administración de Empresas, Universidad de Harvard, 1974).

310 «Estas empresas tienen estrategias»: Ibíd., p. 123.

310 Para citar un par de ejemplos: Ibíd., pp. 88-122.

311 estudio publicado en el *Journal of Finance*: Robert Haugen y Terence Langetieg, «An Empirical Test for Synergism in Merger», *Journal of Finance*, septiembre 1975, pp. 1003-14.

311 Un estudio final: Christopher Lorenz, «Pioneers: The Anti-Merger Specialists», *Financial Times*, 30 octubre 1981, p. 16.

315 «Nunca compres empresas»: «The Ten Best-Managed Companies», p. 30.
315 «Esta empresa nunca ha»: «P&G's New New-Product Onslaught», *Business Week* (1 octubre 1979): p. 79.
315 «Los observadores afirman que la fortaleza de Boeing»: Victor F. Zonana, «Boeing's Sale to Delta Gives It Big Advantage over U.S. Competitors», *Wall Street Journal* (13 noviembre 1980): p. 1.
316 «Durante años, Deere»: Bob Tamarkin, «The Country Slicker», *Forbes* (21 enero 1980): p. 40.
316 «La sabiduría que guía»: Thomas Petzinger, Jr., «Indiana Standard Continues Its Strategy for Growth, Bucking the Takeover Trend», *Wall Street Journal*, 14 diciembre 1981, p. 12.
319 «Imagínese a McDonald's»: Gordon Weil, *Sears, Roebuck, U.S.A.: The Great American Store and How It Grew* (Nueva York: Stein y Day, 1977), p. 255.
319 «predecesor de Keith Crane»: Gail Bronson, «Colgate Works Hard to Become the Firm It Was a Decade Ago», *Wall Street Journal* (23 noviembre 1981): pp. 1, 8.
321 «Se puede decir que las turbinas»: Sandra Salmans, «Demerging Britain's G.E.», *New York Times* (6 julio 1980): p. F7.
321 *Forbes* señaló: Thomas Jaffe, «Is This It?», *Forbes* (2 febrero 1981): p. 48.
321 la venta de Litton: Nick Galluccio, «The Housecleaning Is Over», *Forbes* (24 noviembre 1980): p. 74.

CAPÍTULO 11: FORMA SIMPLE, PERSONAL REDUCIDO

Página

326 Un maravilloso ejemplo de simplicidad: Nancy Kaible, «Johnson & Johnson», manuscrito no publicado (San Francisco, CA: McKinsey & Co., noviembre 1981).
326 «el personal central de [J&J]»: Ross A. Webber, «Staying Organized», *Wharton Magazine* (primavera 1979): p. 22.
326 «Hemos estudiado periódicamente»: «The 88 Ventures of Johnson & Johnson», *Forbes* (1 junio 1971): p. 24.
329 «La clave está en ir»: Lynda Schuster, «Wal-Mart Chief's Enthusiastic Approach Infects Employees, Keeps Retailer Growing», *Wall Street Journal*, 20 abril 1981, p. 21.
330 Durante los últimos veinticuatro meses... Ford: «A new Target: Reducing Staff and Levels», *Business Week*, 21 diciembre 1981, p. 69.

ÍNDICE